KANT ET LES LUMIÈRES EUROPÉENNES

KANT ET LES LUMIÈRES EUROPÉENNES

Actes du VIIe Congrès de la Société d'Études Kantiennes de Langue Française organisé à Naples (20-22 octobre 2005) par le Dipartimento di Filosofia e Politica de l'Università degli Studi di Napoli «L'Orientale» avec le concours de la Società Italiana di Studi sul Secolo XVIII et de l'Istituto Italiano per gli Studi Filosofici

Publiés sous la direction de Lorenzo Bianchi, Jean Ferrari
et Alberto Postigliola

Liguori Editore
Librairie Philosophique J. Vrin

Le volume est publié grâce au concours de:
- Dipartimento di Filosofia e Politica dell'Università degli Studi di Napoli "L'Orientale"
- Istituto Italiano per gli Studi Filosofici
- PRIN 2007 (unità locale dell'Università degli Studi di Napoli "L'Orientale"): "Dalla critica libertina al primo Illuminismo: percorsi interpretativi tra filosofia e scienza. Studi e edizione di testi" (prof. Lorenzo Bianchi)
- Ricerca d'ateneo 2008 (Università degli Studi di Napoli "L'Orientale"): "Natura storia ragione nel pensiero moderno in ambito francese" (prof. Alberto Postigliola)
- Societé d'Études Kantiennes de Langue Française

Liguori Editore - I 80123 Napoli
http://www.liguori.it

Prima edizione italiana Febbraio 2009
Stampato in Italia da OGL - Napoli

Bianchi, Lorenzo :
Kant et les Lumières européennes/Lorenzo Bianchi, Jean Ferrari, Alberto Postigliola (*sous la direction de*)
Napoli : Liguori, 2009
ISBN-13 **978 - 88 - 207 - 4097 - 9** (Liguori Editore, Napoli)
ISBN-13 **978 - 2 - 7116 - 4357 - 8** (Librairie Philosophique J. Vrin, Paris)

1. Storia della filosofia 2. Storia delle idee I. Titolo.

Ristampe:

15 14 13 12 11 10 09 10 9 8 7 6 5 4 3 2 1 0

La carta utilizzata per la stampa di questo volume è inalterabile, priva di acidi, a PH neutro, conforme alle norme UNI EN Iso 9706 ∞, realizzata con materie fibrose vergini provenienti da piantagioni rinnovabili e prodotti ausiliari assolutamente naturali, non inquinanti e totalmente biodegradabili.

TABLE DES MATIÈRES

La religion

Droit, morale et politique

AVANT-PROPOS

Lorenzo Bianchi - Jean Ferrari

La Société d'Études Kantiennes de Langue Française a tenu son septième congrès à Naples du 20 au 22 octobre 2005, à l'invitation de l'Università degli Studi di Napoli «L'Orientale» et avec le concours de l'Istituto Italiano per gli Studi Filosofici. S'étaient associés à son organisation le Centre Gaston Bachelard de l'Université de Bourgogne, la Societá Italiana di Studi sul Secolo XVIII et tout particulièrement son secrétaire général, Alberto Postigliola.

Le thème proposé par les organisateurs: «Kant et les Lumières européennes» a suscité un si grand intérêt qu'il n'a pas été possible d'accepter toutes les propositions de communication qui ont été faites pour ces trois journées de congrès. On aurait pu penser pourtant, au lendemain des célébrations du 200e anniversaire de la mort de Kant en 2004, où tant de colloques et de congrès ont eu lieu qui ont stimulé la recherche kantienne, que ce regain de ferveur serait de courte durée. Il n'en fut rien et même sur le thème des Lumières, maintes fois abordé, le congrès napolitain a présenté un ensemble de contributions originales dont il a paru opportun de faire un volume, comme ce fut le cas pour les 6 premiers congrès de la Société d'Études Kantiennes de Langue Française et, cette fois, sous la forme d'une coédition entre l'éditeur Liguori de Naples et les Éditions Vrin de Paris.

Suscité par les propositions des participants eux-mêmes, l'ordre des travaux s'est imposé selon quatre perspectives principales sans jamais abandonner le double éclairage de la pensée kantienne et des Lumières européennes. La présence de l'Europe des Lumières a d'abord été analysée dans un premier moment à l'intérieur de la pensée même de Kant. Puis il a paru suggestif de s'attacher, sur le même thème, aux relations de voisinage: Kant et Wolff, Shaftesbury, Rousseau, Jacobi, Reinhold, Herder. Un ensemble important de communications ont choisi de privilégier un aspect de la pensée kantienne dans son rapport avec les Lumières: l'esthétique, la religion, le droit, la pensée politique, la science, en leurs progrès éclairés. Enfin, et ce fut une originalité de cette rencontre, l'actualité de la pensée kantienne au XXe siècle a suscité des études sur Cassirer, Husserl, Heidegger et Foucault.

Les Actes présentés ici, en leur table des matières, sont fidèles à l'organisation intellectuelle de cette 7e rencontre. Ils contribuent sans doute, comme ceux des congrès précédents, à donner de nouveaux éclairages à la pensée kantienne et feront progresser en quelque façon la recherche kantienne en langue française et, pour quelques communications, en langue italienne, les deux langues latines associées ici pour la première fois, mais qui pourrait s'en étonner pour un congrès sur les Lumières à Naples?

Une mention toute particulière doit être faite du Doyen Luc Langlois de l'Université Laval de Québec et du Groupe de recherche sur Kant et le problème de la liberté dans l'idéalisme allemand (FQRSC) qui ont accepté de relire et de corriger l'ensemble des épreuves de ce volume. Qu'ils en soient chaleureusement remerciés.

Il convient pour finir de remercier les organismes qui ont permis cette publication: le Dipartimento di Filosofia e Politica de l'Università degli Studi «L'Orientale», l'Istituto Italiano per gli Studi Filosofici, la Société d'Études Kantiennes de Langue Française.

Comment ne pas reconnaître enfin la part importante qu'a prise à Naples Giuseppe Landolfi Petrone dans l'organisation du Congrès et ne pas saluer la mémoire de notre ami Silvestro Marcucci, président de la Società Italiana di Studi Kantiani avec laquelle, grâce à lui, notre Société a entretenu des rapports étroits et chaleureux, qui avait participé avec son épouse à l'ouverture de nos travaux et qu'une mort brutale a arraché, quelques mois plus tard, à l'affection des siens. Qu'ils trouvent ici l'expression de notre amitié et de notre profonde sympathie.

Les Lumières dans l'œuvre de Kant

LA FONDATION CRITIQUE DE L'UNIVERSALITÉ DES LUMIÈRES

Monique Castillo

L'universalisme des Lumières pose aujourd'hui plusieurs types de questions. Certes, chacun s'accorde à reconnaître que la liberté personnelle de penser et d'entreprendre demeure la valeur fondatrice irréductible d'une civilisation du progrès. Mais quand il s'agit d'en concevoir l'application dans un contexte où la diversité culturelle veut s'imposer aussi comme un facteur de reconnaissance spécifique, les héritiers des Lumières se sentent écartelés entre deux types de fidélité à leur idéal: soit une fidélité à l'universalisme, soit une fidélité à la tolérance.

D'un côté, l'universalisme conduit à reconnaître tout autre comme celui qui partage le même souci d'indépendance intellectuelle. Mais, d'un autre côté, la tolérance oblige à reconnaître que ce souci d'universalité ne doit pas être le reflet de la culture d'un seul et qu'il faut le distinguer d'un impérialisme culturel. D'un côté, le souci d'une solidarité à intensifier, centrée sur l'unité humaine demeure bien dans l'esprit et la dynamique des Lumières modernes. D'un autre côté, une tolérance porteuse d'un universalisme plus modeste, réduit au constat d'une simple cohabitation pacifique des cultures, vient relativiser l'ambitieux universalisme des origines.

Une telle problématique reconduit au kantisme, pour lui demander quelle fondation critique donner à l'idéal universaliste des Lumières.

La voie d'une fondation critique de l'universalité

S'il faut «honorer la confiance que l'*Aufklärung* plaçait dans la raison», écrit François Marty, c'est «en appliquant la raison à une tâche qu'elle est seule à pouvoir faire, et où se déclare toute sa dignité: se critiquer elle-même, afin de déterminer le domaine de ses affirmations légitimes»[1]. S'agissant de la prétention des Lumières à une diffusion universelle, la raison peut dépister que la volonté d'émancipation elle-même peut fort bien tomber contradictoirement

[1] F. Marty, *L'Homme, habitant du Monde*, Paris, Honoré Champion, 2004, p. 112.

dans les deux travers que sont le dogmatisme et le scepticisme. Au nom des Lumières, en effet, peuvent être pratiqués un culte dogmatique de l'usage de la raison aussi bien qu'une dérive empirico-sceptique de l'usage de la raison.

La tentation dogmatique

Est dogmatique une conception positiviste de la science qui transforme un naturalisme simplement méthodologique en un naturalisme ontologique; en croyant connaître, par son usage empirique, la nature telle qu'elle est en soi, l'entendement impose, certes, sa souveraineté, mais il supprime toute autre quête d'intelligibilité et de sens. L'universalisation du naturalisme s'impose alors de manière dogmatique.

Est dogmatique également la conception du progrès des Lumières qui lui donne pour moteur le développement du luxe et l'accumulation des richesses dans une culture centrée sur l'habileté. Peut être dite dogmatique, de façon générale, la prétention de faire du bonheur la seule finalité de l'existence humaine, tout comme la volonté d'universaliser un point de vue exclusivement eudémoniste sur l'histoire humaine. Est tout aussi dogmatique une conception exclusivement et autoritairement matérialiste de la critique, que la Critique au sens kantien entend précisément couper «dans ses racines». Ajoutons encore que la tentation de dogmatisme caractérise les premiers usages de la raison en quête de liberté: «Une fois brisées ses chaînes, le premier usage que la raison fait de la liberté dégénère forcément en abus et en une présomptueuse confiance dans l'indépendance de son pouvoir à l'égard de toute restriction, en une conviction de la toute-puissance de la raison spéculative (etc.)»[2].

La tentation sceptique

Mais c'est sans doute la tentation sceptique que le criticisme a dû le plus fermement combattre. La raison en est que le scepticisme se présente comme un usage anti-dogmatique et émancipatoire de la raison qu'il paraît légitime d'universaliser. Le scepticisme n'est-il pas, déjà, la pratique d'une critique de la raison par la raison, la volonté

[2] *Qu'est-ce que s'orienter dans la pensée?*, Bibliothèque de la Pléiade, p. 544, traduction légèrement modifiée.

de limiter l'usage théorique de la raison au seul domaine légitime des phénomènes?

Le scepticisme fixe des limites à l'usage de la raison et lui fait admettre qu'elle subit des conditionnements. Lorsque, pour borner la raison à une fonction strictement théorique, qu'elle soit scientifique ou technique, le scepticisme réduit les croyances à des énoncés infondés, à des phénomènes résiduels simplement historiques, traditionnels et contingents, sa manière de raisonner conduit, certes, à la tolérance, mais à une tolérance nourrie d'un relativisme éthique qui met toutes les croyances sur le même plan de l'arbitraire et de l'irrationalité. Le relativisme conduit, en effet, à une tolérance faite de l'exclusion réciproque des croyances, à une sorte de neutralisation des croyances par consentement mutuel, à une reconnaissance des différences par la même indifférence.

Mais ce relativisme axiologique, spirituel et moral que l'on voudrait universaliser menace d'être finalement destructeur de toute possibilité de communiquer. Si la destruction de la foi rationnelle est le prix qu'il faut payer pour donner à la raison des limites, une telle conviction met alors en danger la liberté de penser de l'individu, ne serait-ce que dans la forme de la liberté de croire.

Kant a lui-même élaboré cette critique du scepticisme quand il estimait que la critique sceptique ne contient que l'aspect négatif de la pensée des Lumières, ne débouchant que sur des progrès négatifs[3]: la critique sceptique détruit, mais sans reconstruire. Aussi Kant plaçait-il au-dessus de la simple critique sceptique des préjugés une autre attitude de l'esprit, qu'il appelait le «bon sens» et qui est, en chacun de nous, la capacité de «se mettre à la place d'autrui».

La rectification critique

Telle peut alors être la rectification critique de la critique sceptique: toute critique de la raison a nécessairement une source déontologique ou éthique. Ce fondement déontologique peut s'énoncer ainsi: toute destruction présuppose une reconstruction, tout soupçon présuppose une foi. La vocation véritablement universelle de l'usage de la critique est morale en dernier ressort. Elle reconnaît à l'usage du savoir lui-même une destination ultimement morale.

[3] Kant, *Critique de la faculté de juger*, § 40: «(...) on nomme les Lumières la libération de la superstition»; en note: les Lumières proprement dites sont «un moment simplement négatif».

Pour le dire autrement: une critique de la raison présuppose nécessairement une conception non sceptique de la raison. Car de deux choses l'une: ou bien l'on a affaire à une critique qui refuse toute foi dans la raison, et elle s'autodétruit (étant forcée d'avouer que son but n'est pas rationnel); ou bien l'on a affaire à une critique de la raison par elle-même, et elle ne peut alors que se donner pour tâche de réaliser l'idéal de la raison, qui justifie sa critique. Ce que la deuxième Critique exprimait en un mot: «[...] on ne peut prouver par la raison qu'il n'y a pas de raison». Contre la pente nihiliste de l'usage du scepticisme, on pourrait exprimer la même idée de la manière suivante: on ne peut pas prouver par la raison qu'il n'existe pas d'objectivité pratique, pas de rationalité pratique, pas d'universalité juridique et morale.

En d'autres termes, notre besoin de raison est un besoin de sens, le besoin de présupposer qu'une commune confiance dans la parole peut être originairement partagée. La foi dans la raison joue ainsi un rôle majeur pour la notion de tolérance. Quand la raison est entendue comme raison pratique, comme un besoin universel d'éthique, elle inclut par là même l'égalité des partenaires. Je ne peux exclure l'autre, comme je ne peux supposer que l'autre m'exclut. Il est impossible de ne pas partager la même foi rationnelle dans la contribution de tous à un même monde humain. Il est impossible de supposer qu'autrui m'exclut d'un monde du sens, d'une «communauté idéale de communication» pour le dire à la manière de Karl-Otto Apel, d'un lieu de sens partageable. Le même besoin d'un présupposé éthique s'impose alors à chacun: la nécessité, pour chacun, de supposer *a priori* l'intelligibilité de l'action de l'autre, ce qui évite l'enfermement identitaire et l'incommunication.

La question du présupposé des Lumières

Nous voici donc amenés à reconnaître qu'il existe bien un présupposé des Lumières, un présupposé selon lequel les Lumières sont universellement communicables, compréhensibles, qu'il est possible à chacun de leur donner son assentiment.

Or cette foi dans la raison suscite deux types d'objections:

– Comment les Lumières peuvent-elles prétendre à une véritable universalité si elles ne sont elles-mêmes que l'expression d'un préjugé culturel particulier? Si elles sont un choix de civilisation parmi d'autres, leur universalité n'est que la volonté d'ériger une culture en norme de toutes les autres. C'est l'une des principales objections du Romantisme aux Lumières, à laquelle Gadamer a donné une nouvelle actualité dans son livre *Vérité et méthode*.

– La deuxième objection a pour enjeu le statut même de la philosophie: la diffusion des Lumières dans le peuple est-elle compatible avec l'ignorance du peuple? Comment éviter la chute du savoir philosophique dans une «philosophie populaire», que l'on traduirait peut-être aujourd'hui par l'idée d'une culture de masse qui dissout le savoir dans des effets de rhétorique et de propagande. Ne risque-t-on pas alors de voir se répandre une sorte de sous-culture sans aucun lien avec la conquête d'une vraie liberté de penser et de savoir?

Réponse à la deuxième objection

Commençons par la réponse critique qui peut être donnée à la deuxième objection.

Kant, on le sait, se méfie de la philosophie populaire et de la manière dont elle substitue le mobile du plaisir au principe du devoir dans la conduite de l'action. Il se montre également sensible à la difficulté de réaliser une diffusion générale des Lumières. «Il s'en faut encore de beaucoup, écrit-il dans l'opuscule *Qu'est-ce que les Lumières*, que les hommes dans leur ensemble, au point où en sont les choses, soient déjà capables, ou puissent seulement être rendus capables, de se servir dans les questions religieuses de leur propre entendement de façon sûre et correcte, sans être dirigés par un autre»[4].

Le cœur du problème est donc bien circonscrit: l'acte d'émancipation intellectuelle étant d'abord un acte personnel, peut-on en universaliser aisément le principe? En termes platoniciens: est-il possible de créditer tout un chacun de la possession d'un naturel philosophe? Léo Strauss met en pratique, au XXe siècle, une vision critique platonicienne des Lumières modernes: «[...] nous ne devons pas espérer que l'éducation libérale devienne jamais universelle. Elle restera toujours l'obligation et le privilège d'une minorité. Nous ne pouvons pas non plus espérer que ceux qui ont reçu une éducation libérale deviennent une puissance politique sans comptes à rendre à personne»[5].

Tentons d'imaginer quelle pourrait être la réponse de Kant à cette critique straussienne des Lumières modernes. Sans doute Kant fait-il la différence entre l'ésotérique et l'exotérique, entre les con-

[4] Kant, *Qu'est-ce que les Lumières?*, Bibliothèque de la Pléiade, tome II, p. 215.

[5] L. Strauss, *Le Libéralisme antique et le moderne*, trad. O. Berrichon Sedeyn, Paris, PUF, 1990, p. 44.

naissances savantes qui peuvent «difficilement passer dans le peuple» et celles qui peuvent avoir le peuple pour témoin et pour public. Toutefois, sa conception de la sagesse, sa conception de l'alliance entre savoir et liberté est résolument distincte de la perception antique. Peut-être parce que sa conception du savoir n'est ni conservatrice ni possessive: l'œuvre de science n'est pas la propriété des savants, mais le bien commun de l'espèce humaine. Le savoir a vocation de se construire dans la suite des générations, et la curiosité intellectuelle a pour mesure le devenir de nos lointains descendants. À ce titre, la science doit être représentée comme une activité bien plus que comme un patrimoine. C'est pourquoi la diffusion des Lumières n'est pas conçue par Kant comme l'attribution de certains privilèges à un plus grand nombre de personnes, mais comme la formation d'un public. Le penseur vraiment libre est celui qui ne craint pas d'exposer ses pensées au public et de les faire partager au plus grand nombre. Ce n'est pas de performance qu'il s'agit, mais d'espace public, un espace public de la libre communication des pensées. Ce que Kant exprime en ces termes étonnamment proches de nous: «[...] quels seraient le champ et la rectitude de notre pensée si nous ne pensions pas pour ainsi dire en communauté avec d'autres, dans une communication réciproque de nos pensées»[6].

Réponse à la première objection

Nous pouvons maintenant revenir à la première objection concernant l'existence d'un préjugé des Lumières. On ne peut nier, en effet, l'existence d'un «présupposé» des Lumières en faveur de la communicabilité des pensées, présupposé que Kant traduit admirablement par le terme «maxime» ou «devise»: «la maxime de penser par soi-même en toutes circonstances est l'*Aufklärung*», dit la note finale de *Qu'est-ce que s'orienter dans la pensée?* Mais une telle maxime est bien différente d'un préjugé; aussi importe-t-il de bien s'entendre sur les mots, en distinguant entre un préjugé et une maxime du jugement.

Pour dénoncer ce qu'il appelle le «préjugé» des Lumières, Gadamer s'exprime en ces termes: «Le préjugé fondamental de l'*Aufklärung* est le préjugé contre les préjugés en général et la récusation de la tradition qui en résulte»[7]. À une première lecture, le fait de définir

[6] *Qu'est-ce que s'orienter dans la pensée?*, p. 542.
[7] H. G. Gadamer, *Vérité et méthode*, trad. E. Sacre, Paris, Seuil, 1976, p. 108.

les Lumières comme «de préjugé contre les préjugés» peut apparaître comme un simple jeu de mots qui réduit les Lumières au sort commun de toute pensée. À un deuxième niveau de sens, l'argument apparaît comme une manière paradoxale de signifier que le projet des Lumières est voué à l'échec, la volonté de penser sans préjugés étant vaine parce qu'irréalisable. Dans ce cas, c'est le présupposé de la communicabilité des Lumières qui est considéré comme irréalisable. À un troisième niveau de sens, c'est la conception que les Lumières ont de la raison qui est identifiée à un préjugé: l'argument va alors beaucoup plus loin et est bien plus lourd de conséquences. Il sous-entend, en effet, que ce n'est pas par raison, mais, en dernier ressort, par conviction, qu'il est fait un usage critique de la raison. Le préjugé des Lumières ainsi conçu est un contenu de sens préalable, une décision antérieure à la réflexion, une pensée toute faite, datée et située dans la modernité européenne. Gadamer l'identifie à la lutte contre la tradition religieuse du christianisme: «La radicalité particulière des Lumières modernes [...] consiste précisément en ce qu'elle doit s'affronter à l'Écriture sainte et à son interprétation dogmatique»[8].

Cette analyse réduit le projet de l'*Aufklärung* à une particularité culturelle. Comment alors prétendre à l'universalité sans tomber sous l'accusation d'impérialisme culturel, qui limite l'activité critique à une pratique simplement destructrice de toute spiritualité religieuse?

Il existe une réponse kantienne à une telle objection, et qui est d'autant plus précieuse qu'elle est d'une étonnante sobriété. Kant, en effet, n'identifie pas les préjugés à des contenus culturels, et, quand il oppose la raison à la superstition, il n'oppose pas un contenu doctrinal à un autre, ni une conviction à une autre; il ne fait que distinguer entre l'activité et la passivité de la raison, une passivité dont la raison se rend elle-même responsable. Ce qu'il appelle «superstition» ne désigne aucun ennemi culturel en particulier, mais seulement l'hétéronomie de la pensée, et ce, à toutes les époques et sous toutes les latitudes: tout individu, quel que soit son lieu d'éducation et de vie, est menacé de préférer conformer sa pensée à celle des autres plutôt que d'avoir à l'éclairer, c'est-à-dire à justifier et argumenter, expliquer et communiquer. Parce que le préjugé n'installe son emprise que sur le renoncement de la raison à sa propre activité, la prise de conscience peut advenir dès que le raisonnement s'examine lui-même.

[8] *Ibid.*, p. 110.

Il y a donc bien un présupposé des Lumières, et il est universaliste en un sens critique: il consiste à admettre que tout homme peut se mobiliser lui-même pour accéder au savoir et pratiquer la vertu, sans devoir être soumis au conditionnement d'une époque ou d'une communauté, sans avoir à faire de la soumission aux convictions d'autrui la condition de l'exercice de sa propre intelligence et de propre valeur. La tradition peut sans doute nous inciter à subir la passivité, mais elle ne saurait nous déterminer à la choisir. Il serait impossible de respecter, impossible d'éduquer et impossible de communiquer si l'on n'admettait pas que tout individu est le seul et unique auteur de l'usage qu'il fait lui-même des Lumières. La dignité humaine suppose ce minimum de trans-historicité ou de transculturalité que les Lumières nommaient la perfectibilité humaine.

C'est par là qu'il faut conclure: l'universalité n'est pas une mesure abstraitement comptable, elle incite, au contraire, en sa fondation critique, à participer à un monde ouvert, réalisable à plusieurs. La perfectibilité n'est la propriété d'aucun individu ni d'aucune civilisation, elle n'appartient à personne en particulier, et les bénéfices en sont toujours destinés à un autre, à la génération qui viendra et qui en recueillera les fruits, avant de se rendre féconde à son tour.

AUFKLÄRUNG ET/OU LES LUMIÈRES

José Castaing

Introduction

Il faut souligner la distance qui sépare la conception allemande en général d'une part mais particulièrement la conception kantienne de l'*Aufklärung* de ce que désigne l'expression *Siècle des Lumières* dans la tradition française. La traduction d'*Aufklärung* par *les Lumières* est sans doute fort commode mais nous verrons qu'elle est inadéquate à ce que Kant recherche et qu'elle masque l'enracinement de l'*Aufklärung* dans une tradition protestante piétiste. Si les Lumières françaises sont volontiers athées, à tout le moins agnostiques, il n'en est rien pour Kant! L'*Aufklärung* kantienne s'inscrit dans une tradition protestante du "libre examen" et loin de prétendre en finir avec toute religion, doit permettre l'avènement de la "vraie religion", c'est-à-dire la transformation de l'humanité en un royaume de Dieu, ou, pour reprendre la formule de *CRPr*, la transformation du monde sensible en un «tout d'êtres intelligibles»: l'*Aufklärung* kantienne ne se comprend que dans une perspective non tant métaphysique que théologique, une théologie qui se développe «dans les limites de la simple raison». Et l'aboutissement de la *philosophie transcendantale* ne peut être que l'affirmation de Dieu tel qu'il doit être pensé par la libre raison. Or il est difficile d'accorder que les Lumières aient conservé quelque intérêt pour la métaphysique pour ne rien dire de la théologie!

D'autre part, si on se pose la question de la destination de la raison comme faculté de penser, on doit considérer que celle-ci ne peut pas ne pas avoir une fin, et la fin qui est alors poursuivie est désignée par le terme d'*Aufklärung*, celle-ci peut être caractérisée par l'exercice autonome du penser, et Kant marquera dans *Religion* que celui-ci ne peut que favoriser le développement de la «vraie religion». Une précaution sans doute pour garantir l'*Aufklärung* contre les attaques dont elle pourrait être victime de la part des autorités, religieuses ou politiques. Le plus remarquable est peut-être la réponse négative que fait Kant à la question de savoir si nous sommes dans un siècle éclairé. Il affirme alors que nous sommes seulement «bien dans un siècle en marche vers les Lumières»[1]. «L'important est ici la

[1] Ak 8, 40, 17. Piobetta utilise pour ce seul passage «en marche vers les Lumières» qui est certes meilleur que «propagation des Lumières» choisi par la Pléiade, qui fait

distinction entre *aufgeklärter Zeitalter* et *Zeitalter der Aufklärung*. La traduction traditionnelle d'*Aufklärung* par *les Lumières* est pour le moins insuffisante dans la mesure où elle manque totalement l'idée, ici fondamentale, d'un progrès vers les Lumières ou d'une *marche vers les Lumières*. C'est ici l'idée d'une véritable Histoire de l'Esprit qui apparaît et le «sens» de l'Histoire passe par cet avènement de l'Esprit à lui-même comme Esprit libre. Si on garde à l'esprit que la *vraie religion* dont Kant nous parle n'est la religion d'aucune Église, quelle qu'elle soit, et en même temps que cette liberté de pensée est celle même de la raison prenant conscience de soi et de ses exigences, nous pouvons dire que dans cet Essai nous sommes plus près d'une Philosophie de l'Histoire telle celle de Hegel que d'une théorie proprement théologique, plus près, aussi, d'une philosophie de l'Histoire de l'Esprit ou de la raison. De ce point de vue, l'*Aufklärung* n'est pas seulement un moyen, mais le mouvement même ou manifestation du mouvement de l'Esprit dans l'Histoire. Elle est aussi un moyen dans la mesure où la sortie de la minorité est la condition de la vie raisonnable, c'est-à-dire d'une vie en liberté. Il y a au moins deux intentions dans *Was ist Aufklärung?* D'une part affranchir la pensée théologique de toute censure venant du souverain et d'autre part assurer dans des limites déterminées le pouvoir absolu du souverain en tout ce qui relève du politique. On doit ajouter qu'il s'agit également de libérer la conscience des hommes de toute hégémonie d'un dogme quelconque quand bien même les défenseurs de tel ou tel dogme doivent avoir la liberté de le proclamer! Cette dernière perspective ne concerne que les individus et non plus les autorités politiques. L'*Aufklärung* ne vaut pas pour la vie civile sinon dans les limites de l'usage public de la raison. Il pourrait sembler que le progrès dans les sciences et les arts impose de lui-même le respect des exigences de l'*Aufklärung* et un despotisme dans ce domaine ne serait pas à craindre, car il est contraire aux intérêts du souverain. Néanmoins c'est seulement dans la Préface de la 1e éd. de *La Religion*[2] qu'on trouve une remarque sur le problème des rapports entre le travail du savant et le rôle des théologiens dans l'Université, avec une référence à Galilée[3]... L'histoire est ancienne mais le risque n'est-il pas toujours présent?

l'effort de trouver chaque fois une périphrase pour marquer cette idée d'un «avancement vers». Le plus simple serait sans doute d'utiliser une fois pour toutes «d'éveil aux Lumières» pour *Aufklärung*, si on veut à tout prix écarter *Aufklärung*.

[2] Ak 6, 8, 30.

[3] On ne trouve en tout et pour tout que 3 références à Galilée!

Le problème de l'Aufklärung chez Kant

C'est la même année (1784) dans *I.H.U.* et dans la *Réponse à la question: qu'est-ce que l'Aufklärung?* que le terme d'*Aufklärung* apparaît dans sa signification proprement kantienne. Les occurrences qui précèdent 1784 n'ont pas d'autre sens que celui d'éclaircissement ou d'élucidation. En revanche dès 1784 (avant *CFJ* § 40 où on voit apparaître *Aufklärung* définie comme *Libération de la superstition*), le sens de marche vers la *Lumière* semble bien être le sens que Kant donnera désormais à *Aufklärung*. Il faut toutefois en excepter les 3 occurrences qu'on trouve dans le *Cours de Géographie*.

On a pu à bon droit souligner le rôle du piétisme dans la formation de l'*Aufklärung* allemande et l'éducation de Kant fut fortement marquée par cette tradition. Mais ce qui va séparer Kant des perspectives piétistes, dès qu'il sera parvenu à maîtriser le système critique, est que, si celles-ci reconnaissent un Dieu personnel vivant, et la possibilité d'une théologie autonome, il pourrait bien sembler que l'idée fondamentale de Kant telle qu'elle se dégage de l'ensemble de l'œuvre, exclue une telle perspective. Il faut revenir sur le fait que, si Dieu en soi est le Souverain Bien il n'en demeure pas moins que Celui-ci doit être réalisé par l'humanité. De telle sorte que si pour nous Dieu va prendre la figure d'un Être un, infini, transcendant, omniscient et tout-puissant, cette représentation religieuse devrait être de fait écartée par le système spéculatif. Mais Kant ne produira jamais le Système et il pourra s'en tenir fermement dans l'usage privé de sa raison à la représentation religieuse, tandis que dans son usage public il posera les bases qui conduisent nécessairement à un système impliquant l'idée d'un Dieu se produisant comme monde par la liberté de l'homme. Le projet d'un système de la philosophie transcendantale qui tente de s'ébaucher dans l'*O.P.*, particulièrement dans la dernière[4] liasse, semble s'être constitué dans une telle perspective.

C'est sans doute plus l'anticléricalisme que l'athéisme qui caractériserait le mouvement des Lumières[5] et on serait tenté, à partir des thèses de *Religion*, de rapprocher l'*Aufklärung* kantienne et les Lumières: ce serait une erreur, car les Lumières sont anticléricales dans

[4] La première dans l'édition académique!

[5] Voltaire, dont on cite volontiers le «Écrasez l'infâme», n'en était pas moins sinon déiste en tout cas agnostique!

la mesure où elles s'opposent à toute forme déterminée de religion alors que Kant reconnaît le religion sous ses diverses formes[6], et il ne récuse (de même, notons-le, que les Lumières) que l'institution d'un pouvoir (spirituel et/ou politique) des clercs pour autant qu'il supprime le libre usage de la raison dont Kant attend qu'il conduise à ce qu'il appelle la «vraie religion» ou l'avènement du Règne de Dieu.

Liberté de penser ou libres penseurs?

L'expression «liberté de penser» se rencontre très fréquemment et en particulier sept occurrences dans *Was heißt sich im Denken orientiren?*, en revanche on n'y rencontre que trois occurrences d'*Aufklärung*, toutes dans une dernière note[7].

> «*Penser par soi-même* signifie chercher la pierre de touche suprême de la vérité en soi-même (*i.e.* dans sa propre raison) et la maxime de toujours penser par soi-même est l'*Aufklärung*. Or à l'*Aufklärung* appartient bien moins <de choses> que s'imaginent ceux qui placent l'*Aufklärung* dans des *connaissances*: car elle est bien plutôt un principe négatif dans l'usage de son pouvoir de connaître, et souvent celui qui est extrêmement riche de connaissances est le moins éclairé dans l'usage de celles-ci. Se servir de sa propre raison ne veut rien dire de plus qu'en tout ce qu'on doit admettre se demander soi-même: si on trouve bien faisable de faire un principe universel de l'usage de sa raison du fondement en raison duquel on admet quelque chose, ou encore de la règle qui suit de ce qu'on admet. Cette preuve chacun peut la mettre en place lui-même et il verra bientôt disparaître grâce à cette preuve la superstition et l'exaltation mystique, bien qu'il n'ait pas de loin les connaissances pour les réfuter toutes deux à partir de fondements objectifs. Car il se sert simplement de la maxime de *l'autoconservation* de la raison. Fonder l'*Aufklärung* par l'éducation chez *quelques sujets* est donc bien facile; on doit seulement commencer tôt à habituer les jeunes têtes à cette réflexion. Mais éclairer une *époque* est très pénible; car il se trouve beaucoup d'obstacles extérieurs qui pour une part interdisent ce mode d'éducation, pour une autre lui font obstacle.»

[6] Cf. P.P. Deuxième Section, 3, Ak 8, 367, note.

[7] La traduction de Philonenko (Vrin) ajoute une numérotation (de I à III) qui n'existe pas dans le texte de Kant et coupe la dernière note à partir de: «*Diese Probe kann...*» pour l'intégrer comme dernier alinéa au texte...

Cette longue note finale va précisément dans le sens de *Was ist Aufklärung?* et elle me semble caractériser exactement le fond de la pensée kantienne: c'est en nous-mêmes et par nous-mêmes que nous pourrons progresser vers la vérité qui ne peut être atteinte que dans la mesure où le sujet peut reconnaître l'accord de ce qui se présente à sa conscience avec les exigences de la raison. Ce qui est vrai tant dans le domaine théorique que dans le domaine pratique.

Peut-on alors inscrire Rousseau dans le courant des Lumières? Sans doute il ne se soumet pas à une doctrine religieuse et s'en tient à la certitude de la conscience, de même est-il profondément préoccupé par le problème de l'éducation, préoccupation que Kant a cru pouvoir retrouver dans le *Philanthropinon* de Basedow. Mais Rousseau semble bien étranger à l'idée de progrès de la raison et l'histoire est plutôt pour lui celle d'une dégénérescence et non d'un progrès de la raison. En revanche, on devrait pouvoir accorder que, pour autant qu'il puisse y avoir un progrès de l'humanité (et pour Rousseau on doit l'admettre!), ce progrès passe par une révolution de la manière de penser qui rendrait à la raison son autonomie dont tant *Le Contrat social* que l'*Émile* nous proposent l'esquisse. En un sens la démarche de Rousseau apparaît plus proche de l'*Aufklärung* que des Lumières françaises. La société à venir, telle que la rêve Rousseau n'est sans doute pas très éloignée, en son principe au moins, de l'*État des Mœurs* que rêve Dom Deschamps.

La revendication de la liberté de penser présuppose, d'une part, la référence à une conception des choses et, d'autre part, le refus qu'on puisse façonner la manière de penser d'un homme, que cela soit le résultat d'une formation par l'entourage de l'individu ou qu'elle lui soit imposée par une autorité. On peut bien objecter que nul ne peut m'empêcher de penser ce que je veux et comme je le veux, mais cette objection présuppose que l'individu soit parvenu à la maîtrise de sa conscience de soi et donc qu'il soit sorti, pour une part au moins, de sa minorité pour penser quelque chose par lui-même! On peut alors se demander s'il n'en est pas question seulement quand une autorité quelconque en vient à imposer ouvertement telle ou telle manière de penser ou tel ou tel contenu de pensée. Le libre penseur est celui qui refuse de penser *comme tout le monde* et si dans le langage courant il désigne essentiellement celui qui récuse la religion, *stricto sensu* il désigne celui qui refuse d'accepter sans l'accord de sa raison les affirmations qui règnent autour de lui.

De ce point de vue la *Critique* est à proprement parler l'œuvre d'un libre penseur!

Il faut dire un mot des libertins, un mouvement qui apparaît au XVIIe s. en France et qui remet en question la validité de la religion en général, mais dont il faut noter que ses racines remontent au XIIIe siècle avec la revendication de la liberté de penser en dehors des présupposés imposés par l'Église. Il faudrait citer Bayle dont le *Dictionnaire historique et critique* fut la source de toute philosophie sceptique, à proprement parler athée qu'elle relève des Lumières ou de l'*Aufklärung*. Mais l'auteur le plus significatif pour saisir la différence entre *Aufklärung* et Lumières est bien Dom Deschamps (1716-1774). On se reportera pour plus d'informations au volume intitulé *Les athéismes philosophiques*[8], en particulier le chapitre 1: «Athéisme & Histoire de la philosophie: Philosophie médiévale & Renaissante, Classicisme & Lumières». Le mouvement des Lumières ne doit-il pas être compris comme un scepticisme généralisé vis-à-vis de la métaphysique autant que de la religion? Et c'est peut-être du côté de Dom Deschamps qu'il faudrait chercher le sol originaire sur lequel va se développer non plus une *philosophie des Lumières* mais une métaphysique de l'*Aufklärung* dont le système deschampsien, plus radical peut-être que la philosophie kantienne, est déjà plus proche du Système hégélien, ne serait-ce que dans la mesure ou il s'inscrit dans le cadre d'une reprise plutôt que d'une confrontation avec le spinozisme. Dans la Préface de *La vérité tirée du fond du puits*[9], Deschamps fait appel à des «hommes éclairés et de bonne foi» pour lui «poser des questions que les objets qu'elle [la vérité] embrasse», certain de pouvoir leur répondre aisément, «et ce serait le meilleur moyen de déchirer de plus en plus le voile qui la couvre, et de multiplier le nombre de ses adhérents.» Dans le *Colloque entre Mme la Marquise de Voyer, M. l'abbé Yvon et Dom Deschamps*[10], on trouve aussi cette formule sous la plume de Dom Deschamps parlant de l'abbé Yvon: «Il jette et toujours jette sur le papier les idées qu'il a reçues par les livres, et il les digère à sa façon, sans jamais qu'il lui soit venu dans l'esprit de penser par lui-même ou d'imaginer qu'on puisse mieux penser que lui».

[8] *Les athéismes philosophiques*, Actes du Colloque de Chauvigny, octobre 1999, Paris, Kimé, 2000.

[9] Léger M. Deschamps, *Œuvres philosophiques*, tome II, p. 553.

[10] *Ibid.* p. 492.

[11] *Ibid.* p. 536: «À mes semblables les hommes.»

On rencontre dans l'adresse inaugurale de *La vérité tirée du fond du puits*[11] une formule et une note. La formule dit: «[...] toute morale porte sur un système métaphysique quelconque, et que la saine métaphysique seule peut donner la saine morale et la faire pratiquerh[12]». Voici la note h: «Quelle absurdité de croire qu'il est des dogmes, comme l'immortalité ou la mortalité de l'âme, qui ne font rien à la morale! Tout dogme, qui n'est pas le vrai, la corrompt nécessairement parce qu'il n'est aucun dogme dans une religion qui soit indépendant des autres». Voilà, certes, des propositions que Kant ne pourrait accorder dans leur intégralité et, contrairement à Dom Deschamps, il ne pense pas possible de produire par le seul effort de la raison spéculative une *saine métaphysique*. En revanche, on peut considérer que la réflexion kantienne, fondée sur l'élaboration conceptuelle de la loi morale, tend à déboucher sur une *saine métaphysique* qui reconnaît comme fin ultime l'instauration d'un monde moral parfait. Certes Kant ne s'est jamais lancé dans l'élaboration d'une utopie, mais il est difficile de nier un certain parallélisme entre l'idée d'un Règne des fins et le *monde moral* de Dom Deschamps.

C'est dans le même texte qu'on trouve une remarque qui pourrait bien être reprise par Kant: «On est tellement accoutumé à regarder le culte comme étant de l'essence des religions qu'on ne s'imaginera pas aisément comment la vérité métaphysique, qui rejette tout culte, peut être la vraie religion. Elle l'est cependant, puisque toutes les religions ne sont autre chose qu'elle-même méconnue, contrefaite et corrompue, comme on le verra. Mais qu'on la qualifie de religion ou non, cela n'y fait rien». Autant qu'à Kant un tel texte ne peut manquer de nous renvoyer à Hegel.

La philosophie kantienne ne peut être ramenée à quelque forme de scepticisme intégral sous prétexte qu'elle remet en cause le pouvoir de la raison spéculative de produire quelque réponse que ce soit, positive ou négative, aux questions de la métaphysique: l'erreur est d'imaginer que la destination de la raison, qui peut progresser indéfiniment dans le champ de la connaissance scientifique des phénomènes naturels, serait également de produire par elle-même, indépendamment de tout donné, un système spéculatif achevé du suprasensible. La véritable destination de la raison est de produire un système des fins ultimes de l'homme, ce qui ne peut se faire qu'en partant du fait de la conscience morale, donc dans un système pratique et non spéculatif. Et la conscience morale dont il va partir ne

[12] *Ibid.* p. 539, note m.

peut être la conscience morale pervertie par les vices de la civilisation ni une conscience sclérosée des obligations diverses, mais la conscience morale telle que la raison peut en produire la loi: analyser le fond essentiel du concept de loi morale qui n'est pas connu immédiatement, encore que cette conscience, au moins pour Kant, soit universellement présente, est bien le travail de la raison, d'une raison éclairée qui ne retient de cette conscience commune que ce qu'elle ne peut pas ne pas reconnaître. On ne peut non plus l'accuser d'agnosticisme dans la mesure où le système critique répond positivement à ces questions du suprasensible si, comme on doit le faire, on s'en tient à la question de la réalité objective de l'intelligible sans prétendre à une connaissance de sa nature propre, de sa *Beschaffenheit*[13].

Dès lors il n'y a pour Kant aucune opposition entre l'*Aufklärung*, la philosophie et la foi. Contrairement à la plupart des philosophes des Lumières, Kant n'oppose pas l'*Aufklärung* à la religion, et si l'*Aufklärung* est le progrès vers le triomphe de la raison, débarrassée des faux-semblants, des superstitions et des mirages d'une raison qui n'a pas pris la mesure exacte de son pouvoir, elle ne peut aboutir qu'à la confirmation des certitudes de la vraie foi. Il faut en effet souligner que Kant reconnaît qu'au sein même de l'idéal de la raison la superstition est parvenue à s'infiltrer et que l'un des effet de l'*Aufklärung* est de la débarrasser de ces scories qui en masquent la vraie nature. La vraie philosophie, produite par la raison éclairée, n'est rien que le développement dans l'élément du concept du contenu effectif de la vraie foi et on peut bien dire qu'elle est la religion dans sa vérité. Ce qui renvoie évidemment aux thèses de Dom Deschamps: «[...] comment la vérité métaphysique peut être la vraie religion. Elle l'est cependant [...]».

Aufklärung et politique

Il est clair qu'il ne peut être question pour le citoyen de remettre en cause les décisions du pouvoir souverain. La seule chose qui puisse lui être accordée est de présenter au Souverain des observations critiques (*gravamina*) sur toute loi qui lui semblerait contraire au droit. Il faut se reporter à la remarque A de la *Remarque générale...*[14]

[13] *CRPr.* 245-24.
[14] Ak 6, 318 ff.

Que Kant ne puisse que condamner la révolution dans le politique est bien connu, mais il faut rappeler que, si le pouvoir croit pouvoir maintenir un exercice injuste de ce pouvoir non au prétexte que ce pouvoir est en soi sacré, car le tyran n'en sait rien, mais au prétexte qu'il en est de fait le seul détenteur, la Révolution, si injuste soit-elle en droit, il n'en demeure pas moins qu'elle viendra supprimer ce pouvoir. Et Kant pourra dire qu'on ne fait aucun tort au tyran en le détrônant! La voie que doit suivre le souverain est celle de la réforme. Une réforme qui passe par le progrès de l'éducation. Mais on peut se demander comment Kant comprend cet avènement d'une pensée de l'*Aufklärung* ou d'un âge de l'*Aufklärung*. Il me semble que pour Kant cet avènement soit effectivement la suite non d'une évolution mais bien d'une révolution. Il n'y a apparemment aucune raison de penser que, si nous sommes en marche vers l'*Aufklärung*, cette marche n'a pas commencé avec l'humanité elle-même. De ce point de vue, les *Conjectures sur les débuts de l'humanité* sembleraient bien aller dans ce sens, mais ce qu'elles esquissent, c'est le schéma d'une histoire de la formation de l'esprit en général. Ce n'est pas tant l'idée d'un progrès de la philosophie qui s'y annonce que celle d'une formation de l'esprit pensant, l'idée d'une évolution de l'esprit mais non celle d'une métaphysique qui serait sur la voie du progrès. Bien au contraire pour Kant l'histoire de la philosophie tourna en rond sans pouvoir déboucher sur quelque connaissance assurée. On doit considérer que Kant se pensant comme introduisant une rupture radicale dans la démarche de la philosophie ne pouvait pas défendre une prétendue continuité de l'évolution de la pensée philosophique. Il n'en demeure pas moins que l'absence de toute attention à cette histoire de l'esprit spéculatif est incontestablement caractéristique de l'attitude critique. En fait il semble que selon Kant, pour qui le spinozisme est l'aboutissement de toute la philosophie dogmatique, l'urgence est uniquement de produire la nouvelle philosophie et non de montrer comment elle serait devenue possible dans une histoire de l'esprit, alors qu'à l'intérieur de celle-ci elle constitue à proprement parler une rupture pour ne pas dire une révolution. On notera que Kant n'affirme la nécessité et donc la légitimité d'une révolution, et non d'une simple réforme, que lorsqu'il viendra à parler de l'éducation[15].

Le dernier et fort bref chapitre de la *Methodenlehre* de *CRP* s'annonce comme une esquisse de l'Histoire de la philosophie. Il est

[15] Dans les deux placets de 1776 et 1777 concernant le *Philanthropinon*.

remarquable que, parlant de «l'enfance de la philosophie», Kant déclare qu'elle ne pouvait commencer que «par là où nous préférerions maintenant finir, à savoir étudier d'abord la connaissance de Dieu et l'espoir ou bien plutôt la nature propre d'un autre monde.» Et malgré l'influence de «grossiers concepts de la religion» hérités de «l'état barbare des peuples», «une partie éclairée se consacrait à une libre recherche sur cet objet». De telle sorte que «théologie et morale étaient les deux mobiles ou plutôt les deux points de convergence de toutes les recherches abstraites auxquelles on s'est ensuite constamment consacré». Ce que la connaissance que nous avons des Présocratiques peut bien confirmer. Mais il faut souligner que, ce disant, Kant semble bien admettre qu'il y eut toujours la manifestation de quelque germe de l'*Aufklärung* et que l'homme n'est pas par nature condamné à l'obscurité liée à la somnolence de la raison. Une note du § 4 de la 4e partie de *La Religion*[16] souligne que la maturation de la liberté et de la raison ne peut se faire que si les hommes sont préalablement mis en liberté.

C'est à la Préface de la 2e éd. de *CRP* qu'il faudrait revenir; Kant y note clairement que dans le domaine des sciences (mathématique, physique), l'esprit n'a progressé que par sauts, parfois révolutionnaires, vers une connaissance objective et de plus en plus approfondie des lois de la nature, tandis que la métaphysique n'a pu que devenir ce *Kampfplatz* malgré la tentative inaboutie de Locke. Pour l'en sortir il fallait rien moins qu'une révolution[17] dans la manière de penser (*Denkungsart*) dont Copernic avait donné l'exemple en astronomie. Et on peut dire que c'est l'échec des recherches métaphysiques qui conduit Kant à cette révolution dans la manière de penser spéculative. De ce point de vue, c'est bien l'échec qui est le moteur du progrès, qu'il s'agisse des sciences ou de la philosophie! Mais on remarquera que dans le cas des sciences (en particulier de la physique) c'est essentiellement le poids du dogmatisme théologique qui retardera longtemps la reconnaissance de l'erreur et l'accomplissement des sauts qui nous rapprochent d'une connaissance objectivement vraie. Essentiellement, car il est conforté par un préjugé anthropocentriste

[16] Ak 6, 188, 20.

[17] Kant ne reprendra le terme de *Revolution* que dans le 3e alinéa du dernier chapitre de la *Methodenlehre* (*CRP* 881). Mais il s'agit là plutôt de *Veränderungen*, terme qui revient deux fois dans cet alinéa, et dont Kant cherche ici «la diversité de l'Idée qui fut l'occasion des plus importantes de ces révolutions. Et je trouve alors une triple perspective dans laquelle les plus remarquables changements ont été institués sur la scène de ce conflit».

dont l'*Aufklärung* doit nous délivrer. Et si on voulait trouver un ancêtre non tant à l'*Aufklärung* qu'aux Lumières, c'est sans doute Épicure qu'il faudrait nommer. Les remarques faites par Kant dans la 3e Section de l'Antinomie[18] sont particulièrement éclairantes; Kant reconnaît à l'empirisme le mérite de s'en tenir au champ dans lequel l'entendement peut produire des connaissances objectives, mais il n'en court pas moins le risque de devenir dogmatique et de «nier effrontément ce qui est au-dessus de ses connaissances liées à l'intuition (...)». De la même manière dans la critique du 4e Paralogisme[19], Kant pouvait affirmer que l'idéaliste sceptique (Descartes) est «un bienfaiteur de l'humanité» dans la mesure où il «nous contraint même dans le plus petit pas de l'expérience commune à bien ouvrir les yeux et de ne pas admettre aussitôt en notre possession comme bien acquis (*Wohlerworben*) ce que nous obtenons peut-être seulement par subreption».

Les limites de la liberté de penser

C'est la frontière entre l'usage public et l'usage privé de la raison qui détermine ces limites de l'autonomie de la raison. Rappelons que l'usage privé est celui que fait de sa raison un homme chargé d'une fonction quelconque (religieuse, militaire, etc.), tandis que «l'usage public de sa propre raison est celui que quelqu'un comme *savant* fait d'elle devant tout le public du *monde des lecteurs* (*Leserwelt*)»[20]. Le premier peut (et souvent, doit) se contenter d'obéir et Kant énonce ici le premier principe du règlement militaire: «La discipline faisant la force principale des armées, il importe que tout supérieur obtienne de ses subordonnés une obéissance entière et une soumission de tous les instants [...]»[21]. Ce qui est très remarquable est que Kant va affirmer d'emblée qu'il «est difficile pour chaque individu pris dans sa singularité de travailler à sortir de la minorité qui est presque devenue pour lui une nature». «Il y en a donc très peu à qui il est arrivé par le propre travail de leur esprit de se dépêtrer de la minorité et de faire pourtant un trajet sûr»[22].

[18] *CRP* 496-499.

[19] *CRPA* 377-378.

[20] Ak 8, 37, 11.

[21] A. Maurois, *Mémoires*, I., p. 74 (cité par *Le Grand Robert* à l'article «discipline»).

[22] Ak 8, 36, 13.

Dans l'alinéa suivant Kant affirme en revanche «qu'un public s'éclaire lui-même est plutôt possible; oui, c'est, si seulement on lui laisse la liberté, presque inévitable. En effet il va toujours se trouver quelques-uns, même parmi les tuteurs de la masse, qui pensent par eux-mêmes pour trouver et répandre autour d'eux l'esprit d'une estime raisonnable de la valeur propre et de la vocation de chaque homme à penser par lui-même». La suite peut bien sembler singulière: «Il est à ce propos remarquable: que le public qui a été placé préalablement par eux sous ce joug les contraint eux-mêmes à demeurer sous lui <ce joug> lorsqu'il <le public> y a été excité par quelques-uns de ses tuteurs qui eux-mêmes sont incapables de toute *Aufklärung*; tant il est néfaste de planter des préjugés parce que finalement ils se vengent sur ceux-là mêmes qui ont été, eux ou leurs prédécesseurs, leur cause. De telle sorte qu'un public ne peut parvenir à l'*Aufklärung* que lentement. Par une *révolution*[23] seront peut-être bien abattus le despotisme personnel et l'oppression de la cupidité ou de la passion de la domination, mais jamais ne sera instaurée une véritable réforme de la manière de penser; mais de nouveaux préjugés tout aussi bien que les anciens serviront de lisière à la grande masse privée de pensée.» J'ai tenu à citer l'alinéa en entier, car il montre bien qu'une révolution, à laquelle des esprits non éclairés mais conduits par une simple opposition aux abus d'une situation qui leur est défavorable, peut exciter le public mais ne résulte pas d'une véritable *Aufklärung* et n'y conduit pas. D'autre part, l'usage privé de la raison (dans le cas des clercs par exemple), s'il est strictement limité par le respect des thèses de l'Église ou des ordres de l'autorité qui les a formulés, il n'en demeure pas moins que ce respect présuppose qu'il n'y a rien dans ces thèses qui soit contraire à la religion intérieure[24]. Ceci peut être rapproché de ce que Kant note dans l'Appendice à la *DD*. Il faut donc comprendre que l'avènement à l'*Aufklärung* dont il est question au début du passage n'est pas le fait de ces tuteurs qui excitent la masse à la rébellion, mais qui sont incapables de toute *Aufklärung*, et les quelques individus qui pensent par eux-mêmes et sont sur la voie de l'*Aufklärung*, même s'ils se trouvent parmi les tuteurs de la masse (ce qui peut se faire!), ne pourront pas diriger cette masse vers l'*Aufklärung*. Telle est la pesanteur des préjugés qu'on ne peut évacuer qu'au prix d'une lente maturation des esprits.

[23] En français.
[24] Ak 8, 38, 18.

Lorsque Kant écrit ce texte, la Révolution française n'a pas eu lieu et ce à quoi peut se référer Kant est l'œuvre de Rousseau, en particulier l'*Émile* qui paraissait peu de temps après le *Contrat social*, 22 ans avant ce texte de Kant qui connut pratiquement l'ouvrage de Rousseau dès sa parution! Mais ce qu'on désigne en France par le mouvement des Lumières peut bien apparaître participer à ce travail en profondeur de l'esprit qui tend à se libérer du joug que lui imposent, sous prétexte de sa minorité, les tuteurs qui l'empêchent de penser par lui-même et qui peut conduire à une révolution. Kant saluera la Révolution française, mais on doit rappeler que, pour lui, elle n'a fondamentalement rien à voir avec ces pseudo-révolutions qui ne sont que des révoltes ou des réactions aux abus du pouvoir, et ne signifient aucune transformation de la manière de penser comme en témoigne la Révolution française.

LUMIÈRES ET LUMIÈRE SELON KANT

Mai Lequan

Si Kant est un penseur des Lumières (*Aufklärung*), il est aussi, en tant que *Naturphilosoph*, voire *Naturforscher*, un penseur de la lumière (*Licht*) comme phénomène physico-chimique. Il n'y a pas seulement métaphore, mais analogie (identité de rapports) entre Lumières et lumière. L'*Aufklärung* dans l'Europe du XVIIIe siècle est le fait d'éclairer, élucider, éclaircir, faire la lumière par la raison, mais c'est aussi, dans la lignée de Descartes et Leibniz, l'*Aufklärung der Begriffe*, le fait de rendre des concepts clairs et distincts (*klar und deutlich*) et l'*Aufklärung des Verstandes*[1]. L'*Aufklärung* clarifie un concept en le plaçant sous la lumière de la raison, qui produit d'elle-même puis diffuse la lumière du savoir dans la société. Le progrès de l'*Aufklärung* à travers un peuple met en lumière ce qui était dans l'ombre et fait jaillir des hommes leur propre lumière, à partir des concepts clairs et distincts de la lumière naturelle qu'est la raison faisant un libre et public usage d'elle-même. L'*Aufklärung* est discipline de libération de la raison vis-à-vis de toute tutelle extérieure et diffusion dans le peuple de sa lumière, *via* le public instruit des lecteurs cultivés. Elle est clarification de la raison devenue libre, maître de soi, c'est-à-dire intérieurement autonome et indépendante de toute autorité étrangère. Elle est raison éclairée (instruite) et éclairante (diffusant ses lumières dans le peuple *via* les écoles, les universités, les savants). Elle s'auto-éclaire en se libérant des forces obscurantistes et ce faisant éclaire l'humanité, par une communication en droit universelle du savoir. Au sens figuré, symbolique ou par analogie, l'*Aufklärung* comme auto-diffusion de lumière est une hypotypose sensible indirecte de l'idée de liberté. Comme l'*Aufklärung*, la lumière (*Licht*) s'auto-engendre à partir de la matière éthérée originaire et se diffuse, se propage, s'étend, rencontrant dans sa course d'autres corps qui deviennent par là lumineux ou luminescents. Processus d'universelle communication-publicité des savoirs, l'*Aufklärung* est analogue à la *Lichtmaterie*, qui s'auto-produit selon une force motrice fondamentale de répulsion, puis se diffuse à d'autres corps. L'*Aufklärung* de la raison dans un peuple est analogue au processus physico-chimique

[1] Cf. N. Hinske, «Die tragenden Grundideen der deutschen Aufklärung», in *Die Philosophie der deutschen Aufklärung*, Stuttgart, Reclam, 1990, p. 412 sq.

d'auto-engendrement puis de diffusion-communication de la lumière. Pour Kant, la lumière est à la fois *force* d'expansion, *matière* fluide et *mouvement* ondulatoire. L'*Aufklärung* de la raison emprunte à la lumière, forme de l'éther, sa diffusibilité[2] et son mouvement vibratoire infini, éternel, rayonnant d'un corps à un autre. Les deux principaux points communs fondant l'analogie entre *Aufklärung* et *Licht* sont les processus dynamiques de *diffusion-propagation* selon un mouvement ondulatoire rectiligne infini et de *libération de soi* (la raison pensant par elle-même) et *d'autrui* (la raison éclairante se propageant au peuple, *via* le public éclairé).

L'analogie *Aufklärung-Licht* apparaît dans *Qu'est-ce que les Lumières?*, *Qu'est-ce que s'orienter dans la pensée?*, la *Critique de la faculté de juger*[3] et l'*Anthropologie du point de vue pragmatique*[4], qui tous décrivent la première des trois maximes du sens commun: penser par soi-même. «Les Lumières, c'est la sortie de l'homme hors de l'état de tutelle dont il est lui-même responsable [...]. Aie le courage de te servir de ton propre entendement! Voilà la devise des Lumières»[5]. La maxime de l'*Aufklärung* est «de toujours penser par soi-même»[6], de «chercher la suprême pierre de touche de la vérité en soi-même (c'est-à-dire dans sa propre raison)». Les Lumières consistent à penser en régime d'autonomie. Cette auto-libération de la raison doit, non rester l'apanage de quelques savants ou philosophes, mais se diffuser à travers tout le peuple, *via* l'éducation dans les familles et les écoles. *Qu'est-ce que les Lumières?* souligne la nécessaire propagation des Lumières dans le peuple, indissociable du projet de formation et d'éducation de la jeunesse. L'*Aufklärung* a l'ambitieux but d'instruire, d'«éclairer une époque» (*ein Zeitalter aufzuklären*). Mais cette diffusion des Lumières à travers le peuple est une tâche de très longue haleine, une lutte non tant contre l'ignorance, que contre la science illusoire: superstition, exaltation illuminée, commodité paresseuse, voire lâche, d'une pensée sous tutelle. Les Lumières enseignent à marcher seul, non que le savoir isole, cloisonne, en un égoïsme logique solipsiste, autarcique, autiste, mais parce que la raison doit oser penser par ses propres forces, sans secours extérieur. La raison éclairée et éclairante doit pratiquer l'art dangereux, incommode de se mouvoir librement, comme se meut librement la lumière. L'*Aufklärung* de la raison est l'art courageux de penser par soi-même, contre

2 Caractère de ce qui peut se répandre dans toutes les directions.
3 § 40, Ak V, 294, Paris, Gallimard, 1985, p. 245.
4 § 43, Ak VII, 200, Paris, Vrin, 1988, p. 71.
5 *Qu'est-ce que les Lumières?*, Ak VIII, 35, Paris, GF, 1991, p. 43.
6 *Que signifie s'orienter dans la pensée?*, Ak VIII, 146, Paris, GF, 1991, p. 71.

tout asservissement à une autorité intellectuelle, morale, religieuse, politique.

Toutefois, *Qu'est-ce que les Lumières?* et *Que signifie s'orienter dans la pensée?* accentuent différemment le problème de la *diffusion* des Lumières. Selon le premier texte, il est «difficile à chaque homme pris individuellement de s'arracher à l'état de tutelle devenu pour ainsi dire nature», mais «qu'un public s'éclaire lui-même est plus probable; cela est même presque inévitable, pourvu qu'on lui accorde la liberté. Car il se trouvera toujours quelques êtres pensant par eux-mêmes [...] pour rejeter eux-mêmes le joug de l'état de tutelle et pour propager ensuite autour d'eux l'esprit d'une appréciation raisonnable de la propre valeur et de la vocation de tout homme à penser par soi-même»[7]. Il est plus aisé d'éclairer le *public*, qui en fait s'auto-éclaire, qu'un seul individu. Selon le second texte il est plus aisé d'éclairer un individu qu'un *peuple*. «Instaurer les Lumières en *quelques sujets* est donc chose facile [...]. Mais éclairer une *époque* est une tâche de très longue haleine»[8]. Nulle contradiction entre ces deux thèses. Il est facile d'éclairer, non le *peuple*, mais les individus du *public* instruit s'auto-éclairant, corps des lecteurs et auteurs faisant un usage public et libre de leur raison. La tâche longue et ardue des Lumières est de transformer le peuple en public. Le but de l'*Aufklärung* n'est pas d'éclairer le public, mais de diffuser les lumières du public vers le peuple, la foule et d'éclairer une époque, en conférant au public (savants, philosophes) un rôle éclairant d'éclaireur.

La diffusion *des* Lumières est semblable à celle de *la* lumière dans un milieu matériel. La lumière, à la fois matière et mouvement, matière se mouvant d'elle-même en vertu de sa propre force de propagation (répulsion-expansion), se communique aux corps qu'elle rencontre, qui à leur tour émettent ou réfléchissent la lumière. Elle se propage de corps en corps, les rendant en quelque sorte lumineux. De même, les Lumières de la raison se transmettent de proche en proche, par le canal des livres et du public éclairé. «Pour ces Lumières, il n'est rien requis d'autre que la *liberté* [...] de faire un *usage public* de sa raison sous tous les rapports [...]. L'usage *public* de sa raison doit toujours être libre et il est seul à pouvoir apporter les Lumières parmi les hommes [...]. Je comprends par usage public de sa propre raison celui qu'en fait quelqu'un, en tant que *savant*, devant l'ensemble du public qui *lit*»[9]. Le processus par lequel quelques-uns

[7] *Lumières*, Ak VIII, 36, p. 44.

[8] *S'orienter*, Ak VIII, 146, p. 72.

[9] *Ibid.*, Ak VIII, 36-39, p. 45-48.

s'auto-éclairent, découvrant l'autonomie du penser, est lent. «Un public ne peut accéder que lentement aux Lumières», car cela nécessite, non une révolution immédiate, instantanée, mais une «vraie réforme du mode de penser»[10], douce et progressive. L'existence du public éclairé, s'auto-éclairant et destiné peu à peu à éclairer le peuple, garantit plus largement l'entrée du peuple dans le processus historique rationnel[11]. L'*Aufklärung* ne peut se diffuser dans le peuple et imprégner l'époque que par le biais d'une réforme scolaire, relais du public éclairé. Le *Conflit des Facultés* évoque ce difficile progrès des Lumières intellectuelles, politiques et morales dans le peuple. «S'attendre à ce que, par le moyen de la formation de la jeunesse sous la direction de la famille, et ensuite dans les écoles, depuis les plus humbles jusqu'aux plus élevées, par une culture intellectuelle et morale, renforcée par l'enseignement religieux, on arrive enfin [...] à former en vue du bien ce qui peut toujours davantage progresser et se conserver, c'est là un plan, dont on peut espérer difficilement la réussite désirée. Car [...] tout le mécanisme de cette éducation [...] n'a pas d'unité, s'il n'est pas conçu et mis en œuvre selon un plan réfléchi de la puissance souveraine; auquel cas, il faudrait aussi que, de temps en temps, l'État se réforme de lui-même»[12]. La diffusion des Lumières dans le peuple est lente et difficile, car elle nécessite une réforme de l'État, des mœurs, de la société, de la jeunesse, des familles et des écoles. Mais une fois initiée, rien ne peut l'arrêter. Cette conception de l'*Aufklärung*, comme progressive diffusion des lumières *via* l'éducation, du public vers le peuple, s'adosse à une *Naturphilosophie* de la lumière comme phénomène physico-chimique.

Pour Kant, la lumière se diffuse en ligne droite[13] (elle peut changer de direction, non de vitesse) et selon des mouvements vibratoires libres. Elle s'auto-produit et produit de la lumière dans les corps qu'elle rencontre. La lumière est une matière en auto-mouvement qui se propage à travers un milieu. Comme le progrès des Lumières, qui, quoique lent, devient inéluctable une fois initié par le public instruit, la lumière se diffuse sans fin à travers tous les corps de l'univers, ayant pour support la matière éthérée, fluide élastique impondérable et incoercible, répandu à travers tout l'espace cosmique et pénétrant tous les corps. L'*Aufklärung* se propage dans un peuple, pénètre l'esprit des citoyens, imprègne une époque. De

[10] *Ibid.*, Ak VIII, 36, p. 45.

[11] Cf. *Idée d'une histoire universelle*, Prop. 9, Ak VIII, 30, Paris, GF, 1987, p. 87.

[12] *Conflit des Facultés*, IIe Section, Prop. 10, Ak VII, 92-93, Paris, GF, 1987, p. 220-221.

[13] À grande vitesse, contrairement au progrès lent des Lumières dans un peuple.

même, la lumière se diffuse, comme l'éther qui en est le substrat, à travers tous les corps et points de l'espace. *Aufklärung* et *Licht* partagent ce processus dynamique d'expansion de soi, mouvement d'auto-libération infini, qui se produit lui-même en produisant d'autres lumières. Il est vain de vouloir stopper le progrès de la lumière dans l'univers ou d'en vouloir modifier la vitesse (on ne modifie que sa direction). De même, une fois initiées, les Lumières se diffusent inévitablement par l'usage libre que fait le public éclairé de sa raison. Nul souverain ne peut stopper la diffusibilité de l'*Aufklärung*, priver son peuple des lumières des savants, ni brimer la liberté d'expression du public instruit, des personnes publiques. Vouloir arrêter le progrès de l'*Aufklärung*, «tenir à jamais le genre humain à l'écart de toute nouvelle lumière est purement et simplement nul et non avenu [...]. Une époque ne peut se liguer et jurer de mettre la suivante dans un état où il lui sera nécessairement impossible d'étendre ses connaissances [...] et en général de progresser dans les Lumières. Ce serait un crime contre la nature humaine, dont la constitution originelle consiste précisément en cette progression»[14]. Ni individu, ni peuple, ni souverain ne peuvent empêcher le lent progrès des Lumières inscrit dans la nature de la raison humaine, aspirant à penser par elle-même, librement[15]. «Vivons-nous maintenant à une époque *éclairée* (*aufgeklärten Zeitalter*)? Non, mais bien à une époque de *Lumières* (*Zeitalter der Aufklärung*). Il s'en faut encore de beaucoup que les hommes dans leur ensemble, en l'état actuel des choses, soient déjà ou puissent seulement être mis en mesure de se servir [...] de leur entendement avec assurance et justesse, sans la conduite d'un autre. Cependant, nous avons des indices évidents [...] que les obstacles à la généralisation des Lumières [...] se font de moins en moins nombreux»[16]. Kant souligne le processus dynamique, le progrès infini de diffusion des Lumières, comme la lumière est une matière toujours en mouvement. Par l'*Aufklärung*, ce qui se communique au peuple n'est pas savoir mort, inerte, passif, acquis une fois pour toutes, mais travail, effort incessant, processus de clarification-diffusion du savoir. Cette époque est celle des Lumières comme progrès dynamique, non comme résultat statique définitivement acquis. *Aufklärung* et *Licht* ont une diffusibilité sans obstacles ni limites, que rien ne peut stopper, car inscrites, l'une, dans la nature autonome de la raison humaine, l'autre, dans la nature libre de la lu-

[14] *Lumières*, Ak VIII, 39, p. 47.

[15] Cf. *Idée*, Prop. 3, Ak VIII, 19, p. 73.

[16] *Lumières*, Ak VIII, 40, p. 49.

mière, comme force d'expansion. Les obstacles rencontrés freinent leur progrès, mais sans l'empêcher. La lumière, libre mouvement d'auto-diffusion et d'auto-animation ondulatoire, est réfléchie par les corps, non stoppée par eux. Rien n'arrête sa propagation, pas même les corps opaques. De même, rien n'arrête l'esprit de liberté, une fois la raison sortie de l'état de tutelle. «Cet esprit de liberté s'étend même au dehors [...]. Le penchant et la vocation à la libre pensée [...] a progressivement des répercutions sur l'état d'esprit du peuple (ce qui le rend peu à peu plus apte à agir librement)»[17]. Ce que l'*Aufklärung* est au peuple plus ou moins ignorant, la lumière l'est aux corps plus ou moins opaques qu'elle traverse. Ce que le public instruit comme milieu est à la diffusion des Lumières, l'éther comme *medium* l'est à la diffusion de la matière lumineuse. Les Lumières se diffusent dans le peuple, *via* le public instruit qui lui sert de relai, de véhicule. La lumière se propage *via* le *medium* universel du fluide éthéré[18]. Dans les deux cas, la diffusion de soi est mouvement d'auto-libération, processus autonome créateur d'autonomie en autrui. Il y a communication de la lumière aux corps et transmission des Lumières du public au peuple.

Selon l'*Opus postumum*, lumière et chaleur sont deux manifestations sensibles de l'éther cosmique, lui-même inobservable par l'expérience. L'éther n'est pas tant une hypothèse scientifique qu'un analogue de postulat de la raison pure théorique, condition de possibilité *a priori* de toute matière, de tout mouvement. Il est l'*Urmaterie* de l'univers, matière première fondamentale dont dérivent toutes les autres, «matrice de tous les corps»[19], fluide subtile et élastique s'auto-animant perpétuellement en vibrations et ondulations, traversant tous les corps et formant le *medium* universel de leurs interactions physico-chimiques. Kant distingue lumière (*Licht*) et matière lumineuse (*Lichtmaterie*). *Licht* désigne un processus dynamique de diffusion, force motrice fondamentale (répulsive-expansive) *et* mouvement d'ondulation-vibration. *Lichtmaterie* désigne le substrat matériel de ce mouvement. La théorie kantienne de la lumière est une synthèse d'Euler, pour qui la lumière est force et mouvement, et de Newton, pour qui elle est une matière composée de petits grains ou corpuscules. Mais Kant avoue que les connaissances scientifiques relatives à l'essence et à la propagation de la lumière sont fragiles, comparées

[17] *Ibid.*, Ak VIII, 41, p. 50-51.

[18] Cf. M. Lequan, «La détermination kantienne du concept de *matière subtile*», in *Philosophie*, Paris, Minuit, 1999, n° 63, p. 3-30 et «L'éther selon Kant», in *Une pensée singulière. Hommage à Jean-François Marquet*, Paris, L'Harmattan, 2003, p. 129-161.

[19] *Réflexion de physique et de chimie*, n° 44, Ak XIV, 295.

au savoir abondant et solide qu'on a de la chaleur. La lumière est d'autant plus complexe qu'elle est souvent liée à d'autres phénomènes: oxygène, galvanisme, magnétisme, chaleur, électricité.

Entre chimie et météorologie, Kant décrit par exemple la lumière électrique de l'orage, la foudre, due à une brusque modification de température et d'élasticité de l'air. Selon la *Géographie physique*, la lumière (orageuse) électrique[20] est un tremblement de l'éther se propageant du Soleil à la Terre, mais sans en percer la croute. Elle est «un mouvement vibratoire de l'éther, de même que l'écho provient du mouvement vibratoire de l'air [...]. S'il y a quelque chose que les physiciens ignorent encore, c'est la nature et l'essence de la lumière, puisqu'il faut encore établir si nous l'avons réduite à une matière particulière, ou si elle ne consiste qu'en une modification du calorique, ou bien encore si elle est un accident, un effet d'autres corps. L'hypothèse d'Euler [...] a pourtant perdu presque tout son prestige, alors que, grâce aux dernières recherches faites en chimie, celle de Newton est apparue comme étant la plus vraisemblable, la lumière serait quelque chose de matériel, qu'on doit considérer séparément du calorique. On trouve de plus amples détails sur cette question chez Gehler, à l'article *Lumière*[21] [...]. Mais selon les dernières remarques de Herschel, le Soleil ne nous envoie pas seulement des rayons de lumière, mais aussi des rayons de chaleur. L'électricité et le magnétisme produisent des effets semblables et se présentent comme des forces apparentées, plus ou moins liées à la lumière». Comme la chaleur, la lumière se propage dynamiquement en ondes à travers le *medium* éthéré. Mais lumière et chaleur ne vont pas nécessairement de pair. Par exemple, la lumière du Soleil réfléchie par la Lune est froide. Renvoyant les rayons du Soleil, la Lune éclaire, mais ne chauffe pas les corps environnants. «Comme cette lumière lunaire [...] absorbe de nombreux rayons solaires et en dissipe beaucoup, elle ne produit pas la moindre chaleur, même si elle est très concentrée»[22].

Selon l'*Opus*[23], qui s'inspire de l'*Optique* de Newton[24], la lumière et les diverses couleurs forment un flux de «vibrations ondulatoires»[25] que l'œil perçoit et que les corps décomposent. «Les vibrations

[20] Cf. *Géographie physique*, § 64, Ak IX, 285, Paris, Aubier, 1999, p. 195.

[21] Du *Physikalisches Wörterbuch* (1787-1793).

[22] *Géographie physique*, § 34, Ak IX, 220, p. 130.

[23] Cf. E. Adickes, *Kants Opus postumum*, in *Kantistudien Ergänzungsheft* 50, Berlin, Reuther und Reichard, 1920, p. 464-474 et *Kant als Naturforscher*, Berlin, de Gruyter, 1924, p. 159-173.

[24] Cf. A. Warda, *I. Kants Bücher*, Berlin, Breslauer, 1922.

[25] *Opus postumum*, Ak XXII, 14, Paris, PUF, 1986, p. 131.

ondulatoires avec diverses couleurs qui éclatent pour ainsi dire dans l'œil [...] ne se meuvent pas simplement avec un mouvement ondulatoire. Ce sont des métaux polis et des ailes d'insectes, de couleur dorée ou d'acier»[26]. L'éclat des métaux et des ailes n'est pas simple reflet lumineux, mais consiste en corpuscules émanant du corps même[27]. La lumière n'est pas seulement réfléchie passivement par la surface polie du corps. Elle est engendrée par le corps en un rayonnement similaire à celui de la matière calorique interne. Le corps émet la lumière, comme le savant, membre du public éclairé, émet sa propre lumière, en osant penser par lui-même. *Licht*, auto-production de matière, et *Aufklärung*, auto-libération de la raison, sont des formes de diffusion de soi. La lumière se propage «en ligne droite» et traverse le corps sans le modifier, alors que la chaleur, qui le pénètre de l'intérieur selon les trois dimensions de l'espace, se lie à lui en une combinaison intime ou «intussusception»[28] chimique, qui l'altère qualitativement[29]. Kant réconcilie Euler et Newton, en pensant la lumière à la fois comme une matière libérée par certains corps et comme un mouvement vibratoire-ondulatoire rectiligne se transmettant de corps en corps à travers le *medium* éther. Mais la lumière reste un phénomène complexe, mal connu, car elle comprend en elle «la polarité de la chimie, de l'électricité, du galvanisme, du magnétisme, de la chaleur»[30]. Kant emprunte ici au chimiste Ritter, dans son article de 1801 *Chemische Polarität im Licht*, l'idée que lumière et électricité résultent d'une tension dynamique, chimique et qualitative entre corps. Selon l'*Opus*, il existe une matière, l'éther, «admise hypothétiquement, répandue dans tout l'espace cosmique, qui se trouve dans tous les corps et les pénètre [...], qui serait appelée, d'un côté, calorique, mais, présentée selon une autre qualité, élément lumineux et, sous les deux rapports pris ensemble, *éther*, de sorte que chaleur et lumière ne seraient que deux modifications d'une même matière répulsive, et non des éléments divers [...]. Cet

[26] *Opus*, Ak XXII, 14, p. 131. «La couleur métallique est celle d'un corps brillant, dont le ton de tension (*motus tremulus*) contient, à cause de la lumière qui tombe sur sa surface, une réverbération de l'intérieur, de tension différente (une sorte de *ton*). Comme le revêtement et la carapace de beaucoup de coléoptères. Il y a un élément de feu qui modifie l'élément de la lumière et le calorique. L'éclat de feu des métaux, quand ils réfléchissent la lumière, par exemple le mercure, semble contenir la vibration du calorique» (*ibid.*, Ak XXII, 21, p. 138).

[27] Cf. note 284 de F. Marty, *Opus*, p. 235.

[28] *Premiers principes métaphysiques de la science de la nature*, Ak IV, 531, Paris, Gallimard, Pléiade, II, 448.

[29] Cf. *Opus*, Ak XXII, 57, p. 190.

[30] *Ibid.*, Ak XXI, 88, p. 227.

éther, comme matière élastique mue en ligne droite, s'appellerait donc élément lumineux, tandis que, absorbée par les corps et les dilatant selon toutes les trois dimensions, elle s'appellerait calorique»[31].

Processus dynamique de diffusion-propagation en ligne droite, auto-libération comme force d'expansion propre et communication de soi à autrui fondent ainsi l'analogie entre *Aufklärung* et *Licht*. De même que l'*Aufklärung* se propage inéluctablement dans le peuple, *via* le milieu du public éclairé, de même, la lumière se diffuse en auto-ondulations, *via* le milieu universel de l'éther. *Licht* et *Aufklärung* sont toutes deux des diffusions libres, des propagations autonomes de soi, qui s'émancipent en rayonnant, dont seules les vitesses diffèrent. L'*Opus* souligne cette liberté de la lumière. «L'un et le tout dans son phénomène le plus pur et le plus libre est la lumière»[32].

[31] *Ibid.*, Ak XXII, 214, p. 13-14.
[32] *Ibid.*, Ak XXI, 88, p. 227.

REMARQUES SUR UNE LECTURE PRÉ-CRITIQUE DES *RÊVES D'UN VISIONNAIRE*[1]

Thérèse Pentzopoulou-Valalas

Par certains côtés le génie de Kant étonne. L'apôtre du sens aigu des limites de la raison humaine paraît comme barricadé derrière des convictions qui sembleraient résister à l'assaut du scepticisme. Ces convictions se manifesteraient par un refus de s'ouvrir au champ d'un possible ontologique bien différent du possible transcendantal. Kant est bien la voix vive de l'*Aufklärung*; toutefois l'on doit bien avouer que le siècle des Lumières connaît également le monde des ténèbres et du sentiment. L'illuminisme et l'ésotérisme se côtoient dans leurs attaques contre la religion naturelle, et pour cause. Claude St. Martin, mystique profond, hostile bien sûr aux pratiques de théurgie, a bien subi l'influence de Jacob Boehme, premier philosophe teutonique selon Hegel[2]. Disons donc ce qui nous tient à cœur depuis de longues années que les Lumières se partagent avec les ténèbres un siècle auquel les historiens n'ont presque jamais caché leur préférence dans l'adoption exclusive d'un nom de baptême qui a connu une belle fortune.

Swedenborg, esprit scientifique de haute valeur, a succombé à l'âge de maturité à l'attrait magique du monde invisible et suprasensible du *mysterium magnum*. Et c'est bien cet aspect du Suédois qui a intrigué au début Kant et qui l'a conduit par la suite à une attaque en bonne règle contre ses visions et ses rêves[3].

On s'accorde généralement pour reconnaître dans les *Rêves d'un visionnaire* comme un avant-projet de la critique de Kant contre la métaphysique[4] spéculative centrée sur trois questions principales. Il s'agirait de l'examen du concept de «nature spirituelle» (*geistiges Wesen*), du rapport de l'âme humaine avec les substances immatérielles,

[1] *Träume eines Geistersehers erläutert durch die Träume der Metaphysik*, dans *Kants Werke*, Akademie Textausgabe II, Vorkritische Schriften II 1757-1777, Berlin, W. de Gruyter, 1968. Les chiffres entre parenthèses renvoient à la pagination de cette édition.

[2] G. W. F. Hegel, *Vorlesungen über die Geschichte der Philosophie III* (*Werke in 20 Bänden*, vol. 20), Frankfurt/Main, Suhrkamp, 1980, p. 94.

[3] Nous renonçons à avancer ici des hypothèses sur le virement de l'attitude de Kant vis-à-vis de Swedenborg. Sur l'influence de Swedenborg sur Kant consulter la thèse de G. Florschütz, *Swedenborgs verborgene Wirkung auf Kant*, Würzburg, Königshausen-Neumann, 1992.

[4] Voir lettre à Mendelssohn du 8 avril 1766. Cf. *Träume*, p. 367-368.

du rejet enfin de l'intuition intellectuelle dont jouirait, au dire des métaphysiciens, l'homme. On y voit dans cette critique les thèmes majeurs de la *Dissertation* de 1770 et plus précisément une première ébauche de la critique du concept de monde intelligible. Ce que Kant mettrait en question serait ainsi le *commercium* entre le monde matériel et le monde spirituel dont la *Monadologie* de Leibniz a fait grand cas. Quant à l'âme humaine, Kant s'interroge sur son sort qui veut que même après la disparition du corps son lien avec les natures spirituelles ne cesse d'exister, chose qu'une intuition claire rendrait visible. Voilà ce qui dépasse l'entendement. En ce qui concerne le monde immatériel (intelligible), le sentiment que nous éprouvons quant à sa présence s'articulerait successivement sur celui d'un entendement humain général et d'une volonté générale dont dépendrait notre volonté individuelle. De l'unité de ces deux volontés naîtrait le sens moral, résultat donc d'une interaction naturelle générale à travers laquelle le monde immatériel tiendrait son unité morale. C'est donc déjà le projet de la *Métaphysique des mœurs* qui préfigurerait dans le texte de 1766.

Ainsi dans les *Rêves d'un visionnaire*, texte d'une signification non négligeable pour la compréhension du criticisme, on voit poindre et prendre forme les objections majeures de Kant à la métaphysique spéculative ainsi que le leitmotiv de la *Critique de la raison pure*: *intellectualium non datur (homini) intuitus*, énoncé dans la *Dissertation*[5].

Des deux voies principales d'approche au texte adoptées par la tradition philosophique, celle dans l'esprit de l'*Aufklärung* et celle en dépendance de la philosophie propre de Kant, ce serait la seconde qui présenterait un intérêt tout particulier; c'est celle pour laquelle nous opterons par la suite. La première, inspirée des Lumières, révèle l'attitude franchement négative de Kant à l'égard de ce qu'il appelle les délires de la raison (*mit Vernunft rasen*). Le texte de 1766 porterait ainsi un coup décisif aux vices de l'imagination, aux fantaisies et aux chimères d'un esprit dérangé[6]. Cette lecture trouve sa justification dans le jugement de Ernst Cassirer[7] qui voit dans ce texte le paradigme des Lumières.

Sur cette première voie nous rencontrons Fontenelle dont Kant cite par ailleurs le nom. Près de 23 ans séparent les *Rêves d'un vision-*

[5] I. Kant, *De mundi sensibilis atque intelligibilis forma et principiis* 10 et 12 in *Kants Werke* II, p. 385-419, Berlin, 1968.

[6] Pour les psychoses et les maladies de l'esprit en particulier, on a intérêt à consulter le court traité *Versuch über die Krankheiten des Kopfes* (*Kants Werke* II, p. 257-272), paru deux ans avant les *Träume*.

[7] E. Cassirer, *Kants Leben und Lehre*, Berlin, 1918, p. 80 et suiv.

naire de l'*Histoire des Oracles,* textes qui ont bien droit de cité dans la guerre pour la défense de l'usage droit d'un entendement sain et solide. Kant ne serait que trop disposé à adopter en 1786 – date de la parution de l'*Histoire des Oracles* – la règle d'or de Fontenelle: «Assurons-nous bien du fait, avant de nous inquiéter de la cause... nous éviterons le ridicule d'avoir trouvé la cause de ce qui n'est point»[8].

N'est-il pas vrai que c'est un manquement à cette règle que Kant signale quand il fait remarquer dans les *Krankheiten des Kopfes* la confusion qui survient aux esprits dérangés qui confondent justement la cause et l'effet[9]? L'histoire que raconte Fontenelle, de la dent d'or de l'enfant de Silésie envoyée de Dieu à cet enfant «pour consoler les chrétiens affligés par les Turcs»[10], vaut bien les histoires extravagantes racontées à Stockholm. On tient les visions et les apparences pour des choses réelles et on en cherche la raison dans l'existence d'un monde spirituel et dans le pouvoir extraordinaire de voyance de l'homme qui prétend être en communication avec les esprits. Mis sous cet éclairage le texte de 1766 se présenterait comme un argument *ad hominem* visant un «certain Herr Schwedenberg» avancé par un *Aufklärer.*

L'autre voie pour laquelle nous optons mène à une lecture manifestement en dépendance étroite de la pensée critique de Kant lui-même. C'est une lecture qui, tout en laissant libre cours à l'esprit des Lumières, met l'accent sur l'aspect positif des *Rêves d'un visionnaire.* Elle s'ouvre à une perspective où les positions kantiennes acquièrent leur valeur d'avant-coureur du criticisme. Il est d'usage de faire du scepticisme le point de départ de l'interrogation kantienne. Or, loin de refuser au scepticisme son rôle propédeutique, nous pensons que ce qui fait l'intérêt du texte n'est pas tellement l'attitude suspensive mais bien au contraire l'affirmation d'un réalisme empirique que Kant semble soutenir avec conviction.

La première expression de ce réalisme est à voir dans la remarque de Kant que l'homme à l'esprit dérangé prend les objets de son imagination pour des objets réels existant actuellement devant lui. La maladie n'atteint pas seulement l'entendement mais aussi la sensibilité. Or, nos sensations précèdent tout jugement de l'entendement, car elles ont une évidence immédiate. C'est donc dans cette

[8] Fontenelle, *L'Histoire des oracles*, 1e Diss., chap. IV: «Que les histoires, qu'on débite sur les oracles doivent être fort suspectes», dans *The Age of Enlightenment*, eds. O. Fellows, N. Torrey, New York, 1942, p. 64.

[9] *Krankheiten*, p. 270: «man Ursache und Wirkung zu verwechseln pflegt».

[10] *L'Histoire des oracles*, p. 64.

immédiateté des impressions sensibles que nous avons la marque d'un réalisme qui s'énonce sans équivoque par une formule lapidaire: «Là où je sens, là je suis: *wo ich empfinde, da bin ich*»[11]. En tant que sujet de sensations je me trouve dans ce monde que je perçois. Ce n'est pas un argument pour fonder l'existence – un peu dans le sens d'un «je sens, donc je suis» – qu'il propose ici mais l'affirmation que le monde réel est bien le monde corporel que je connais à travers les sens. Le réalisme empirique dont Kant fait ici preuve se profile sur l'arrière plan d'une affirmation *ex silentio*: l'existence d'un monde spirituel demeure chose inconnue.

Donnant la préséance aux données sensibles, Kant prend parti pour l'expérience sensible dont il fera son arme de combat. Nous devons toujours prêter attention aux impressions sensibles si nous voulons éviter la confusion de la raison avec la superstition. Car il a été montré que certaines choses qui sont contraires à tout usage de la raison trouvent bonne audience auprès des gens raisonnables[12].

Ces prises de position ont, sans aucun doute, pour but de souligner les restrictions naturelles de l'entendement humain, seul capable d'offrir la possibilité de la connaissance de la sphère du sensible. Cependant le souci oblige Kant à faire face au problème qui est au cœur de la métaphysique depuis les origines de la philosophie grecque: Comment l'immatériel peut-il agir sur le matériel? Un tel agir supposerait le contact physique entre forces spirituelles et forces corporelles. Or, ceci est impossible. C'était là le point essentiel de l'argumentation d'Aenésidème quand il s'est attaqué au principe de causalité. Mais bien avant l'argumentation des sceptiques grecs, la théorie platonicienne des Idées, celle du Premier moteur immobile d'Aristote, sont les exemples les plus illustres de l'effort intellectuel des philosophes grecs et, à leur suite, de tous les philosophes dans la recherche d'une réponse possible.

Les questions au sujet de l'âme et des substances immatérielles sont des plus profondes et des plus obscures et ne se prêtent guère à un examen frivole, écrit Kant[13]. A supposer que l'on ait démontré que l'âme humaine soit spirituelle – ce qui ne fut jamais démontré – où est la place de cette âme dans le monde corporel? N'est-ce point quelque chose de mystérieux que la communion (*Gemeinschaft*) entre un esprit et un corps? Comment penser l'union de l'âme et du corps

[11] *Traüme*, p. 324.

[12] C'est son reproche aux rêves des métaphysiciens et aux contes «sortis de la terre bienheureuse de la Métaphysique». *Ibid.*, p. 356.

[13] *Ibid.*, p. 322.

à supposer que l'âme et le corps ne fassent qu'une seule chose (*Eines ausmache*)? Ce sont là des questions qui, de l'aveu propre de Kant, dépassent son entendement, car les sens ne lui enseignent rien là-dessus[14]. L'homme ne peut jamais penser de façon positive ce qu'est la nature immatérielle (*geistige Natur*) vu son entendement limité[15]. Aucun esprit pur ne peut avoir la moindre impression sensible de l'existence d'un monde corporel[16]. Le dernier mot de Kant qui laisse bien prévaloir le monde sensible sur le monde intelligible, celui-ci étant en dehors du pouvoir de notre entendement, ne se prête guère à une mésinterprétation.

En cherchant à faire éclater la difficulté réelle du problème de la correspondance supposée entre le monde matériel (sensible) et le monde spirituel (intelligible), Kant, tout en dénonçant la naïveté des gens qui croient sans trop y réfléchir aux histoires d'un monde des esprits, suit une double tactique. D'une part, il avance un argument dont il fera par la suite un usage fréquent: il est impossible de démontrer la possibilité des substances immatérielles. On peut en admettre, écrit-il, la possibilité sans qu'il soit nécessaire de la réfuter mais également sans espoir de pouvoir la démontrer. Il affirme[17] de l'autre côté que force lui est de renoncer aussi bien à se mesurer aux mystères de la nature qu'à entreprendre la réfutation de ces thèses, occupation qui réjouit cependant les hommes savants prompts à montrer que leurs adversaires ne savent rien[18]. L'ironie de Kant saute aux yeux.

Dans les *Rêves d'un visionnaire*, Kant ne se borne donc pas à s'attaquer aux rêves des métaphysiciens et de Swedenborg, mais assume la thèse d'un réalisme empirique indispensable à sa réflexion précritique. Plutôt qu'une simple voie d'accès à la *Dissertation* de 1770, les *Rêves d'un visionnaire* en forment la condition nécessaire et suffisante. Le texte paradigmatique du temps des Lumières, tout en gardant son caractere, acquiert maintenant l'ampleur que lui donne une réflexion philosophique qui s'étend bien au-delà du siècle des Lumières.

Le texte de 1766 est bien «le premier document de la nouvelle métaphysique critique kantienne»[19], mais le problème métaphysique

[14] *Ibid.*, p. 327.
[15] *Ibid.*, p. 349.
[16] *Ibid.*, p. 351-352.
[17] *Ibid.*, p. 323.
[18] *Ibid*, p. 328.
[19] Voir G. Irrlitz, *Kant-Handbuch, Leben und Werk*, Stuttgart-Weimar, Verlag I.B. Metzler, 2002, p. 115.

par excellence, la séparation de l'âme et du corps, demeure un souci majeur de Kant. Ceci est amplement attesté par les notes de cours *Conférence sur la métaphysique*, textes rédigés par les étudiants dans les années qui vont de 1784 à 1793. C'est toujours l'expérience sensible qui demeure le critère de confiance de Kant et c'est toujours à Swedenborg qu'il pense, que le nom de celui-ci soit cité ou pas.

Dans le texte *Metaphysik nach Mrongovius*[20] par exemple, il pose de nouveau la question de la séparation de l'âme et du corps. On pourrait la concevoir comme un commencement de la vie intellectuelle... l'âme en effet ayant le pouvoir d'intuitionner les chose différemment qu'à l'accoutumée. Ce ne serait que par la forme que le monde intelligible se reconnaîtrait et nous pourrions alors intuitionner les choses telles qu'en elles-mêmes elles sont (*Dinge... wie sie an sich selbst*).

Le leitmotiv reste toujours le même: il n'y a pas de changement de lieu mais seulement changement de forme, après la séparation de l'âme et du corps. Dans les notes, le nom de Swedenborg est explicitement mentionné dans l'esprit kantien bien connu de la non-possibilité de prouver ou réfuter les apparitions du monde spirituel, thèse défendue de tout temps. Kant souligne en effet que l'on ne peut pas placer l'âme après la mort dans le monde corporel, le passage d'un monde à l'autre n'étant que l'intuition de nous-mêmes. D'une vie après la mort on ne peut rien dire. Un autre monde ne signifie rien d'autre qu'une autre intuition. Ici-bas les *Dinge an sich* demeurent inconnues. Kant revient en 1790 à son argument favori: on ne peut juger des choses possibles dont on n'a aucune expérience. Il n'y a que par le principe de contradiction que l'on pourrait en juger. Ainsi il tourne le dos, presque vers la fin de sa vie, aux phantasmes et aux pressentiments, aux visions et aux extases, à la théurgie néoplatonicienne et à la cabbale mystique.

Les notes de la *Metaphysik* K2[21] (1791?-1792 ou 1792?-1793) laissent entendre les mêmes sons. Comment en effet concevoir la *vita animalis* qui est toujours liée au corps quand on parle de l'âme après la mort? Nous voyons le philosophe revenir sur les questions qu'il avait auparavant adressées dans le texte de 1766 et répondre ainsi de nouveau à la thèse de Swedenborg dans les *Arcana Coelestia*, sur la communication avec le monde spirituel. La vie après la mort est un *totum ideale* qu'il ne faut jamais prendre pour un *totum reale*.

[20] Kant (1783): *Vorlesungen über Metaphysik, nach Mrongovius*, Text nach AA XXIX. 6 Bd. 1. Hälfte, 2. Teil, Berlin, 1983.

[21] Kant (1790): *Vorlesungen über Metaphysik* nach K2, Text nach AA XXVIII 4. Abt. 5. Bd. 2, Hälfte, 1. Teil, Berlin, 1970.

En conclusion, nous pouvons remarquer que, parallèlement aux réponses tranchantes des premières années, la préoccupation persiste chez Kant et résonne en sourdine dans sa confrontation avec le champ du possible spirituel. En fait, Kant ne prend jamais congé du problème de l'union du spirituel et du matériel, qui se ramène à celui du rapport fondamental qui peut exister entre la première cause et son action, et que l'on ne peut approcher que par des raisonnements *a priori*, car l'expérience n'est d'aucune utilité. C'est là l'apport de Swedenborg, qui a laissé la voie ouverte à l'émergence du monde magique d'un possible ontologique qui regrouperait les significations de l'ésotérisme et de l'illuminisme piétiste.

Le débat avec Jacobi, apôtre du sens intime et de l'union du sensible avec le suprasensible[22], s'ouvre sur le refus obstiné de Kant, osons-le dire, à reconnaître à l'homme ce qui reste après tout son aspiration: pouvoir outrepasser le rationnel vers un transrationnel, qui éclairerait la double nature de l'être humain. Hostile à toute considération d'un possible ontologique, Kant reprend vers la fin de sa vie les thèses de son point de départ. C'est l'essence de sa philosophie mais aussi le côté fragile du criticisme. Bien évidemment, il relèverait du ridicule de regretter ce qu'un philosophe n'ait pas fait quand il n'a pas voulu le faire et qu'il s'en est bien gardé. Et pourtant dire l'indicible, faire voir l'invisible, posséder la clé du langage secret, n'est-ce-pas chercher à déchiffrer l'énigme qui défie l'homme, à savoir le mystère de la révélation où ce qui est manifesté reste cependant caché? Peut-on refuser à l'homme l'attrait d'une illusion?

[22] Voir lettre à Kant, fin 1789, cité par G. Gusdorf, *Naissance de la conscience romantique au siècle des Lumières*, Paris, Payot, 1976, p. 282.

LA DIFFUSION DES LUMIÈRES: UN PROCESSUS DIFFICILE ET DE LONGUE HALEINE

Sophie Grapotte

À la question «vivons-nous actuellement à une époque *éclairée?*», Kant, en 1784, répond par la négative. Kant considère que son époque n'est pas éclairée [*aufgeklärte*], mais époque de Lumières [*Zeitalter der Aufklärung*] ou, mieux, de *propagation*, de *diffusion* des Lumières[1]; *Aufklärung* signifiant, dans cette perspective, fondamentalement «*aufklären*» [éclairer], désignant un *processus*, le *progrès* de l'obscurité à la lumière.

De façon générale, Kant considère que son époque n'est pas éclairée parce que les hommes ne sont pas encore capables, dans leur ensemble, de se servir de leur entendement de façon sûre et correcte, sans être dirigés par d'autres[2]. Nous disposons cependant d'indices précis qu'est désormais ouverte la voie qui leur permettra d'acquérir librement cette capacité et que les obstacles qui s'opposent à la propagation générale des Lumières diminuent peu à peu.

C'est dire que le processus d'*Aufklärung* est en marche, mais aussi que la propagation des Lumières est loin d'être achevée. Dans la perspective kantienne, l'*Aufklärung* est fondamentalement un processus *pénible*[3], *difficile*, *lent* et *de très longue haleine*. C'est une affirmation récurrente sous la plume de Kant: «un public ne peut accéder que lentement aux lumières»[4]; «Éclairer toute une époque [...] est une tâche de longue haleine»[5]; l'*Aufklärung* est «*in hypothesi* chose difficile et longue à accomplir»[6].

Dans l'objectif de comprendre ce qui motive ce jugement, qui peut paraître pessimiste, notamment lorsqu'on le met en parallèle avec le diagnostic de Schiller[7], je me propose, dans cette contribu-

[1] Voir Kant, *Réponse à la question: Qu'est-ce que les lumières?* [cité *Lumières*], Ak VIII, p. 40.

[2] Voir *Lumières*, *ibid.*

[3] Voir *Lumières*, Ak VIII, p. 35: «le pas qui conduit à la majorité [...] est en soi pénible» (traduction de H. Wismann, *Œuvres Philosophiques* [cité Pléiade], Paris, Gallimard, «Bibliothèque de la Pléiade», tome II, p. 209).

[4] *Lumières*, Ak VIII, p. 36, Pléiade II, p. 211.

[5] *Qu'est-ce que s'orienter dans la pensée* [cité *Orientation*], AK VIII, p. 147.

[6] *Critique de la faculté de juger* [cité *CFJ*], Ak V, p. 295.

[7] Voir les *Lettres sur l'éducation esthétique de l'homme*, où Schiller affirme: «l'époque est éclairée» (traduction de R. Leroux, mise à jour par M. Halimi, Paris, Aubier, 1992, p. 145).

tion, de définir précisément la tâche de l'*Aufklärung* et de déterminer les principales conditions de possibilité du progrès de l'obscurité à la lumière.

La tâche de l'Aufklärung

Afin de saisir pourquoi le philosophe critique considère l'*Aufklärung* comme un processus pénible et difficile, on peut prendre comme point de départ la définition bien connue que Kant donne au début de l'opuscule de 1784: les Lumières, c'est la «sortie de l'homme de l'état de minorité dans lequel *il se maintient par sa propre faute*»[8].

Il ressort de cette définition que, dans la perspective de 1784, l'*Aufklärung* signifie fondamentalement accès à la majorité, *émancipation*. La définition de la minorité permet de spécifier de quel genre d'émancipation il s'agit. Kant appelle minorité l'incapacité de se servir de son entendement sans être dirigé par un autre, de penser sans être soumis à la tutelle d'autrui. L'émancipation est, par suite, émancipation par rapport à toute forme de tutelle intellectuelle: qu'elle soit scientifique, morale, religieuse, politique. Or, cette émancipation, c'est essentiel, ne doit pas être le fruit du hasard, d'un concours de circonstances, mais résulter d'un choix, d'une décision qui impliquent courage, résolution, responsabilité. Parce que le mineur est responsable de la minorité intellectuelle dans laquelle il se maintient, il doit être responsable de son émancipation. Dans cette mesure, l'émancipation, à laquelle exhorte l'opuscule de 1784, est doublement manifestation de la liberté: elle est *libération librement* décidée par celui qui en est l'auteur. Autrement dit: l'*Aufklärung* est *auto-libération*. Ce n'est qu'à force de courage et de résolution que le mineur pourra s'extirper de l'inertie intellectuelle dans laquelle il est plongé. Le courage et la résolution doivent donc se substituer à la paresse et à la lâcheté, que Kant considère comme les causes premières de la minorité intellectuelle. Cette émancipation intellectuelle est un processus difficile, pénible, qui exige de la part du mineur de fournir un *effort véritable*, qui seul lui permettra de réaliser le but de l'*Aufklärung*: *apprendre à penser par soi-même*.

La définition que Kant donne en 1786, dans *Qu'est-ce que s'orienter dans la pensée?*, permet de déterminer l'*essence* et la *vocation* de l'*Aufklärung*: l'*Aufklärung* est «la maxime de penser par soi-même en toute

[8] *Lumières*, Ak VIII, p. 35.

circonstance»[9] et, pourrait-on ajouter, dans tous les domaines: arts, sciences, morale, religion, politique. L'*Aufklärung* est essentiellement *liberté de pensée*. Le but de l'*Aufklärung* se définit, par suite, comme le libre usage de ses facultés intellectuelles, libre usage dont le § 40 de la *Critique de la faculté de juger* énonce les modalités.

Selon le § 40, penser par soi-même, c'est penser sans préjugé. Être éclairé ou, mieux, *s'éclairer*, c'est se libérer des préjugés. Kant appelle préjugé un jugement provisoire que l'on admet comme principe. L'illusion qu'enveloppe le préjugé résulte principalement du fait que l'on prend, à tort, des raisons subjectives pour des raisons objectives, lorsqu'on juge sans procéder à une *réflexion préalable*. Kant est catégorique: nous ne devons jamais porter de jugement sans réfléchir, c'est-à-dire sans comparer la connaissance avec la faculté qui doit la produire. Les préjugés naissent donc du fait que nous jugeons sans procéder au préalable à cette comparaison. Plus précisément, il ressort de la définition que Kant donne des trois sortes de préjugés (par inclination, par habitude et par imitation) que penser par préjugé, c'est faire un usage *passif* ou mécanique de sa raison, usage qui se substitue alors à l'action spontanée de la raison selon des lois[10]. Céder au préjugé, c'est, par suite, céder à la *passivité*, à l'*hétéronomie* de la raison, alors que se libérer du préjugé, penser par soi-même, c'est faire un *usage autonome de sa raison*, seul usage conforme à sa destination.

Si penser par soi-même, maxime de l'*Aufklärung*, c'est se libérer du préjugé, c'est *a fortiori* se libérer du plus important des préjugés: la superstition. La superstition mérite par excellence d'être appelée préjugé parce que l'aveuglement dans lequel elle nous plonge nous fait éminemment ressentir le besoin d'être dirigé par autrui, besoin qui, rappelons-le, définit la minorité intellectuelle comme telle. D'où la définition que Kant donne de l'*Aufklärung* dans le § 40: l'*Aufklärung*, c'est la *libération de la superstition*[11].

Selon le § 40, la superstition consiste à se représenter la nature comme n'étant pas soumise aux règles que l'entendement met à son fondement. Cette conception de la superstition nous ramène à l'une des affirmations centrales du criticisme: l'entendement, en tant que «faculté des règles»[12], est lui-même la «législation pour la nature»[13].

[9] *Orientation*, Ak VIII, p. 146, Pléiade II, p. 545.

[10] Voir *Logique*, Ak IX, p. 76, où Kant appelle également le préjugé par imitation «*le penchant à l'usage passif de la raison ou à l'usage mécanique de la raison se substituant à son action spontanée selon des lois*» (traduction de L. Guillermit, *Logique*, Paris, Vrin, 1989, p. 85).

[11] Voir *CFJ*, Ak V, p. 294.

[12] *Critique de la raison pure* [cité *CRP*], A 126, Ak IV, p. 92.

[13] *Ibid.*, Ak IV, p. 93.

Afin de saisir la signification de cette affirmation qui peut paraître, en première instance, exagérée voire absurde, il faut avoir à l'esprit que, dans la perspective de la philosophie transcendantale, la nature est simplement un ensemble de phénomènes. La nature, en sa légalité, peut dépendre de l'entendement parce qu'elle n'est rien d'autre qu'un enchaînement des phénomènes selon des lois dont l'entendement est l'auteur[14]. Dire que la législation suprême de la nature réside dans l'entendement[15], c'est dire que l'entendement prescrit *a priori* les lois, les règles qui rendent tout d'abord possible la nature au sens formel du terme, comme l'ensemble des règles sous lesquelles les phénomènes doivent se ranger pour être pensés comme enchaînés en une expérience.

La définition de la superstition que Kant donne dans le § 40 nous reconduit, ce faisant, à la spontanéité, à l'activité législatrice constitutives des facultés intellectuelles humaines, et met l'emphase sur le fait que les préjugés sont tendance à la passivité, à l'hétéronomie de la raison. La minorité est hétéronomie, c'est-à-dire obéissance de la raison à une loi dictée par un autre: obéissance servile à un culte, usage mécanique de préceptes et formules, imitation d'exemples, etc.

Dans cette optique, l'*Aufklärung* peut être définie comme *l'arrachement à la passivité, à l'hétéronomie.* La maxime de la pensée sans préjugé est maxime d'une raison qui n'est jamais passive, autant dire: *maxime d'une raison qui est toujours active, autonome.* L'*Aufklärung* est fondamentalement autonomie, c'est-à-dire soumission de la raison aux seules lois qu'elle se donne.

En résumé, l'*Aufklärung* est émancipation par rapport à toute forme de tutelle intellectuelle, liberté de pensée; liberté de pensée qui requiert de se libérer du préjugé, de la superstition, de s'arracher à la passivité pour faire un usage autonome de ses facultés intellectuelles. La propagation des Lumières est, par voie de conséquence, un processus difficile, pénible[16], qui exige courage et résolution de la part de celui qui le met en œuvre.

De même, le passage de la minorité à la majorité est un processus lent, de très longue haleine. Dans la perspective kantienne, la diffusion des Lumières ne saurait s'accomplir par une révolution, laquelle serait, certes, rapide, mais permettrait tout au plus de remplacer les anciens préjugés par de nouveaux, bref, ne permettrait pas

[14] Voir *CRP*, A 127, Ak IV, p. 93, où l'entendement est la source des lois de la nature.
[15] Voir *Prolégomènes*, Ak IV, p. 319.
[16] «Beschwerlich», *Lumières*, Ak VIII, p. 36.

de se libérer des préjugés. La diffusion des Lumières, l'émancipation de toute forme de tutelle intellectuelle ne peut s'effectuer que par une véritable réforme du mode de penser, réforme qui s'inscrit dans le temps.

Afin d'expliciter en quoi l'*Aufklärung* est un processus de longue haleine, je me propose, dans un second temps, d'examiner les principales conditions de cette réforme du mode de pensée, partant, les principales conditions de la propagation des Lumières et ce, à un double niveau: de l'individu et d'un public.

Les conditions de la diffusion des Lumières

A) Au niveau de l'individu: l'éducation. Dans *Qu'est-ce que les Lumières?*, Kant souligne qu'il est difficile pour un individu de s'émanciper car la minorité est devenue pour lui un état presque naturel. Celui qui ne s'est jamais servi de son entendement sans être dirigé par un autre se trouve incapable d'en faire un libre usage. Ce qui explique que peu d'individus soient parvenus à la majorité intellectuelle.

Néanmoins, qu'il soit difficile pour un individu de s'émanciper ne signifie pas que cela soit tâche impossible. Ainsi, il est possible et même très facile, à en croire Kant, de fonder l'*Aufklärung* dans les sujets isolés grâce à l'éducation. L'éducation joue un rôle capital dans le processus de diffusion des Lumières dans la mesure où elle permet d'apprendre aux jeunes individus à penser par eux-mêmes, à faire un libre usage de leur raison. L'éducation, afin de s'acquitter de cette tâche, ne doit évidemment pas être simple dressage, instruction mécanique, mais éducation qui éclaire véritablement l'individu[17]. Dans cette optique, le rôle de l'éducation consiste à habituer, très tôt, les individus à examiner tout ce qu'ils doivent admettre selon la «maxime de la conservation de la raison par elle-même»[18]. Précisément, il s'agit d'accoutumer les jeunes individus à poser au sujet de tout ce qu'ils doivent admettre cette question: est-il possible de prendre pour principe universel de l'usage de sa raison le principe en vertu duquel on admet quelque chose ou encore la règle qui découle de ce que l'on admet?

Dans la mesure où elle habitue l'individu à pratiquer cet examen, l'éducation appert comme l'une des principales conditions de la possibilité de propagation des Lumières. À en croire Kant, il serait donc

[17] Voir *Réflexions sur l'éducation*, Ak IX, p. 450 *sq.*
[18] *Orientation*, Ak VIII, p. 147.

facile de fonder l'*Aufklärung* dans l'individu grâce à l'éducation: il suffirait, en effet, d'apprendre aux jeunes individus à penser par eux-mêmes en faisant usage de la maxime de la conservation de la raison par elle-même. Mais, et c'est une première limite dont il faut tenir compte, la diffusion des Lumières implique de mettre en œuvre ce genre d'éducation qui favorise la liberté de pensée. Deuxième limite importante qu'il faut prendre en considération: ce mode d'*Aufklärung* ne s'adresse qu'aux jeunes individus (ceux auxquels ce genre d'éducation est destiné) et non pas à tous les individus d'une époque. Ce pourquoi Kant considère qu'éclairer toute une époque au moyen de l'éducation est une tâche de très longue haleine.

B) Au niveau d'un public: la publicité. Même si Kant reconnaît que le processus est lent, un public peut s'éclairer lui-même si on lui en laisse la liberté. La diffusion des Lumières au sein d'un public, aussi longue soit-elle, requiert une seule condition de possibilité: la liberté dans l'une de ses manifestations, à savoir comme liberté de faire un *usage public* de sa raison dans tous les domaines[19]. La publicité appert à la fois comme la condition *sine qua non* de la propagation des Lumières au sein d'un public et comme l'indice précis[20] que ce processus est en marche.

Kant est catégorique: seul l'usage public de la raison permet de répandre les Lumières parmi les hommes[21]. Précisément, il entend par usage public celui que l'on fait de sa raison comme *savant* devant un public qui *lit* [*Leserwelt*]. Il est notoire que Kant restreint l'usage public de la raison à celui que l'homme fait à titre de savant et exclut de cet usage celui que le même homme peut faire de sa raison dans le cadre de sa fonction (civile), usage qu'il qualifie de privé. Cette distinction entre deux usages, public et privé, que peut faire un même homme de sa raison a son importance, car elle permet, à mon sens, de concilier le *dynamisme* qu'exige le processus de diffusion des Lumières avec la *stabilité* que requiert le maintien de l'ordre au sein de la société. Cette distinction permet, en effet, de soutenir qu'un même membre doit *obéir* lorsqu'il fait un usage privé de sa raison, c'est-à-dire dans le cadre de la fonction qu'il occupe au sein de la communauté, et a cependant le droit de *raisonner*, en sa qualité de savant qui s'adresse avec ses écrits à un public. Autrement dit: un même membre d'une communauté peut être passif dans l'usage privé de sa raison et actif dans l'usage public de sa raison.

[19] Voir *Lumières*, Ak VIII, p. 36.
[20] Voir *Lumières*, Ak VIII, p. 40.
[21] Voir *Lumières*, Ak VIII, p. 37.

Partant, la limitation de l'usage privé que fait de sa raison un membre de la communauté n'implique pas la limitation de l'usage public qu'il fait de sa raison et ne constitue pas une entrave au processus de diffusion des Lumières[22].

Remarquons bien que, dans la perspective kantienne, la publicité n'est pas simplement la garantie de la liberté de parler ou d'écrire, mais, davantage, la garantie de la liberté de penser. La liberté de penser, liberté qui, rappelons-le, définit l'*Aufklärung*, suppose, en effet, la liberté de *communiquer publiquement ses pensées*. La publicité, condition *sine qua non* de la diffusion des Lumières au sein d'un public, s'accomplit à travers la communication réciproque de pensées. Ce qui signifie que l'*Aufklärung* présuppose une communauté, en d'autres termes, que l'*Aufklärung* est *collective*.

Or, si la publicité est la garantie de la liberté de penser, à rebours, interdire la publicité, c'est interdire la liberté de penser, partant, empêcher la diffusion des Lumières; ce qui constitue, aux yeux de Kant, une grave atteinte à la dignité humaine. La publicité est le moyen grâce auquel le philosophe peut véritablement accomplir sa fonction d'*Aufklärer*, c'est-à-dire éclairer le peuple sur ses devoirs et ses droits relativement à l'État dont il est membre[23]. De sorte que le souverain qui interdit au philosophe de faire un usage public de sa raison commet un crime contre la dignité humaine[24]. Toute limitation imposée à la publicité, toute censure constitue une entrave à la propagation des Lumières et est, partant, contraire au progrès de l'humanité (dans les arts, les sciences, en morale, dans la religion et la politique).

La publicité appert, ce faisant, comme l'indice précis que le processus d'*Aufklärung* est en marche. La publicité est, en effet, le signe que les obstacles à la diffusion des Lumières (la contrainte civile, la contrainte sur les consciences) diminuent. Autrement dit, la publicité est la preuve de l'extension progressive de la liberté civile – liberté qui permet, tout d'abord, aux Lumières de jaillir au sein d'un cercle de savants, avant de se propager, peu à peu, grâce à la publication des écrits, à l'ensemble du public, puis, enfin, au souverain. On peut distinguer plusieurs phases dans la diffusion des Lumières: ce sont d'abord quelques hommes, souvent des tuteurs attitrés de la masse,

[22] Voir *ibid.*

[23] Voir *Le conflit des facultés*, Ak VII, p. 89.

[24] Interdire la publicité, c'est, en effet, interdire le progrès du peuple vers le mieux, ce qui constitue «un crime contre la nature humaine, dont c'est précisément la destination originelle d'accomplir ce progrès...» (*Lumières*, Ak VIII, p. 39, Pléiade II, p. 213-214. Cf. Ak VIII, p. 39-40 et *MM*, Ak VI, p. 327).

qui secouent le joug de leur minorité et que l'inclination pour la liberté de pensée conduit à répandre «autour d'eux un état d'esprit où la valeur de chaque homme et sa vocation à penser par soi-même [sont] estimées raisonnablement»[25]. Les Lumières se propagent, ce faisant, au sein du public. Cette propagation est lente, avant tout, selon Kant, parce que le public, qui a été placé par ces anciens mineurs sous le joug de la minorité, empêche ces libres-penseurs de s'émanciper, retournant contre eux les préjugés qu'ils lui ont inculqués. Grâce à la publicité, les Lumières peuvent ensuite se diffuser progressivement jusqu'au trône et avoir de l'influence sur les principes du gouvernement. La publicité, condition de la propagation des Lumières, ne s'avère pas simplement utile au peuple, mais également au souverain, qui peut s'inspirer, dans les réformes qu'il entreprend, des maximes des philosophes. Kant revendique expressément le droit pour les savants de dénoncer publiquement, par leurs écrits, les dysfonctionnements qu'ils croient relever dans l'organisation de la société ou de l'État. Il va même jusqu'à inviter les souverains à consulter les philosophes et leurs maximes. L'administration du gouvernement qui, selon Kant, ne saurait s'environner d'assez de Lumières, exige que les philosophes puissent se faire entendre librement[26].

En *conclusion*, j'aimerais insister sur le fait que le processus d'*Aufklärung*, aussi long et difficile soit-il, appert inéluctable une fois amorcé. Dès lors que la nature a fait éclore l'inclination et la vocation pour la liberté de penser, cette inclination influe en retour, progressivement, sur la mentalité du peuple, ce qui le rend peu à peu plus apte à agir *librement* et, finalement, influe sur les principes mêmes du gouvernement, lequel juge dès lors profitable pour lui-même de traiter l'homme conformément à sa dignité. Dans la perspective kantienne, le passage de l'obscurité à la lumière est un processus inéluctable, mais extrêmement long, qui concerne, par suite, plusieurs époques, de sorte que l'espoir en la diffusion des Lumières repose sur l'hypothèse que l'humanité progresse vers le mieux. C'est ce que Kant donne à entendre lorsqu'il souligne que Mendelssohn devait compter avec l'espoir en des jours meilleurs pour s'employer avec autant de zèle à la propagation des Lumières[27]. Mendelssohn ne pouvait, en effet, raisonnablement espérer accomplir cette propaga-

[25] *Lumières*, Ak VIII, p. 36, Pléiade II, p. 210.
[26] Voir *Projet de paix perpétuelle*, Ak VIII, p. 368-369.
[27] Voir *Sur le lieu commun...*, Ak VIII, p. 309.

tion pour lui-même et pour lui seul s'il n'y avait pas d'autres hommes, après lui, pour aller plus loin dans la même voie. Kant lui-même, conscient que le processus d'*Aufklärung* extrêmement long ne serait pas achevé à son époque, devait espérer en des temps meilleurs et compter sur les hommes des époques ultérieures pour poursuivre la tâche de diffusion des Lumières. En accomplissant sa tâche d'*Aufklärer*, Kant ne fait, en dernière instance, qu'accomplir son «devoir inné d'agir sur la postérité, en tout membre de la suite des générations [...] de telle sorte qu'elle devienne toujours meilleure [...] et qu'ainsi ce devoir puisse se transmettre régulièrement d'un membre à un autre des générations»[28].

[28] *Ibid.*, Pléiade III, p. 294-295.

DE L'AUTARCIE DE LA PENSÉE À LA PENSÉE DE L'AUTONOMIE: L'*AUFKLÄRUNG* DANS LA *CRITIQUE DE LA RAISON PURE*

Luc Langlois

À peu près à la même période où il fait paraître la *Critique de la raison pure*, Kant écrit ce qui suit dans l'une de ses *Reflexionen*: «Aufgeklärt seyn heisst: selbst denken, den (obersten) Probierstein der Wahrheit in sich selbst suchen»[1]. L'opuscule de 1786 *Qu'est-ce que s'orienter dans la pensée?* est au même effet: «Penser par soi-même signifie chercher en soi-même (c'est-à-dire dans sa propre raison) la suprême pierre de touche de la vérité; et la maxime de penser par soi-même en toute circonstance est l'*Aufklärung*»[2].

Chercher en sa propre pensée la pierre de touche de la vérité: voilà une formule qui n'est pas sans rappeler Descartes[3], même si le propos de Kant apparaît tout autre. Car alors qu'il s'agissait pour Descartes d'assurer la correspondance de l'ordre des représentations et des choses telles qu'en elles-mêmes, des *repraesentationes* et de la *realitas objectiva*, Kant, on ne le sait que trop, amorce sa réflexion critique par une contestation de la continuité parfaite entre le logique et le réel, et par la remise en cause de l'autarcie de la pensée, incapable d'atteindre par elle-même aucune existence et de garantir par elle seule l'*adaequatio mentis ad rem*. C'est que n'ayant affaire qu'à des phénomènes, la raison humaine finie devra admettre que son savoir est en partie un savoir construit, et non une simple réduplication de la mesure de l'être.

Que signifie alors pour Kant «penser par soi-même»? Poser cette question, c'est interroger le lien intime de la *Critique de la raison pure* avec l'*Aufklärung*, et sonder l'*Aufklärung* que veut initier la *CRP*, ce qui revient en fait à interpréter la visée même du projet de la *CRP*, incontestablement le chef-d'œuvre de Kant. «Notre siècle, écrit Kant

[1] Réf. 6204 in *Reflexionen zur Metaphysik*, Ak XVIII, 488.

[2] *Qu'est-ce que s'orienter dans la pensée?*, *Œuvres philosophiques* (désormais: OP), Gallimard, Pléiade, tome 2, p. 545; Ak VIII, 146. Voir aussi ce qu'écrit Kant à propos de la première maxime du sens commun (CFJ, OP, II, 1073-1074; Ak V, 294): «Penser par soi-même (...) est la maxime de la pensée sans préjugé», Elle «est la maxime d'une raison qui n'est jamais passive. Le préjugé est la tendance à la passivité, donc à l'hétéronomie de la raison».

[3] Descartes, *Discours de la méthode*, AT, VI, p. 33: «Je jugeai que je pouvais prendre pour règle générale, que les choses que nous concevons fort clairement et fort distinctement, sont toutes vraies»; cf. aussi *Méditations métaphysiques*, AT, IX, p. 27.

en 1781, est proprement le siècle de la critique, à laquelle tout doit se soumettre. La *religion*, parce qu'elle est *sacrée*, et la *législation*, à cause de sa *majesté*, veulent communément s'y soustraire. Mais elles suscitent dès lors vis-à-vis d'elles un soupçon légitime et ne peuvent prétendre à ce respect sans hypocrisie que la raison témoigne uniquement à ce qui a pu soutenir son libre et public examen»[4]. Mais ce n'est pas tout, car c'est la raison elle-même qui doit, «dans toutes ses entreprises, se soumettre à la critique, et elle ne peut par aucun interdit attenter à la liberté de cette dernière sans se nuire à elle-même et sans attirer sur elle un souçon qui lui est dommageable (...)»[5]. Passages dont on peut tirer deux conclusions; la première est que la critique *matérielle* de la raison n'a pas de limites: tous les objets et champs de signification de la civilisation et de la culture sont en principe exposés à son *krinein*, à son examen et à sa libre adhésion; la seconde est que, pour être parfaitement cohérente, cette revendication réflexive suppose que le principe même de l'*Aufklärung* soit établi hors de tout doute, bref qu'une critique *formelle* de la raison vienne authentifier toutes ses prétentions critiques *matérielles*. Pour pouvoir légitimement se substituer au dogmatisme philosophique et religieux, la raison se devra de répondre d'abord à l'injonction socratique de la connaissance de soi, par une autoréflexion concernant tout son pouvoir. Cela se comprend aisément du reste, car si la raison doit être la ligne de conduite de tout homme responsable, le moins que l'on puisse attendre d'elle est qu'elle rende compte de sa propre capacité, qu'elle se confronte à elle-même et provoque pour ainsi dire une *Aufklärung* de l'*Aufklärung*, si l'on entend par là un éclaircissement du principe même de l'*Aufklärung*.

Les revendications philosophiques les plus diverses formulées au nom des Lumières, de l'*Enlightenment* ou de l'*Aufklärung* ont pratiquement toutes une même visée et une même aspiration: celle de redonner à la philosophie sa pertinence et sa signification éminente pour la vie humaine concrète. Dans la langue de Kant, cela revient à dire que l'*Aufklärung* doit rejoindre le *concept cosmique* de la philosophie comme *teleologia rationis humanae*[6], afin d'éclairer la vie humaine en ses finalités essentielles. La *CRP*, et c'est en cela qu'elle attestera sa fidélité à l'*Aufklärung*, prétend même qu'elle est la mieux en mesure de renforcer cet *enracinement de la philosophie dans la vie*.

[4] *CRP* (trad. Alain Renaut, GF Flammarion), p. 65; A XI.

[5] *CRP*, p. 619; A 738-739/B 766-767.

[6] *CRP*, p. 678; A 838-839/B 866-867: «Dans cette optique, la philosophie est la science du rapport entre toute connaissance et les fins essentielles de la raison humaine (*teleologia rationis humanae*)».

Sur quoi repose donc cette prétention? D'abord et avant tout sur le diagnostic posé par Kant sur les tribulations et les déboires de la métaphysique, discipline en passe de perdre toute crédibilité à l'ère des sciences exactes, mais dont Kant persiste à croire qu'elle rejoint dans son questionnement un *besoin fondamental de l'humaine raison*, nullement découragé par les stériles querelles d'écoles. Au moment où il amorce sa réflexion philosophique, l'*Enlightenment* anglais s'est pourtant déjà largement dissocié de la métaphysique, les Lumières françaises (massivement matérialistes, mécanistes et athées) lui sont résolument hostiles. Seule l'*Aufklärung* allemande tient encore à voir dans la métaphysique l'achèvement de la raison. Mais c'est en un mauvais sens selon Kant, c'est-à-dire au prix d'un *détournement de sens*, qui consiste à réduire l'aspiration métaphysique à la visée d'un savoir théorique, littéralement, à une saisie théorétique des *protai archai kai aitiai*, des causes et des principes premiers, ce qui précisément ne trouve plus grâce face aux possibilités d'élucidation du savoir physico-mathématique de la nature, qui n'a pour ainsi dire *pas de fin*!

L'*Aufklärung* dont se réclamera la *CRP* en sera une qui, tout en partageant les visées plus immanentes des Lumières françaises et anglo-écossaises, permettra à la philosophie, presque désespérément, de renouer avec son thème métaphysique, en ne manquant pas toutefois de dénoncer, de faire la critique, de cette réduction théorique qui l'a progressivement éloignée de la vie concrète de l'homme. L'*Aufklärer* Kant se présente à cet égard comme le réformateur et le critique de l'*Aufklärung*, voulant entre autres en découdre avec *la métaphysique de l'entendement* à laquelle se greffe tout le projet théorique de la philosophie allemande de son temps. Aussi la *CRP* doit-elle être lue selon nous comme une *théorie de la métaphysique immanente, qui veut réconcilier en une manière inédite la métaphysique et l'*Aufklärung. Une telle métaphysique flaire son motif principal *dans la structure d'intérêt de l'humaine raison*, et recentre en fin de compte son discours philosophique sur *l'anthropologie philosophique*[7]. Autrement dit, la philosophie n'aura pas de mission plus urgente pour Kant (en cela disciple fidèle de Socrate) que de nous aider à saisir le *sens* de notre aventure en ce monde...

[7] Structure d'intérêt de la raison que Kant a le plus efficacement résumée dans ce passage célèbre de la première *Critique*: «Tout intérêt de ma raison (aussi bien spéculatif que pratique) se rassemble dans les trois questions suivantes: 1. Que puis-je savoir? 2. Que dois-je faire? 3. Que m'est-il permis d'espérer?». Questions auxquelles la *Logique*, on s'en souvient, ajoutait une *quatrième*: Qu'est-ce que l'homme?, en précisant qu'«au fond, on pourrait tout ramener à l'anthropologie, puisque les trois premières questions se rapportent à la dernière» (*Logique*, trad. L. Guillermit, Vrin, p. 25; Ak IX, 25).

Si l'on peut accuser la métaphysique de détournement de sens, c'est parce qu'elle en est venue à oublier le motif humain de son propre surgissement, l'inquiétude de l'homme face aux limites de son être, et l'angoisse non moins humaine face à la mort. Les questions qui lui sont adressées – celles des premiers principes du monde, de l'âme et de sa survie, de l'existence d'un être suprême – ont fini avec le temps par former un *corpus* de problèmes abstrus, confiés aux seuls savants et à leur maîtrise de l'ordre démonstratif, comme si les problèmes de la métaphysique appelaient une solution semblable à celle des problèmes de la géométrie...

Tout le génie de Kant aura consisté à voir dans cette confusion des genres non pas une simple erreur d'attention, mais *une dialectique naturelle de la raison* qui conduit inévitablement celle-ci à vouloir étendre ses conquêtes au-delà du sensible, de l'horizon spatio-temporel de son savoir, en oubliant que l'extrême rigueur du savoir mathématique (rappelons-nous l'avertissement de Platon affiché à l'entrée de l'Académie: «Nul n'entre ici s'il n'est géomètre») tient à sa constructibilité dans les formes mêmes de la sensibilité, l'espace et le temps. Dès lors que se trouve rappelée cette condition de la donation sensible, l'irréductibilité de ses formes à l'ordre du concept, la continuité irénique que suggérait le *cosmos* grec (qui signifie à la fois ordre et monde) entre la *phusis*, l'univers des nombres, le suprasensible et le divin, ne va plus de soi, mais entre en crise, crise que voudra justement dénouer la *Critique de la raison pure.*

C'est le problème «technique» de la représentation qui sera au cœur de ce dilemme de la métaphysique, et qui occupe dans l'*Analytique* le plus clair des efforts de Kant. Sa formulation est archiconnue: l'*objectum* qui désigne la visée du réel passe immanquablement par la médiation du *subjectum* et le champ de ses représentations. Kant résume dans la *Lettre à Marcus Herz du 21 février 1772* l'aspiration séculaire de la métaphysique, et en particulier de la métaphysique moderne, lorsqu'il écrit que le substantiel des choses doit selon elle être étreint par le sujet. Or comment assurer que la représentation rejoint effectivement le fond des choses et en épuise toute l'intelligibilité?

Chez Leibniz, cette question de la représentation est pour ainsi dire absorbée dans la donnée générale de la métaphysique de la substance, comme on peut exemplairement le constater dans la *Monadologie.* Selon lui en effet, l'explication physico-mathématique de la nature, loin d'annuler la métaphysique, est inconcevable sans un fondement intelligible qui en retrace l'origine. Celle-ci ressortit à une méditation sur les substances simples, antérieures au champ d'investigation spatio-temporel de la science, mais qui régit toute la rationalité du réel. Pour Leibniz, ces substances ne sont pas des formes statiques, mais des *forces primitives et originaires* qui déploient leurs formules logiques jusque dans les moindres degrés du monde sensible. De cette tension de l'intelligible vers le réel, l'*appetitus* de l'âme vers les objets de connaissance n'exprime que le degré supérieur, articulé ici aux principes de contradiction et de raison suffisante. Ainsi, le fondement de la rencontre du sujet et de l'objet dans la représentation reposera en définitive pour Leibniz sur ces substances simples, atomes logiques et principes du réel: désenchanté par la science moderne, le monde se trouve de la sorte, pour une dernière fois, ré-enchanté au nom de la primauté de la cause finale.

Si Kant n'est pas convaincu par la magnifique synthèse leibnizienne de la science moderne et de l'ontologico-téléologique, c'est qu'il considère qu'elle s'enlise, comme tout le rationalisme classique, dans un *circulus vitiosus.* Car pour garantir l'accord du sujet et de l'objet, de nos représentations *a priori* et de l'expérience, bref pour asseoir la validité incontestable de nos connaissances rationnelles, elle fait appel à la connaissance la plus problématique qui soit, la métaphysique, dont on ne peut jamais savoir si aucun objet correspond à ses concepts. Inutile ici de s'étendre sur les conclusions de la *Critique*: en rappelant que les concepts purs de l'entendement ne sont que les formes objectives de l'expérience possible ne s'appliquant qu'à la donnée sensible de l'intuition, que tout notre savoir rationnel des objets a par conséquent une texture *synthétique a priori* (et non analytique), Kant barrait la route à une application transempirique des catégories dont s'enivre tout l'espoir de la métaphysique de l'entendement.

Il faut voir dans cette contribution le *premier* acte d'*Aufklärung* de la *Critique* (plus qu'une simple thèse savante parmi d'autres), puisqu'elle vient bouleverser le rapport traditionnel du savoir et des fins essen-

[8] L'hommage rendu par Kant à Rousseau dans ses *Remarques sur les Observations sur le sentiment du beau et du sublime* marque déjà le sens de cette transformation: «Je suis par goût un chercheur. Je ressens la soif de connaître tout entière, le désir inquiet d'étendre mon savoir ou encore la satisfaction de tout progrès accompli. Il fut un temps où je croyais que tout cela pouvait constituer l'honneur de l'humanité, et je méprisais la populace qui ignore tout. C'est Rousseau qui m'a désabusé. Cette illusoire supériorité s'évanouit; j'apprends à honorer les hommes et je me trouverais bien plus inutile que les simples travailleurs, si je ne croyais pas que ce sujet d'étude peut donner à tous les autres une valeur qui consiste en ceci: faire ressortir les droits de l'humanité» (Ak XX, 44). Dans le même sens, voir la conclusion des *Rêves d'un visionnaire*, où Kant, pour dénoncer la vacuité des spéculations métaphysiques, donne la parole à Voltaire: «Mais comme probablement notre sort dans l'autre monde dépend de la façon dont nous avons tenu notre poste dans celui-ci, je terminerai par ces mots que Voltaire fait dire à son brave Candide en guise de conclusion

tielles de l'homme[8]: il correspond à la question *Que puis-je savoir?*, celle qui surgit en premier au sein de la raison réflexive. Mais comme la conclusion qu'elle articule sur la limite phénoménale du savoir humain est surtout négative et restrictive, il ne peut s'agir que d'un *premier* geste en vue d'élucider l'intimité de la philosophie et de la vie.

Après *l'autolimitation* de son pouvoir théorique, le seul espoir qui reste à la raison d'éclairer la vie humaine et ses fins reposera pour Kant sur son *usage moral-pratique*[9]. De fait, les questions séculaires de la métaphysique sur l'âme et la vie après la mort, le monde pris comme totalité et l'existence de Dieu, trahissent bien plus un *intérêt pratique* qu'un intérêt théorique de la raison. Elles surgissent du fond même de notre être double, intelligible et sensible, de l'écartellement et de la tension qu'il est pour lui-même. Aussi la *liberté* sera-t-elle l'idée phare de la philosophie – motif parfaitement congruent avec l'inspiration des Lumières. Une liberté qui à vrai dire, dans sa destination, se révèle être *le seul principe de transcendance en l'homme*. La *Critique de la raison pratique* l'affirme lapidairement: «Mais la liberté est aussi la seule de toutes les idées de la raison spéculative dont nous *connaissions a priori* la possibilité, sans toutefois la comprendre, parce qu'elle est la condition de la loi morale, que nous connaissons»[10]. Et c'est depuis cette liberté que le *Trieb zur Erweiterung* de la raison et la persistance en elle des questions ultimes retrouveront une signification positive.

En un sens, on peut apercevoir dans cette orientation morale-pratique de la philosophie la rémanence d'un motif essentiel qui, depuis Platon, n'a jamais été tout à fait oublié: que l'on pense en effet à la figure de Socrate, à l'évocation platonicienne du Bien comme *epekeina tes ousias* (*République* 509-b), principe tellement éminent qu'il transcende l'être lui-même; que l'on se rappelle que chez Leibniz lui-même, c'est la doctrine du souverain Bien qui est le point d'orgue de sa métaphysique, on constate alors que l'idée d'une finalité morale de la philosophie est tout sauf nouvelle.

L'apport inestimable de Kant à l'histoire de la philosophie vient de ce que, contrairement à la conception ancienne qui aperçoit dans le Bien une direction de l'être (l'ordre de l'être comme une tension vers le bien, qui doit pouvoir éclairer l'âme humaine elle-même et lui indiquer son *arete*), et sur laquelle repose la primauté traditionnelle de la cause finale, cette dimension morale trouve entièrement sa source

à tant d'inutiles controverses d'école: *Occupons-nous de nos affaires, allons au jardin et travaillons*» (OP, I, 592; Ak II, 373).

[9] *CRP*, p. 652-653; A 795-796/B 823-824, et aussi p. 657-658; A 804/B 832.

[10] *CRPrat.*, OP, II, p. 610; Ak V, 4.

chez lui dans une raison qui est *pratique par elle-même*, qui renferme en soi le principe universel de la morale, et constitue pour la volonté *une législation parfaitement autonome*, indépendamment de toute fin de la nature. Ce ne sont pas les sollicitations de la nature, l'ordre prétendu des choses, qui dicteront ma ligne de conduite, si elle veut se qualifier pour le bien, mais une loi morale inscrite dans *l'autonomie de la volonté*[11]. L'autarcie de la pensée que revendique l'*Aufklärung* trouve en définitive son moment de vérité dans cette *autonomie de la volonté*, qu'on peut dès lors considérer comme la raison d'être du *selbst denken*.

Cette percée morale reconnaissant dans la liberté une loi et dans la raison une puissance pratique est une libération, une émancipation: une libération de la liberté de toute aune naturaliste, qui empêchait jusqu'ici d'en cerner le principe agissant. C'est le *deuxième* geste essentiel d'*Aufklärung* posé par la *Critique*, qui éclaire sous un nouveau jour après toutes les ontologies téléologiques la question parfaitement humaine: *Que dois-je faire?* Et sa réponse, précisée dans les *Fondements de la métaphysique des mœurs*, tiendra dans ce commandement enjoignant à la volonté *d'agir comme si la maxime de son action devait être érigée par cette même volonté en loi universelle.*

À vrai dire, le principe de l'autonomie est l'écho pour la raison finie (non sainte) d'un appel du bien: je ne suis authentiquement libre que dans cette capacité de l'acte bon ou juste, lequel me révèle en même temps à moi-même ma dignité et la valeur intrinsèque de ma personne. Dans l'autonomie ces deux dimensions – ma valeur et la prise en compte d'autrui par une liberté non égoïste – se trouvent en quelque sorte conjuguées. Elles réfèrent à l'idée d'humanité, à la dignité humaine, où chacun se trouve uni à tous, qu'il soit blanc ou noir, homme ou femme, chrétien, juif ou musulman, non pas en un *compositum* ou en un amalgame, mais en une unité d'esprit.

Mais être libre et être humain, cela veut aussi dire *vivre d'espérance*. De quoi peut être raisonnablement faite cette espérance? On dirait que plus l'on progresse dans l'ordre des questions, plus c'est l'homme concret qui se trouve rejoint. *Que m'est-il permis d'espérer?* Voilà l'ultime interrogation qui échoit à l'humaine raison, après son autolimitation cognitive et la réalisation de ses possibilités d'autonomie.

[11] Certes, il n'est nulle part expressément fait mention dans la *CRP* de l'autonomie de la volonté, locution qui n'apparaît que dans les *Fondements de la métaphysique des mœurs*, mais Kant se rapproche de cette idée en présentant les lois pratiques pures, qui commandent absolument, comme des produits de la raison permettant l'autodétermination du libre arbitre (*CRP*, p. 655-656, A 800-802/B 828-830).

Personne ne sera surpris de la réponse: ce que chacun espère, c'est évidemment le *bonheur*, la plénitude d'une vie qui peut, à son terme, se déclarer heureuse et sensée. Mais la philosophie ne pourra plus être pour Kant une technique du bonheur, chacun étant à cet égard désormais renvoyé à sa propre représentation de la vie heureuse. Ce qui importe du point de vue philosophique, *c'est que chacun se rende digne d'être heureux*, ce qui ne peut vouloir dire pour Kant que répondre à l'appel moral de notre humanité commune, jusque dans l'expérience de la plus extrême détresse. Et c'est pourquoi il est dit en conclusion de la *Critique de la raison pure*, que c'est le *bonheur universel*[12] qui est la fin véritable de la philosophie, non pas mon bonheur égotiste, mais le bonheur de tout un chacun, auquel je dois contribuer.

On trouvera peut-être surannée la manière dont Kant assure la cohérence et la réalisabilité de cette espérance à partir de postulats «théologiques», sur l'existence de Dieu et l'immortalité de l'âme. Mais ceux-ci conservent à tout le moins une indéniable puissance d'évocation symbolique: on doit vivre comme si les bonnes actions devaient laisser des traces, comme s'il n'y avait pas d'incompatibilité fondamentale entre nature et liberté, entre le bien et le monde, comme si la perspective d'un autre monde, meilleur et plus juste, n'était pas vaine, etc. Il y va du sens même de notre aventure humaine auquel on ne saurait renoncer sans rendre du même coup indiscernable la finalité même de l'*Aufklärung*, de son effort de lucidité, et sans courir le risque de la barbarie. En jetant les bases d'une «logique du sens», la *Critique de la raison pure* assure que le pari de l'*Aufklärung*, qui investit son propre geste, est fondé et qu'il constitue en définitive l'espoir même de l'humanité.

[12] *CRP*, p. 685; A 851/B 879.

COMMENT KANT DÉFINIT-IL LE CONCEPT DE «LUMIÈRES»?

Patricia Verdeau

Une convergence européenne au XVIIIe siècle, liée à la détermination de la raison comme *lumen naturale*, a caractérisé le siècle comme «siècle des Lumières» (en Espagne *Luces*, en Italie *Lumi*, *Illuminismo*, en Angleterre *Enlightenment*, en Allemagne *Aufklärung*, issu de l'adjectif *klar*, du latin *clarus*). L'expression *es klar auf* (*aufklaren*, sans alternance vocalique) se dit d'abord du temps qui s'éclaircit, du ciel qui se dégage, par le biais d'un emprunt de l'allemand au vocabulaire des marins néerlandais, et le verbe transitif *aufklären* a le sens du français *éclairer*: «L'*Aufklärer* n'est pas seulement l'esprit éclairé ou le philosophe des Lumières, mais l'*éclaireur* au sens militaire de la *reconnaissance*»[1]. Le XVIIIe siècle voit donc l'émergence de l'*Aufklärung* comme «*terminus technicus*», et en 1784, à l'époque de l'Opuscule sur les Lumières, Moses Mendelssohn ressentait encore le terme comme un néologisme, considérant alors qu'il n'appartient pour le moment qu'à la langue livresque et que la grande masse ne le comprend guère. Le terme *Aufklärung* n'en garde pas moins un rapport sémantique et lexical avec la lumière, comme en témoigne cette déclaration de Lichtenberg: «On parle beaucoup d'*Aufklärung* et on aspire à plus de lumière, mais, grands dieux, à quoi peut donc bien servir toute la lumière que l'on voudra, si les gens soit n'ont pas des yeux pour voir, soit, s'ils en ont, les ferment à dessein»[2]. La raison, comprise comme lumière se doit donc d'apporter les lumières de la raison, de libérer des ténèbres de l'obscurantisme, le contre-concept d'*Aufklärung* étant *Schwärmerei*. Encore est-il nécessaire de rester modeste à l'égard du sens même de l'*Aufklärung*; le terme *Aufklärung*, traduit souvent par *Lumières*, désignerait plus exactement, comme le montre Eric Weil, «l'accroissement des Lumières»[3]. Dans la mesure où il pourrait y avoir jusqu'à une pratique des sciences qui cultive la superstition, l'*Aufklärung* renvoie à cette «réforme intérieure de la manière de penser»[4]. L'Opuscule de 1784, *Was ist Aufklärung?*, définit,

[1] Article «Lumière», in *Vocabulaire européen de la philosophie*, sous la direction de B. Cassin, Seuil/Le Robert, 2004, p. 744.

[2] Lichtenberg, *Werke*, t. 1, p. 201, *apud* Grimm.

[3] E. Weil, *Kant et le problème de la politique*, publié dans *La Philosophie politique de Kant*, Paris, 1962, p. 12.

[4] J. M. Muglioni, «Kant et les Lumières», *L'Enseignement philosophique*, n° 1, septembre-octobre 1987, p. 107.

bien entendu, le concept de «Lumières», mais comment cette définition se trouve-t-elle éclairée par d'autres passages de l'œuvre? Comment le concept de «Lumières» se construit-il dans l'œuvre de Kant? Qu'est-ce qui le définit, au sens de le délimiter?

Aufklärung *et* Schwärmerei*, ou l'approche d'une première définition négative de l'*Aufklärung

Dans *Les Rêves d'un visionnaire expliqués par des rêves métaphysiques*, en 1766, Kant affirme ne pas comprendre ce que veut dire le terme de *Geist*, et ce texte constitue une attaque à l'encontre des phénomènes qu'on qualifie à l'époque de *Schwärmerei*, terme lui-même polémique mal traduit en français par les termes enthousiasme ou fanatisme. Ce terme est en tout cas le mot d'ordre de combat de l'*Aufklärung* allemande contre des positions divergentes, comme celles de ces visionnaires inspirés par l'esprit (*Geist*) comme Swedenborg, des philosophes hermétiques, du fanatisme religieux. En 1786, quand le très mondain Jacobi accuse Kant de *Schwärmerei*, il sait qu'il va l'entraîner dans une lutte sur le sort de l'*Aufklärung* en Allemagne. Alors que Kant était resté jusque-là à l'écart d'un débat (*Pantheismusstreit*), il ne peut que réagir contre ces accusations qui visent de longs extraits de la *Critique de la raison pure*, où Kant écrit que nous avons une certitude morale de l'existence de Dieu. Dans *Qu'est-ce que s'orienter dans la pensée?*, Kant réagit au débat sur le panthéisme, condamne la *Schwärmerei* dont Jacobi était le plus illustre représentant et prend ses distances par rapport aux prétentions spéculatives de Mendelssohn, selon lesquelles il serait possible de démontrer l'existence de Dieu[5]. Il critique également la proposition selon laquelle, au terme d'un recours à l'usage spéculatif de la raison, si les conclusions vont à l'encontre de notre conscience morale, il faudrait revenir au bon sens: «[...] même la commune et sainte raison, dans l'ambiguïté où il laissait l'exercice de cette faculté en regard de la spéculation, courrait le danger de servir de principe à l'extravagance et au total détrônement de la raison»[6]. L'appel ambigu au sens commun ouvrirait la

[5] «Kant s'introduit donc d'une manière relativement atypique dans la défense de l'*Aufklärung*. La querelle du panthéisme reflète le risque d'une autodestruction du rationalisme des Lumières. Entre les descriptions qu'en font respectivement Jacobi et Mendelssohn, l'*Aufklärung* apparaît contradictoirement tantôt comme ce qui sépare la raison de la foi et tantôt comme ce qui a la puissance de les réunir». M. Castillo, *Kant et l'avenir de la culture*, Paris, P.U.F., 1990, p. 33.

[6] *Qu'est-ce que s'orienter?*, Ak VIII, 133-134.

porte à la *Schwärmerei*, plus dangereuse que le dogmatisme ou que la superstition, qui se réfèrent au moins à une forme de légalité. Comme le montre Béatrice Pourcel, «[...] si Kant se bat contre la *Schwärmerei*, c'est certes d'abord parce qu'elle est illusion, parce qu'elle est volonté d'illimité et destruction de la médiation et du schème mais c'est aussi parce qu'elle peut se définir, selon le modèle de l'*Essai pour introduire en philosophie le concept de grandeurs négatives*, comme une véritable «raison négative», un anti-paradigme extrêmement dangereux, car il utilise les faiblesses propres de la raison pour mieux la dépasser tout en la conservant»[7]. On ne peut donc caractériser le débat de la raison et de la *Schwärmerei* comme l'opposition de deux ennemis mortels. Quand Kant dénonce les *Schwärmer*, il doit leur offrir la compagnie de ceux qui tombent dans le piège de la dialectique de la raison. *Schwärmerei* et *Aufklärung* se définiraient donc l'une par rapport à l'autre dans ce qui serait des définitions négatives. A. Philonenko avait parlé, à propos de la *Schwärmerei*, de «raison à l'envers», qui ayant beau marcher sur la tête, marche quand même.

L'Aufklärung *et le problème de la minorité*

Dans l'Opuscule de 1784 publié dans la revue berlinoise de son ami Biester, Kant définit les Lumières comme «*la sortie de l'homme de sa minorité, où il se maintient par sa propre faute.* La *minorité* est l'incapacité de se servir de son entendement sans être dirigé par un autre. Elle est *due à notre propre faute* quand elle résulte non pas d'un manque d'entendement, mais d'un manque de résolution et de courage pour s'en servir sans être dirigé par un autre. *Sapere aude!* Aie le courage de te servir de ton *propre* entendement. Voilà la devise des lumières»[8]. La minorité renvoie à la situation première de peuples et des hommes; elle est cet état de dépendance premier et quasi naturel, en ce qu'il flatte la paresse humaine. Le problème est de savoir comment faire l'apprentissage de la liberté. La réponse kantienne est que ce dernier passe par le développement de la raison d'une part, par la mise en place de constitutions elles-mêmes de nature rationnelle d'autre part. Si à l'échelle individuelle, l'apprentissage de la liberté ne peut être accompli qu'en première personne, à l'échelon

[7] B. Pourcel, «Kant et la Schwärmerei», *L'Enseignement philosophique*, n° 2, nov-déc. 1997, p. 21.

[8] *Lumières*, Ak VIII, 35.

collectif, il s'identifie à une extension progressive du règne du rationnel. Si l'adhésion de Kant à la philosophie des Lumières ne fait pas de doute, on peut se demander quelle est la conception kantienne, spécifique de l'*Aufklärung*. Dans le *Conflit des Facultés*, ceux qui éclairent le peuple et qui sont diffamés sous le nom d'*Aufklärer* sont tenus pour dangereux par un «État qui ne veut jamais que dominer»[9]. Accéder aux Lumières, c'est ici accéder à une majorité, non à venir comme chez Lessing la progressive maturation d'une éducation à l'humanité, mais une majorité dont on a l'actuelle capacité. Dans le statut de minorité, les tuteurs nous maintiennent en lisières et sont donc au centre des résistances à l'accroissement des Lumières. Cependant, comme le montre le Recteur Jean-Louis Bruch, les tuteurs sont de fait condamnés à la minorité: «Le monde de la minorité n'est donc pas une aristocratie où le vaste troupeau des mineurs serait pris en charge par un petit nombre d'hommes libres et pleinement responsables d'eux-mêmes et des autres, c'est un monde de servitude universelle et librement consentie»[10]. Les tuteurs, non seulement comme autorités morales, mais comme experts techniques, entrent dans une espèce de logique de la consommation. Comment dans ces conditions Kant pense-t-il l'accès à la majorité? L'émancipation de l'entendement suppose le dépassement de forces extérieures, comme les tuteurs, et de forces intérieures comme la paresse et la lâcheté. Les Lumières se définissent donc d'abord négativement: «Penser par soi-même signifie chercher en soi-même (c'est-à-dire dans sa propre raison) la suprême pierre de touche de la vérité: et la maxime de penser par soi-même en toute circonstance, c'est l'*Aufklärung*»[11]. La conversion intellectuelle et morale visée correspond au fait de rejeter ce que Kant appelle une «hétéronomie de la raison»[12]. Comme dans un ordre religieux, cette décision suppose un travail dans la durée. Dans une note de la *Critique du Jugement*, Kant reconnaît que «l'*Aufklärung* est *in thesi* chose facile, mais *in hypothesi* un problème difficile et une affaire de longue haleine»[13], ce qui constitue un écho à la réponse à la question «vivons-nous actuellement dans une époque *éclairée*?», «non, mais nous vivons dans une époque de *propagation des lumières*»[14]. La sortie de la minorité exige donc une

[9] *CF*, Ak VII, 89.

[10] J. L. Bruch, «Kant et les Lumières», in *Actes du XVI*e Congrès des Sociétés de Philosophie de Langue Française, Reims, 3-6 septembre 1974, Vander, 1975.

[11] *Qu'est-ce que s'orienter ?*, Ak VIII, 147.

[12] *CJ*, Ak V, 294.

[13] *CJ*, Ak V, 294.

[14] *Lumières*, Ak VIII, 40.

éducation et une pédagogie. Elle s'inscrit aussi – et ce sont là des points d'application privilégiés – dans une perspective religieuse et politique: notre siècle, écrit Kant dans la Préface de la *Critique de la raison pure*, est le vrai siècle de la critique: rien ne doit y échapper. En vain, la religion à cause de sa sainteté et la législation à cause de sa majesté prétendent-elles s'y soustraire. Le tuteurs appartiennent principalement à deux ordres, les princes et les prêtres, dans les domaines respectifs de la législation et de la religion où la place de la religion reste problématique. Le gouvernement paternaliste, qui traite ses sujets comme des enfants mineurs, est de l'ordre du despotisme. La tyrannie des prêtres[15] se trouve liée par ailleurs au problème que pose la restauration d'une interprétation canonique du texte biblique dans l'orthodoxie protestante des XVIIe et XVIIIe siècles. Dans l'Opuscule de 1784, la question de la religion est essentielle, et Frédéric favorise une critique de la législation; à ce point de vue, «cette époque est l'époque des Lumières, ou le siècle de *Frédéric*»[16]. Un tel gouvernant est un homme qui assure les libertés politiques et religieuses (tolérance religieuse, possibilité de discussions publiques...) et incite les personnes à user de leur raison; à cet égard, il ne faudrait pas oublier, comme l'a montré Michel Foucault[17], qu'à l'égard du «*sapere aude*», une autre voix, celle de Frédéric II, dise en contrepoint «qu'ils raisonnent autant qu'ils veulent pourvu qu'ils obéissent». Appréhender les Lumières suppose donc la distinction entre le public (libre) et le peuple (qui obéit), et au-delà l'espoir que le peuple se transforme un jour en public[18]. Par ailleurs, il est vrai que le progrès des Lumières peut être entravé par les pouvoirs publics – comme le montre Kant dans *Le Conflit des facultés* – qui ont

[15] *AP*, Ak VII, 209.

[16] *Lumières*, Ak VIII, 40.

[17] M. Foucault, «Qu'est-ce que la critique? [critique et *Aufklärung*]», *Bulletin de la Société Française de Philosophie*, t. LXXXIV, 1990, p. 40.

[18] «On voit donc qu'il y a deux erreurs graves et même criminelles, – *traiter le peuple comme un public*, ce qui se produit lorsque la raison prétend agir dans le fonctionnement politique (le philosophe se fait propagandiste, le prêtre critique son église dans l'exercice de son sacerdoce par exemple), – ou à rebours *traiter le public comme un peuple*, ce qui se produit lorsqu'un gouvernement prétend légiférer sur ce qui relève de l'unique juridiction de la raison: la vérité et le souverain Bien. Dans un cas comme dans l'autre, l'homme libre (le penseur) et le gouvernement dérogent. L'homme libre parce qu'il se ravale au rang de démagogue et qu'il met en péril l'État (ce qui revient à déchaîner la violence). Le gouvernement parce qu'il s'oublie et nuit à sa propre majesté: prendre parti dans une querelle reviendrait, soit à se soumettre à certains de ses sujets, soit à s'exposer au ridicule de soutenir une erreur. La majesté de César ne le rend pas meilleur grammairien». J. Wilfert, «Kant, l'*Aufklärung* et l'ironie de la raison», *L'Enseignement philosophique*, n° 1, septembre-octobre 1987, p. 122.

toujours loisir de condamner les philosophes comme propagateurs de Lumières et comme gens dangereux pour l'État. L'existence d'un tel homme est le point de départ d'un processus dynamique, en ce que l'éclosion de la liberté est censée agir en retour sur les institutions qu'elle imprègne, le but étant de traiter tous les sujets conformément à leur dignité. Ces thèses sont développées dans une perspective plus historique dans *Idée d'une histoire universelle au point de vue cosmopolitique*: Kant y définit la fin de l'histoire comme le perfectionnement de l'espèce humaine, raisonnable et capable de liberté. Pour qu'un apprentissage collectif de la liberté soit possible, il faudra donc faire prédominer le point de vue de l'espèce sur celui de l'individu, de sorte que plusieurs générations seront nécessaires pour que se réalise la liberté. Le risque majeur auquel se heurte un tel apprentissage, c'est la guerre, au cas où les dispositions sociales agressives propres à l'homme l'emporteraient sur ses dispositions sociales associatives. Il conviendra dès lors de faire prédominer le point de vue de la raison sur la violence et sur l'instinct, de façon à ce que l'humanité s'oriente vers ce que Kant appelle un destin de liberté. Les hommes devront s'organiser dans des sociétés régies par le droit (comme le gouvernement de Frédéric II), qui elles-mêmes se confédéreront progressivement, de manière à jeter les principes d'une fédération internationale des États, rassemblés par une constitution et un droit communs. La fin de l'histoire, ce sera l'établissement d'un droit international, et le passage à une liberté collectivement organisée sous la loi, ou en d'autres termes l'atteinte de la majorité: tous les citoyens libres en chaque peuple, et chaque peuple libre en l'humanité.

Lumières, liberté, libération

Dans *Qu'est-ce que s'orienter dans la pensée?*, Kant définit la liberté de penser comme l'une des valeurs essentielles de l'*Aufklärung*. Cette liberté est d'autant plus définie que Kant en examine les différents degrés et leurs limites respectives: la liberté d'expression s'oppose à la contrainte civile, la liberté de religion à la contrainte exercée sur les consciences, la liberté de penser à la maxime d'un usage anarchique de la raison. Ce troisième sens s'oppose spécifiquement à la *Schwärmerei*, fondée dans «la maxime d'un usage anarchique de la raison»[19]. Alors que Fichte va jusqu'à proclamer la libre communica-

[19] *Qu'est-ce que s'orienter?*, Ak VIII, 145.

tion des pensées comme un droit inaliénable, Kant le restreint à ce qu'il appelle l'usage public de notre raison, peut-être au nom d'un risque lié à son extension illimitée, l'encouragement à la *Schwärmerei*. La liberté, d'ailleurs, dans une critique de la raison, est au service de l'intérêt de cette dernière et la raison, dans ses disputes, doit s'en remettre à elle-même: il est tout à fait absurde d'attendre de la raison des éclaircissements et de lui prescrire cependant d'avance le côté vers où elle doit nécessairement se tourner[20]. La libération que commande l'accès aux Lumières consiste dans l'accès à une autonomie de la raison, dans le sens où une raison passive est voué à la superstition: «L'*Aufklärung*, c'est se libérer de la superstition»[21]. La superstition consiste à se représenter la nature comme n'étant pas soumise aux règles que l'entendement, de par sa loi, lui donne pour fondement. Par ailleurs, une superstition religieuse consistant à croire que des actes religieux du culte peuvent servir de justification devant Dieu[22], trouve d'ailleurs son expression maximale dans la *Schwarmerei* qui pose une espèce de commerce avec Dieu. À côté de la superstition, il faut donc distinguer les vraies Lumières, acte d'autonomie intellectuelle, qui se retrouve dans une équation, pensée éclairée – pensée libre – pensée majeure: «l'homme débordant de connaissances est souvent le moins éclairé quand il s'agit d'en user»[23]. L'*Aufklärung* renvoie donc à une pensée sans préjugés, et une pensée capable de s'élever à l'universalité, dans la mince et prudente frange – telle que l'envisage l'*Aufklärung* germanique – de ce que Kant appelle l'usage public de la raison. Or, cette pensée éclairée ne peut que venir pour Kant d'une critique de la raison, d'un dépassement de ses contradictions: «Par la critique seulement peuvent être coupés à la racine même le matérialisme, le fatalisme, l'athéisme, l'incrédulité des esprits forts, l'exaltation et la superstition, qui peuvent être universellement nuisibles, enfin aussi l'idéalisme et le scepticisme, qui sont dangereux davantage pour les écoles, et peuvent difficilement passer dans le public»[24]. Ainsi, être un homme des Lumières, cela signifie: penser par soi-même, chercher en soi-même, c'est-à-dire dans des principes, la suprême pierre de touche de la vérité de son jugement, le fondement de sa créance, dont on doit d'ailleurs répondre. Cependant, comme le montre Michel Foucault, le vrai

[20] *MM*, Ak VI, 239.
[21] *CJ*, Ak V, 294.
[22] *Religion*, Ak VI, 174.
[23] *Qu'est-ce que s'orienter?*, Ak VIII, 146.
[24] *CRP*, Ak III, 21.

courage de savoir qui est invoqué par l'*Aufklärung* consiste à reconnaître les limites de la connaissance.

Dans la mesure où les Lumières supposent une dynamique, un progrès, leur définition même interroge les modalités de cette dynamique, de ce progrès. La conquête de l'autonomie suppose la liberté d'expression et se fonde donc sur un lien entre liberté personnelle et liberté civile: «Quels seraient [...] le champ et la rectitude de notre pensée si nous ne pensions pas pour ainsi dire en communauté avec d'autres [...]? [...] cette autorité extérieure qui arrache aux hommes la liberté de faire part publiquement, chacun, de ses pensées, leur arrache en même temps la liberté de penser, le seul joyau qui nous reste encore»[25], propos graves dès lors qu'on s'aperçoit que Kant sent venir la vague de réaction et de répression politico-religieuse post-frédéricienne, tandis que la diffusion dans la société entière passe par la liberté de presse et de publication. Les Lumières ne requièrent rien d'autre que la liberté «de faire un usage public de sa raison dans tous les domaines». Cependant, Kant restreint l'usage public de sa raison à des lecteurs eux-mêmes savants, ce qui rend la sphère de diffusion des Lumières très étroite. Les Lumières, à travers l'acte d'éduquer qu'elles engagent, le caractérisent dans son dessein éthico-politique: «Il faut que se change en science le mécanisme contenu dans l'art de l'éducation»[26]. Les Lumières renvoient donc pour Kant à un esprit de recherche, ouvert, et sont le «fruit de l'activité militante de l'homme raisonnable»[27]: «Entre la platitude optimiste du courant dominant de l'*Aufklärung* et la démesure tragique du romantisme, la voie kantienne est celle du labeur de la raison»[28]. Les Lumières et leur diffusion lente représentent donc un travail de longue haleine. Si implanter les Lumières dans des sujets singuliers par l'éducation est chose facile, éclairer une époque est, pour Kant, une tâche de longue haleine: «Si l'on demande maintenant: vivons-nous actuellement dans une époque *éclairée*?, on doit répondre: non, mais nous vivons dans une époque de *propagation des lumières*»[29]. Kant, partisan d'une réforme progressive (dont il pense qu'elle est déjà en marche), réfute ainsi l'idée de révolution, qui peut permettre de se délivrer du despotisme, mais n'entraîne pas de changements en profondeur. Au sein même de la conception kantienne de l'*Aufklärung*, s'inscrit la finalité réelle de l'usage du savoir: faire ressortir les

[25] *Qu'est-ce que s'orienter?*, Ak VIII, 144.
[26] *Pédagogie*, Ak IX, 447.
[27] J. L. Bruch, «Kant et les Lumières», op. cit., p. 32.
[28] *Ibid.*, p. 32.
[29] *Lumières*, Ak VIII, 40.

droits de l'humanité. La double voie des Lumières, morale et politique, se trouve explicitée dans la proposition suivante: «ces lumières, et avec elles aussi un certain attachement que l'homme éclairé ne peut éviter de témoigner à l'égard du bien qu'il comprend parfaitement, doivent peu à peu parvenir jusqu'aux trônes, et même avoir de l'influence sur leurs principes de gouvernement»[30]. L'homme éclairé, qui n'a plus besoin de mobiles sensibles, consulte le jugement de la raison, qui n'est plus obscurci par de fausses raisons: «[...] c'est [...] là que s'effectuent [...] les premiers pas qui mènent de l'état brut à la culture, laquelle réside au fond dans la valeur sociale de l'homme; c'est alors que se développent peu à peu tous les talents, que se forme le goût et que, par une progression croissante des Lumières, commence même à se fonder une façon de penser qui peut avec le temps transformer la grossière disposition naturelle au discernement moral en principes pratiques déterminés et, finalement convertir ainsi en un tout *moral* un accord à la société *pathologiquement* extorqué»[31]. Cette réforme moralise les hommes comme la politique. «Un tel contrat, qui serait conclu pour écarter à tout jamais du genre humain toute lumière nouvelle, est simplement nul et non avenu, quand bien même il serait entériné par le pouvoir suprême [...] par les traités de paix les plus solennels»[32]. L'*Aufklärung* est un droit fondamental et, ainsi qu'il est mentionné dans le texte «Sur l'expression courante: Il se peut que soit juste en théorie mais en pratique cela ne vaut rien», au milieu des contraintes de l'état civil, la liberté d'écrire est l'unique *palladium* des droits du peuple. La Faculté inférieure exercera alors cette magistrature.

[30] *IH*, Ak VIII, 28.
[31] *IH*, Ak VIII, 21.
[32] *Lumières*, Ak VIII, 39.

LA VOIX DE LA RAISON: LA *BESTIMMUNG DES MENSCHEN* D'APRÈS L'ITINÉRAIRE KANTIEN[1]

Giuseppe Landolfi Petrone

L'encyclopédie philosophique de Kant présente au lecteur l'anthropologie comme le côté empirique de la métaphysique des mœurs[2]. Certes, du point de vue strictement systématique, une connexion existe entre l'éthique et l'anthropologie, mais il s'agit d'une connexion bien plus profonde et solide. Cet article vise à mettre en évidence l'un des aspects au moins du lien en question, en commençant par la catégorie théorique et historiographique, si complexe, de la *Bestimmung des Menschen*[3]; une catégorie qui fait partie de la culture philosophique allemande de la deuxième moitié du XVIIIe siècle. Dans ce but, il s'avère utile de suivre à la trace le fil conducteur qui relie entre eux les différents concepts rencontrés dans l'*Aufklarung*: nous sommes en effet convaincus que cet itinéraire est celui-là même suivi par Kant. Il est possible de remarquer à ce propos que les idées kantiennes présentent plus d'un point commun avec les opinions respectives de Moses Mendelssohn et de Johann Joachim Spalding – ce dernier étant justement le théologien qui introduisit la locution *Bestimmung des Menschen* dans le débat culturel de son époque. Le concept en question a imprimé une impulsion particulière à l'anthropologie allemande naissante, comme le montre très évidemment la dispute qui eut lieu entre Mendelssohn et Thomas Abbt. Les échos de cette dispute se propagèrent jusqu'à Kant lui-même.[4]

[1] Traduction par Anna Slerca et Michèle Benaiteau.

[2] Cf. *Grundlegung zur Metaphysik der Sitten* (1785), Ak IV, p. 388, 389.

[3] La locution dont il est question ici n'est pas facile à traduire, puisque dans ce cas le mot «Bestimmung» peut renvoyer soit à «Stimme» («voix», d'où dérive le mot «vocation»), soit à «bestimmen» («déterminer») (cf. F. Mauthner, *Wörterbuch der Philosophie. Neue Beiträge zu einer Kritik der Sprache*, deuxième édition augmentée, Leipzig, Meiner, vol. I, *sub voce* 'Bestimmung'). Le concept en question se réfère à ce qui est le propre de l'homme en tant que tel et à ce que l'homme se doit d'accomplir. La traduction suivante «destination de l'homme», qui est tout à fait courante de nos jours, ne nous permet pas de rendre l'ambivalence du sens dont le mot en question est pourvu.

[4] Cf. N. Hinske, *Il dialogo silenzioso. Principi di antropologia e di filosofia della storia in Mendelssohn e Kant*, «Annali della Scuola Normale Superiore di Pisa», Classe di Filosofia, XIX

Les limites du problème

La question concernant la *Bestimmung des Menschen* s'est d'abord développée dans un contexte théologique et religieux; elle s'est élargie ensuite aux domaines respectifs de l'éthique et de l'anthropologie, puis elle a fini par intéresser toute la vision de la société et plus particulièrement, la vision de l'histoire. L'expression dont il est question ici n'est devenue courante qu'à partir de l'année 1748, à la suite de la première édition anonyme de l'essai de Spalding, *Betrachtung über die Bestimmung des Menschen* (elle avait été employée auparavant mais uniquement dans un contexte religieux). À vrai dire, le thème qui se rattache à ce terme est plus ancien encore, et on le retrouve déjà chez Leibniz, Thomasius, Wolff. Il a exercé encore une influence remarquable après Kant, à l'époque du Préromantisme et du Romantisme, chez des auteurs tels que Schiller et Fichte, et même chez Novalis et Schleiermacher.

Des théologiens et des philosophes avaient essayé de répondre à la question: dans quelle direction la vie de l'homme s'engage-t-elle? Une question que Spalding reprend directement de Shaftesbury (dont il fut traducteur), tout en donnant à ce problème une nuance particulière. Selon cette nuance, le point sur lequel l'on s'interroge ne concerne pas exactement la question «*à quoi* l'homme est-il *bestimmt*?» mais il concerne plutôt une autre question, c'est-à-dire «*qu'est-ce* qui rend l'homme *bestimmt*?». Deux questions qui se retrouvent dans la formule *Bestimmung des Menschen*. Un fait est révélateur à cet égard. L'essai de Spalding débute en effet par la citation de Perse suivante: «*quid sumus? et quidnam victuri gignimur?*». C'est ce deuxième point, me semble-t-il, qui suscite plus spécialement l'intérêt de Kant, puisqu'il se trouve être plus directement en rapport avec la nature globale de l'homme. Et ce n'est probablement pas un hasard si la question que Kant situe au cœur de son projet systématique n'est pas: «où allons-nous et comment pouvons-nous atteindre notre destination?», mais bien plutôt une autre interrogation: «qu'est-ce que l'homme?»[5].

(1989), Serie III, 4, p. 1299-1323. Spalding a eu des rapports directs avec Kant, bien que d'une manière sporadique (cf. Ak X, p. 333-334, 347-348, 527-528). Sur Spalding, cf. les essais que l'on peut lire dans *Die Bestimmung des Menschen*, hrsg. von N. Hinske, *Aufklärung*, XI (1999), 1.

[5] Cf. la lettre à Carl Friedrich Stäudlin, qui date du 4 mai 1793: Ak XI, p. 429; ApH: Ak VII, p. 398-399; *Logik*: Ak IX, p. 25.

Perfection et perfectibilité

Le noyau central de ce thème n'est donc pas le but qui serait indiqué au fur et à mesure, ni le lieu où l'on arriverait, la *destination finale*, pour ainsi dire, de la *Bestimmung des Menschen*; il s'agit plutôt de son point de départ, des conditions concernant la possibilité de son existence. Sous cet angle, la question posée est la suivante: existe-t-il un point commun entre les différentes propositions que l'on a avancées au cours de l'*Aufklärung* en réponse à la *Bestimmung des Menschen*?

Si l'on considère les idées des penseurs allemands les plus significatifs de cette époque sur la nature de l'homme, nous recevons une première réponse. D'un premier examen en effet il ressort que le recours aux notions de *tendance*, *effort*, *inclination*, soit central et général. Quelques exemples suffiront. Selon Leibniz, soit l'âme – la monade dominante –, soit «des Animaux même ne peuvent manquer de se réveiller de l'État d'assoipissement, ou la mort, ou quelque autre accident les peut mettre»[6]. Même si, à son avis, la perfection exige uniquement des perceptions distinctes, le bonheur pour l'homme consiste dans le fait de percevoir l'inclination vers le bien et la vérité que chaque homme perçoit à l'intérieur de soi-même.

Christian Thomasius, suivant son penchant vers la dimension pratique, nie fermement que l'essence de l'homme consiste dans sa pensée uniquement, puisque «die Neigung und der Trieb des Willens ist eine viel edlere Krafft der Menschlichen Seelen als das Dencken des Verstandes»[7].

Chez Christian Wolff, l'idée d'une raison qui nous oblige à faire ce qui nous rend plus parfaits rentre pleinement dans ce système de pensée, surtout lorsque, au cours de sa *Deutsche Ethik*, il affirme que la perfection intérieure et extérieure de l'homme est en fonction d'une règle générale fondée sur la nature de l'âme[8].

Christian August Crusius, auquel l'on doit aussi l'essor d'une analyse spécifique sur la dimension formelle et la dimension matérielle de l'éthique, estime que l'*impulsion* à reconnaître la loi divine et à agir conformément à celle-ci est innée, et que, pour cette raison,

[6] G. W. Leibniz, *Principes de la nature et de la grace fondé en raison*, in *Die philosophischen Schriften*, hrsg. von C. J. Gerhardt, VI, Leipzig, Alfred Lorenz Buchhandlung, 1932, p. 604.

[7] C. Thomasius, *Ausübung der Sitten-Lehre*, mit einem Vorwort von Werner Schneiders, Hildesheim, Olms, 1968, p. 81.

[8] Cf. C. Wolff, *Vernünftige Gedanken von Thun und Lassen zur Beförderung ihrer Glückseligkeit*, in *Gesammelte Werke*, I, IV, hrsg. und bearb. von J. École, J. E. Hoffmann, M. Thomann, H. W. Arndt, Hildesheim, Olms, 1976.

c'est là le modèle auquel l'*impulsion morale* se rattache: ceci, juste au moment où elle détermine l'action[9].

Finalement, par son analyse de la dynamique qui existe entre la beauté et la perfection, Moses Mendelssohn estime que le *penchant vers la perfection* est commun à tous les sujets pensants: donc, il serait absurde d'imaginer que ce *besoin irrésistible* peut demeurer insatisfait[10].

En quelques mots, l'idéal de la *Beförderung* semble être le modèle accepté conjointement par les penseurs de l'*Aufklärung*, peut-être avec la seule exception de Thomasius dont l'attention est centrée autour de la tranquillité de l'esprit, plutôt qu'autour de la perfection. Chez les auteurs en question, le *Streben* est conçu comme un vecteur qui permet à l'homme de s'approcher de la perfection, dans le sens d'un but qui n'est pas réellement garanti en tant que tel, et que l'on ne peut pas atteindre réellement à cause de la limite logique implicite dans le concept même de perfection – c'est-à-dire, à cause de la *perfectibilité*. La réalisation de la perfection étant constamment renvoyée, la *Bestimmung des Menschen* qui domine dans ce tableau ne doit pas s'identifier avec la reconnaissance d'une *destination* donnée, ni avec le fait généralement admis que l'homme est bien *pourvu d'un destin*, mais avec la tendance, innée chez l'homme, vers ce qui est considéré comme le meilleur.

La voix divine

L'essai de Spalding, *Die Bestimmung des Menschen*[11], prend une allure de dialogue intérieur que son auteur a repéré sans doute chez Shaftesbury, mais qui est commune à d'autres néologues et qui, par conséquent, peut se comparer à certaines formes d'intimisme psychologique, typique d'ailleurs du piétisme allemand. Le protagoniste de cet essai, en d'autres mots la voix du narrateur, est un personnage qui accomplit une descente à l'intérieur de lui-même, et qui parcourt tous les degrés d'un processus qui le mène de l'assouvissement sensuel initial jusqu'à la reconnaissance de l'immortalité dans le

[9] Cf. C. A. Crusius, *Anweisung, vernünftig zu leben*, in *Die philosophischen Hauptwerke*, hrsg. von G. Tonelli, I, Hildesheim, Olms, 1969.

[10] Cf. M. Mendelssohn, *Briefe über die Empfindungen*, in *Gesammelte Schriften Jubiläumsausgabe*, 1, Stuttgart-Bad Canstatt, Frommann-Holzboog, 1971, p. 41-123.

[11] L'essai en question, qui était à ses débuts un pamphlet assez bref, a joui d'un succès remarquable, et il a reçu onze éditions jusqu'en 1794; il a été traduit en France dès 1752, et il existe aussi des traductions en néerlandais et en latin.

sens d'un dessein visant à une croissance infinie de ses propres prérogatives: cet individu n'est au fond que l'homme en tant que tel. D'après Spalding également, le caractère distinctif de l'homme du point de vue anthropologique est bien sa capacité de faire des efforts afin de parvenir à connaître «warum ich da bin, und was ich vernünftiger Weise seyn soll»[12].

Dans son parcours phénoménologique qui se déroule de la sensualité à l'immortalité, Spalding met en évidence la nécessité pour l'homme de se perfectionner. L'impulsion vers le plaisir produit chez l'homme, d'après Spalding, un assouvissement temporaire qui est suivi d'un sentiment de dégoût et d'ennui, «als wenn mir etwas fehlet»[13]. La nostalgie intervient alors, de même qu'une sensation de vacuité qui pousse l'homme à la recherche d'autres formes plus élevées d'assouvissement. Le premier mouvement vers l'élévation est un repliement intérieur à la recherche des plaisirs de l'esprit. Il s'agit également d'une aspiration, d'un *Bestreben* qui correspond à «eine natürliche Anlage... zur Erforschung des Wahren... ein natürliches unwiderstehliches Bestreben nach Erkenntniß»[14]. Toutefois, la connaissance ne peut pas à elle seule apaiser l'aspiration de l'homme. L'homme découvre, en effet, qu'il n'est pas le centre absolu de la réalité et que d'autres individus existent à côté de lui. Il sort ainsi de lui-même et il se plonge dans la communauté de ses semblables, tout en découvrant la valeur de la vertu et son importance par rapport au bonheur du genre humain. À ce point de sa réflexion, le moment est venu pour Spalding d'expliquer clairement au lecteur les dynamiques profondes de l'impulsion, dans le sens d'un besoin propre à l'homme et essentiel pour lui: «soll... dieß beständig meine Hauptsache seyn, daß ich die höhern und edlern Triebe meiner Seele nicht unterdrücken, noch übergehen möge; diese Triebe, von welchen ich deutlich genug erkenne, daß sie billig regieren müssen»[15]. Cette domination n'est pas exercée par la *destination*, par le contenu de la *Bestimmung des Menschen*, mais par la *forme* indétournable du fait de tendre vers quelque chose. La preuve en est que l'homme, d'après Spalding, *veut renforcer* son *inclination* vers le bien qui est enra-

[12] J. J. Spalding, *Betrachtung über die Bestimmung des Menschen* (1748), in *Die Bestimmung des Menschen*, hrsg. von A. Beutel, D. Kirschkonski, D. Prause, Tübingen, Mohr Siebeck, 2006, p. 1.

[13] *Ibid.*, p. 5.

[14] J. J. Spalding, *Über die Bestimmung des Menschen* (1768), in *Die Bestimmung des Menschen*, p. 69.

[15] J. J. Spalding, *Betrachtung über die Bestimmung des Menschen* (1748), in *Die Bestimmung des Menschen*, p. 11.

cinée en lui, et la favoriser dans la mesure du possible[16]. Naturellement, l'idée d'une perfection absolue le pousse vers la religion, où il trouve la garantie d'une perfection suprême et en vertu de laquelle il apprend que «die grosse Empfindung des Guten und Bösen, des Rechts und Unrechts, die ich in mir erkannt habe, rühret nicht weniger von demjenigen her, der seine mächtigen Einflüsse überall ausbreitet»[17]. Donc, le point d'arrivée de la réflexion de Spalding est le fait que le *Bestreben* vient directement de Dieu: «es ist also eine göttliche Stimme, es ist die Stimme der ewigen Wahrheit, die in mir redet»[18].

La voix de l'âme

L'essai de Spalding a donné l'essor, en 1764, à un différend entre Thomas Abbt et Moses Mendelssohn. Ce dernier, qui défend Spalding, affirme que l'inclination vers le bien ne peut être favorisée ni par l'habitude, ni par l'exercice, ni par l'apprentissage, mais que «alle Kultur, aller Zwang, Druck und Stoß des gesitteten und verfeinerten Lebens können keine Neigung in der Seele hervorbringen, die nicht, wenigstens der Anlage nach, in der rohesten und ungebildtesten Seele anzutreffen ist»[19]. La nature a imprimé dans l'esprit humain non pas un modèle mais pour ainsi dire une stratégie visant à l'élévation, à la perfection: au point que, c'est le Platon allemand qui l'affirme, «qui a partir de l'ame de l'homme instruit il est possible d'inférer l'âme de l'homme inculte»[20].

D'après Abbt, le ressort de l'impulsion, du désir, peut avoir comme but indifféremment soit la conservation du corps humain, soit un changement quelconque par rapport à l'âme, puisque tout désir est un élan, et en tant que tel il est «in der Existenz der Seele gegründet, und kann auf sie selbst zunächst und unmittelbar abzielen»[21]. Le désir, par son caractère naturel, tend à se multiplier, et ce fait éveille des soupçons chez le penseur chrétien Abbt, qui estime

[16] Cf. *ibid.*, p. 11.
[17] *Ibid.*, p. 17.
[18] *Ibid.*, p. 17.
[19] *Mendelssohn's gesammelte Schriften. Nach den Originaldrucken und Handschriften*, hrsg. von G. B. Mendelssohn, Leipzig, Brockhaus, 1843-1845, 7 vol. (réimpr. Hildesheim, Gerstenberg, 1976), VI/1, p. 37.
[20] Cf. *ibid.*, p. 37.
[21] Th. Abbt, *Zweifel über die Bestimmung des Menschen* (1764), in *Mendelssohn's gesammelte Schriften*, VI/1, p. 14.

que la tâche à accomplir n'est pas tellement le fait d'enquêter sur la *Bestimmung des Menschen*, mais plutôt celle de «den Rang des Menschen in der Welt ausfinden»[22]. En fin de compte, Abbt estime qu'il est impossible d'harmoniser l'idéal de la perfection avec la tendance naturelle de l'homme à satisfaire ses impulsions, ce qui est à l'opposé de ce que Spalding et Mendelssohn affirment respectivement à leur compte.

La voix de la raison

Kant, qui reprend en cela la pensée de Mendelssohn, et aussi la tradition de l'*Aufklärung*, réhabilite définitivement la *forme* du fait de tendre vers quelque chose (celle que Schiller définissait comme l'*instinct de la forme*), lui conférant par là une collocation appropriée à l'intérieur du système de la raison et accomplissant ainsi, à son avis, la tâche (signalée de son temps par Mendelssohn) consistant en la construction de l'homme intérieur. Le modèle de raison élaboré par Kant mène à une connexion systématique entre l'idéal de la *Beförderung* et celui de la *Bestimmung des Menschen*, qui se fonde cependant sur une coupure nette entre le *bien suprême* et la *perfection*[23]. Dans la conclusion de la *Dialectique de la raison pratique*, on peut lire que l'homme, par sa propre nature, est *bestimmt* à tendre vers le bien suprême, et que ceci implique une harmonisation des facultés cognitives, du moment que la faculté spéculative n'est pas à même de donner des réponses valables à la question de la *praktische Bestimmung des Menschen*. Dans ces pages, Kant réalise une expérience rationnelle dans le but d'éclairer ce point particulier: si la raison pure spéculative était douée de cette lumière («Erleuchtung»), une lumière que beaucoup de gens se flattent de posséder, les *inclinations* («Neigungen») trouveraient une confirmation par la raison, et elles auraient la prétention d'être toujours satisfaites, puisque rien ne s'opposerait à elles. De cette manière, la loi morale devrait nécessairement être imposée à l'homme de l'extérieur, et la raison serait *exemptée* du fait de devoir accomplir n'importe quel effort à partir de l'intérieur: par conséquent, l'homme ne pourrait même pas s'élever, ni s'améliorer, ni progresser, ni se moraliser. L'hypothèse rationaliste, au lieu de confirmer l'idée de la perfection, la nie et l'anéantit définitivement, du moment que les *inclinations* de l'âme ne pourraient pas s'exercer,

[22] *Ibid.*, VI/1, p. 9.
[23] Cf. par exemple *Kritik der praktischen Vernunft*, A 198-199.

empêchées comme elles seraient par un ordre extérieur, mécanique, qui transformerait la sphère pratique de l'homme en un *Marionettenspiel*[24]. La tâche de la critique de la raison pratique est celle d'isoler le *Streben* du domaine psychologique des inclinations, afin de le déplacer vers le domaine systématique et structurel de la raison même, tout en édifiant l'homme intérieur selon un modèle de raison que l'on pourrait définir comme une raison désirante.

C'est bien cette structure désirante de la raison humaine qui peut nous expliquer l'intérêt particulier de Kant pour l'anthropologie. La *Bestimmung des Menschen*, d'après ce point de vue systématique, s'identifie avec le rapport qui existe entre la faculté spéculative et la faculté pratique: un rapport qui est assuré justement par la disposition générale de l'homme, et qui se manifeste au moyen du besoin de *Beförderung*. Chez l'homme, le fait de favoriser la *Bestimmung des Menschen* exige un effort rationnel, comme il est affirmé également dans la conclusion de l'*Antinomie der reinen Vernunft*[25].

Ce schéma est appliqué clairement dans la *Religion innerhalb der Grenzen der bloßen Vernunft*. Dans ce texte, en effet, parlant de la disposition vers le bien de la nature humaine, Kant reconnaît l'existence des éléments essentiels de la *Bestimmung des Menschen* dans les trois tendances respectives vers l'animalité («Thierheit»), vers l'humanité («Menschheit») et vers la personnalité («Persönlichkeit»)[26]. Ces dispositions, Kant le souligne d'une manière claire, ne doivent pas être considérées seulement en tant qu'éléments originaires et constitutifs de l'homme, mais aussi en tant que formes qui, tout en reliant les éléments constitutifs entre eux, permettent l'existence de l'être humain, et qui en sont la cause. Il s'agit de dispositions *pratiques*: la preuve en est qu'elles se réfèrent immédiatement à la faculté de désirer et à l'*emploi* du libre arbitre[27]. À ce sujet, la *Bestimmung des Menschen* consiste dans l'effort (*Streben*) accompli en traduisant la puissance en acte, et cette opération ne peut se réaliser que par la raison pratique, qui permet l'expression du besoin le plus profond de l'homme, le désir.

Au fond, la *Begehrung* est bien l'élément qui unit l'anthropologie à la raison pratique: c'est, en effet, le trait essentiel et caractérisant de l'homme (sa *Bestimmung*), mais c'est aussi la faculté qui préside à l'élaboration et à l'application des lois morales – et en dernier lieu,

[24] Cf. *ibid.*, A 263-265.
[25] Cf. *Kritik der reinen Vernunft*, B 492.
[26] Cf. *Religion innerhalb der Grenzen der bloßen Vernunft*, in Ak VI, p. 26.
[27] Cf. *ibid.*, p. 28.

c'est l'expression de la dynamique interne (systématique) de la raison en général.

Par la suite, au cours de son *Anthropologie in pragmatischer Hinsicht* – se rattachant à Mendelssohn mais ayant surtout en mémoire la grande leçon de Rousseau –, Kant réaffirme que par la raison l'homme est «bestimmt» à vivre dans la societé de façon morale et que malgré la force du penchant à s'abandonner passivement aux séductions du bien-être, il doit «vielmehr tätig, im Kampf mit den Hindernissen, die ihm von der Rohigkeit seiner Natur anhängen, sich der Menschheit würdig [...] machen»[28]. L'association systématique de la *Bestimmung des Menschen* avec la raison au sens d'un besoin d'émancipation consiste bien pour l'homme dans le fait de s'engager, dans son effort constant qui est l'aspect anthropologique de l'autonomie de la raison.

Conclusion

Chez Kant, l'autonomie de la raison, qui se réalise pleinement dans la sphère pratique, dépasse les limites intérieures du concept de *Bestimmung des Menschen*; la preuve en est le fait qu'il n'emploie pas souvent l'expression en question dans ses ouvrages imprimés, et qu'il l'emploie au contraire le plus souvent dans ses *Reflexionen* et dans ses *Vorlesungen*. Donc, ce thème, tout en gardant à ses yeux un intérêt culturel, ne jouait pas un rôle central dans sa conception philosophique[29]. En tout cas, suivant la version kantienne, et en partie également suivant la tradition de l'*Aufklärung*, la question de la *Bestimmung des Menschen* n'a rien à faire avec la destination, cette dernière étant toujours dirigée de l'extérieur – par la nature ou par Dieu. Cette question est à mettre en rapport plutôt avec la nécessité pour l'homme de réaliser sa propre liberté: un besoin auquel seule la raison sait offrir un débouché soit au sens public, soit au sens privé, comme presque tous les essais de Kant s'occupent de montrer à partir de l'*Orientierungsschrift* (1786).

[28] *Anthropologie in pragmatischer Hinsicht*, in Ak VII, p. 325.

[29] Sur l'importance de cette question et sur l'influence qu'elle a exercée dans l'*Aufklärung* et pour Kant en particulier, cf. R. Brandt, *Die Bestimmung des Menschen bei Kant*, Hamburg, Meiner, 2007.

L'IMPÉRATIF DES LUMIÈRES ET L'IDÉE D'UN DEVOIR COLLECTIF DE L'ESPÈCE ENVERS ELLE-MÊME

Marceline Morais

Dans la *Religion dans les limites de la simple raison*, Kant affirme l'existence d'un devoir moral de l'espèce, qui se distinguerait du devoir moral particulier ou individuel tel que présenté dans les *Fondements de la métaphysique des mœurs* et la *Critique de la raison pratique.* D'autres textes renferment également des allusions plus ou moins explicites à un devoir de ce genre. C'est le cas notamment de l'opuscule *Qu'est-ce que les Lumières?*, dans lequel Kant invoque l'existence d'une interdiction absolue, d'un crime contre l'espèce humaine entière. Dans l'*Idée d'une histoire universelle d'un point de vue cosmopolitique*, il est également fait mention d'un devoir qu'aurait l'espèce humaine dans la succession des générations d'entrer dans un ordre légal international conforme au droit. Dans tous les cas, ce devoir de l'espèce envers elle-même se trouve associé au progrès, aux dispositions naturelles de l'espèce humaine et aux conditions politiques et institutionnelles qui rendent possible leur développement. Toutefois, existe-t-il réellement chez Kant deux sortes de devoir, les premiers s'adressant à l'individu en tant qu'homme, les autres à l'espèce humaine entière? Pour répondre à cette question, il faudra revenir sur la notion d'un devoir moral individuel pour tenter ensuite de définir ce que pourrait être un hypothétique devoir de l'espèce. Ce faisant, nous éclaircirons le lien qui rattache ce type de devoir au progrès de l'humanité et aux Lumières. Enfin, il faudra s'interroger sur l'apport positif ou négatif de ce devoir de l'espèce à l'ensemble de la morale kantienne.

De l'espèce à l'individu: l'évolution du concept de devoir

C'est dans les *FMM* puis dans la *Critique de la raison pratique* que Kant jette les bases de son édifice moral. Le devoir y apparaît comme la forme particulière que revêt la moralité chez des êtres raisonnables et finis tel que l'homme. Impliquant nécessairement une contrainte, le devoir moral, qui est un impératif, présente le rapport entre une volonté objective et pure qui prescrit la loi et un libre arbitre subjectif qui ne lui obéit pas nécessairement. Le mal moral consiste alors essentiellement à vouloir subjectivement quelque chose que nous ne voudrions pas d'un point de vue objectif ou du point de vue de la volonté pure, ou encore à vouloir pour soi ce que nous ne voudrions pas pour tous. Il consiste ainsi dans l'incohérence de la volonté qui veut et ne veut pas en même temps quelque chose ou encore dans l'inconsistance de son objet qui ne peut être prescrit à tous sans devenir soudainement impossible. Cet impératif ou devoir est présenté comme un fait de la raison qui se manifeste à la conscience de tous les êtres raisonnables et qui ne prescrit pas un contenu mais seulement une forme: l'universalité. Afin de savoir si je dois poursuivre telle ou telle action, je n'ai alors qu'à m'assurer que la maxime de mon action est universalisable et qu'elle ne porte pas préjudice à cette valeur absolue qu'est l'humanité fin en soi. Ainsi, chaque individu peut-il en lui-même décider de la valeur morale de la maxime qui fonde l'action qu'il compte entreprendre et déterminer lui-même ce qu'il doit faire en toutes circonstances afin d'obéir à la loi morale qui est la loi de sa propre raison. C'est bien là le sens qu'il convient d'accorder à l'autonomie. Pour être moral et obéir à l'impératif catégorique, il semble ainsi que nous n'ayons nullement besoin des autres, il semble même que nous n'ayons pas à nous soucier de leur perversité car elle ne peut constituer une entrave sur le chemin qui mène à l'accomplissement de la vertu. Dans sa forme première, la morale de Kant semble ainsi ne concerner que l'individu, sa volonté et sa conscience. Formelle, elle ne prescrit aucun contenu déterminé à réaliser mais une simple procédure servant à évaluer la valeur morale de nos maximes individuelles.

Toutefois, les textes qui traitent de politique, d'histoire et de religion et dont la majeure partie fut écrite dans les années 1790 présentent une conception différente du devoir qui n'a plus une signification strictement individuelle et procédurale mais dont l'envergure dépasse l'individu et son époque pour s'adresser à l'espèce entière engagée dans l'histoire. Ainsi conçu, ce devoir prescrit à la fois un but déterminé et les moyens d'y parvenir. Or, le but peut être politique, théorique ou éthique. Considérons d'abord le devoir de l'espèce relativement à son but politique. Dans l'*Idée d'une histoire universelle d'un point de vue cosmopolitique*, Kant mentionne la présence d'un but final de l'histoire qui permet d'en comprendre le sens et de dégager de son chaos apparent une certaine intelligibilité. Ce but final est politique et consiste dans l'avènement d'une Société des nations ou d'un ordre légal international régi par les principes du droit et doté d'une constitution à laquelle adhèrent tous les États. Bien que ce but puisse être en partie réalisé par la nature elle-même sans la participation volontaire des hommes, il n'en constitue pas moins un devoir puisque les hommes sont tenus d'en faire consciemment et volontairement leur objectif. Comme nous l'avons mentionné, ce devoir consiste pour les hommes à sortir de l'état de nature qui est un état de guerre pour entrer dans un état de droit, de même qu'il consiste pour les nations de sortir d'un état de nature international pour entrer dans une Société des nations. Cette finalité politique est un devoir parce que la guerre est en soi immorale et parce que c'est uniquement au sein d'une union légale de tous les États que l'humanité pourra développer l'ensemble des dispositions qu'elle possède originellement et devenir enfin ce qu'elle doit être. Cependant, cette tâche ne peut être accomplie par un individu seul car celui-ci ne pourra jamais, dans l'espace d'une vie, développer seul toutes les dispositions de l'humanité. De même, chaque époque ne peut réaliser qu'une partie de cet objectif. Dans ce cas, le devoir de réaliser une Société des nations et de développer en elle l'ensemble des dispositions naturelles de l'homme ne peut s'adresser qu'à l'espèce et non à l'individu[1]. Ainsi, ce devoir qui s'adressant à l'espèce vise l'espèce entière suppose pour son accomplissement la succession des générations. Il s'agit donc d'un devoir historique dans la mesure où sa possibilité suppose une certaine durée. Cette durée elle-même s'interprète en termes de progrès puisqu'il semble que chaque génération présente une amélioration par rapport à la précédente. Ce progrès vers le développement complet de nos dispositions suppose la mise en œuvre de structures politiques républicaines à l'échelle nationale puis internationales dans la mesure où celles-ci instaurent un milieu dans lequel l'égoïsme et l'insociabilité de l'homme, parce qu'elles se trouvent encadrées et maintenues dans de justes limites, sont la source d'une stimulation et d'une émulation qui favorisent le développement des talents et des mœurs.

Cependant, le devoir de l'espèce prescrit également un but théorique puisqu'il ordonne de favoriser et d'encourager la liberté de penser, l'autonomie intellectuelle et la diffusion des Lumières. Cette liberté de discuter et de critiquer certaines choses, règles, dogmes dans l'espace public, constitue pour Kant l'un des facteurs les plus importants du progrès puisqu'il assure la formation publique du jugement et le changement des mentalités. Or, il semble qu'il existe à cet égard une relation de causalité réciproque entre le progrès des

[1] «Chez l'homme [...], les dispositions naturelles qui visent à l'usage de la raison ne devaient être développées complètement que dans l'espèce, mais non dans l'individu».

Lumières et celui des institutions politiques. En effet, si c'est uniquement au sein d'un État de droit et d'une Société des nations que l'usage public de la raison est encouragé et favorisé, le développement de la réflexion publique et critique est la condition qui mène à une meilleure constitution politique sur le plan national et international. Ainsi, le progrès des structures politiques et juridiques reposerait en grande partie sur celui de la manière de pensée des hommes et il semble que celle-ci ne puisse à son tour être éduquée et développée que par ce que Kant appelle la propagation des Lumières, c'est-à-dire la création et le maintien d'un espace public dans lequel les savants dans tous les domaines sont amenés à donner librement leur avis. C'est pourquoi Kant affirmera que freiner ou empêcher les gens de se questionner publiquement ou de s'exprimer sur ce qu'ils trouvent juste ou injuste, vrai ou faux, dans tel ou tel domaine de la vie sociale ou intellectuelle, c'est là un crime contre le genre humain, car nous contrevenons ainsi au progrès de l'espèce entière que nous avons pourtant le devoir de promouvoir. «Ce serait là un crime contre la nature humaine, dont c'est précisément la destination originelle d'accomplir ce progrès [...]»[2].

Enfin, le devoir qui incombe à l'espèce de contribuer au développement de ses dispositions naturelles par l'entremise de la diffusion des Lumières, par celle de l'élaboration d'une Société des nations, doit culminer dans l'édification d'une communauté éthique. Celle-ci n'est possible toutefois que sur la base de la communauté politique et juridique qu'elle présuppose et se conçoit par analogie avec elle comme une république de la vertu. Quand les relations entre les États seront régulées par le droit et que les individus agiront conformément aux principes du droit public, il restera encore une tâche: celle de leur moralisation. Une communauté éthique implique une absence totale de contrainte extérieure et la faculté de l'individu d'obéir par lui-même aux prescriptions du devoir. Elle englobe autant le respect des devoirs dits stricts que des devoirs larges ou de vertu et suppose, en ce sens, la recherche de notre perfection propre et celle du bonheur d'autrui. Toutefois, comme cette communauté idyllique n'est pas prête de voir le jour et qu'elle demeure dans ce sens une simple idée, elle doit pouvoir compter, elle aussi, sur des institutions qui en favoriseront l'émergence. «L'idée sublime, jamais parfaitement réalisable d'un corps éthique, se rétrécit dans des mains

[2] E. Kant, *Qu'est-ce que les Lumières?*, dans *Œuvres philosophiques*, vol. 2, p. 215 (Ak.VIII, 40).

humaines; elle devient alors une institution [...]»[3]. Ainsi, le devoir général qu'a l'espèce de favoriser le progrès de ses dispositions se traduit-il plus concrètement en une série de devoirs déterminés comme celui qui consiste à autoriser et encourager l'usage public de sa raison ou celui qui consiste à travailler à l'élaboration d'un État républicain puis d'une Société des nations, ou enfin celui qui commande de réaliser des institutions éthiques ou caritatives.

Le devoir de l'espèce, un complément indispensable à la moralité formelle et individuelle

Si l'on résume les divers propos de Kant au sujet d'un devoir de l'espèce, on retiendra qu'il n'est pas possible de l'accomplir maintenant mais seulement dans l'histoire, que l'on ne peut l'accomplir seul mais dans la succession des générations, qu'il ne prescrit ni plus ni moins que le progrès des dispositions naturelles de l'homme et la mise sur pied des institutions politiques et éthiques qui peuvent en favoriser le développement. Davantage que simplement formel ou procédural, ce devoir identifie clairement un but à accomplir ou à promouvoir, soit le progrès de l'espèce humaine. On remarquera que ce devoir ne s'oppose nullement à l'impératif catégorique. D'abord, son contenu n'est pas contradictoire, puisque la maxime qui suggère de promouvoir le progrès de l'espèce, une fois universalisée, ne contient pas de contradiction et, qu'en aucun cas, son universalisation ne peut en rendre la réalisation impossible. Ce serait plutôt le contraire. Ensuite, il est impossible qu'une volonté qui s'impose de travailler au progrès de l'humanité ne veuille pas par ailleurs que tous y travaillent aussi, puisque c'est là une tâche qu'elle ne pourrait mener efficacement seule.

Toutefois, bien qu'il soit compatible avec l'impératif catégorique de ce devoir moral de l'espèce, ce devoir matériel qui implique un contenu déterminé, était-il nécessaire à l'édifice moral kantien ? Lui ajoute réellement quelque chose? Peut-il même en menacer la cohérence? Nous pensons qu'il constitue indéniablement un complément indispensable à la moralité kantienne, qui risquerait sans cette dimension collective, concrète et historique de rester indéfiniment coupée de la réalité empirique, de la réalité humaine aussi, puisque aucune

[3] E. Kant, *La religion dans les limites de la simple raison*, dans *Œuvres philosophiques*, livre 3, p. 123 (Ak.VI, 100).

volonté ne peut agir d'après une simple forme sans se proposer aussi un but à réaliser et sans tenir compte du comportement réel et effectif des autres. On remarque en effet que dans la plupart des textes où Kant mentionne l'existence d'un devoir de l'espèce envers elle-même, il prend la peine d'introduire celui-ci en arguant de l'incapacité qu'aurait un seul individu à s'éclairer seul, à entreprendre seul la propagation des Lumières, le développement des dispositions de l'homme ou encore, et c'est sans doute le plus important, à agir moralement. En effet, dans la *Religion dans les limites de la simple raison*, Kant identifie l'obstacle principal de la moralité en l'homme comme résidant dans le voisinage et le commerce des autres hommes. Parlant de la lutte que l'homme doit mener contre les inclinations qui en lui s'opposent au devoir, il dira «qu'elles viennent moins de sa propre nature pour ainsi dire brute, pour autant qu'il est isolé, que des hommes avec lesquels il est en rapport ou relation»[4]. Cela revient à dire que l'on ne peut être durablement moral si les autres ne le sont pas, s'il n'existe pas un engagement collectif envers le bien qui favorise chez tous des comportements conformes au devoir. Cet engagement collectif envers la moralité prend la forme d'une communauté éthique du genre humain qui, bien qu'elle ne soit qu'une idée, implique, tout comme l'idée républicaine dont elle s'inspire, un contrat de tous envers tous et envers l'espèce entière. Il en va de même pour un autre devoir de l'espèce: la propagation des Lumières. Kant soutient que la propagation des Lumières qui conduit l'humanité vers l'autonomie intellectuelle doit faire l'objet d'un vouloir collectif et se trouver inscrite dans la constitution de telle sorte qu'il existe à l'échelle nationale puis internationale un espace public dans lequel tous puissent exprimer leur avis sur les sujets dont ils possèdent la compétence. On ne peut attendre un tel accomplissement de l'individu seul, car il aura du mal à s'arracher à lui-même de l'état de tutelle où il se trouve et qui lui semble bien confortable tandis que ses tuteurs feront tout pour l'y maintenir. Encore une fois, on le constate: l'individu peut difficilement progresser par lui-même si les autres l'en empêche ou lui font obstacle. L'engagement envers le progrès de l'espèce doit être collectif et sa possibilité repose sur l'amélioration des structures politiques et l'apparition d'institutions à caractère éthique. Cela revient à dire que la moralité, même individuelle, ne peut atteindre son plein développement ou épanouissement que lorsque les hommes se seront dotés collective-

[4] E. Kant, *La religion dans les limites de la simple raison*, dans *Œuvres philosophiques*, vol. 3, p. 112. (Ak.VI, 93).

ment d'institutions politiques et éthiques adéquates. Dans ce cas, nous devons conclure que le devoir de l'espèce est un complément indispensable au devoir moral individuel. Cette nécessaire extension de la moralité à l'espèce a aussi des conséquences directes sur la motivation puisque la moralité ne consiste plus seulement pour un individu à obéir à un devoir purement abstrait ou formel ou encore à adopter une procédure dans sa prise de décision et à s'y tenir fermement, mais elle suppose également un but auquel tous peuvent contribuer à la mesure de leurs efforts.

On pourrait objecter que ce but, parce qu'il implique le sacrifice des générations qui y travaillent, pourrait paraître singulièrement démotivant. On ne pourrait toutefois réfuter l'obligation d'y travailler sur cette base puisque ce n'est jamais en vue de la réalisation d'un bien personnel ou d'un avantage qu'il convient d'obéir au devoir. Le sacrifice qu'implique pour des individus et des générations de travailler non pour eux-mêmes mais pour le bien-être de générations futures est même ce qui sauve ce devoir moral matériel de l'accusation d'incohérence qui pourrait le viser. En effet, nous savons que pour Kant le devoir doit toujours constituer l'unique principe de notre action et n'être subordonné à aucune finalité antérieure. Or, il est impossible de prêter aux hommes qui se proposent le progrès du genre humain une intention intéressée tant il semble au contraire qu'il faille être désintéressé et altruiste pour se dévouer à l'accomplissement d'une telle fin. En se souciant ainsi de l'amélioration des conditions dans lesquelles vivront les générations futures, l'on se dévoue entièrement et, parfois, au détriment de notre bonheur immédiat, à l'avènement d'un avenir meilleur auquel l'on ne pourra participer. Enfin, si la moralité ne peut être parfaite que dans un monde complètement moralisé, il ne reste plus à l'individu qu'à contribuer dans la mesure du possible à l'approche d'une telle fin, en aidant à la mise sur pied d'institutions politiques qui contribuent à ce but, et à tâcher de les rendre universelles.

Il semble ainsi que, dans ses écrits de philosophie de l'histoire et de philosophie politique, Kant ait songé à dépasser le côté formel et abstrait de sa morale pour aller vers une moralité plus concrète qui prend en compte l'existence des autres et l'incapacité de l'individu à agir complètement seul. Ce faisant, il ne trahit jamais le caractère désintéressé et universel de sa morale puisque la prise en compte de l'espèce, et des devoirs collectifs du genre humain envers lui-même, ne cautionne pas pour autant l'existence de devoirs liés à un peuple déterminé ou à un groupe en particulier: les devoirs de l'espèce concernent l'humanité entière et non telle ou telle faction, ou sous-groupe d'êtres humains, et ce conformément à l'exigence de l'impératif catégorique qui exige qu'une maxime pour être valable puisse valoir pour tous. Il semble donc impossible de trouver dans le kantisme en général et de même parmi les devoirs de l'espèce un fondement permettant de légitimer des droits d'un groupe ou d'un peuple déterminé. Peut-être touchons-nous ici aux limites de la théorie kantienne qui ne peut, lors même qu'elle devient plus concrète et quitte le seul point de vue de l'individu pour prendre en compte celui d'autrui sous la forme de l'espèce, se départir de son universalité.

KANT ET LE DÉBAT SUR LE MEILLEUR DES MONDES (1753-1759)

Arnaud Pelletier

La publication des *Essais de théodicée* de Leibniz en 1710 ravive la question, aussi vieille que l'Écriture Sainte, de la justification de Dieu face au mal en l'articulant à la question préjudicielle du meilleur des mondes. Leibniz distingue en effet deux questions et deux déterminations du meilleur. La question du meilleur des mondes (*mundus optimus*) est la question de la détermination de l'essence la plus parfaite d'*un* monde (ou classe d'êtres compossibles): son *degré de perfection* dépend de son *degré de réalité* (cf. *Monadologie*, 41). Sous condition d'un quantum fini de coexistants dans une série infinie de compossibles, le plus parfait des mondes est le meilleur des mondes *possibles*. D'autre part, la question de la théodicée est celle du choix divin: une fois tous les possibles envisagés et le meilleur déterminé, *ce* monde-ci est-il bien le meilleur des mondes possibles? Ici la perfection du choix dépend de la bonté de Dieu qui l'incline au meilleur (*ad optimum*). Le meilleur choix, correspondant à la plus grande bonté de Dieu, est le choix du meilleur, correspondant à la plus grande réalité du monde (cf. *Essais de théodicée*, II, 226). Seule la bonté de Dieu assure 1) que le choix n'est pas arbitraire et 2) qu'il s'est porté vers le meilleur. Si l'on part au contraire des imperfections de ce monde-ci, jamais on ne peut remonter à la sagesse et à l'entendement de Dieu (question du meilleur des mondes qui relève de la cosmologie) ni à la bonté et à la volonté de Dieu (question de la théodicée qui relève de la théologie)[1].

Les deux questions ont été presque immédiatement déformées et confondues dans la reconstruction fictive d'un «système de Leibniz», pour lequel le jésuite Louis Bertrand Castel invente le terme ironique d'*optimisme* dans sa recension de la *Théodicée* pour le *Journal de Trévoux* de février 1737. Dans le débat qui s'ouvre, le terme d'optimisme est donc d'emblée un concept flou susceptible de toutes les interprétations, et l'on se fie souvent à ce qu'il évoque spontanément, faisant de sa propre compréhension immédiate un adversaire tout trouvé, c'est-à-dire fictif, que l'on croit être Leibniz. Il vaut ainsi la peine de

[1] Leibniz n'a pas toujours fait la distinction: cf. *Generales inquisitiones* (1686), A VI 4, 763, § 73.

regarder de quoi il est précisément question lorsque l'on parle de l'optimisme – forcément naïf! – de Kant dans les années 1750: il y est bien question du meilleur des mondes, et non de la théodicée. Et à l'intérieur de ce débat, Kant va au moins adopter deux versions différentes de «l'optimisme» dans sa confrontation successive avec les deux grands partis philosophiques de l'Allemagne: les partisans de Baumgarten et de Crusius.

Le concours sur l'optimisme (1753-1755)

Le 7 juin 1753, l'Académie Royale de Berlin pose la question mise au concours de la classe de philosophie spéculative pour l'année 1755: «On demande l'examen du Système de *Pope*, contenu dans la proposition: *Tout est bien.* Il s'agit 1. de déterminer le vrai sens de cette Proposition, conformément à l'hypothèse de son auteur. 2. De la comparer avec le système de l'*Optimisme*, ou du *choix du meilleur*, pour en marquer exactement les rapports et les différences. 3. Enfin d'alléguer les Raisons que l'on croira les plus propres à établir, ou à détruire ce Système». La formulation révèle clairement l'intention polémique anti-leibnizienne de son auteur probable, Pierre-Louis de Maupertuis, président de l'Académie depuis 1746, représentant de la secte des newtoniens (avec Euler – dont on dit qu'ils n'ont jamais lu Leibniz ou Wolff[2]), et qui s'oppose dans ce débat aux tenants baumgarteniens du «système leibnizo-wolffien» (Sulzer, Heinius, Formey) et à ses adversaires, les disciples de Crusius (Mérian)[3]. Maupertuis poursuit simplement l'entreprise de discrédit de la philosophie leibnizienne qu'il avait commencée en mettant au concours de 1747 l'examen de la monadologie. Le concours est biaisé d'avance: le lauréat, Adolf Friedrich Reinhard, disciple de Crusius, soutient dans un texte insignifiant que «le Système de *Pope* est la même chose que l'Optimisme Leibnizien», et rejette les deux en bloc, fort d'une profonde ignorance[4].

[2] Cf. A. Harnack, *Geschichte der Königlich Preußischen Akademie der Wissenschaften zu Berlin*, Bd. I, 1 (Berlin, 1900), Hildesheim, Georg Olms, 1970, p. 402.

[3] Cf. L. Fonsecu, «Der Optimismus und seine Kritiker im Zeitalter der Aufklärung», *Studia Leibnitiana*, 1994, 26/2, p. 131-162.

[4] *Dissertation qui a remporté le prix proposé par l'Académie Royale des sciences et des belles-lettres de Prusse, sur l'optimisme, avec les pièces qui ont concouru*, à Berlin, chez Haude et Spener, 1755, N° VII, p. 22. C'est à l'occasion du concours que le terme d'*Optimismus* a été introduit en allemand (Cf. Lessing, *Pope ein Metaphysiker!* in: Lessing, *Sämtliche Werke*, Berlin, Walter de Gruyter, 1979, t. 6, p. 411) ou Kant (Ak XVII, 230). Les deux mé-

Kant rédige à cette occasion une défense de l'optimisme, qui est cependant une critique de Leibniz, c'est-à-dire de Baumgarten. En effet, dans la section cosmologique de la *Metaphysica*, Baumgarten reprend les déterminations leibniziennes du *mundus optimus*: le degré de réalité définit la perfection, la contingence du monde implique qu'il est fini et que le meilleur n'a de sens que relativement[5]. Mais dans son *Ethica philosophica*, il interprète le calcul du degré de réalité (choix du meilleur) comme un calcul du plaisir et du déplaisir:

> Le plaisir matériel parfait 1) est désiré par Dieu par-dessus tout et 2) donne une idée de ce que peut être ce monde au plus haut point et donc comme le meilleur. Si dans ce monde les maux sont plus grands et plus nombreux que les biens, Dieu l'a plus rejeté qu'il ne l'a voulu et ne s'est donc pas décidé à le créer, ce qui est contradictoire. Les biens sont donc dans ce monde plus grands et plus nombreux que les maux. Donc en concevant ce monde, il y a conçu plus de biens que de maux[6].

Alors que chaque réalité est une *grandeur positive*, limitée, mais qui n'en annule aucune autre parmi les compossibles, l'attribution à chacune d'un coefficient proportionné de plaisir et de déplaisir (divin) permet de les comparer, d'en considérer certaines comme des *grandeurs négatives* d'autres, et d'introduire ainsi le thème d'une compensation des degrés de réalité interprétés comme des biens et des maux dans le monde. C'est parce que Kant emploie les notions de compensation (plutôt que de convenance) et de plaisir (plutôt que de bonté) que nous suggérons qu'il a en tête les formulations de Baumgarten plutôt que celles de Leibniz, même si les thèses sont *au fond* identiques[7].

moires présentés en allemand traduisent, eux, optimisme par «System von der besten Welt, oder von der Wahl des Besten» (N° VIII, p. 17) ou simplement «Wahl des Besten» (N° III, p. 16).

[5] Cf. Baumgarten, *Metaphysica*, § 436-443, in: Ak XVII, 117-119: «Le monde le plus parfait est celui dans lequel les plus grandes parties du plus grand nombre et le plus grand nombre des plus grandes parties sont compossibles dans un monde autant qu'il se peut. [...] Même si l'on dit que le monde le plus parfait est le meilleur de tous les mondes, on n'a pas pour autant posé un bien suprême ou ce qui est métaphysiquement meilleur (*summum bonum seu optimum metaphysicum*), et si l'on dit que ce bien suprême contient les réalités les plus grandes et les plus nombreuses, qui sont dans un certain monde compossibles, on n'a pas posé les plus grandes et les plus nombreuses absolument, et encore moins les plus nécessaires absolument, puisque l'existence des singuliers est un mode».

[6] Baumgarten, *Ethica philosophica*, Halle, 3e éd. 1763, § 228. Cf. aussi § 302.

[7] La seule occurrence de compensation dans les *Essais de théodicée* est mise au compte du *De origine mali* de W. King (GP VI, 409). On trouve en revanche l'expression de convenance dès la préface (GP VI, 37).

Kant reconstruit en effet la doctrine de Leibniz autour de la notion de compensation (*Ersetzung*) des manques: «Dans l'ensemble, des avantages compenseront les manques (*Mangel*), et si les maux (*Übel*) peuvent déparer même le meilleur plan, on n'aurait pu les empêcher au niveau du tout sans produire d'irrégularité encore plus grande»[8]. Le *manque* ontologique (le défaut d'un possible ou la limitation des existants) est en lui-même interprété comme un *mal*. Kant n'accepte pas l'idée de manque, car non seulement chaque être qui concourt à la perfection du tout n'est pas nécessairement bon en lui-même, non seulement ce monde n'est pas le meilleur absolument puisque tous les possibles ne sont pas compossibles[9], mais surtout il faut en conclure que les manques permis par Dieu échappent à sa volonté: n'exprimant pas sa perfection, il ne permettent plus de reconnaître la «trace de Dieu»[10] dans le monde. Dans l'optimisme leibnizien selon Kant, les *manques de Dieu* au sein du monde ne peuvent que ruiner la «belle preuve» physico-théologique[11]. Accepter des manques en tant que tels, serait pour Kant avoir une conception contradictoire de Dieu: «Tout le défaut consiste en ceci: Leibniz place le plan du monde le meilleur d'une part dans une sorte d'indépendance, et, d'autre part, dans une sorte de dépendance à l'égard de la volonté de Dieu»[12]. Mais l'usage de la dépendance est ici amphibologique: si Dieu n'a pas *voulu* les maux particuliers, il *choisit* cependant un monde *réel possible*, où les manques sont nécessaires puisque le monde est fini. Le choix porte sur un ensemble, et n'est pas une somme de choix particuliers[13]. En oubliant que la finitude est une condition d'un monde possible (quel sens aurait la compensation autrement?), l'objection de Kant n'atteint pas Leibniz. Et le monde de Kant où *tout est bien*, où toute chose est *bonne*, mais

[8] *Reflexion 3704*, Ak XVII, 232, tr. F. Marty: *Œuvres philosophiques* (= OP), Pléiade, 1980, vol. 1, p. 29 (et aussi 28 et 30). Comparer avec Leibniz, *Essais de Théodicée*, § 9, GP VI, 107: «[quelque adversaire dira] que le monde aurait pu être sans le péché et sans les souffrances: mais je nie qu'alors il aurait été le meilleur».

[9] Cf. Ak XVII, 235, tr. 31: «La première règle de perfection du monde est qu'il est complet au plus haut degré, que tout ce qui est possible existe, et que rien, du moment qu'il a la capacité d'exister, ne fait défaut ni dans la chaîne des êtres, ni dans la diversité produite par leur changement».

[10] *Reflexion 3704*, Ak XVII, 233. Cf. R. Theis, «Gottes Spur in der Welt? Kant über den Optimismus in die Mitte der 1750er Jahre», *Vernunftkritik und Aufklärung*, Stuttgart, Frommann-Holzboog, 2001, p. 351-363.

[11] *Reflexion 3705*, Ak XVII, 238, tr. p. 33.

[12] *Reflexion 3705*, Ak XVII, 237, tr. p. 33.

[13] Voir la confusion de Kant, *ibid.*: «si tout est bon dans *l'ensemble, ou est encore bon dans les parties*» et «pourquoi faut-il que *tout, dans les parties*, soit désagréable?».

surtout où *toute* bonne chose doit concourir au monde, n'est simplement pas un monde *possible*[14].

Étonnamment, le grand tremblement de terre de Lisbonne de 1755 fait passer Kant d'une critique à une justification du soi-disant optimisme leibnizien. C'est que le phénomène ne doit pas être jugé du point de vue particulier anthropocentrique, mais du point de vue de *l'ensemble* de la nature, d'un tout qui est *fini*, et d'une finitude qui a un *degré de réalité*. Or seules ces trois conditions donnent sens à la question du meilleur des mondes.

Les Considérations sur l'optimisme *de 1759*

Le 6 octobre 1759, Kant refuse d'être le contradicteur de Daniel Weymann (1732-1795) qui soutient à Königsberg une thèse intitulée *De Mundo non optimo*, du monde qui n'est pas le meilleur, mais il fait distribuer le lendemain un essai programmatique dans lequel il défend «brièvement l'optimisme contre Crusius»[15]. Il ne s'agit plus de corriger l'optimisme de Baumgarten, mais de s'attaquer au parti qui, avec les newtoniens, s'y oppose en Allemagne. Les *Considérations sur l'optimisme* sont donc décrites comme une réponse à l'*Esquisse des vérités nécessaires de la raison* de 1745, où Crusius consacre cinq paragraphes à une question qui associe meilleur des mondes et théodicée: «Est-ce que Dieu en créant devait créer parmi tous les mondes possibles le meilleur, et par conséquent est-ce que le monde présent est le meilleur de tous les mondes possibles?». Il oppose quatre arguments:

> (1) «§ 386. Un tel monde est nécessairement fini, par conséquent sa perfection est aussi finie et Dieu [...] doit donc en déterminer arbitrairement les limites quelque part.»
> (2) «§ 387. Dieu peut très bien associer dans un monde des fins principales à des fins secondaires. Et le nombre en est infini. Comment dire que l'une d'elles est la meilleure relativement à la fin posée?»
> (3) «§ 388. 'Qui connaît et veut le meilleur, fait le meilleur s'il en est capable.' Ce raisonnement ne prouve rien parce qu'il présuppose déjà qu'un monde parmi tous les possibles est le meilleur.»

[14] *Reflexion 3704*, Ak XVII, 234 et 235.
[15] Lettre de Kant à Johann Gotthelf Lindner du 28 octobre 1759, Ak XIII, 11.

(4) «§ 389. Le mal moral est une imperfection fortuite du monde qui ne concerne pas son essence. Mais la sagesse divine tourne la punition du mal en moyen de perfection fortuite»[16].

L'argument princeps de Crusius (1) et sa conséquence (4) sont ceux que Kant avait opposés en 1753 à la conception leibnizo-baumgartenienne. Kant répond ainsi à distance à ses propres objections. Si l'argument central de Crusius est de sauver la liberté d'indifférence de Dieu (plan de la théodicée), laquelle implique l'arbitraire du monde créé (plan cosmologique); l'argument central de Kant est de partir de la détermination du meilleur par le plus grand degré de réalité (plan cosmologique), laquelle incline Dieu vers le meilleur (plan de la théodicée). Ce recentrement sur le degré de réalité n'intervient pas dans ce contexte chez Crusius, que Kant ne cite jamais, mais il est central dans le «mémoire sur l'optimisme de M. Reinhard» auquel il renvoie[17]. C'est que Reinhard, disciple de Crusius et partisan «du système de la libre élection», ne fait que reformuler les quatre arguments d'après la maxime: «la Perfection est la Somme de Réalité qui se trouve dans un Être»[18]. Mais le degré de réalité ne relève ici ni de la sagesse ni de la bonté divines: il est fixé *arbitrairement* par Dieu, n'assurant ni choix du meilleur ni meilleur des choix.

Les *Considérations*, sans entrer dans leur détail, sont conçues comme une réponse méthodique aux quatre objections de Crusius-Reinhard: à oublier leur intention polémique, on les a souvent jugées décousues. Mais le fond de la réponse de Kant consiste à opposer à la thèse de l'arbitraire précisément les deux thèses leibniziennes indiquées en introduction, et sur un mode déclaratif. Il écrit ainsi au sujet de la détermination du meilleur des mondes: «Qu'on me permette d'abord de faire résider l'absolue perfection dans son degré de

[16] C. A. Crusius, *Entwurf der nothwendigen Vernunft-Wahrheiten*, Leipzig, Johann Friedrich Gleditsch, 1745 (reprint: Hildesheim, Olms, 1964), § 385-389.

[17] Kant, *Considérations sur l'optimisme*, Ak II, 30, 32; tr. OP, p. 167, 174. Il s'agit du mémoire lauréat de 1755.

[18] A. F. Reinhard, *Dissertation*, cit., p. 44 et 22. Les quatre arguments sont ainsi formulés: (1) «Ce n'est que par un arbitraire de la volonté souverainement libre de Dieu qu'il a donné l'existence à des êtres finis [...]. Dans cette infinité de mondes possibles, il n'en est aucun qui par sa perfection, rapportée à la perfection de volonté divine, soit préférable à tous les autres mondes possibles» (p. 37); (2) «Dans un autre monde il y a des réalités qui ne sauraient avoir lieu dans celui-ci; pourquoi donc les sommes entières des réalités contenues dans deux mondes divers ne pourraient être égales?» (p. 32); (3) «Le principe de raison suffisante n'est pas démontré» (p. 29); (4) «Le mal moral vient uniquement de l'abus de la liberté. La liberté, supposant la possibilité parfaite de plusieurs possibilités d'agir différentes sous les mêmes circonstances, n'est point déterminée par des règles établies dans la nature» (p. 45).

réalité. J'ai pour moi, dans cette hypothèse, l'assentiment de la plupart des philosophes»[19]. Comme les réalités en tant que qualités ne diffèrent pas les unes des autres et ne contiennent que du positif (que l'on se rappelle la *Monadologie*), elles ne diffèrent que par leurs limitations, donc leur degré, de sorte qu'aucune n'a le même degré que les autres: il existe ainsi un plus haut degré. Quant à la question de la théodicée, Kant est encore plus expéditif:

> Si l'on est d'accord avec moi pour penser que, parmi tous les mondes possibles, il en est un nécessairement qui est le plus parfait de tous, je ne demande pas qu'on pousse plus loin la discussion. [...] S'il prend la fantaisie à quelqu'un d'affirmer que la sagesse suprême a pu préférer ce qui est plus mauvais à ce qui est meilleur, ou que la suprême bonté a mieux aimé un petit bien qu'un plus grand, qui était tout autant en son pouvoir, je n'insiste pas davantage[20].

Kant clôt ainsi un débat en le ramenant à ses deux prémisses leibniziennes, dont l'une au moins («Dieu est bon») a le statut d'un article de foi. On comprend que Kant ait ensuite perdu son humeur lyrique pour ce mode d'argumentation et qu'il ait fini par conclure à l'insuccès de toute tentative *philosophique* de théodicée.

On ne peut sans confusion coupable parler univoquement de «l'optimisme de Kant» dans les années 1750, d'autant que Kant se comprend lui-même explicitement d'abord en critique de Leibniz pour progressivement s'en rapprocher. Il adopte en effet dans un premier temps l'*optimisme de Pope*, rejetant le point de vue du tout (celui de Leibniz et de Baumgarten) pour considérer chaque être en lui-même comme bon: seule manière alors de sauver la preuve physico-théologique. Le tremblement de terre de Lisbonne est l'occasion de considérer que les phénomènes doivent être jugés à l'aune de la nature tout entière et des lois que les hommes lui prescrivent. C'est à partir de ce point de vue d'ensemble qu'il soutient ensuite (contre Crusius et Reinhard) un *optimisme leibnizien* où le degré de perfection de l'ensemble est donné par son degré de réalité. En guise de débat sur l'optimisme, il s'agit donc bien ici presque exclusivement d'un débat sur le meilleur des mondes. Et que ce débat ait mobilisé en Allemagne partisans et adversaires de l'*Aufklärung* est l'occasion de rappeler avec Ernst Cassirer que c'est un préjugé tenace que de caractériser unanimement les Lumières en Europe

[19] *Considérations sur l'optimisme*, Ak II, 31, tr. p. 169.

[20] *Id.*, Ak II, 33, tr. p. 172.

comme anti-religieuses[21]. Cela peut se défendre pour les Lumières françaises, dont une des racines est le *Dictionnaire historique et critique* de Pierre Bayle. Mais cela n'est pas le cas pour les Lumières allemandes, dont une des racines est la réponse que Leibniz adresse à Pierre Bayle dans ses *Essais de théodicée*, inaugurant si l'on veut deux trajectoires des Lumières en Europe.

[21] Cf. E. Cassirer, *La philosophie des Lumières* (1932), Paris, Fayard, 1966, p. 153.

KANT E IL DIBATTITO SETTECENTESCO TRA MONADISTI E ANTIMONADISTI

Lucia Procuranti

Introduzione

Lo scopo di questo lavoro è di rilevare l'attenzione che Kant ha mostrato nei confronti del dibattito in corso nel '700 tra monadisti e antimonadisti[1]. In particolare evidenzierò qui come i punti salienti di questo dibattito emergono dalla *Monadologia physica* di Kant, scritta nel 1756. Nel 1745 si era accentuato a Berlino lo scontro filosofico tra i monadisti, il cui maggiore esponente era Wolff, e gli antimonadisti, tra cui spiccava Euler[2]. Di conseguenza nel 1747 l'Accademia delle Scienze di Berlino decise di proporre un bando sul tema delle monadi, per risolvere il dissenso sulla teoria della divisibilità fisica dei corpi, ammessa dagli antimonadisti, ma non dai monadisti. Il concorso lo vinse un avvocato di Songerhausen: Justi, che scrisse un trattato contro le tesi di Leibniz e Wolff. Al fine di comprendere meglio la posizione kantiana, inizierò questo lavoro esponendo brevemente i punti principali delle tesi di Leibniz e Wolff e della critica di Justi.

La posizione monadista di Leibniz e Wolff e quella antimonadista di Justi

Nella *Monadologie* del 1714 Leibniz sostiene che la monade è una sostanza semplice che sta alla base dei composti (§ 1)[3] e ne decreta

[1] Per un approfondimento delle tematiche qui trattate, si veda: L. Procuranti, *Il problema della costituzione della materia nella filosofia di Immanuel Kant*, Trento, Verifiche, 2004, Cap. III.

[2] Cf. L. Euler, *Gedanken von den Elementen der Cörper, in welchen das Lehrgebäude von den einfachen Dingen und Monaden geprüfet, und das wahre Wesen der Körper entdecket wird*, Berlin 1746, in L. Euleri *Opera omnia*, edenda curaverunt A. Speiser, L. G. du Pasquier e H. Brandt, Series Tertia vol. secundum, (autorictate et impensis Societatis Scientiarum Naturalium Helveticae), Genevae MCMXLII, pp. 347-366.

[3] Cf. G. W. Leibniz, *Ohne Überschrift, enthaltend die sogenannte Monadologie*, in G. W. Leibniz, *Die philosophischen Schriften*, hrsg. von Gerhardt, Bd. 6, Hildesheim-New York, Olms, 1978, pp. 607-623 (trad. it.: G. W. Leibniz, *Principi di filosofia o Monadologia*, in G. W. Leibniz, *Scritti filosofici*, a cura di M. Mugnai, E. Pasini, vol. III, Torino, UTET, 2000, pp. 453-468).

l'esistenza, grazie al fatto che i composti sono «un ammasso, o *aggregatum*, di semplici» (§ 2) e se abbiamo questi è necessario che ci siano anche quelle. Essendo tutti i composti basati sull'esistenza di monadi, bisogna che ognuna di queste, dice Leibniz, «sia differente da ogni altra, perché non vi sono mai in natura due enti che siano perfettamente l'uno come l'altro e nei quali non sia possibile trovare una differenza interna, o fondata su una denominazione intrinseca» (§ 9). In modo per certi aspetti analogo a quello di Leibniz, Wolff descrive, nella *Metafisica tedesca*, l'elemento semplice come «ciò che non ha parti» (§ 75)[4], mentre un ente composto sarebbe tale in virtù del fatto che possiede delle parti. Pertanto «là dove sono enti composti, devono esserci anche enti semplici» (§ 76). Infatti «poiché – dice Wolff – ora non si potrebbe addurre nessuna ragione da cui alla fine derivino le parti composte, né tanto meno si potrebbe comprendere donde un numero composto sia sorto, se esso non dovesse racchiudere in sé delle unità, e poiché tuttavia non può esistere nulla senza ragione sufficiente, bisogna alla fine ammettere enti semplici da cui siano sorti quelli composti» (§ 76). Tutto ciò è da Wolff dimostrato tramite il principio di ragion sufficiente che gli permette di stabilire che «senza enti semplici o in sé indivisibili non si può avere nulla di composto» (§ 77).

Su una posizione contraria a quella di Leibniz e Wolff si pone invece Justi[5], il quale, nel trattato *Untersuchung der Lehre von der Monaden und einfachen Dingen*, sostiene che la concezione di corpo composto, fornita dai monadisti, non può portare all'ammissione di parti semplici, poiché dire che là dove ci sono dei composti ci sono anche delle parti non porta ancora a parlare di *semplice*, in quanto questo non consta di parti e dove ci sono queste non può esserci quello, altrimenti si cadrebbe in una contraddizione (§ XXV). Ora,

[4] C. Wolff, *Vernünfftige Gedancken von Gott, der Welt und der Seele des Menschen, auch allen Dingen überhaupt, den Liebhabern der Wahrheit mitgetheilet*, Halle im Magdeburgischen 1751[11], in C. Wolff, *Gesammelte Werke*, I Abt.: *Deutsche Schriften*, Bd. 2, hrsg. von J. Ecole, H. W. Harndt, Ch. A. Corr, J. E. Hofmann, M. Thomann, Hildesheim-Zürich-New York, Olms, 1983 (trad. it.: C. Wolff, *Metafisica tedesca*, a cura di R. Ciafardone, Milano, Rusconi, 1999).

[5] Cf. J. H. G. Justi, *Untersuchung der Lehre von den Monaden und einfachen Dingen, worinnen der Ungrund derselben gezeiget wird; als die Ausarbeitung der Aufgabe, so die Königl. Preußische Hochpreißliche Academie der Wissenschaften zu Berlin, denen auswärtigen Gelehrten auf das Jahr 1747 vorgeschrieben hat* (*Dissertation sur les Monades*, 1747), in *Dissertation qui a remporté le prix proposé par l'Académie Royale des Sciences et Belles Lettres sur le système des Monades, avec les pièces qui ont concouru* (*Abhandlung welche den von der Königlichen Preußischen Academie der Wissenschafften auf das Lehr-Gebäude von den Monaden gesetzten Preiß erhalten hat. Nebt einigen andern über diese Frage eingeschickten Schrifften*), Berlin, Haude et Spener, 1748, testo in tedesco pp. 1-52 e testo in francese pp. 53-110.

dice Justi, il monadista si difende appoggiandosi sul principio di ragion sufficiente e dice che senza gli esseri semplici non ci sarebbe una ragione sufficiente per avere delle parti (§ XXVI). Tuttavia anche questa motivazione cade, poiché, secondo l'avvocato di Songerhausen, là dove ci sono dei composti non possono esserci dei semplici e l'affermazione dei monadisti, che è l'esatto contrario, non può sussistere (§ XXVII).

Il fondamento principale su cui si basa la teoria delle monadi, ossia la convinzione che dove ci sono dei corpi composti bisogna che ci siano anche dei corpi semplici (§ XXI), troverebbe, come sottolinea Justi, la sua giustificazione nella matematica, poiché i numeri *composti* sono tali proprio in quanto composti di numeri *semplici* (§ XXII) ed è ricollegandosi a questa tesi che la teoria delle monadi pretenderebbe una validità scientifica. Tuttavia Justi ritiene che in metafisica non si possa sostenere una simile affermazione, perché nella natura non si trova nessun essere semplice e il metafisico, cercando l'essenza dei corpi, non deve pensare a degli spiriti (§ XXIII).

La *Monadologia physica* di Immanuel Kant

Kant, contrariamente a quanto sostenuto da Justi, cerca una via per giustificare l'esistenza delle monadi, o meglio di monadi fisiche. Per fare ciò egli percorre la strada inversa a quella segnata da Justi: quest'ultimo ha criticato Wolff e Leibniz per aver tentato di chiarire la metafisica con la geometria; Kant tenta invece, partendo dalla concezione monadista, di chiarire la fisica attraverso la metafisica[6].

Nella Premessa al trattato *Monadologia physica*, Kant esprime chiaramente il suo intento: cercare un punto di incontro tra la geometria e la metafisica. È risaputo che la metafisica nega l'esistenza dello spazio vuoto e la divisibilità all'infinito dello spazio; al contrario la geometria sostiene la necessità di uno spazio vuoto e la divisibilità infinita dello spazio stesso. «L'una [la geometria] argomenta che l'attrazione universale o gravità non sia spiegabile da cause meccaniche, bensì che proceda da forze insite dei corpi in quiete e agenti a

[6] Cf. I. Kant, *Metaphysicae cum geometria iunctae usus in philosophia naturali, cuius Specimen I. continet Monadologiam Physicam*, in *Kants Gesammelte Schriften* [KGS], hrsg. von der Königlich Preußischen [Deutschen] Akademie der Wissenschaften, Berlin und Leipzig 1902-, Bd. I, p. 475, 18-19 (trad. it.: I. Kant, *Monadologia fisica*, in I. Kant, *Scritti precritici*, a cura di R. Assunto, Bari, Laterza, 1990, p. 57).

distanza, l'altra [la metafisica] relega questa tesi tra i vuoti scherzi dell'immaginazione»[7].

Nella *Monadologia physica* Kant vuole dimostrare che «l'esistenza di monadi fisiche non è in contrasto con la geometria»[8]. Egli si chiede innanzitutto cosa sia una monade e sostiene che «una sostanza che non è costituita da una pluralità di parti, capaci di esistere separatamente l'una dall'altra, è semplice e si chiama monade» (Prop. I). Ritiene che il fondamento della monade non vada ricercato in se stessa, ma piuttosto nella sua capacità di agire verso l'esterno, attraverso l'impiego di forze che la pongono in relazione con altre monadi. Da questa relazione si formano i corpi che sono costituiti di monadi (Prop. II) e qualora si dividesse un corpo resterebbero i suoi elementi privi di composizione e non ulteriormente divisibili (elemento = monade). Questa proposizione è secondo Kant valida nel campo della metafisica, mentre nel campo della geometria è possibile affermare che «lo spazio, che i corpi riempiono, è divisibile all'infinito e non consta pertanto di parti primitive e semplici» (Prop. III). Da ciò emerge il tentativo kantiano di spiegare che la materia riempie lo spazio grazie all'attività delle monadi e che ad ogni monade è associato un punto geometrico, corrispondente al centro della monade stessa.

Due monadi, pertanto, determinano una linea fisica e i loro centri sono gli estremi della linea geometrica associata. L'intento kantiano, di conciliare le esigenze della metafisica con quelle della geometria, è sostenuto con un'argomentazione, in cui si mostra che, essendo le monadi centri di forze, la linea fisica congiungente questi centri, coinciderebbe con la linea geometrica.

Tuttavia questa trattazione va incontro ad una notevole difficoltà, poiché il riempimento dello spazio da parte delle monadi avviene mediante l'assegnazione ad esse di una sfera di attività, che si esercita all'interno di un diametro finito e non nullo[9]. Ciò comporta che la linea fisica tracciata, che ha un'estensione finita, può contenere solamente un numero finito di monadi. Se le cose stanno così, risulta impossibile sostenere la divisibilità infinita di una linea fisica. La linea fisica è diversa da quella geometrica, poiché la prima ha un numero finito di monadi, la seconda ha un numero infinito di punti. Pertanto anche la divisione fisica sarà diversa da quella geometrica;

[7] Kant, *Monadologia physica*, cit., pp. 475, 27-476, 1-2 (p. 58).

[8] Kant, *Monadologia physica*, cit., p. 477, 3-4 (p. 59).

[9] Cf. A. Moretto, *Dottrina delle grandezze e filosofia trascendentale in Kant*, Padova, Il Poligrafo, 1999, p. 60.

infatti la divisione fisica può avvenire solo per la separazione delle monadi, quella geometrica in qualsiasi posizione.

Kant prosegue poi asserendo che affinché un corpo sia divisibile all'infinito deve essere costituito solo da un composto che non consti di parti semplici, perché un'azione divisoria su queste determinerebbe la loro abolizione, con la conseguenza che anche tutto il composto cesserebbe di esistere[10]. Inoltre, affinché un corpo sia divisibile all'infinito, è necessario che le monadi siano considerate particelle infinitamente piccole di materia e Kant dice che le monadi non possono essere ritenute tali[11], poiché sono: *sostanze semplici*[12]. Discorso diverso è da farsi invece sullo spazio geometrico, il quale può essere diviso all'infinito proprio perché «è privo di sostanzialità, ed è fenomeno della relazione esterna di monadi unite»[13]. Lo spazio non è per Kant una composizione di parti semplici, ossia non è un corpo. Esso serve soltanto a constatare che esiste una pluralità o quantità, ossia una relazione esteriore, ed è evidente che tale relazione spaziale non è costituita da una pluralità di parti sostanziali, perché sarebbe in netto contrasto con la semplicità di una monade.

Ciò implica che, secondo Kant, la divisibilità dello spazio non è in contraddizione con la semplicità della monade, perché «dal momento che lo spazio non è una sostanza, ma fenomeno di una relazione esterna tra sostanze, non contraddice alla semplicità o [...] all'unità della sostanza il fatto che una relazione di un'unica identica sostanza si possa dividere in due»[14]. Infatti l'ulteriore divisione dello spazio occupato dalla monade non significa reale divisione della monade, perché «la monade definisce il minimo spazio della sua presenza non mediante una pluralità delle sue parti sostanziali, ma in forza di una sfera di attività, con cui storna le monadi esterne che le sono presenti da ambo i lati da un ulteriore reciproco avvicinamento» (Prop. VI). Da ciò risulta che la grandezza finita della monade è determinata da una sfera, che circonda il centro della monade. La divisione dello spazio occupato dalla monade riguarda solamente le parti esterne a questa sfera e pertanto le monadi possono essere concepite come dei punti che sono centri di forza. Considerare le monadi in questo modo concilierebbe la dottrina delle monadi con la divisibilità infinita geometrica e il riempimento

[10] Cf. Kant, *Monadologia physica*, cit., p. 479, 16-19 (p. 62).
[11] Cf. Kant, *Monadologia physica*, cit., p. 479, 22-25 (p. 62).
[12] Cf. Kant, *Monadologia physica*, cit., p. 477, 5-7 (p. 59).
[13] Kant, *Monadologia physica*, cit., p. 479, 25-26 (p. 62).
[14] Kant, *Monadologia physica*, cit., p. 480, 27-30 (p. 64).

dello spazio risulterebbe un aspetto fisico dovuto all'attività della monade.

L'influenza di una monade può, secondo la tesi di Kant, penetrare nella sfera di un'altra, escluso il centro, poiché qui si trova un'infinita forza di repulsione. La presenza della forza di impenetrabilità è ciò «per cui un elemento semplice di un corpo occupa un suo spazio» (Prop. VIII). Questa forza di impenetrabilità è intesa da Kant come la forza naturale per eccellenza di cui i corpi sono dotati. Essa è necessaria altrimenti ogni monade potrebbe invadere la sfera dell'altra, compromettendo la stabilità del composto. Attraverso l'azione repulsiva gli elementi riempiono il loro spazio definito. Tuttavia se vi fosse solo questa forza i corpi non avrebbero un volume definito, è necessario che sia presente anche un'altra forza: quella di attrazione, che, congiunta alla prima, ma ad essa opposta, definisca il limite dell'estensione.

Alle due forze citate se ne deve però aggiungere una terza: quella di inerzia. Infatti se un corpo non avesse la forza di inerzia, per la quale esso tende a perseverare nello stato di movimento, urtando un altro corpo, dice Kant, non avrebbe alcun efficace potere e sarebbe ridotto in quiete da un qualsiasi ostacolo infinitamente piccolo[15]. La forza di inerzia di un corpo, essendo il risultato della somma di tutte le forze di inerzia dei vari elementi costituenti il corpo, è chiamata *massa*[16]. Kant sostiene qui che la capacità di muovere propria di un elemento risulta dal prodotto della massa per la velocità ($m \cdot v$)[17], ossia dal grado di forza di inerzia moltiplicato per la velocità del corpo. La quantità di forza di inerzia può variare da elemento a elemento, a seconda della loro specie e ciò permette alla materia di variare di densità. In questo modo Kant attribuisce alla forza di inerzia un posto di rilievo nella lettura filosofica della costituzione della materia, punto di vista che verrà modificato nelle sue opere successive[18].

[15] Cf. Kant, *Monadologia physica*, cit., p. 485, 17-19 (p. 72).

[16] Cf. Kant, *Monadologia physica*, cit., p. 485, 20-21 (p. 72). Kant riprende la tesi di Newton che si trova in: *Isaac Newton's Philosophiae naturalis principia mathematica*, the third edition (1726) with variant readings, Ass. and Ed. by A. Koyré, I. B. Cohen, A. Whitmann, voll. I-II, Cambridge, University Press, 1972, p. 40 (trad. it.: I. Newton, *Principi matematici della filosofia naturale*, a cura di A. Pala, Torino, UTET, 1965, rist. 1997, p. 97): Definizione III.

[17] Cf. Kant, *Monadologia physica*, cit., p. 485, 21-22 (p. 72). Kant sta riprendendo Newton: cfr. Newton, *Principia*, cit., p. 40 (p. 97): Definizione II.

[18] Cf. I. Kant, *Metaphysische Anfangsgründe der Naturwissenschaft*, in KGS, Bd. IV, pp. 550-551 (trad. it.: E. Kant, *Primi principi della scienza della natura*, intr. di L. Geymonat, nota informativa e trad. di L. Galvani, Urbino, S.T.E.U., 1959, pp. 134-135).

Conclusione

Nonostante gli antimonadisti avessero vinto il concorso indetto dall'Accademia, il dibattito sull'infinita o finita divisibilità dei corpi continuò ancora per molto tempo, come dimostrano, per esempio, le *Lettres à une Princesse d'Allemagne*, scritte da Euler dal 25 aprile al 30 maggio del 1761[19]. Kant, dal canto suo, seguitò ad osservare le speculazioni filosofiche e scientifiche in merito, giungendo, però, nel corso degli anni, ad abbandonare completamente la tesi proposta nella *Monadologia physica*. Ciò è rilevabile, in particolar modo, nella sezione della *Kritik der reinen Vernunft* dedicata alla seconda antinomia della ragione[20], e nella parte riguardante la Dinamica dell'opera *Metaphysische Anfangsgründe der Naturwissenschaft* del 1786[21].

[19] Cf. L. Euleri *Lettres à une Princesse d'Allemagne*, vol. prius, edidit A. Speiser, in L. Euleri *Opera omnia*, edenda curaverunt A. Speiser, E. Trost, C. Blanc, Series Tertia, vol. XI (autorictate et impensis Societatis Scientiarum Naturalium Helveticae) Turici MCMLX (trad. it.: L. Euler, *Lettere a una principessa tedesca*, a cura di G. Cantelli, Torino, Boringhieri, 1958).

[20] Cf. I. Kant, *Kritik der reinen Vernunft 2. Auflage 1787*, in KGS, Bd. III, pp. 301-307 (trad. it.: I. Kant, *Critica della ragion pura*, trad it. di G. Gentile e G. Lombardo-Radice, intr. di V. Mathieu, Bari, Laterza, 1989^4, pp. 294-300).

[21] Cf. Kant, *Metaphysische Anfangsgründe der Naturwissenschaft*, cit., p. 504, 13-18 e pp. 507, 39-40-508, 1-3 (pp. 62, 68).

Les voisinages

LA MÉTHODE SCIENTIFIQUE CHEZ CHRISTIAN WOLFF

François Marty

C'est une œuvre de plus de trois cent titres qu'a laissée Christian Wolff, dont l'activité d'enseignant et d'écrivain couvre la première moitié du 18e siècle. Il commence à enseigner à Leipzig en 1702, il est appelé à Halle en 1706 à l'instigation de Leibniz, pour une chaire de mathématique. Une première œuvre publiée en 1719, connue sous le nom de *Métaphysique allemande*, lui vaut une notoriété de penseur éclairé, qualification que vient confirmer une condamnation à l'exil de la part de Frédéric-Guillaume Ier en 1723. Il s'installe à Marbourg, où il compose une œuvre monumentale, en latin, afin de pouvoir être reçue dans toute l'Europe. Elle commence par ce qui peut valoir comme noyau de l'œuvre entière, car c'est un développement de la *Métaphysique allemande*, dont les chapitres deviennent autant de traités séparés. Il faudra d'abord relever l'expression de «méthode scientifique», revenant en manière d'estampille dans les titres wolffiens. Il sera possible, en un second temps, de chercher à dire en quoi consiste cette «méthode scientifique». C'est encore elle qui permettra, en conclusion, de dire quelque chose du rapport de Kant à Wolff.

La philosophie comme ensemble systématique

La philosophie a pour vocation, dans son explicitation aristotélicienne, de n'être pas seulement l'introduction d'un ordre dans une diversité par un certain nombre de principes, mais la position d'un principe premier. La démarche peut concerner un domaine délimité. Ainsi les *Méditations* de Descartes ne font-elles pas, en leur forme, système avec les *Principes*. Le propos wolffien représente un pas supplémentaire: la constitution d'un ensemble systématique, sachant recevoir de nouvelles questions – premier contact avec la «méthode scientifique».

L'œuvre de 1719, avec pour titre *Pensées raisonnables sur Dieu, le monde et l'âme humaine, ainsi que sur toutes les choses en général*, est dite *Métaphysique allemande*, en contraste avec le corpus latin de Marbourg. Ce dernier s'ouvre par une *Logique générale*. Vient ensuite une *Onto-*

logie, titre qui n'était pas dans la première œuvre; suivent une *Cosmologie*, une *Psychologie empirique* et une *Psychologie rationnelle*, enfin une *Théologie naturelle*. Ce premier ensemble n'a pas seulement une unité systématique au titre de reprise de la *Métaphysique allemande*. Wolff explique que le dernier traité, la *Théologie naturelle*, a des principes dont la solidité est appuyée sur ce qui a été établi dans l'ensemble ouvert par l'*Ontologie*[1]. Chacun de ces traités, à partir de l'*Ontologie*, a son titre propre suivi de la qualification: «*methodo scientifica pertractata*». Ce premier groupe se continue avec des ouvrages de plus en plus épais. Il suffira d'indiquer les domaines: vient d'abord une *philosophie pratique* en général, puis une *éthique*. Suit un imposant ensemble de *droit*. Un dernier ensemble traite des *mathématiques*, en quatre volumes. Il faut noter que la mention «traitée selon la méthode scientifique», qui revient dans tous les titres, après la *Logique*, s'arrête avec les mathématiques, exception dont la portée paraîtra bientôt.

Il faut s'arrêter à l'appellation d'*Ontologie*. Elle peut se repérer dès le début du 17e siècle, et on la rencontre une fois ou l'autre chez Leibniz[2]. Mais c'est l'œuvre wolffienne qui va assurer son succès, que Kant, lorsqu'il voudra en dénoncer les prétentions, ne fera que renforcer[3]. Le mot n'est pas chez Aristote, mais c'est bien une de ses questions que Wolff fait expressément sienne, celle de la *science de l'être en tant qu'être*, non sans un déplacement. Pour Aristote, la science de l'être en tant qu'être est bien au sommet des sciences, mais elle se trouve en concurrence avec une autre science, pouvant aspirer à la même place, la *théologie*[4], le qualificatif de *naturelle* étant appelé, chez Wolff, par la coexistence avec une *théologie révélée*. La question est tranchée par Wolff, et cette fois il n'y a qu'une philosophie première, qui est l'ontologie. Certes, ce qui s'amorce à partir de celle-ci, débouche finalement sur la théologie naturelle. Mais ce n'est pas sans poser des questions, qu'il faut maintenant aborder.

La voie démonstrative, la raison wolffienne

C'est donc cette *Ontologia methodo scientifica pertractata* qu'il convient de faire venir au premier plan.

[1] *Theologia naturalis*, § 11. Les références sont aux: C. Wolff, *Gesammelte Werke, herausgegeben und bearbeitet von Jean Ecole et H. W. Ardnt*, Hildesheim, Georg Olms, 1960 sqq. Les renvois sont à la division en paragraphes.

[2] Voir le *Historisches Wörterbuch der Philosophie*, J. Ritter, art. Ontologie.

[3] Cf. *Critique de la raison pure*, A 247, B 303, Ak 3, 207, Pl 1, 977: «une simple analytique de l'entendement pur», opposé au «nom orgueilleux d'une ontologie».

[4] *Métaphysique*, E, 1, 1026 a, 13-33.

1. L'écriture de Wolff procède par paragraphes, en numérotation continue, dans une division en parties et en sections marquant parfaitement la progression de la pensée. Le style est concis, tout en respectant la demande cartésienne de clarté et distinction. Tout pas en avant participe ainsi à la solidité du légitimement acquis, assurant à la démarche la pleine qualité de démonstration. – C'est une définition qui fait l'ouverture: «l'*ontologie* ou *philosophie première* est la science de l'être en général, ou en tant qu'il est être»[5]. Un problème considérable est posé d'emblée par cette définition. La traduction de *in genere* par *en général* donne à *genus* la connotation de notion suffisamment vague pour perdre le tranchant de son application à un singulier. Mais on voit aussitôt que cette interprétation va tout à l'encontre du propos de clarté et distinction, par quoi Wolff prétend justement se distinguer de l'ancienne scolastique. Il faut donc prendre «genre», en sa rigueur, notion qui dit en sa caractéristique première l'essence d'une chose, et qui est porteuse de la spécification. Mais c'est croiser la question soulevée par Aristote à propos de cette «science de l'être en tant qu'être», et qui fait peser une menace sur cette valeur de science. On se heurte en effet à deux propositions fermement tenues par Aristote: *il n'y a de science que du genre* et *l'être n'est point un genre*[6]. Il s'ensuit le caractère aporétique de sa métaphysique. Il n'est pas interdit de penser que l'appellation d'*ontologie*, avec le succès qui a été dit, est d'autant mieux acceptée qu'elle masque la difficulté.

Aristote revient fort vite; avec la référence, cette fois, à l'*Organon*. L'horizon est le raisonnement, le syllogisme démonstratif, dont traitent les *Analytiques*, et qui procède par *principes*, le propre de la philosophie étant de chercher des principes premiers. Le couple de base wolffien se formule avec Leibniz, principe de contradiction[7], principe de raison suffisante[8]. L'exigence de base est l'élaboration de la *définition*, élément du discours, comme l'indique le terme de *catégorie*, à l'ouverture de l'*Organon*. Elle consiste en une *détermination* apte à énoncer *l'essence*, ce par quoi un être est ce qu'il est, explication qui suffit à justifier sa place initiale[9]. – Sur cette très vieille tradition, présente, Wolff le sait, dans la scolastique de tradition aristotélicienne, il apporte la clarification leibnizienne qui identifie essence et

[5] *Ontologia*, § 1.

[6] Cf. P. Aubenque, *Le problème de l'être chez Aristote*, Paris, PUF, 1962, p. 222.

[7] *Ontologia*, § 27.

[8] *Ibid.*, § 70.

[9] *Ibid.*, § 143, 168. § 122.

possible, fond même de l'être, puisque c'est ce possible qui est régi par le principe de contradiction[10].

2. Il est possible, à ce point, de faire paraître l'originalité de Wolff, la *raison wolffienne* en quelque sorte. La détermination de l'essence a pour modèle la *pensée mathématique*, telle qu'elle se présente dans la *géométrie euclidienne*[11], tout comme dans la *théorie des nombres*[12]. Elle n'est plus quelque qualité occulte, mais la *construction de la possibilité de la chose*, tout comme penser un triangle est construire dans le plan l'intersection de trois lignes, ou construire, par l'addition de l'unité, la série des entiers. On comprend que Wolff puisse déclarer se passer de toute intuition[13]. C'est aussi prendre distance par rapport à la *représentation* impliquée par le panpsychisme de la monadologie leibnizienne[14]. – Du point de vue de la théologie naturelle, on pourrait dire que la raison wolffienne est le meilleur terrain pour la preuve qui identifie la simple pensée de Dieu à la nécessaire conclusion de son existence. Le refus que Kant opposera à cet argument suppose que l'existence n'est pas un prédicat, mais la simple position dans l'être. Or, pour l'objet mathématique, en tant qu'il y a identité entre le penser et le construire, sa réalité propre d'objet mathématique résulte de cette opération. On peut déjà dire que si Kant a appelé «ontologique» l'argument qui vient d'être rappelé, c'est parce qu'il résultait de cette ontologie dont Wolff était le représentant décidé. – Ce n'est donc pas un hasard si, comme il a été remarqué, la mention «methodo scientifica pertractata» disparaît quand il s'agit des études mathématiques: elle ferait redondance.

3. On pourrait penser qu'une place telle, faite à une intelligibilité comprise comme construction, devrait entraîner une dévaluation de l'expérience. Il n'en est rien, comme en témoignent les traités de physique qui se trouvent dans son œuvre. Ce qui vient d'être dit de la «raison wolffienne» permet d'assigner sa place à l'expérience. Le couple *a priori/a posteriori* joue un rôle organisateur dans sa pensée[15]. Les mathématiques relèvent de l'*a priori*. Les deux principes sur lesquels s'ouvre son ontologie, contradiction et raison suffisante, sont à rapporter respectivement à la possibilité et à l'existence. Il s'ensuit

[10] *Ibid.*, § 102 (possible et notion), § 154.
[11] *Ibid.*, *Praefatio*, p. 17-18.
[12] *Ibid.*, § 51.
[13] *Ibid.*, § 167.
[14] *Ibid.*, § 51; cf. § 547.
[15] *Ibid.*, § 546-547.

que l'existence découle d'un principe (Kant opérera ici une rupture totale). Une fois posée l'existence, on peut, et on doit, revenir sur la *possibilité* impliquée dans la démarche constructrice. Wolff peut donc promettre à partir de l'intelligibilité de l'essence, qui est du genre, l'accès au singulier[16].

Avant d'en venir à une conclusion, je voudrais dire l'étonnement que l'on a de rencontrer, au terme de cette *Ontologie*, un bref traité sur le *signe*. Wolff part de la définition la plus classique du signe, chose renvoyant à une autre, mais il introduit d'emblée un rapport au temps, présent, futur, passé[17]. Vient ensuite la distinction classique entre signe naturel et artificiel, celui-ci étant rapporté à «l'arbitraire d'un être intelligent, tel que l'homme»[18]. Cette entrée dans le langage amène immédiatement la diversité des langues, avec leurs termes différents pour une même chose, inversement une variété de choses signifiées pour un même terme[19]. Tout à fait intéressante est une brève allusion à l'*éducation* qui permet de reconnaître de quoi le mot est le signe[20]. – L'expérience est rejointe ensuite dans une assez surprenante interprétation du rapport de la cause à l'effet en terme de signe et de chose signifiée. On peut penser que c'est une façon de souligner le rapport au temps qui ouvrait l'élaboration de la notion[21]. Les derniers paragraphes reviennent aux mathématiques, signes d'opération et d'équivalence[22].

Les écrits latins de Wolff étaient destinés à l'Europe. Une marque du succès est cette édition, tout proche de la première édition de Marbourg, qui paraît à Vérone, à la frontière des États pontificaux, revêtue de «la permission des Supérieurs»[23]. Le rationalisme dogmatique de ce représentant des Lumières, avec son couronnement dans une théologie rationnelle, était finalement rassurant pour les Églises, absoutes de l'obscurantisme, avant tout Magistère et péché originel.

[16] *Ibid.*, § 194.
[17] *Ibid.*, § 952.
[18] *Ibid.*, § 958.
[19] *Ibid.*, § 959.
[20] *Ibid.*, § 960.
[21] *Ibid.*, § 961-963.
[22] *Ibid.*, § 965-966.
[23] L'édition commence en 1736, elle comporte sûrement le noyau qui va de la *Logique* à la *théologie naturelle*. J. Ecole n'exclut pas qu'elle soit à l'insu de Wolff. – Elle ne serait pas sans éclairer la marque wolffienne dans la pensée catholique du 19e siècle, qui aboutira, avec Léon XIII à la fin du siècle, à une Néo-scolastique organisée strictement sur le modèle du corpus de Wolff.

Le chemin sûr d'une science, Kant et Wolff

Du rapport de Kant à Wolff l'essentiel est dit dans la préface de la seconde édition de la *Critique de la raison pure*, avec «la méthode rigoureuse du célèbre Wolff», déclaré «le plus grand parmi tous les philosophes dogmatiques». Il procède «en établissant légitimement les principes, en déterminant clairement les concepts, en recherchant la rigueur des preuves, en se gardant des sauts téméraires dans les conséquences», tout «ce qui fait prendre le chemin sûr d'une science», expression qui dénonçait ce qui manquait à la métaphysique, apporté par la Critique à partir des sciences qui ont su trouver ce chemin. Ce n'est pas feinte, lorsqu'il est dit que s'opposer à Wolff, tout en refusant le propos critique, est «se débarrasser des liens de la *science*», et tomber dans la «philodoxie»[24]. On ne peut reconnaître tout l'apport de Wolff si on n'accepte pas la Critique. Il lui a manqué de pousser sa confiance en la raison, jusqu'à lui donner comme première tâche de faire la critique de son propre pouvoir, la responsabilité de cette omission étant même rapportée à «la façon de penser» de son époque, déchargeant ainsi Wolff. – Sa méthode scientifique se prenait, il est vrai, des mathématiques, ignorant la distinction entre «connaissance mathématique par construction de concept» et «connaissance philosophique par concept»[25] de la *Méthodologie transcendantale*. Le débat était prématuré pour une préface, et risquait d'affaiblir ce qu'il importait de retenir de lui. Il fallait aller à la physique newtonienne, comprise comme *physique mathématique*, où à l'articulation entre principes mathématiques et dynamiques, dans les analogies de l'expérience, Kant déclarait que «l'existence ne se laisse pas construire»[26]. C'était, dans ce sûr succès de la science moderne, faire paraître la raison se limitant elle-même.

Je suggérerai encore deux traits de distance entre l'univers de Kant et celui de Wolff. L'un est la question de la liberté, passant de la psychologie qui la lie à une volonté raisonnable, à la cosmologie, à hauteur des chaînes causales, comme la possibilité d'initier inconditionnellement une série dans le monde phénoménal. Cela suppose la reconnaissance du *caractère antinomique de la raison humaine*, totalement étrangère la raison wolffienne. C'était fermer la route au primat de la raison pratique, avec la liberté clef de voûte de tout l'usage théorique

[24] *Critique de la raison pure*, B XXXV-XXXVI, Ak 3, 22, Pl 1, 752.
[25] *Ibid.*, A 713, B 741, Ak 3, 469, Pl 1298.
[26] *KrV*, A 179, B 222, Ak 3, 160, Pl 916-917.

et pratique de la raison[27]. Le second trait, c'est l'impossibilité, avec la raison wolffienne, de faire à *l'imagination* la place qui lui revient dans le schématisme kantien. L'ontologie en croise une fois la question, mais à propos du songe, hors du contrôle du réel[28]. Intéressante était l'ouverture vers le signe en son rapport au temps, passé, présent, futur, où pouvait s'esquisser le jeu d'absence et de présence propre à l'imagination. Mais il était vite réintégré dans les chaînes des signes mathématiques, faisant du possible un ensemble fermé, tout sous le régime de la présence. – Ces contrastes mêmes rendent précieuse la confrontation de Kant à la raison wolffienne.

[27] *Critique de la raison pratique*, Ak 5, 3, Pl 2, 610.
[28] *Ontologia*, § 493.

SHAFTESBURY DANS LES *LEÇONS* DE KANT

Laurent Gallois

L'*Annonce pour le programme de cours du semestre d'hivers 1765-1766* mentionne Shaftesbury, avec Hutcheson et Hume, quant à la «philosophie pratique universelle» à traiter dans les leçons[1]. Celles-ci assimileront Shaftesbury à Hutcheson, son successeur, sur la question du *moral sense*.

Le moral sense *selon Shaftesbury*

Shaftesbury ouvre la voie à un théisme réaliste[2] s'enracinant dans l'excellence morale présente en l'homme: la vertu. Or le principe de vertu «se trouve au fondement du tempérament naturel de l'homme»[3] et n'est autre que le «sens juste et naturel du bien et du mal»[4] désigné aussi comme «sens moral naturel»[5], antérieur à toute révélation ou intelligence de l'existence de Dieu[6]. La religion se trouve placée, du même coup, en position seconde par rapport à la vertu, car c'est seulement par le principe de vertu, originairement présent en l'homme, qu'un «chemin» peut être «ouvert vers la religion»[7]. L'homme peut s'engager sur ce chemin par décision de raison. Mais s'il s'en abstient, il reste un être originairement disposé à s'accomplir comme homme vertueux, pour peu qu'il cultive et affine son sens moral, qui se signifie naturellement en lui.

Le sens moral implique une disposition réflexive de l'esprit à l'égard de ce qui l'affecte: objets externes, pensées; mais aussi «conduites et comportements des créatures dans les différents aspects de la vie»[8]. Cette disposition relève de la raison par laquelle une «créa-

[1] Voir *Nachricht von der Einrichtung seiner Vorlesungen in dem Winterhalbenjahre von 1765-1766*, Ak II 311.

[2] *Characteristics of Men*, *The Moralists*, Cambridge University Press, 1999 (2003), p. 263, 267.

[3] *Characteristics of Men*, *An Inquiry concerning Virtue and Merit*, Cambridge University Press, 1999 (2003) p. 176.

[4] *Ibid.*, p. 177.

[5] *Ibid.*, p. 180.

[6] Voir *An Inquiry concerning Virtue and Merit*, p. 182-183.

[7] *The Moralists*, p. 266.

[8] *An Inquiry*, p. 173.

ture» se montre «capable de se former des notions générales de choses»[9]. Dans ce retour réflexif sur ce qui provoque sa sensibilité, l'esprit, «qui ne peut pas être sans son œil et son oreille», examine «chaque sentiment ou pensée qui se présente à lui. Il ne peut rien laisser échapper à sa critique (*censure*)». S'exerçant comme raison critique dans ce retour même, l'esprit «trouve», en particulier, «le vil et l'honnête». De même, il «discerne le bien et le mal à l'égard de l'espèce ou du public»[10]: un bien et un mal revêtant par cet exercice de l'esprit la forme «d'objets rationnels»[11]. Or dans le mouvement de ce retour, le cœur est mis à l'épreuve.

En effet, «il est impossible que le cœur reste neutre». Aussi perverti soit-il, «il doit approuver en quelque manière ce qui est honnête et naturel et désapprouver ce qui est déshonnête et corrompu». Le cœur doit «affectionner ce qui est juste et bon, et réprouver ce qui est contraire»[12]: ce qui vaut donc pour le bien et le mal. C'est le moment de l'affection rationnelle dans la vie de l'esprit[13], «autre genre d'affection»[14] que celui de la sensibilité: le cœur n'y a pas d'autre choix que d'affectionner le bien et réprouver le mal que l'esprit lui présente. Ainsi, pour Shaftesbury, un homme réfléchissant sur «ce qu'il fait lui-même ou sur ce qu'il voit d'autres faire, de manière à porter attention à ce qui est digne et honnête», faisant de cette «attention ou de cette conception de la dignité ou de l'honnêteté un objet de son affection», présente «le caractère d'être vertueux». Il est «en mesure d'avoir un sens du bien et du mal, un sentiment ou un jugement de ce qui est fait par une affection juste, égale, bonne ou le contraire»[15]. Il est en mesure d'avoir un sens moral.

Le sens moral implique alors chez Shaftesbury une disposition où se reconnaît et s'atteste l'activité de l'esprit comme raison critique. Mais le sens moral implique inséparablement le cœur dans la vie de l'esprit: implication du cœur où se notifie l'activité de l'esprit comme sensibilité. Le sens moral se signifie ainsi dans le lien ou l'union dynamique de l'esprit comme raison et de l'esprit comme sensibilité.

[9] *Ibid.*, p. 172.
[10] *Ibid.*, p. 172-173.
[11] *Ibid.*, p. 175.
[12] *Ibid.*, p. 173.
[13] Voir *Inquiry*, p. 176.
[14] *Inquiry*, p. 172.
[15] *Ibid.*, p. 173.

Le moral sense *dans les leçons de Kant*

Arthur Warda[16] ne mentionne aucune œuvre de Shaftesbury dans la bibliothèque personnelle de Kant. Or *The Moralists*, publié à Londres en 1709, puis en 1711 avec les *Characteristics*, est traduit par Spalding et publié à Berlin en 1745. De même, *An Inquiry Concerning Virtue or Merit* est traduit par le même Spalding et publié à Berlin en 1747. Par contre, de Hutcheson, Kant possédait une traduction allemande faite par Gellius et publiée à Leipzig en 1760 de *An Essay on the Nature and conduct of the passions and the affections, with illustrations on the moral sense*: traduction rendant *moral sense* par *moralisches Gefühl*. Kant avait aussi une traduction allemande faite par Merck et publiée en 1762 de *An Inquiry into the Original of our Ideas of Beauty and Virtue, in which the principles of the Earl of Shaftesbury are explain'd and defended against the author of the 'Fable ou Bees' and the 'Ideas of Moral Good and Evil' are established according to the sentiments of the Ancient Moralists*. Comment Kant reçoit-il alors Shaftesbury, en particulier sa notion de *moral sense*?

Le cours de *Philosophie Pratique Herder*, daté de 1764, ne traite pas de Shaftesbury alors qu'il se livre à une lecture critique de Hutcheson. Celui-ci conduit, selon Kant, une analyse des actions à partir de «la notion d'intérêt» pour rendre compte de ce dont elle procède, et non «à partir d'une règle morale». À ce titre, il «fait erreur»[17]. Plus loin, passant en revue les différents avatars de l'éthique énumérés dans le manuel de Baumgarten dont il se sert pour son propre cours, Kant en vient à l'*ethica deceptrix*: l'éthique *injuste et trompeuse* selon l'explication donnée par Baumgarten[18]. Ce que Kant commente.

Ainsi une éthique peut être «hors de proportion par rapport à la moralité et à nos forces». Par exemple, «l'insensibilité du stoïcien, sa moralité sont inadaptées aux forces de l'homme». L'éthique est en ce cas injuste, car elle exige trop de l'homme. Mais l'éthique peut tromper quand elle réduit la moralité d'une action à son désintéressement, comme chez Hutcheson. En effet, pour lui, «des actions peuvent être ordonnées immédiatement à partir de nous-mêmes, sans être ordonnées comme moyens à quelque chose d'utile; elles peuvent être moralement bonnes à partir de choses immédiatement bonnes», à savoir: «l'amour et la bienveillance»[19]. Or comment reconnaître l'amour et la bienveillance comme tels?

[16] *Immanuel Kants Bücher*, Berlin, Martin Breslauer, 1922.

[17] *Praktische Philosophie Herder*, Ak XXVII.1 5.

[18] Voir *Ethica Philosophica*, 1763, Ak XXVII 2.1 874.

[19] *Praktische Philosophie Herder*, Ak XXVII.1 15.

C'est l'affaire, chez Hutcheson, du *moral sense*, ce par quoi la qualité d'une action est perçue et grâce à quoi elle est approuvée si elle est bonne. Et ce qui est immédiatement perçu et approuvé comme immédiatement bon grâce au *moral sense*, c'est l'amour ou la bienveillance. Or du fait même des traductions allemandes dont Kant dispose, le *moral sense* selon Hutcheson devient un *moralisches Gefühl*. Que le *sense* soit devenu un *Gefühl* pour Kant, on en trouve d'ailleurs un indice ferme dans une *Reflexion* contemporaine du cours *Herder*: «le principe de Hutcheson est non philosophique parce qu'il introduit un sentiment nouveau et parce qu'il voit dans les lois de la sensibilité des fondements objectifs»[20]. C'est pour cela que Hutcheson appartient à ces «moralistes» qui, au mépris des requêtes de l'éthique, «vont trop loin»[21] selon Kant. Kant ne comprend pas, en fait, comment des lois de la sensibilité, procédant d'un sentiment (*Gefühl*) par lequel la qualité d'une action peut être immédiatement perçue comme bienveillante et jugée comme moralement bonne, peuvent valoir comme fondements objectifs d'une philosophie pratique. Le principe de Hutcheson appartient, en effet, aux fondements subjectifs du jugement d'une action. Ce que Kant établit dans le cours de *Philosophie Pratique Powalski*, daté de 1777, en une section intitulée *Des premières sources et des premiers principes du jugement moral*.

Cette section classe les différents systèmes moraux des anciens et des modernes en deux ensembles. Ainsi, «le premier» ensemble regroupe ceux qui dérivent «les premières sources du jugement moral de lois subjectives»; plus précisément: «des fondements de la sensibilité»[22]. Cet ensemble se subdivise, car les fondements subjectifs du jugement d'une action sont de deux types: internes et externes. Internes, ils constituent, d'une part, le système de l'amour de soi et, d'autre part, «le système du sentiment particulier de bien-être, c'est-à-dire du sentiment moral», système pour lequel, à «l'époque moderne, il convient de mentionner les anglais Shaftesbury et Hutcheson». Le nom de Shaftesbury paraît, certes, pour la première fois dans les leçons de philosophie pratique et morale. Mais il s'efface aussitôt au profit de Hutcheson: «personne n'a plus établi le système du sentiment moral que Hutcheson. Il affirme que l'on peut par ce sentiment percevoir beaucoup de caractères des objets que l'on ne peut pas connaître par l'entendement seul». Shaftesbury est ainsi assimilé à ceux qui ont promu le système du sentiment moral, Hut-

[20] Ref. 6634, Ak XIX 120 (années 1764-1768?).
[21] *Praktische Philosophie Herder*, Ak XXVII.1, 15.
[22] *Praktische Philosophie Polwaski*, Ak XXVII.1, 106.

cheson ayant poussé le plus loin ses recherches en cette direction. Or ce système n'a «rien de philosophique en soi»[23]: pour Kant, pour être philosophique, un système moral doit dériver la source première du jugement moral de fondements objectifs[24], de la raison seule[25]. À ce titre, Hutcheson se disqualifie en faisant du sentiment moral l'organe du jugement moral, et avec lui Shaftesbury, puisque Hutcheson en défend les principes[26].

L'association de Shaftesbury et de Hutcheson par Kant se retrouve dans les cours de *Philosophie Morale Mrongovius* (1782) et *Collins* (1785), leur système appartenant pour Kant à des systèmes moraux empiriques: «le second principe du fondement interne du système empirique est, si on place ce fondement dans le sentiment moral, ce par quoi on peut distinguer ce qui est bien et ce qui est mal. Les auteurs principaux sont Shaftesbury et Hutcheson»[27]. Kant ne développe pas. Le *moral sense* de Shaftesbury associé à celui de Hutcheson est reçu et compris comme *moralisches Gefühl.* Mais Kant n'indique pas comment ce *Gefühl* est ce par quoi s'effectue la distinction du bien et du mal chez l'un et l'autre de ces auteurs. Et la présentation qui en est faite s'élabore clairement à partir du *moral sense* de Hutcheson, celui de Shaftesbury lui étant purement et simplement assimilé. Ce qu'effectue le cours de *Droit Naturel Feyerabend* (1784), en un développement consacré aux impératifs de prudence. En effet, selon Kant, pour «Shaftesbury, le bonheur ne donne aucune valeur à la morale. Pour donner de la valeur à la morale, nous devons supposer que l'homme a un plaisir et un déplaisir immédiat à l'action. Il a appelé ceci le sentiment moral (*moralisches Gefühl*)». Or, poursuit Kant, «c'est la même chose avec Hutcheson», pour qui ce «sentiment communique» une «valeur» aux «actions»[28].

Dans ses *Leçons* de philosophie pratique ou morale, Kant traite certes d'un *moral sense*. Mais, à partir de sa lecture de Hutcheson, Kant le reçoit comme *moralisches Gefühl*, auquel il assimile le *moral sense* de Shaftesbury. S'exprimant immédiatement dans la perception de leurs qualités, ce *Gefühl* assigne aux actions une valeur morale

[23] *Praktische Philosophie Polwaski*, Ak XXVII.1, 107.

[24] *Praktische Philosophie Polwaski*, Ak XXVII.1, 109.

[25] *Praktische Philosophie Polwaski*, Ak XXVII.1, 120.

[26] Selon le sous-titre de l'*Enquête sur l'origine de nos idées de beauté et de vertu* de Hutcheson: «où les principes du Comte de Shaftesbury sont expliqués et défendus».

[27] *Moral Mrongovius*, Ak XXVII.2.2, 1405 et *Moralphilosophie Collins*, Ak XXVII.1, 253.

[28] *Naturrecht Feyerabend*, Ak XXVII.2.2, 1325.

tout en ayant force de jugement moral. Ce qui n'a rien à voir avec le *moral sense* de Shaftesbury, exposé au début. Kant se ferme ainsi l'accès à la philosophie morale de Shaftesbury. Non totalement.

L'examen de soi

Il en est question dans le cours *Doctrine de la religion Pölitz* (1783, 1784), dans la première section intitulée *Sur les caractéristiques morales de Dieu*, de la seconde partie, *La Théologie Morale*. Y sont examinées les objections soulevées contre la perfection morale de Dieu, en particulier la troisième: «si Dieu est juste, d'où vient le partage injuste du bien et du mal dans le monde, qui n'a rien à voir avec la moralité?»[29]. En effet, «nous trouvons que la disproportion entre les deux n'est pas si grande et, en fin de compte, que l'honnêteté est le meilleur parti. Pour cela, on ne doit pas se laisser aveugler par l'éclat extérieur qui entoure l'homme immoral. Si on voit en son intérieur, on lit ce que Shaftesbury dit, l'aveu de sa raison: tu es encore un fourbe!»[30]. Il s'agit ici de l'examen intérieur que le *Tu*, auquel la raison s'adresse, doit engager. Or c'est bien à cet examen que Shaftesbury conviait dans la *Lettre sur l'enthousiasme* (1708).

En effet, avant de se prononcer sur différentes qualités à attribuer ou à refuser à l'être divin, il faut d'abord descendre en soi-même[31], afin d'y établir la notion de l'excellence morale[32]. Or pour Shaftesbury, seul le chemin d'une philosophie de l'examen intérieur, du regard en soi-même[33] y conduit. Les *Exercices*, ensemble de feuillets sur lesquels il écrit ses méditations d'Épictète et de Marc-Aurèle, en sont comme le témoin: «mets-toi à l'œuvre, et, comme un législateur de toi-même, établissant cette économie, cette république à l'intérieur de toi, conformément aux lois que tu sais être justes, fais le serment de ne jamais transgresser ce que tu t'es assigné à toi-même»[34] dans la forme du «devoir»[35].

Bien sûr, le cours *Pölitz* ne fait pas de référence explicite à l'examen intérieur auquel Shaftesbury appelle dans sa *Lettre* et pra-

[29] *Religionslehre Pölitz*, Ak XXXIII.2.1, 1081.
[30] *Religionslehre Pölitz*, Ak XXXIII.2.1, 1082.
[31] *A Letter concerning Enthusiasm*, Section 5, p. 21.
[32] *A Letter concerning Enthusiasm*, Section 5, p. 20.
[33] *A Letter concerning Enthusiasm*, Section 6, p. 22.
[34] Feuillet 71, *Exercices*, présentation et traduction de Laurent Jaffro, Aubier, 1993, p. 106.
[35] Feuillet 62, *ibid.*, p. 97.

tique dans ses *Exercices*. Mais il en donne comme une résonance dans la figure de la raison venant interpeller l'homme malhonnête, faisant entendre en lui: *tu es encore un fourbe!* Mais la raison s'y autorise en vertu du principe du jugement moral dont elle est l'unique source, non en vertu d'un *moral sense* compris comme *moralisches Gefühl*, écarté par Kant.

LA SOCIABILITÉ SELON LES LUMIÈRES ET LA NOTION D'ÉDUCATION DE L'HUMANITÉ CHEZ KANT

Brigitte Geonget

On peut voir au Musée de la Révolution Française de Vizille, près de Grenoble, un curieux objet[1]: il s'agit d'une boîte en verre de taille moyenne contenant des figures de cire, comme le XVIIIe siècle en a abondamment produit à titre de modèles anatomiques. Les personnages de cire, habillés en costumes d'époque, sont Voltaire, Benjamin Franklin et Rousseau, représentés en train de deviser dans un décor bucolique. Un tout jeune enfant de race blanche, assis aux pieds de Rousseau, les regarde attentivement en ayant l'air de boire leurs paroles, tandis qu'auprès du patriote américain est assis un enfant de race noire, lui aussi attentif et enthousiaste. Colloque des grands esprits, heureuse sociabilité des penseurs, bienfaisante fécondité de leurs idées, tous ces éléments présentés en une touchante naïveté dans cette composition inspirée par le modèle des crèches traditionnelles, articulent deux thématiques que l'esprit des Lumières, tant en France qu'en Allemagne, a étroitement liées: la question de la sociabilité et celle de l'éducation. Or si la première est classiquement tenue pour essentielle, la seconde est souvent comprise comme de moindre importance, quand elle n'est pas réduite à un aspect simplement technique et ramenée à la seule perspective de la rénovation des idées et des pratiques pédagogiques. Il s'agira de montrer que les deux questions sont en fait dans une relation de détermination réciproque et que si en un sens tout à fait manifeste la conception de la socialité commande le problème éducatif, de façon plus profonde la question de l'éducation est le paradigme qui construit la réflexion sur le lien politique et éthique des hommes entre eux. Kant l'affirme fortement:

> L'éducation est donc le problème le plus grand et le plus ardu qui nous puisse être proposé. Les Lumières en effet dépendent de l'éducation et l'éducation à son tour dépend des Lumières[2].

[1] L'objet est l'œuvre d'un sculpteur piémontais du nom d'Orsy, actif à Paris en 1787-1793.

[2] *Réflexions sur l'éducation*, Ak. IX, 446.

Le corpus des textes kantiens concernés est formé de l'*IHU*, des *Réflexions sur l'éducation*[3] sans oublier plusieurs *Reflexionen* de l'*Anthropologie des années 1780*, le *terminus ad quem* étant l'*Anthropologie pragmatique* qui, dans la division E de la Caractéristique intitulée *Le caractère de l'espèce*, présente ainsi les acquis des thèses quant à la nature et à la modalité de la socialité humaine:

> L'homme est destiné par la raison à former une société avec les autres et dans cette société, à se cultiver, à se civiliser, et à se moraliser par l'art et les sciences; aussi fort que soit son penchant animal à s'abandonner passivement aux attraits du confort et du bien-être qu'il appelle félicité, sa raison le destine au contraire à se rendre digne de l'humanité dans l'actif combat contre les obstacles qu'oppose la grossièreté de sa nature. Il faut donc à l'homme une éducation [...][4].

Sous un ton très uni ces quelques lignes pointent des enjeux théoriques importants: la téléologie de la Nature que l'*IHU* avait instituée comme cadre spéculatif pour tout décryptage sensé de l'histoire humaine, semble bien être ici abandonnée au profit d'un discours de l'auto-engendrement de l'humain. Cette transformation problématique rend cruciale la question de l'éducation, entendue comme processus par lequel l'espèce tend à se représenter les fins qu'elle a à accomplir, à concevoir les moyens d'y atteindre et à résoudre pratiquement les problèmes engagés. Le déplacement d'accentuation met à l'ordre du jour la question: quel est l'auteur du processus historique, qui est son vrai sujet?

La question de la socialité dans les Lumières

La thématique générale des Lumières s'ordonne autour du dogme philosophique d'une socialité bonne, fondée sur une impulsion de nature qui conduit l'être humain à reconnaître et à rechercher son semblable et même à vouloir lui être utile. Cette heureuse socialité – ou sociabilité – est tellement invétérée en chacun que même les considérations du plus sordide égoïsme ne sauraient entièrement en inhiber les effets. Dans le paysage intellectuel français du

[3] Ce texte publié en français sous ce titre ou sous celui de *Traité de pédagogie*, reprend et ordonne des notes pour des cours de pédagogie donnés par Kant à l'Université au cours des années 1776-1787.

[4] Le texte de l'*AP* est cité dans la traduction de M. Foucault, Paris, Vrin, 1979; *ibid.*, p. 164.

XVIIIe siècle une telle orientation peut valablement être considérée comme un critère d'appartenance aux Lumières. Turgot dans l'article «Fondation»[5] de l'*Encyclopédie*, montre que «*la noble passion d'être utile aux hommes*» qui fut autrefois au principe de l'institution des fondations charitables privées, doit maintenant inspirer la bienfaisance publique, tâche qui incombe à la société entière par rapport à ses membres[6].

En fait en fonction des auteurs, cette heureuse disposition de sociabilité naturelle est perçue soit comme le prolongement de la vertu chrétienne de charité, soit comme en opposition à elle. Une vertu, objet d'universelle estime, développe directement cette heureuse tendance naturelle: c'est la philanthropie. La figure du philanthrope tend à remplacer celles du saint et du héros. Car en cette belle disposition se trouvent heureusement tissés ensemble l'amour du prochain et l'amour de soi, le dévouement désintéressé et l'utilité bien comprise, le souci d'autrui et le contentement de soi, et, pourrait-on ajouter avec quelque ironie, le bonheur des riches et l'amour des pauvres. Tout d'abord envisagée comme une donnée de nature en tant que tendance inscrite en tout être humain, la sociabilité s'élève ainsi à l'ordre du normatif en devenant «une obligation réciproque entre les hommes»[7]. Vertu par excellence, elle est au principe d'une éthique de la bienfaisance sociale universelle: la raison est sociable puisqu'elle est bonne, elle est bonne puisqu'elle est sociable[8].

Mais cette naturelle sociabilité bienfaisante qui s'étend à toute l'espèce humaine n'est pas sans ennemi. Ce qui lui fait obstacle se situe du côté des passions dont la véhémence, l'égoïsme, voire la férocité fanatique figurent emblématiquement le mal. Ainsi se rencontre ce point de butée pour l'heureux optimisme des Lumières qu'est le «*raisonneur violent*» mettant toute sa puissance au service d'un vouloir injuste et passionné, totalement indifférent au bien commun et sourd à toute injonction du droit naturel. Faut-il écouter un tel homme ou l'étouffer avant même de l'entendre? Diderot se résout à

[5] Article «Fondation» in *Encyclopédie ou Dictionnaire raisonné...*, 1757, t. VII, p. 74.

[6] En 1767, l'abbé Pluquet publie un traité intitulé *De la sociabilité*, sur la base des principes du *Code de la Nature* de Morelly, qui identifie la bienfaisance envers l'autre homme comme le contenu même de la religion naturelle, la tâche éducative ayant pour visée centrale de développer en l'enfant cette heureuse disposition.

[7] Article «Sociabilité» in *Encyclopédie ou Dictionnaire raisonné...*, t. XV, p. 251.

[8] Cette promotion théorique et pratique de la sociabilité s'alimente, aux yeux des Philosophes, à la tradition du jusnaturalisme, comme l'atteste l'article «Droit naturel» de Diderot dans l'*Encyclopédie* et comme le marque l'admiration unanime pour la pensée de Locke.

l'écouter et à entrer en discussion avec lui pour parer au danger. Mais le débat est vif dans ce siècle autour de ce fameux «enfant robuste méchant» voulu par Hobbes mais récusé par Rousseau au nom de la bonté naturelle. La vivacité de l'affrontement idéologique est telle qu'elle oblige tout penseur à choisir son camp: est ami des Lumières celui qui se détermine en faveur de la sociabilité naturelle contre l'insociabilité, de la philanthropie contre la misanthropie, de la raison contre les passions, de la communauté du genre humain contre l'ennemi du genre humain, du citoyen contre l'ermite[9].

L'insociable sociabilité kantienne

Que se passe-t-il avec Kant? D'une part il se dispense de trancher en ce qui a trait à l'état naturel originel de l'homme, d'autre part il avance un étonnant concept qui vient subtilement brouiller les répartitions idéologiques antérieures, celui d'insociable sociabilité. Il est remarquable que l'*AP*, dans les pages se rapportant à «La disposition technique», évacue abruptement les discussions ayant trait à la socialité naturelle de l'homme, à son caractère pacifique ou belliqueux:

> L'homme est-il un animal qui mange des fruits ou de la viande (puisqu'il a un estomac membraneux); n'ayant ni griffes, ni crocs, donc aucune arme (en dehors de la raison) est-il par nature un animal de proie ou un animal pacifique? La réponse à ces questions ne doit pas nous arrêter[10].

Ce considérable élagage du questionnement anthropologique fait que – selon un paradoxe qui a été souvent relevé – Kant est à l'aise en compagnie de penseurs aussi différents que Hobbes ou Rousseau. Apparaît aussi la raison positive de cette attitude théorique: étant donné qu'il s'agit d'appréhender la socialité dans les termes d'une destination rationnelle de l'humanité, Kant peut tout à fait éviter d'avoir à choisir entre l'optimisme rationaliste des Lumières et le pessimisme réaliste d'une analytique des passions. Il est ainsi conduit à réinvestir le concept rousseauiste de «perfectibilité», mais en lui conférant une inflexion spéculative qui privilégie la dimension de téléologie rationnelle aux dépens de la détermination quasi naturaliste

[9] Ce qui a pour conséquence «idéologique» que Rousseau, bien qu'ennemi doctrinal de Hobbes, est irrémédiablement atteint par l'accusation infâmante de misanthropie.

[10] *Op. cit.*, p. 102.

que la notion recevait chez l'auteur du *Second Discours*[11]. Rousseau rapportait en effet l'essor effectif de la perfectibilité humaine à l'intervention d'une causalité externe relevant du jeu des circonstances, catastrophes naturelles et évolutions climatiques avec leurs conséquences écologiques et démographiques. Le hasard, les causes fortuites, voilà qui paraît aussi éloigné que possible de tout schéma téléologique. Quoi qu'il en soit de l'écart entre les deux penseurs[12], il reste que si finalité et causalité efficiente s'articulent aussi dans la pensée kantienne, c'est sur le modèle d'une relation originale dans laquelle la causalité finale est en quelque sorte rendue interne au processus qu'elle commande[13].

Le débat se concentre donc sur la structure téléologique engagée. Ainsi, après que la 3e Proposition ait énoncé l'intention finale rectrice, la 4e Proposition fixe le comment de cette visée. Tout se joue dans la séquence qui, au sein de la 4e Proposition, série les trois niveaux: le dessein de la Nature qui veut le développement le plus riche possible de la société humaine (*Gesellschaft*) le moyen de cette visée, à savoir l'insociable sociabilité qu'elle met entre les hommes (*ungesellige Geselligkeit*) l'effectuation dans l'empiricité historique de ce plan par le biais de l'insociabilité (*Ungeselligkeit*). Intéressons-nous au second de ces décalages, celui par lequel le concept d'insociable sociabilité se déploie dans l'empirie des relations humaines[14]. C'est l'insociabilité qui constitue le concret des relations intersubjectives, c'est elle qui, à travers la dynamique des passions, sociabilise les hommes de façon puissante en les rendant mutuellement dépendants. Du point de vue des convergences doctrinales, force est de constater que Kant se trouve alors rejeté beaucoup plus près de Hobbes que de Rousseau[15]. Ceci est particulièrement net au niveau du tableau des passions: *Ehrsucht*, *Herrschsucht*, *Habsucht* font écho aux analyses menées dans le *Léviathan*. La chose se confirme d'ailleurs puisque à l'intérieur du registre

[11] *DOI*, 1° Partie. Pléiade, *Œuvres complètes*, t. III, p. 142.

[12] Écart que l'on doit à certains égards nuancer puisqu'il arrive à Rousseau de faire référence aux intentions surnaturelles supposées commander ces évolutions et ces cataclysmes.

[13] Voir l'interprétation fournie par A. Philonenko qui estime que dans l'*IHU* «au sein même de la période critique, K. analyse pour la première fois le concept de liberté en un sens immanent.» in *La théorie kantienne de l'histoire*, Vrin 1986, p. 81.

[14] Cette «réduction» de l'insociable sociabilité à l'insociabilité dans le cours de la 4° proposition et dans la suite de l'*IHU* a été bien notée par L. Ferry in *Kant œuvres philosophiques*, t. II, Pléiade, 1985, p. 1437.

[15] Voir le jugement formulé par J. Terrel: «Plutôt que d'insociabilité, on parlera avec Kant, un lecteur perspicace de Hobbes, d'insociable sociabilité.» in *Les théories du pacte social*, Seuil 2001, pp. 138-139.

passionnel, Kant ne retient jamais la fameuse passion naturelle primitive, spontanément altruiste, de pitié[16], si importante au principe de l'anthropologie morale rousseauiste.

L'auto-éducation de l'humanité

La mise en œuvre du concept d'insociable sociabilité a pour résultat que la dimension quasi métaphysique de finalité est comme absorbée et réduite au jeu immanent des dispositions passionnelles. C'est la mécanique passionnelle de l'insociable sociabilité qui a pour heureux résultat d'engendrer l'exister social des hommes, faisant naître «toute culture et tout art qui orne l'humanité»[17]. Or la dimension de la socialité humaine ne peut manquer de mettre à l'ordre du jour le problème politique. Celui-ci se trouve posé devant l'humanité comme une tâche, tâche à la fois insoluble et strictement nécessaire. Le texte, ramené à ses énoncés fondamentaux, présente explicitement la structure aporétique de la question[18].

> L'homme est un animal qui, lorsqu'il vit parmi d'autres membres de son espèce, a besoin d'un maître. [...] Mais où prendra-t-il ce maître? Nulle part ailleurs que dans l'espèce humaine. Or ce sera lui aussi un animal qui a besoin d'un maître. [...] Or le chef suprême doit être juste en lui-même et en même temps être un homme. Cette tâche est donc bien la plus difficile de toutes et même sa solution parfaite est impossible.

La figure logique est celle d'un *regressus ad infinitum*: le maître a lui-même besoin d'avoir (eu) un maître et ainsi de suite pour le maître du maître. Introuvable premier terme qui pourtant serait seul capable d'ordonner la série, d'en constituer le point d'origine. Un tel être a-t-il jamais existé? Et s'il a existé, est-il par la suite devenu une référence oubliée ou abandonnée ou trahie? Les *Reflexionen* 1396, 1397, 1398 et 1399 de l'*Anthropologie des années 1780*[19] contiennent de quoi expliciter l'arrière-fond des propos de la 6e Proposition. La *Reflexion* 1397 précise les choses en faisant référence à la figure du Christ[20]:

[16] *DOI*, cit. p. 154.
[17] *IHU*, Prop. 5e.
[18] Kant évalue cette situation comme le lieu d'une extrême difficulté, mais non d'une impossibilité.
[19] Ak. XV, 609, 610.
[20] Voir l'interprétation soutenue par A. Philonenko, *La théorie kantienne de l'histoire*, p. 102.

> Il y eut autrefois un maître (*Lehrer*) sage qui posait ce Royaume de Dieu en opposition à celui du monde. Il ébranlait la science des Écritures qui ne produit rien d'autre que des dogmes lesquels ne font que séparer les hommes et il érigeait le temple de Dieu et le trône de la vertu dans le cœur (de l'homme).

Or le contexte intellectuel d'époque offrait à Kant l'exemple de ce qu'une méditation inspirée par les Lumières pouvait fournir comme relecture de la Révélation religieuse. Lessing dans *L'éducation du genre humain*, ouvrage publié en 1780, soutenait que l'histoire religieuse de l'humanité est le procès de son éducation morale. «La Révélation est au genre humain ce que l'éducation est à l'individu»[21]. C'est dire que si l'*Ancien Testament* est le premier livre élémentaire de formation morale, le *Nouveau Testament* en constitue le manuel de second degré, le Christ étant la figure du maître, *Lehrer* capable de faire advenir l'humanité par son enseignement et par son exemple, à une plus haute perfection morale[22].

> Il faut que vienne un meilleur pédagogue qui arrache des mains de l'enfant le livre élémentaire dont le contenu est épuisé. Ce fut le Christ. § 53.
> Le Christ est un maître pratique. § 60.

Certes, dans le rapport de Kant à Lessing, bien des déplacements interviennent mais ce qui demeure virulent, c'est l'interrogation portant sur la figure emblématique du maître, à la fois *Herr* et *Lehrer*. Pour Kant, il est clair que la question du chef politique (*Herr*) n'a pas reçu historiquement la solution fondatrice qu'elle aurait dû ou pu avoir puisque le Christ, ce parfait maître (*Lehrer*) de moralité qui avait vocation à être le maître instituant tous les maîtres, n'a pas été écouté par les hommes. C'est pourquoi, étant donné cet immense échec historique de la mission du Christ, la question politique du maître (*Herr*) doit désormais être posée à nouveaux frais en venant s'inscrire dans une problématique renouvelée de l'éducation, entendue comme le processus de formation que l'humanité est amenée à faire d'elle-même. D'où la structure fondamentalement autoréflexive des énoncés

[21] Lessing, *op. cit.*, § 1.

[22] Conformément à la logique de cette interprétation, le *Nouveau Testament* n'est que «le second des grands livres élémentaires du genre humain», c'est-à-dire un manuel certes plus avancé que le premier, mais non le terme ultime de tout savoir et progrès moraux. Car l'humanité doit parvenir à un niveau de perfection morale où elle pourra s'approprier par les seules forces d'une raison adulte pleinement développée, ce que l'histoire religieuse lui a tout d'abord enseigné et fait vivre sur le mode de l'extériorité d'une religion révélée.

kantiens correspondants: l'humanité y est ensemble l'agent et le patient, le maître et l'élève, l'enseignant et l'enseigné. Elle ne peut être instruite et instituée que par elle-même dans une pratique qui dès lors doit inévitablement comporter approximations, solutions imparfaites, rectifications et reprises incessantes, puisque tout ceci prend place dans un projet dont la logique est celle d'une tâche infinie. Du point de vue formel, le problème voit sa structure se modifier: alors que l'on avait affaire à l'aporie d'un introuvable commencement, le cercle logique s'ouvre maintenant sur la perspective d'une possible résolution des problèmes pratiques rencontrés en vue de l'institution de la socialité politique et cosmopolitique. Étant entendu que le caractère asymptotique de la construction par l'humanité, dans son travail sur elle-même, d'une juste résolution de ces difficultés trouve son espace historique – qui est celui d'un progrès à l'infini – dans la durée de l'espèce[23]. Dès lors, l'espèce humaine, porteuse pour elle-même de la visée de l'universalisation finale et en charge de la tâche pratique de sa réalisation, doit être pensée comme «genre humain», c'est-à-dire comme cette espèce qui s'appréhende «selon le tout de son espèce»[24].

On peut considérer que la problématique de la philosophie de l'histoire naît ici. L'éducation en est le paradigme opératoire, à condition de l'entendre dans une acception reprise et majorée, comme le procès d'auto-développement de l'espèce humaine confiée à ses propres soins et instituée en sa propre responsabilité. Ainsi à l'autonomie personnelle du sujet moral confronté à l'obligation inconditionnelle du devoir dans le secret de sa conscience individuelle, vient faire pendant au niveau de l'espèce, quelque chose comme une conscience du soi éthique de l'humanité. L'éducation comprise au sens de processus infini d'auto-éducation de l'humanité, est le registre dans lequel se construit objectivement dans l'histoire la fin anthropologique universelle. La logique immanente de cette tâche infinie signifie que le politique comporte une dimension de normativité qui, au sein même de la sphère de la culture, le rapporte ultimement à la moralité.

[23] Il est exclu qu'une telle durée puisse être celle, anhistorique puisque strictement répétitive, des espèces animales ou celle, beaucoup trop étroitement limitée, des existences humaines individuelles.

[24] *AP*, cit. p. 166. Dans les dernières pages de la Caractéristique, la «disposition pragmatique» est explicitement définie comme «*éducation du genre humain*» et qualifiée dynamiquement par le mouvement qui le porte «*vers ce but: s'employer soi-même à mener jusqu'à son terme le développement du bien à partir du mal*».

KANT ET LE CONCEPT D'*AUFKLÄRUNG* DE REINHOLD

Claude Piché

Lorsque l'on évoque le nom de Karl Leonard Reinhold, on songe d'abord à celui qui au milieu des années 1780 a largement contribué à faire connaître la philosophie critique grâce à ses *Lettres sur la philosophie kantienne*. Mais c'est un fait beaucoup moins connu qu'avant même d'avoir été mis en contact avec la pensée de Kant, le même Reinhold avait publié en 1784 dans le *Teutsche Merkur* un article en trois livraisons intitulé «Pensées sur les Lumières». La coïncidence est frappante, puisque c'est bien sûr en 1784 que Kant publie ses idées à ce sujet dans sa réponse à la question «Qu'est-ce que les Lumières?». Or, le fait que ces deux textes aient été rédigés en toute indépendance l'un de l'autre présente ceci d'intéressant que les divergences importantes qui s'y font jour peuvent nous aider à saisir les motivations philosophiques profondes de Reinhold et à mieux comprendre les raisons qui le pousseront à dépasser la philosophie kantienne.

Si on souhaite caractériser de façon préliminaire les positions en présence ici, on peut se référer au vers d'Horace cité par Kant au début de son article: *sapere aude!* C'est-à-dire: «aie le courage de te servir de ton propre entendement», ou encore, «aie l'audace de savoir». Certes, il va de soi que les deux auteurs seraient prêts à retenir chacun des éléments que comporte cette phrase latine déjà répandue au XVIIIe siècle: le courage, d'une part, et le savoir, de l'autre. Mais à lire leur texte de plus près, on se rend compte que chacun d'eux fait porter l'accent de façon très marquée sur l'un des deux éléments de la formule. Ainsi Kant se réclame-t-il sans équivoque de la dimension de courage, c'est-à-dire de la prise en main de soi-même, laquelle procède évidemment d'une décision, si bien que les Lumières pour lui sont d'abord et avant tout une question de volonté et de liberté, en un mot d'autonomie. En revanche, Reinhold porte son regard sur le second élément de la formule, sur la dimension proprement cognitive des Lumières. En insistant de la sorte sur le savoir et sur la science, Reinhold rejoint une tendance forte dans la constellation des Lumières, tendance que l'on retrouve par exemple chez un Mendelssohn[1]. Il convient de noter toutefois que l'impor-

[1] M. Mendelssohn, «Über die Frage: was heißt aufklären?», dans E. Bahr (éd.), *Was ist Aufklärung?*, Stuttgart, Reclam, p. 6. Cf. H. Adam, *Carl Leonhard Reinholds philosophischer Systemwechsel*, Heidelberg, Carl Winter, 1930, p. 32-35.

tance accordée par Reinhold à l'aspect cognitif de l'*Aufklärung* ne signifie pas que la dimension pratique en soit absente. Au contraire, elle s'y manifeste sous la forme des retombées positives qui ne peuvent manquer de découler de la connaissance vraie, lorsque celle-ci est communiquée à toutes les couches de la société. Mais cette efficacité du savoir dépend de son exactitude et de sa fondation dans une connaissance philosophique absolument certaine. Nous serons donc en mesure de mieux saisir pourquoi Reinhold voudra dépasser la philosophie critique pour l'amener au niveau d'une «science rigoureuse»[2], reposant sur des fondements indubitables. En ceci, Reinhold cherchera tout simplement à concrétiser un idéal de scientificité qui se trouve au cœur de sa conception de l'*Aufklärung*. Dès lors, on comprend aisément pourquoi Kant, qui ne se reconnaît pas dans cette conception, refusera toujours, malgré les demandes insistantes et répétées de Reinhold, de cautionner publiquement le projet d'une philosophie élémentaire.

Pour Kant, il faut y insister, l'*Aufklärung* est une question d'autonomie, voire d'authenticité, plus que de connaissance objective. Aussi dans «Qu'est-ce que s'orienter dans la pensée?» ne faut-il pas s'étonner de voir Kant qualifier de «négative» sa définition. À ses yeux, il est normal qu'il en soit ainsi dans la mesure où, pour être éclairé, il n'est pas nécessaire de partir à la conquête d'un savoir positif. La véritable intention des Lumières réside dans une prise en main de soi-même, ce qui vaut également en matière de vérité. Dans sa définition de l'*Aufklärung*, Kant n'est donc pas à la recherche d'un critère objectif de la vérité, celui-ci risquerait de détourner du véritable enjeu. Ainsi donne-t-il l'exemple de l'individu qui, pour se débarrasser de l'emprise de la superstition, n'a aucunement besoin de s'appuyer sur des connaissances philosophiques précises. C'est le geste de refuser une autorité illégitime, parce que déraisonnable, qui compte. Et pour ce, il n'est pas besoin de science. Au contraire, si on porte attention aux indications contenues dans une note du texte de 1786, Kant mentionne très clairement que son concept d'*Aufklärung* ne repose pas, contrairement à une idée reçue, sur la connaissance, celle-ci ne servant dans bien des cas qu'à mas-quer l'absence du «penser par soi-même».

[2] Reinhold, «Über die Möglichkeit der Philosophie als strenge Wissenschaft», dans le même, *Beiträge zur Berichtigung bisheriger Missverständnisse der Philosophen*, t. 1 (1790), éd. F. Fabbianelli, Hambourg, Meiner, 2003, p. 229-251.

> Elle [l'*Aufklärung*] n'implique pas assurément tout ce qu'imaginent ceux qui situent l'*Aufklärung* dans les connaissances [*Kenntnisse*]; car elle représente bien plutôt un principe négatif dans l'usage de notre faculté de connaître, et l'homme débordant de connaissances est souvent le moins éclairé quand il s'agit d'en user[3].

En marquant ainsi ses distances par rapport à une *Aufklärung* fondée sur l'accroissement et le raffinement des connaissances, Kant s'oppose à tout un courant de pensée à l'intérieur des Lumières, courant auquel s'associe Reinhold de façon très manifeste. C'est qu'en fait, pour Kant, être maître de soi-même en toute circonstance est plus important que de posséder un savoir susceptible, par exemple, de conduire à des applications utiles. La conception de l'*Aufklärung* qu'il défend montre qu'il est d'abord préoccupé par ce qui fait la dignité de l'homme comme être raisonnable. Et celle-ci réside dans sa liberté. Sans doute a-t-il lui-même été tenté pendant un certain temps par une *Aufklärung* axée sur le savoir, mais il a vite été ramené à l'ordre: l'autonomie, tant théorique que pratique, a plus de prix que tout savoir scientifique. Et c'est sans doute Rousseau qui en ceci lui a fourni l'impulsion décisive[4].

Quand Reinhold rédige son article «Gedanken über Aufklärung» à l'été 1784, il n'est installé que depuis peu à Weimar, où il a été accueilli par Wieland, le directeur de la revue *Der Teutsche Merkur*, dans laquelle paraîtra son texte et qui s'inscrit de plain-pied dans la mouvance des Lumières. On sait que Reinhold a vécu à Vienne jusqu'en 1783, où il a d'abord été Jésuite, puis moine Barnabite. Il s'intéresse alors à la réforme du catholicisme menée par l'empereur Joseph II et son texte de 1784 comporte encore des allusions, parfois même critiques, à l'*Aufklärung* viennoise[5]. Sa conversion au protestantisme lui aura entre-temps permis de prendre un certain recul par rapport à ces réformes, de sorte que son texte s'inscrit désormais dans le grand mouvement des Lumières en Allemagne.

Tout comme celui de Kant, l'article de Reinhold comporte une définition succincte des Lumières, qui peut ici nous servir de point de départ: «à partir d'hommes capables de raison, faire des hommes

[3] Kant, «Was heisst sich im Denken orientieren?», Ak VIII, p. 146; Pléiade II, p. 545, note. Cf. *Refl.* § 6204, Ak XVIII, p. 487-488. Voir à ce sujet S. Roehr, *A Primer on German Enlightenment*, Columbia et Londres, University of Missouri Press, 1995, p. 36.

[4] Kant, *Remarques touchant les observations sur le sentiment du beau et du sublime*, Ak XX, p. 44, tr. fr. B. Geonget, Paris, Vrin, 1994, p. 127.

[5] Reinhold, «Gedanken über Aufklärung», dans le même, *Schriften zur Religionskritik und Aufklärung 1782-1784,* Z. Batscha (éd.), Brême et Wolfenbüttel, Jacobi Verlag, 1977, p. 360. Voir à ce sujet S. Roehr, *A Primer on German Enlightenment*, p. 28.

raisonnables» (*aus vernunftfähigen vernünftige Menschen machen*). On le voit, cette définition gravite autour du concept de raison, dont il faut assurer la «formation»[6] progressive chez tous les hommes. C'est dire qu'au départ chez eux la raison se trouve à l'état de simple disposition (*Anlage*). Il s'agit pour ainsi dire d'une raison virtuelle, qu'il faut amener à sa pleine effectivité. Dans ces conditions, on n'incitera pas d'emblée les individus à faire usage de leur propre raison; il faut plutôt s'employer à les faire accéder d'abord au statut d'êtres raisonnables. D'où la présence, dans la définition, du verbe «faire», qui implique une intervention extérieure dans ce processus, pleinement assumée du reste par Reinhold. En un mot, il faudra faire appel à des éducateurs[7].

On peut donc déduire deux choses de cette courte définition:

1) Reinhold mise sur l'usage de la raison, ici comme faculté de connaître, et 2) le développement complet de cette faculté dépend d'un processus de formation à l'occasion duquel un savoir est transmis. Examinons chacun de ces deux éléments.

Il convient d'entrée de jeu de souligner que le concept d'*Aufklärung* chez Reinhold doit être compris dans son sens littéral. C'est-à-dire que l'ensemble du processus vise à apporter la «lumière»[8] là où règne l'obscurité, et ce dans toutes les couches de la société. Toutefois ce processus présuppose que la lumière ait déjà été faite dans le champ de la connaissance. Or, c'est là le rôle des savants. L'*Aufklärung* comprend donc cette tâche théorique préalable qui consiste à élucider les concepts, puisque la connaissance pour Reinhold n'exige rien d'autre. Il est en ceci l'héritier de l'école wolffienne pour laquelle la connaissance par simples concepts est possible, pour autant que ceux-ci soient amenés à la clarté et à la distinction.

> La raison elle-même se manifeste d'abord avec les concepts distincts. Les Lumières, au sens strict, signifient la mise en œuvre des moyens disponibles dans la nature en vue d'élucider les concepts confus pour en faire des concepts distincts[9].

Au sens étroit du terme, l'*Aufklärung* se résume dès lors à l'inventaire, le plus complet possible, de toutes les marques contenues

[6] Reinhold, «Gedanken über Aufklärung», p. 372-374.

[7] On trouve dans l'*Anthropologie* de Kant une transition semblable entre un animal capable de raison et un animal raisonnable, mais alors le passage à la raison procède d'une motivation individuelle: «aus sich selbst». Cf. Ak VII, p. 321; Pléiade III, p. 1133. Je remercie Monique Castillo d'avoir attiré mon attention sur ce passage.

[8] Reinhold, «Gedanken über Aufklärung», p. 357.

[9] *Ibid.*, p. 372.

dans un concept. Nous avons donc affaire ici à une conception de la connaissance vraie qui repose sur le critère de l'«évidence» produite par la clarté et la distinction.

Avant de passer aux modalités de la communication de ce savoir à l'ensemble de la société, il convient d'abord se pencher sur la pertinence d'une telle démarche de transmission des connaissances. Or, c'est un fait que Reinhold croit fermement aux vertus de la science, car à ses yeux les malheurs des hommes ainsi que le mal moral sont pour la plus grande part attribuables à l'obscurantisme et à l'ignorance. D'où la nécessité de faire reculer les ténèbres qui règnent dans le monde de la vie.

> On avait découvert dans les erreurs et dans l'ignorance les sources des plus grands maux (*Übel*) physiques et moraux dont l'humanité jusque-là avait dû endurer le poids sans répit et on attendait des Lumières la délivrance de tous ces maux[10].

On aura noté la juxtaposition non problématique du mal physique et du mal moral, lesquels seraient imputables à une seule et même cause: l'erreur et l'ignorance. Bien sûr, en adoptant la philosophie kantienne, Reinhold sera appelé à réviser sa position et à distinguer soigneusement entre ce que Kant appelle *Übel* et *Böse*[11]. Il sera sensible à la remarque contenue dans l'«Idée d'une histoire universelle...» selon laquelle un peuple peut avoir atteint un très haut niveau de civilisation (*zivilisiert*), sans pour autant être devenu meilleur moralement (*moralisiert*[12]). Toutefois, même lorsqu'il aura accepté la distinction entre culture et moralité, Reinhold demeurera convaincu que, pour chacun de ces deux domaines, c'est la connaissance claire et distincte des lois et des principes qui constitue le facteur de progrès déterminant. Ce qui signifie que sa confiance en la puissance et l'efficacité du savoir restera intacte.

On comprend dès lors pourquoi c'est l'éducation de l'être humain qui fait suite à la tâche philosophique d'élucidation des concepts. Le savant-philosophe se voit investi d'une mission, celle qui consiste à apporter la connaissance au peuple. Autrement cette connaissance ne serait qu'un jeu intellectuel purement futile. La connaissance est par essence utilisable et elle doit être dans les faits rendue

[10] *Ibid.*, p. 358.

[11] Cf. Kant, *Kritik der praktischen Vernunft*, Ak V, p. 59-60; Pléiade II, p. 680.

[12] Kant, «Idee zu einer allgemeinen Geschichte in weltbürgerlicher Absicht», Ak VIII, p. 26; Pléiade II, p. 199. Reinhold, *Verhandlungen über die Grundbegriffe und Grundsätze der Moralität*, Lübeck et Leipzig, Friedrich Bohn, 1798, § 140-141.

«utile à la vie humaine»[13]. Il importe de passer sans tarder de la «spéculation» à l'«action», en sorte que si, chez Kant, ce qui compte c'est d'être l'auteur de la règle de son action, chez Reinhold, c'est bien plutôt l'«application d'une règle» établie au préalable qui doit être au centre des préoccupations de l'*Aufklärer*[14]. En l'occurrence ici, l'homme des Lumières est le philosophe, le savant, à qui incombe la tâche de veiller à la propagation du savoir. Ainsi la relation établie entre la confrérie des philosophes et leur auditoire est-elle asymétrique et Reinhold ne voit pas comment il pourrait en aller autrement.

Nous pouvons cependant soulever la question suivante: est-il vraiment nécessaire qu'il en soit ainsi? Toute *Aufklärung* implique-t-elle invariablement une relation asymétrique entre éducateur et élève? Si l'on consulte le texte de Kant «Qu'est-ce que les Lumières?», on constate en effet que l'*Aufklärung* peut prendre une allure tout autre. Deux exemples suffiront pour illustrer la distance qui sépare ce texte de l'article de Reinhold. Le premier concerne leur usage commun du mot *Gelehrter* pour désigner le savant. Ainsi chez Reinhold, ce mot désigne exclusivement la classe des savants et des philosophes, telle qu'on la trouve à l'œuvre dans les universités et les académies[15]. Or, dans son texte, Kant fait un usage fort différent du mot *Gelehrter*, puisqu'il y désigne une qualité que chacun est susceptible d'adopter du simple fait qu'il décide de faire un usage public de sa raison, c'est-à-dire lorsqu'il choisit de s'adresser par ses écrits au public des lecteurs. Pour accéder au statut de *Gelehrter*, il n'est donc nullement besoin d'être un savant reconnu au sens institutionnel, il suffit de savoir écrire et d'être animé du désir de penser par soi-même et de partager ses idées.

Le second exemple tiré du texte de Kant s'inscrit dans la même tendance. On se rappelle en effet qu'y est soulevée la question de savoir s'il est possible à un individu de s'éclairer lui-même. La réponse de Kant est la suivante: cela apparaît très problématique. Par contre, l'*Aufklärung* d'un public entier est une possibilité fort bien envisageable. Mais alors il faut être attentif à l'instance qui prendra en charge le processus. Elle est contenue dans la phrase suivante: «En revanche, la possibilité qu'un public s'éclaire lui-même est plus

[13] Reinhold, «Gedanken über Aufklärung», p. 354. Voir également, «Die Wissenschaften vor und nach ihrer Säkularisation» (1784), dans Reinhold, *Schriften zur Religionskritik und Aufklärung*, p. 400.

[14] Reinhold, «Gedanken über Aufklärung», p. 355, 357.

[15] *Ibid.*, p. 354.

réelle»[16]. Ce qui étonne dans cette réponse, c'est la forme pronominale utilisée par Kant: le public des lecteurs est en mesure de s'éclairer lui-même, sans qu'il soit besoin de recourir à l'autorité de tuteurs. Le processus d'éducation ici est donc mutuel, plutôt qu'unidirectionnel, comme c'est le cas chez Reinhold, pour qui l'éducation doit forcément provenir d'«en haut»[17]. Ainsi, de même que l'individu kantien ne doit pas chercher hors de lui-même la règle de sa conduite, sous peine de sombrer dans l'hétéronomie, de même le public qui s'éclaire lui-même n'a pas à avoir recours à un tuteur attitré.

À la lumière de ces différences, on comprend mieux selon quelles modalités la thématique de la «communication» sera développée chez Reinhold. En effet, déjà en 1784, son premier souci est de jeter des «ponts» entre le savant et le peuple puisque le premier est détenteur d'un savoir sans doute utile, mais qui, avant que ne s'amorce le processus historique des Lumières, ne se propageait pas aux autres couches de la société. Il y a donc nécessité de frayer des voies de transmission. Et Reinhold situe ces passerelles dans certains concepts qui sont déjà présents dans l'entendement commun et qui sont susceptibles d'être portés à un niveau passablement élevé de distinction, pour autant que le savant, par son travail préalable d'analyse, lui en communique la teneur. Dès le moment où les parties constitutives du concept sont aperçues dans leur évidence, la raison, même commune, accède à une connaissance qui ne peut manquer d'être riche en applications pratiques.

Or, cet accroissement et cette propagation des connaissances correspondent à ce qu'on peut appeler, avec Michel Foucault, une «croissance des capacités». Cette expression décrit en fait très bien l'esprit dans lequel Reinhold aborde le problème de l'*Aufklärung*. Toutefois les Lumières, toujours selon Foucault, comportent une seconde dimension laissée dans l'ombre chez Reinhold, à savoir la lutte pour la liberté qui se traduit par une «croissance de l'autonomie»[18]. On peut dès lors affirmer que Reinhold et Kant, du moins en 1784, incarnent chacun sa manière l'une des deux tendances en présence dans les Lumières européennes: le potentiel que recèle le savoir, d'une part, la recherche d'autonomie, de l'autre.

[16] Kant, «Was ist Aufklärung?», AK VIII, p. 36; Pléiade II, p. 210.

[17] Selon l'expression de S. Roehr dans *A Primer on German Enlightenment*, p. 30. Cf. Z. Batscha, «Einleitung», K. L. Reinhold, *Schriften zur Religionskritik und Aufklärung*, p. 49, 57, 61.

[18] M. Foucault, *Qu'est-ce que les Lumières?*, Paris, Bréal, 2004, p. 83.

Nous connaissons la suite. Reinhold cherchera à dépasser Kant. Deux titres des années 1790 suffisent à indiquer dans quel sens: «De la possibilité de la philosophie comme science rigoureuse» et «Du fondement du savoir philosophique». C'est dire que du point de vue de la rigueur, la philosophie critique est déficiente. Il y manque en fait une fondation ultime et absolument certaine. Or Kant a toujours affirmé que la philosophie critique est suffisamment fondée en regard de la tâche qu'elle s'assigne, à savoir dénoncer les illusions de la métaphysique. Et en ceci, on retrouve la motivation de l'*Aufklärer* Kant. Fidèle à l'idéal d'autonomie et d'authenticité, la démarche critique s'emploie d'abord à surmonter l'apparence transcendantale de façon à ce que la raison puisse renouer avec elle-même et avec sa véritable destination. Voilà qui explique le caractère réflexif de l'attitude critique: elle consiste en une connaissance de soi, en un examen de soi. Au fond, l'*Aufklärung* kantienne vise la véracité, la sincérité envers soi-même, sans faux-semblants. Faut-il dès lors s'étonner de ne retrouver rien de tel chez Reinhold? Faut-il se surprendre de ne rencontrer dans la philosophie élémentaire rien de tel qu'une logique de l'apparence? En optant pour une théorie fondée sur l'évidence et la transparence du savoir, c'est comme si Reinhold croyait que l'illusion dialectique ne représentait désormais plus aucune menace. Or nous savons pour notre part que le bilan de la critique est tout aussi négatif que le concept kantien d'*Aufklärung*. La *Critique* culmine en une simple discipline, celle qui exhorte à ne jamais perdre de vue les limites de sa propre raison, afin de rester en accord avec sa véritable nature et sa destination ultime.

LE CONFLIT ENTRE KANT ET HERDER SUR LA PHILOSOPHIE DE L'HISTOIRE

Patricia Rehm

> J'ai eu le grand bonheur de connaître un philosophe qui a été mon professeur. [...] Il encourageait et obligeait de façon agréable à *penser par soi-même*; le despotisme lui était étranger. Cet homme, que je nomme avec la plus grande gratitude et la plus haute considération, est *Emmanuel Kant*, – son image se dresse agréablement devant moi[1].

Dans une période où les deux philosophes se sont déjà éloignés l'un de l'autre sur le plan philosophique et privé, Herder décrit par ces mots, en 1795, Emmanuel Kant, son ancien professeur. Dix ans auparavant, une polémique s'est élevée entre eux dont le point de départ est la parution, en 1781, de la première édition de la *Kritik der reinen Vernunft*. Cette œuvre semble à Herder comme une trahison de la pensée empirique, qu'il a apprise de Kant.

Cependant, Herder ne se permet pas de jugement public de la *Kritik* au moment de sa parution. Il est préoccupé par son grand œuvre de philosophie de l'histoire, *Ideen zur Philosophie der Geschichte.* Cette œuvre a été analysée en partie par Kant, ce qui constitue le début du conflit entre Kant et Herder sur la philosophie de l'histoire.

La première partie des *Ideen* concerne la création du monde sensible et de tous les êtres qui le peuplent, dont l'homme est le couronnement. Déjà, dans la préface, l'histoire, dont l'objet et le but doivent être révélés au cours de l'œuvre, est qualifiée comme «plan de la Providence»[2] – et celui qui a dessiné ce plan est appelé Dieu. C'est ainsi que Herder fait reposer sa théorie philosophique sur la théologie.

Le développement de la création du monde sensible et de la vie se tourne uniquement vers la description des événements concrets et naturels. Ainsi, Herder explique la vie et le devenir en développant sa conception empirique de la genèse. Dans la suite des plantes et

[1] SW XVII, p. 404: «Ich habe das Glück genossen, einen Philosophen zu kennen, der mein Lehrer war. [...] Er munterte auf, und zwang angenehm zum *Selbstdenken*; Despotismus war seinem Gemüth fremde. Dieser Mann, den ich mit größester Dankbarkeit und Hochachtung nenne, ist *Immanuel Kant*, – sein Bild steht angenehm vor mir».

[2] SW XIII, p. 4.

des êtres vivants énumérés, l'homme se trouve à la dernière place. Bien que son développement puisse être interprété comme une théorie de l'évolution, Herder lui-même ne le comprend pas ainsi: l'homme n'est pas le dernier membre de l'évolution, mais il est le seul qui ressemble à Dieu, celui qui est créé par Dieu pour devenir lui-même créateur dans le monde sensible. C'est à cette fin que l'homme a reçu l'entendement, la faculté de développer la raison et la langue, qui sont les modifications de l'entendement divin à l'intérieur du monde concret.

Ainsi l'homme semble être déterminé par Dieu d'avance à beaucoup d'égards qui sont l'histoire, l'aspect, les caractéristiques formées et l'entendement. La question de la liberté de l'homme se pose alors, qui est pourtant affirmée par Herder: l'homme a la possibilité et la faculté de choisir, c'est-à-dire de se déterminer lui-même, il est «le premier libéré de la création»[3]. Cependant Herder comprend que même dans sa possibilité de choisir, l'homme est soutenu et porté par Dieu[4]. Herder développe alors l'image de l'enfant qui est l'homme, qui ressemble au père, donc à Dieu, et qui est toujours protégé par lui. Cette image donne l'impression d'une harmonie familiale régnant dans le monde.

Cependant, cette jonction de l'empirisme et de la certitude de l'existence de Dieu semble problématique. Herder souligne même que c'est grâce aux forces organiques qui sont également la modification d'une force plus grande, qui est Dieu, que tout vit et produit un effet. Comme l'argumentation de Herder concernant le développement des êtres vivants reste purement empirique, une rupture s'opère dans la chaîne d'argumentation lorsque Herder présuppose comme étant existant ce qui ne peut pas être démontré de manière empirique. S'y trouve la même problématique concernant la certitude de la continuité d'une vie après la mort du corps[5], sur laquelle Herder insiste et qui se passera dans un monde que l'on ne peut pas saisir.

Finalement, il semble aussi difficile de retenir son idée principale de démontrer le plan et le sens de l'histoire de façon aussi détaillée qu'il puisse être compréhensible pour l'homme. Dans cette première partie, Herder présente uniquement la genèse, mais un sens de l'histoire n'est point prévisible. Certes, Herder mentionne le but de l'homme qui est d'acquérir l'humanité et le bonheur[6]. Cependant ce

[3] SW XIII, p. 146.
[4] Cf. SW XIII, p. 147.
[5] Cf. SW XIII, p. 196.
[6] Cf. SW XIII, p. 4 ainsi que p. 187.

but représente plutôt un but moral que chaque homme individuel doit réaliser et non un but final préparé par le cours de l'histoire.

Kant donne une critique de cette première partie des *Ideen* dans la *Jenaische Allgemeine Literaturzeitung* du 6 janvier 1785. Il remarque tout de suite les parties problématiques mentionnées de l'œuvre de Herder et critique le manque d'une intention principale de la philosophie de l'histoire. Ainsi il caractérise l'opuscule de Herder comme une œuvre qui ne sait pas satisfaire sa tâche.

De plus, la critique de Kant se réfère au rejet de chaque étude métaphysique en faveur d'un «royaume de la création»[7] inconnu, d'où vient toute la force qui produit un effet sur terre. Le troisième point que critique Kant est la déduction par analogie que, à ses yeux, Herder interrompt brusquement[8]. Cette déduction signifie que chaque être vivant, des insectes jusqu'aux mammifères, vit selon deux instincts principaux qui sont l'ingestion et la reproduction, cette dernière est même le but de chaque être vivant. Cependant l'homme est exclu de cette suite analogique car, étant l'image de Dieu, il est doté de la raison et il a la promesse d'une vie après la mort physique, ce qui n'est pas démontrable pour Kant. Cette critique de Kant prouve combien sa pensée a évolué dans un tout autre sens que celui de Herder.

Kant lui-même publie en 1784 son opuscule *Idee zu einer allgemeinen Geschichte in weltbürgerlicher Absicht*. Il suppose au début de son traité que l'histoire des hommes doit suivre «un certain plan de la nature»[9] et il conclut cela du fait que la «liberté de la volonté»[10], qui appartient à l'homme, est un événement naturel et que les représentations de la volonté, c'est-à-dire les actions, sont soumises aux lois naturelles. L'histoire de l'humanité, dans laquelle l'homme se conçoit comme libre concernant ses décisions et ainsi comme s'autodéterminant, est donc le déploiement lent des dispositions naturelles et «libres» de l'homme. La nature est aussi la Providence[11] et il désigne les dons que l'homme reçoit de la nature comme «d'arrangement d'un créateur sage»[12]. Kant, lui aussi, part de l'existence d'un être suprême que l'homme ne peut pas saisir de façon empirique dans le monde sensible et qui a créé ce monde et planifié l'histoire. En ce

[7] Ak VIII, p. 52.
[8] Cf. Ak VIII, p. 53.
[9] Ak VIII, p. 18.
[10] Ak VIII, p. 17.
[11] Cf. Ak VIII, p. 30.
[12] Ak VIII, p. 22.

qui concerne la liberté de la volonté de l'homme, elle repose sur la capacité de la raison de l'homme, qui lui est donnée par la nature. C'est grâce à sa faculté d'autodétermination que chaque homme essaie d'acquérir la perfection et le bonheur individuel. Jusqu'ici, il y a certaines ressemblances entre Kant et Herder.

Cependant, le rôle du créateur est conçu d'une tout autre façon chez Kant. Certes, Dieu reste le créateur, celui qui a planifié l'histoire, mais il a conçu la nature – et avant tout celle de l'homme – de telle façon qu'elle crée l'histoire et atteigne son but par elle-même. De même, il a muni l'homme d'un «antagonisme»[13] grâce auquel il est en conflit permanent avec lui-même et les autres. Cette «insociable sociabilité de l'homme»[14] signifie que chacun a, d'une part, un penchant naturel à l'égoïsme et à la solitude, mais, d'autre part, il ne peut déployer ses forces et ses facultés qu'en compagnie des autres hommes d'où résulte une limitation mutuelle. Partant de cette nature de l'homme, Kant considère que le but de l'histoire serait la coexistence des hommes dans l'égalité des droits, où chaque individu pourrait déployer librement ses facultés.

Kant considère donc comme la fin de l'histoire le développement d'une politique juste et le déploiement libre de la culture, c'est-à-dire la vie dans une société. Ce but est réalisé dans un État, où règnent l'égalité et la justice. Pourtant, le choix d'un ou de plusieurs chefs d'État reste difficile, car ils sont également des hommes soumis à l'antagonisme. Kant y tient quand même, car «l'homme est un animal, qui a besoin d'un maître s'il vit parmi d'autres membres de son espèce»[15]. Un ou plusieurs chefs d'État sont donc nécessaires afin de mettre de l'ordre dans le libre jeu des forces entre les hommes, et cet ordre doit être établi par une personne qui n'est pas seulement égale aux autres mais qui a aussi le droit de donner des ordres. Ainsi Kant dessine la théorie d'une hiérarchie naturelle.

Le but final pour Kant n'est pas seulement un seul État juste, mais une Société des Nations[16] où chaque nation a les mêmes droits. L'*Aufklärung* et les progrès d'une raison de mieux en mieux éclairée contribueront à préparer cette Société des Nations. Cependant le perfectionnement de l'emploi de la raison ne se fait pas dans le seul individu, car la raison est formée à travers l'expérience et l'habitude, mais l'individu est limité et le temps d'une seule vie ne peut pas

[13] Ak VIII, p. 20.
[14] Ak VIII, p. 20.
[15] Ak VIII, p. 23.
[16] Cf. AK VIII, p. 24.

suffire pour faire les expériences nécessaires[17]. Ce perfectionnement de la raison se fait seulement à l'intérieur de l'espèce, car uniquement les générations suivantes peuvent réellement profiter des expériences passées.

Dans la deuxième partie de ses *Ideen*, parue en 1785, Herder réagit à la critique de Kant ainsi qu'à sa philosophie de l'histoire sans s'adresser directement à lui, ni aux écrits auxquels il se réfère. Ses jugements sont des sous-entendus intégrés à sa propre argumentation.

Herder s'occupe maintenant de l'homme et son milieu concret et direct. En employant beaucoup d'exemples de peuples différents, il montre que l'aspect physique, les facultés développées et la culture dépendent du climat et de la nature qui causent l'individualité de chaque groupe et de chaque homme de telle manière qu'aucun peuple ni homme ne ressemble à l'autre. Comme la nature influence l'homme et ses facultés individuelles, elle contribue également au développement de la culture propre à chaque peuple qui consiste en tradition et expérience. C'est uniquement grâce aux expériences qu'il fait dans son milieu que chaque homme peut reconnaître et ainsi acquérir la connaissance.

Répondant au concept kantien de l'antagonisme naturel de l'homme, Herder renvoie au fait qu'aucun homme ne grandit tout seul, mais que chacun est élevé par d'autres et apprend ainsi dès son enfance la sociabilité sans laquelle il ne pourrait pas exister[18]. L'homme a donc besoin de la société afin de devenir homme; la sociabilité est l'état originel de l'homme.

Cependant Herder remarque bien que l'homme peut être insociable et il justifie cela comme réaction à l'oppression[19], mais il ne mentionne pas ce qui conditionne cette oppression. Elle ne peut pas être un état naturel, car l'instinct de conservation existe, certes, et est la preuve d'un comportement égoïste, mais il se manifeste seulement en tant que réaction face à une menace. Ainsi, l'état naturel de la vie commune des hommes en groupe est la paix[20].

Le but de l'homme est toujours le bonheur, mais Herder renvoie ici au fait que le bonheur est causé par l'entourage concret, composé des lieux limités, de la société et de l'état de développement de la

[17] Cf. Ak VIII, p. 18 et s.
[18] Cf. SW XIII, p. 320.
[19] Cf. SW XIII, p. 320.
[20] Cf. SW XIII, p. 322.

culture et il souligne ainsi l'importance de l'histoire concernant le but de l'homme tel qu'il l'a défini. C'est l'entourage immédiat qui importe pour l'acquisition du but de l'histoire, car c'est ici que l'individu apprend à connaître la tradition dans laquelle il évolue et qu'il peut aider à faire progresser de façon active. C'est ici que se trouve le principe de l'histoire, c'est-à-dire dans l'imitation d'une tradition reconnue et la réalisation de cette imitation en vue d'une participation active à l'aide des forces organiques propres à chaque homme[21]. L'entourage influence alors l'état intérieur de l'individu; le bonheur ne peut pas être acquis par l'individu lui-même, mais seulement si l'individu accepte son entourage et s'en accommode.

Ce but de l'histoire que vise chaque individu va à l'encontre de l'opinion de Kant concernant le but de l'histoire qui est la constitution d'un État juste, dans lequel chacun peut s'épanouir librement, non pas dans un sens individuel, mais pour le bien de tous. Cependant la fondation des États menés par un ou plusieurs chefs d'État est pour Herder une création humaine purement artificielle qui contredit l'état naturel de l'homme, qui est l'état de la famille avec un ordre intérieur[22]. De plus, la création d'un État guidé par un chef signifie pour lui qu'un groupe de différentes personnes se trouve dans une situation de détresse permanente; la légitimation d'un seul homme comme chef d'État mènera, sans aucun doute, au despotisme et à la tyrannie[23]. Mais de son côté, Herder ne dit pas comment un peuple pourrait vivre sans être guidé par un chef d'État.

Dans une deuxième critique parue en 1785, Kant réagit à l'interprétation de Herder. Il y parle de son «esprit poétique»[24] et détermine ainsi qu'il prend l'œuvre de Herder plutôt pour un roman que pour une œuvre philosophique.

À cette critique fondamentale, Kant ajoute la défense de deux de ses propres thèses. D'une part, il s'agit de la thèse que l'homme qui ressemble dans la société à l'animal aurait besoin d'un chef. Comparant son but de l'histoire à celui de Herder, Kant souligne que le bonheur individuel peut se trouver toujours et partout. Mais il lui manque la cause du bonheur et ainsi le but de l'histoire. Contrairement à cela, l'État juste en tant qu'organisation de la raison humaine représenterait le réel but de l'histoire. D'autre part, Kant défend à

[21] Cf. SW XIII, p. 345 et s.
[22] Cf. SW XIII, p. 375.
[23] Cf. SW XIII, p. 340 et s.
[24] Ak VIII, p. 60.

nouveau que ce ne soit pas l'homme seul, mais tout le genre humain qui a pour mission de faire avancer le progrès de l'humanité. Ainsi, la perfection ne peut s'accomplir qu'au sein de l'espèce. Kant termine sa critique en reprochant à Herder de ne point admettre d'autres points de vue, ni d'y avoir réfléchi.

Par cette critique écrasante de Kant, qui met en question la pensée philosophique de Herder, se termine le conflit public. Dans les deux dernières parties des *Ideen*, Herder poursuit la présentation de sa philosophie de l'histoire en ajoutant quelques passages polémiques concernant la philosophie de Kant auxquels Kant ne répond plus.

Bibliographie

Herders Sämtliche Werke, ed. par. Bernard Suphan, 33 Bände, Weidmannsche Buchhandlung, Berlin 1877-1913.

Kants Gesammelte Schriften, ed. par Königlich Preußische Akademie der Wissenschaften, Verlag Georg Reimer, Berlin 1900 et s.

Patricia Rehm, *Herder et les Lumières. Essai de biographie intellectuelle*, Georg Olms Verlag, Hildesheim-Zürich-New York 2007.

KANT ET LA MÉDECINE DU XVIIIe[1]

Vincenzo Bochicchio

L'intérêt de Kant pour la médecine de son époque est attesté par de nombreuses références textuelles[2] et, bien entendu, par divers épisodes connus de sa biographie et de sa personnalité. En marge d'une abondante littérature critique sur le sujet, ces lignes veulent exposer les connaissances médicales de Kant, son idée de la médecine et surtout les motifs qui le poussent à s'en occuper, sur la base de quelques manuscrits peu étudiés de la *Kantforschung*, en particulier le brouillon d'un discours tenu par Kant en tant que Recteur en 1786 et intitulé *De Medicina corporis, quae philosophorum est*[3].

Médecins du corps, médecins de l'âme

La première chose à dire de ce discours est qu'il fut occasionné par la mort de M. Mendelssohn advenue le 4 janvier 1786. Ses disciples insinuèrent que la cause de sa mort devait être attribuée à l'amertume ressentie au cours des diatribes philosophiques, en particulier de l'acharné *Spinozismusstreit* qui, dans ces années, avait impliqué les philosophes allemands les plus brillants. Il en découla une polémique violente qui indirectement rejaillit sur Kant. Dans sa *Rektoratsrede* il s'en défend, affrontant directement la question, et dès la première page nous assistons à un véritable retournement des termes de la question: «Les fauteurs du grand Mendelssohn attribuent la cause de sa mort à l'un ou plusieurs des érudits qui ont disputé avec lui. Il me semble au contraire que personne ne peut être accusé d'un crime aussi atroce, imputable plutôt à la conduite même observée par le cher homme pendant son existence»[4]. La métaphore qui suit éclaire pourquoi: Mendelssohn s'est éteint «comme une lanterne qui

[1] Je remercie M. Benaiteau pour la traduction de cet exposé.

[2] En particulier, dans *Versuch über die Krankheiten des Kopfes* (1764) et plus tard dans *Von der Macht des Gemüths durch den bloßen Vorsatz seiner krankhaften Gefühle Meister zu sein*, publié en troisième partie du *Streit der Fakultäten* (1798).

[3] Le manuscrit fut publié par Adickes dans KGS, XV 939-953. Selon l'éditeur du texte, Kant «très probablement» tint ce discours en conclusion de son premier mandat de recteur, soit le 1-10-1786.

[4] KGS, XV 941-942.

ne contient plus d'huile»[5], ayant dissipé toute son énergie dans l'enquête philosophique sans se soucier des soins du corps.

Le tour pragmatique du raisonnement de Kant est évident d'autant plus que sa prise de position sur le cas Mendelssohn est accompagnée par de nombreuses prescriptions à caractère alimentaire et social qui servent à montrer combien au contraire Mendelssohn s'était réduit à vivre «dans un état de faim permanent en contradiction avec tout instinct naturel»[6]. C'est au sein de ces prescriptions conviviales que se forme le débat entretenu par Kant avec la médecine de son temps, car il est évident que le philosophe s'occupe ici de santé, de bien-être physique et mental comme on dirait aujourd'hui.

En feuilletant le manuscrit on gagne l'impression que Kan veut trancher une sorte de conflit de compétence relatif à la santé, conflit qui oppose les personnages du médecin et du philosophe. D'ailleurs, dès le début du *Konzept*, Kant établit une importante distinction: «c'est l'affaire des médecins d'aider l'esprit malade grâce aux soins du corps, c'est l'affaire du philosophe d'aider le corps souffrant grâce au régime de l'esprit»[7]. Le philosophe et le médecin, explique-t-il, ont tous les deux le même but, la santé de l'individu, mais tandis que le médecin agit sur le corps par des remèdes pharmacologiques, intervenant ainsi sur le cours de la maladie mentale, le philosophe s'adresse à l'esprit, lui prescrivant un régime qui contribue à maintenir l'organisme en bonne santé. Du reste, dans ce court manuscrit, Kant répète avec insistance cette distinction, confirmant ainsi que là réside le thème majeur de son discours, soit la nécessité de distinguer le plus clairement possible entre les compétences thérapeutiques respectives des médecins et des philosophes.

Considérant par ailleurs que parle Kant, Recteur de l'université, nous nous trouvons d'autant plus autorisés à voir dans son discours une sorte de conflit entre les facultés *ante litteram*, un conflit entre la faculté de médecine et celle de philosophie[8] qui s'exprime à deux niveaux. Le premier est relatif au statut de la pratique médicale, à sa valeur scientifique et à la valeur de ses doctrines de base. Le second concerne la compétence pratique du médecin et son domaine effectif d'application. Les deux termes constituent les deux faces de la

[5] KGS, XV 942.

[6] *Ibid.*

[7] KGS, XV 939-940.

[8] Cf. à ce propos R. Brandt, *Immanuel Kant: „Über die Heilung des Körpers, soweit sie Sache der Philosophen ist". Und: Woran starb Moses Mendelssohn?*, dans *Kant-Studien*, 90, 1999, p. 354-366 (en particulier p. 355).

même médaille, tant est si bien que, dans le *Konzept*, après avoir débattu des compétences respectives des médecins et des philosophes, Kant met en examen les deux orientations principales de la médecine de son temps, l'iatromécanisme et l'animisme, et débute l'enquête par une question emblématique et provocatrice: «on pose la question si la médecine doit être appliquée à l'homme exactement comme l'art vétérinaire est appliqué aux animaux domestiques»[9]. Kant soulève donc une question philosophique qui implique une question sur la nature de l'homme, sur ce qui lui est propre par rapport aux animaux: il en surgit une contradiction d'où la nécessité que le philosophe enquête rationnellement et librement sur la valeur des doctrines médicales.

À propos de la théorie iatromécanique, Kant soutient que Hoffmann et ses disciples pratiquent la médecine exactement comme le fait le vétérinaire sur les animaux, soit «medicinam solum mechanicam sectantur»[10]: le paradigme philosophique et l'idée de l'être humain qui sont à la base de cette médecine se résument par la formule de l'*homme machine*, évoquant l'idée de l'homme propre à Descartes et Leibniz. Sans méconnaître l'utilité inhérente à ce genre d'orientation[11], Kant, toutefois, ne peut concevoir une pratique médicale réduite à un mécanicisme absolu, car pour lui l'homme n'est pas *seulement* une machine. Il est intelligence, sentiment, imagination et autre chose encore: ce que ni le médecin ni le philosophe peuvent ignorer sans offenser la dignité de l'homme. Dénoncer les limites du iatromécanisme c'est donner la parole à la Raison des Lumières pour dissiper le conflit, et ce n'est pas un hasard si l'écrit de Kant, *Beantwortung der Frage: Was ist Aufklärung*, se conclut par l'avertissement de considérer l'homme *mehr als Machine*[12]. Ce point de vue constitue un renversement radical par rapport aux représentations de la pratique médicale de Leibniz ou de Descartes, et aussi la contribution plus innovatrice et féconde de Kant au progrès de la médecine.

Il était donc inévitable que Kant partage la conviction animiste car le médecin stahlien, loin de réduire le phénomène de la maladie à un événement de nature uniquement physiologique, «exalte la capacité extraordinaire de l'esprit à soigner ou à accentuer la maladie»[13]: exalte en somme l'incontournable complexité et spécificité de l'être humain. Il ajoute que le philosophe doit prêter toute son at-

[9] KGS, XV 943.
[10] *Ibid.*
[11] Cf. KGS, VII 101.
[12] Cf. KGS, VIII 42.
[13] KGS, XV 943.

tention à cette conception de la médecine puisque, s'il est vrai que l'esprit influence et dirige l'état morbide du corps – et vice versa – par conséquent, le philosophe peut revendiquer une particulière compétence thérapeutique consistant à prescrire un certain régime à l'esprit afin de guérir le corps. Voici donc le conflit résolu: c'est le philosophe qui doit demander si la pratique médicale doit être exercée comme l'art du vétérinaire, car c'est au philosophe qu'il incombe d'examiner la spécificité humaine et de fournir une réponse à la question «qu'est-ce que l'homme?». Ce n'est que sur cette base préalable que l'on peut juger une certaine doctrine médicale, et opter pour un système thérapeutique plutôt qu'un autre – comme semble le faire Kant, en montrant de l'intérêt pour le système médico-physiologique de J. Brown[14].

Toutefois, Kant se révèle dans l'ensemble assez prudent dans son jugement sur l'iatromécanisme[15] car, s'il est vrai que l'homme ne peut être réduit à un simple mécanisme, cela n'empêche pas qu'il soit *aussi* mécanisme, ou machine. En effet, le paradigme commun à Descartes et Leibniz n'est pas complètement rejeté par Kant. Cette image de l'homme et de son corps, en fait, joue un rôle dans la progression de la philosophie de Kant, ce qui fait que la *Rektoratsrede* ne désavoue pas totalement l'iatromécanisme. Le philosophe, conclut Kant, doit s'interroger sur ce qui chez l'homme va au-delà de la machine et laisser aux médecins la tâche d'établir si dans leur art il est suffisant de considérer l'homme et son corps comme une *machine de terre*. Ce n'est pas le médecin donc qui décide si l'homme est ou n'est pas machine, mais le philosophe. Au fond, le fait que la pratique médicale considère l'homme comme une machine ne signifie pas forcément qu'il le soit. Il pourrait s'agir simplement d'un *als ob* utile à la pratique médicale: le médecin et le chirurgien opérerait *comme si* l'homme était une machine tandis que le *diététicien* – le philosophe – agirait sur l'excédent qui dépasse le mécanisme naturel[16].

Il resterait alors un autre point à éclaircir, c'est-à-dire l'évidente parenté des arguments de Kant avec le *modus vivendi* des stoïciens; il s'agit d'un thème qui circule dans la *Rektoratsrede* comme une innervation sous-cutanée, qu'il n'est pas possible de traiter ici à cause justement de son importance. Mais même du point de vue limité du

[14] J. Brown est cité dans l'*Anthropologie* de 1798 (cf. KGS, VII 255) et aussi dans la *Metaphysik der Sitten* (cf. KGS, VI 207). Il est en outre fréquemment cité dans les *Reflexionen* sur la médecine, par exemple dans les *Ref.* 1538, 1539, 1544, 1548, etc.

[15] Voir à ce sujet KGS, XV 945.

[16] Cf. les *Reflexionen* 1541 et 1544.

conflit entre médecins et philosophes, rappelons que plus tard Kant s'interrogera encore sur plusieurs aspects particuliers de la pratique médicale.

Le nouveau conflit: la vaccination contre la variole

La question qui, à la fin du siècle, attirera l'attention de Kant, assumera cependant un tour plus moral que pragmatique, il s'agit de la variolisation[17]. Bien que le philosophe vieilli ne s'en soit occupé en aucun écrit de façon détaillée, il est possible toutefois de reconstruire sommairement les points principaux de sa problématique à partir d'un extrait de la *Metaphysik der Sitten* auquel font écho quelques manuscrits et témoignages. Le passage en question se trouve dans la *Tungendlehre* où on lit: «Celui qui se résout à l'inoculation de la variole met sa propre vie en danger, même s'il le fait dans le but de la préserver, il se trouve sur le plan du devoir dans une position beaucoup plus embarrassante que celle du navigateur [...] (car) il procure à lui-même la maladie qui le met en danger de mort. Est-il donc permis d'inoculer la variole?»[18].

Le caractère provocateur de la demande renvoie au nouveau type de conflit que Kant aperçoit probablement dans la pratique médicale, et qui ne concerne plus seulement le domaine de la compétence thérapeutique respective entre médecin et philosophe. Il est en effet évident que la question de la variole pose une interrogation de nature morale au sujet de la *Pockenimpfung* et qu'il appartient au philosophe de soulever. Il s'agit en autres termes de questionner l'opportunité et la justification morale et juridique d'un certain traitement médical. Ainsi, dans un *Loses Blatt* consacré au danger de la variole, Kant introduit sa critique philosophique de la façon suivante: «la question morale est de savoir si l'individu rationnel est autorisé à inoculer la variole à lui-même ou à ceux qui n'ont pas encore de jugement (les enfants), ou bien si cette façon de se mettre en danger de mort (ou de mutilation) ne soit pas au contraire complètement inadmissible moralement, et par conséquent ne devrait s'en occuper non seulement le médecin mais aussi le moraliste»[19].

[17] Par le terme *Pockenimpfung*, en effet, Kant n'entend pas la vaccination véritable, qui fut introduite par E. Jenner en 1796 avec son vaccin antivariole. Le philosophe dans ces manuscrits se réfère à la variolisation, c'est-à-dire à l'inoculation de la variole de l'homme par des liquides biologiques infectés, une pratique médicale particulièrement dangereuse qui fut interdite dès la mise au point du vaccin.

[18] KGS, VI 424.

[19] KGS, XV 974-975.

Une pratique médicale aussi risquée et incertaine dans ses effets soulève en somme un problème de nature éthique et juridique qu'il est opportun de déléguer au philosophe: est-il juste qu'un individu mette sa vie en danger au nom du mirage d'un bien-être futur? Ne manque-t-il pas en fait à un devoir envers lui-même? Est-il juste d'exposer à ce risque les enfants qui ne peuvent avoir aucune conscience de ce que comporte l'inoculation de la variole? Dans les deux manuscrits consacrés au *Pockennoth* Kant semble soutenir l'immoralité de l'inoculation de la variole, soutenant que cet acte est contraire au devoir envers les autres et soi-même, ajoutant que les expériences effectuées sur des individus sains doivent être considérées comme des actes d'héroïsme[20], et non pas menées comme un ensemble de tentatives nocives effectuées à l'enseigne du principe *fiat experimentum in corpore vili*, expression emblématiquement retrouvée dans le *Streit der Fakultäten.* En fait, dans le *Conflit des Facultés* émerge avec clarté le motif pour lequel Kant insiste vigoureusement sur l'illégitimité de certaines pratiques médicales: il faut être vigilant contre la présence de charlatans parmi les médecins (car personne n'a le droit de tuer impunément au nom du principe *fiat experimentum in corpore vili*)»[21].

Voici donc le fil conducteur qui unit le cas Mendelssohn, la pratique de la variolisation et plus en général l'intérêt de Kant pour la médecine: c'est le désaveu des charlatans, de ceux qui ont attribué aux débats philosophiques la mort de Mendelssohn, de ceux qui promettent la santé et sèment en réalité la mort, de ceux en somme qui, en face de la maladie, ne font pas recours à la raison mais plutôt à la coutume, à la superstition, à l'émotivité déraisonnable. En d'autres termes, il ne s'agit plus du conflit entre la faculté de médecine et celle de philosophie mais du conflit pour gagner la médecine au royaume de la Raison: dans le *Streit der Fakultäten*, au bout du compte, le philosophe recourt au *Streit der Vernunft*, à la lutte pour la prérogative de la Raison, pour son usage public[22].

En somme, si l'objectif principal des êtres humains est le bonheur, l'allongement de l'existence, la santé, l'intervention du philosophe dans le domaine de la médecine est alors inévitable et nécessaire. Jusque parmi les médecins peuvent se loger les germes de la *Schwärmerei*, de la thaumaturgie et de la superstition, le devoir du philosophe consiste donc à veiller sans cesse sur la doctrine et la

[20] Cf. KGS, XV 974 et aussi la *Ref.* 1551.

[21] KGS, VII 26.

[22] Cf. KGS, VII 31.

pratique de la médecine afin qu'elles restent cohérentes avec l'usage de la Raison, et ne se réduisent pas à un inquiétant exercice de fanatisme. En outre, écrivait Kant, l'individu ne peut se dispenser de toute «activité personnelle»[23] en ce qui concerne sa propre santé, il ne peut se dispenser – comme a fait Mendelssohn – de la responsabilité du régime diététique apte à préserver son bien-être. Sortant de l'état de minorité, le «sapere aude» des Lumières confie à l'individu l'exercice de la Raison au sujet également de sa propre santé.

De toute façon, il est certain que Kant jusqu'à sa mort a considéré la variolisation comme «une brutalité dont nous n'avions pas besoin»[24], et le régime diététique le seul dispositif rationnel apte à prévenir les maladies. La *Pockenimpfung* par conséquent devient l'emblème d'une pratique médicale fanatique, risquée et immorale, qui s'arroge indûment le titre de prévention destinée à éviter les maladies alors que pour Kant, l'unique prévention raisonnable, *quae philosophorum est*, consiste en une diététique, soit «l'art de tenir les maladies à distance»[25].

En conclusion, il est évident que l'intérêt de Kant pour la médecine de son temps s'insère dans le cadre de sa réflexion d'homme des Lumières, soit dans une instance philosophique essentielle pour comprendre sa critique et qui soumet toute doctrine, toute croyance, toute pratique à l'examen public de la Raison, dans le but d'affranchir le genre humain, et donc le progrès scientifique, des freins du fanatisme et de la superstition. Un funeste fardeau qui à la fin du XVIIIe, selon Kant, ralentissait lourdement la progression de la médecine moderne.

[23] Cf. *ibid.*

[24] *Immanuel Kant in Rede und Gespräch*, hrsg. von R. Malter, Hamburg, 1990, p. 527; voir aussi p. 480.

[25] KGS, VII 98.

KANT ET LES LUMIÈRES ANGLAISES

Derek Robbins

Je propose ici d'esquisser le développement de l'analyse post-kantienne de la pensée de Kant, passant en revue les études d'Ernst Cassirer et de Lucien Goldmann pour arriver à l'approche de Bourdieu. Mon intention est de montrer que les concepts de Bourdieu nous pourraient conduire à une appréciation des différentes formes prises par les Lumières dans divers pays qui ne serait ni une simple comparaison des influences ni seulement une analyse des variantes d'une structure générique. Ensuite, j'indiquerai quelques conséquences pour l'analyse du rapport entre la pensée britannique du dix-huitième siècle et la pensée kantienne.

Dans son introduction à l'édition anglaise (1981) de *Kants Leben und Lehre*, d'Ernst Cassirer (1918), Stefan Körner dit avec raison:

> Bien que la position philosophique de Cassirer lui-même et son approche à l'histoire des idées aient développés sous l'influence poursuivie de l'oeuvre de Kant, elles eurent à leur tour, comme il faut s'y attendre, une certaine influence sur son évaluation de cet œuvre et de la vie de Kant (Cassirer, 1981, xii-xiii, traduction du présent auteur).

Ceci vaut également pour Goldmann et pour Bourdieu. *Kants Leben und Lehre* parut à un moment clé dans la formation de la pensée de Cassirer. Il venait de terminer la rédaction des onze volumes des *Œuvres d'Immanuel Kant* et il développait sa philosophie des formes symboliques. L'analyse des écrits intellectuels d'un individu – Kant – servait comme exemple d'une analyse symbolique et formelle au niveau personnel. Plus tard, dans *Die Philosophie der Aufklärung* (Cassirer, 1932) Cassirer déclarera qu'il ne prétend pas offrir une vue compréhensive de la pensée des Lumières, cherchant plutôt à la représenter «en mettant en lumière l'unité de son origine conceptuelle et de son principe foncier plutôt que la totalité de ses manifestations historiques et de ses résultats» (Cassirer, 1951, v, traduction du présent auteur). À l'époque, Cassirer s'efforçait d'identifier une grammaire générative ou un principe *a priori* d'organisation, qui vaudrait pour les diverses manifestations de la pensée des Lumières. Dans *Kants Leben und Lehre*, il employa la même approche, en essayant de dévoiler un principe commun qui expliquerait l'affinité formelle entre la vie et la pensée de Kant.

La démarche de Cassirer pour découvrir ce principe commence par une analyse de la 'formation' de Kant. En parlant du premier essai de Kant, Cassirer note que celui-ci offre une vue générale des écrits «sur la philosophie naturelle et la physique des premières décennies du dix-huitième siècle» (Cassirer, 1981, 26), mais il insiste néanmoins sur le fait que l'élément le plus important de cette première publication est la tendance de Kant à examiner, comme il disait lui-même, «non pas autant les faits eux-mêmes que le *modus cognoscendi*» (Kant, Ak I, 60, cité dans Cassirer, 1981, 27). Cassirer constate que Kant cherchait moins à décider entre les systèmes objectifs de Newton, Clarke ou Leibniz qu'à déterminer l'origine de ceux-ci.

Bien que Cassirer commence son étude de Kant par une tentative de comprendre les éléments hérités dans la pensée de celui-ci – ce que Bourdieu appellerait l'*habitus* de Kant – il me semble qu'il n'était pas capable d'analyser ce que Goethe nommerait 'l'affinité élective' qui se développa plus tard chez Kant, et qui rendait possible l'organisation des décisions qu'il prenait et l'intégration des diverses modes de pensée qu'il analysait. Le dévouement de Cassirer à une forme d'interprétation qui restait structuraliste et universaliste l'empêchait de comprendre l'engagement de Kant avec quelques éléments de la pensée britannique de l'époque, sauf en fonction du discours philosophique dans le champ de réception allemand dans lequel Kant (comme plus tard Cassirer lui-même) se trouvait, qui était autre que le champ de production au Royaume-Uni. Si nous voulons arriver à une appréciation de Kant qui va plus loin que la pensée néo-kantienne de Cassirer, il faut examiner les conditions de possibilité des positions philosophiques auxquelles Kant répondait pour vraiment comprendre l'universalité de la position philosophique de sa maturité.

Passons à un bref examen de l'évaluation de Cassirer de l'influence sur Kant de quatres philosophes britanniques du dix-huitième siècle – Newton, Hume, Locke et Berkeley. Dans son analyse du livre *Allgemeine Naturgeschichte und Theorie des Himmels*, de 1755, Cassirer examine la réponse de Kant à la cosmogonie de Newton. Newton avait compris le problème du mouvement des planètes, mais, dit Cassirer, il «n'était pas capable de le résoudre parce qu'il pensait (avec justification, si on prend en compte l'état de connaissance à l'époque) que l'espace dans lequel tournent les planètes était entièrement vide» (Cassirer, 1981, 49). Newton se voyait ainsi obligé d'adopter une explication déiste. Kant, par contre, comprenait que:

> Ce que Newton, le physicien, représentait comme la 'donnée' primordiale dans la nature devait être révélé à l'imagination par une perspective philosophique du cosmos qui offrirait une dérivation génétique (Cassirer, 1981, 49).

À la différence de Kant, Cassirer reconnaît que les explications de Newton s'inscrivaient dans le contexte de l'état de la connaissance de son époque, et se montre prêt à accepter qu'il y ait une différence objective entre les discours d'explication de la physique et de la philosophie, mais, pour comprendre plus précisément le rapport entre les formes prises par les Lumières dans diverses cultures, il faut analyser l'institutionalisation différentielle de la science et de la philosophie dans ces cultures, ainsi que le caractère de la transmission des concepts entre discours et traditions nationales.

Plus loin dans son examen du développement intellectuel de Kant, Cassirer évoque l'influence de Rousseau, et surtout la réponse de Kant à *Émile* en 1762. À ce point, Cassirer fait abruptement allusion à l'influence de David Hume. Dans une note, il rappelle sa propre analyse du rapport entre Hume et Kant dans *Das Erkenntnisproblem*, mais dans le texte il cite une lettre de Kant à Herder de 1768, dans laquelle Kant dit qu'il se sent plus proche de Hume dans «son orientation intellectuelle entière» (Cassirer, 1981, 91). Ensuite, Cassirer fait une distinction entre Hume et Kant en évoquant une différence formelle fondamentale entre leurs dispositions personelles, leurs *Lebensformen*.

Cassirer passe ensuite au choc suscité par la publication en 1765 des *Nouveaux essais sur l'entendement humain* de Leibniz, en remarquant:

> Encore une fois, Leibniz était présent parmi eux en tant que contemporain, comme s'il fût retourné de la mort. Toute l'étendue, toute l'originalité de sa pensée parurent au grand jour (Cassirer, 1981, 98).

Dans une note où il cite un passage de l'avant-propos aux *Nouveaux essais*, dans lequel Leibniz offre une critique de Locke, Cassirer suggère que Kant doit sa connaissance de l'œuvre de Locke à la représentation qu'avait fait Leibniz du débat entre les deux. Au sujet de la pensée de Locke, Cassirer se contente de remarquer:

> Dans la dispute entre Leibniz et Locke, Kant prit, apparemment sans hésiter, le parti de Leibniz. Le moyen dont Locke dériva le concept pur de la compréhension de l'expérience lui semblait toujours une espèce de *generatio aequivoca*; jamais dans sa pensée

> se contenta-t-il de cette sorte de 'certificat de naissance" (Cassirer, 1981, 101).

Finalement, dans *Kants Leben und Lehre* Cassirer n'évoque qu'une fois l'œuvre de George Berkeley. Encore une fois, dans son analyse de la *Critique de la raison pure*, il insiste sur le fait que Kant avait toujours cherché à distinguer son idéalisme de celui d'un Descartes ou d'un Berkeley. En référence à celui-ci, il écrit:

> ... contre l'idéalisme de Berkeley, il [Kant] essayait de protéger ses propres idées fondamentales, qui n'ont à voir qu'avec le processus de détermination de la forme dont est vécue la confusion avec l'idéalisme psychologique commun et matériel (Cassirer, 1981, 194).

J'ai essayé de montrer comment, dans sa tentative de créer une analyse néo-kantienne de la vie et la pensée de Kant, Cassirer passa outre aux conditions historiques et sociales de la production de la philosophie en Allemagne au dix-huitième siècle; encore ne dit-il rien de la philosophie de Kant en tant que réponse transculturelle aux écrits parus au Royaume-Uni entre 1680 et 1760, la période dite des Lumières britanniques.

Les limites de cet article m'empêchent de présenter une analyse détaillée du processus par lequel Lucien Goldmann accomplit sa réorientation méthodologique depuis le structuralisme conceptualiste de Cassirer vers un structuralisme, influencé par Hegel, Marx et Lukacs, qui proposerait une interprétation dialectique des Lumières européennes et de la philosophie kantienne: je me contente donc d'un bref résumé. La première publication de Goldmann, *Mensch, Gemeinschaft und Welt in der Philosophie Immanuel Kants*, parut en 1945; elle fut traduite en français, d'abord en 1948 sous le titre *La communauté humaine et l'univers chez Kant*, et par la suite, en 1967, avec le nouveau titre de *Introduction à la philosophie de Kant*. Dans l'avant-propos à l'édition française de 1967, Goldmann reconnaît que, bien que sa première intention fût d'«écrire une histoire de la pensée dialectique qui deviendra elle-même partie essentielle du développement de cette pensée» (Goldmann, 1971, 13), le texte pouvait maintenant s'apprécier comme le commencement d'une enquête qui avait mené «au développement progressif d'une méthode nouvelle pour comprendre et pour expliquer la création culturelle» (Goldmann, 1971, 13). Cette série d'enquêtes incorporait son essai de 1960, *Der christliche Bürger und die Aufklärung*, qui parut d'abord en 1968 pour être inclu plus tard, sous le titre *La Philosophie des Lumières*, dans le livre *Structures mentales et création culturelle*, de 1970. Pour autant que

Goldmann cherchait à arriver à une interprétation dialectique de la pensée des Lumières, son texte reste dans la dialectique des rapports entre les œuvres d'individus et le phénomène puissant et objectif de la forme collective de la pensée des Lumières. Tandis que Cassirer essayait de décrire la forme générative qui sous-tendait la vie et la pensée de Kant, Goldmann prétendait examiner les rapports entre les structures intellectuelles et les conditions socio-économiques. Dans *Der christliche Bürger*, il écrit:

> Depuis longtemps, l'histoire sociale des idées nous montre que toutes les modes de la pensée et des sentiments humains sont déterminées par des structures intellectuelles étroitement liées à la vie objective de la société particulière dans laquelle ils surgissent (Goldmann, 1973, 15).

Il continue en énumérant les éléments essentiels de la pensée des Lumières pour révéler leur rapport aux changements économiques. Goldmann cherche certes à souligner une forme commune de la pensée de l'époque des Lumières, mais il est le premier à reconnaître que de différents contextes sociaux ont engendré des variations. Ces variations entre les formes différentes de la pensée des Lumières se devraient en effet à la différence des rapports entre conditions socio-économiques particulières et la forme collective, plutôt qu'à l'influence de certains penseurs sur d'autres.

Pendant que Goldmann articulait cette espèce de structuralisme marxiste dans les années soixante en France, Bourdieu était en train d'esquisser une méthodologie post-structuraliste, et je propose maintenant d'appliquer la méthode de celui-ci pour montrer que nous pouvons aller plus loin que Goldmann en expliquant la variation dans la pensée des Lumières européennes. À partir de l'article «Champ intellectuel et projet créateur» en 1966 (Bourdieu, 1966), Bourdieu adapte l'épistémologie historique de Bachelard pour affirmer qu'il est possible de donner toute son importance à l'autonomie du débat à l'intérieur des discours intellectuels – 'champs' – tout en reconnaissant qu'il faut en même temps analyser les conditions sociales dans lesquelles ces champs se produisent. Bourdieu conseille de chercher le rapport dialectique entre la pensée des individus et les discours intellectuels que ces mêmes individus engendrèrent de façon immanente, plutôt que d'étudier le rapport entre les individus et la forme générique de pensée collective construite ultérieurement par les historiens d'idées. Si on prétend examiner les rapports entre la pensée de Kant et celle des Lumières anglaises, il faut comprendre aussi bien le débat à l'intérieur du champ intellectuel – champ qui pourrait être national ou bien trans-national – que le rapport particulier entre la pensée d'individus et la conjoncture dans laquelle s'inscrivait leur créativité intellectuelle.

Pour illustrer ceci, retournons aux remarques de Cassirer sur les penseurs britanniques. Je ne propose pas une corrélation marxiste entre les positions de classe des penseurs britanniques au sein de la société britannique et celle de Kant en Allemagne. Il est bien connu que la famille de Locke est né d'une famille de la petite noblesse, que son père servit comme officier dans une des armées parlementaires pendant la guerre civile en Angleterre et que, néanmoins, il fit ses études au lycée de Westminster et au collège de Christ Church, Oxford – tous deux loyalement royalistes – et s'engagea dans l'activité politique du premier comte de Shaftesbury après la restauration du roi Charles II en 1660. On sait également que Newton jouait un rôle important dans la Royal Society, institution royaliste de recherche scientifique, et qu'il était attaché au Trinity College, Cambridge; et que Hume se disait homme de «bonne famille» qui descendrait «d'une branche de la famille du comte de Home ou de Hume». La philosophie était certes au Royaume-Uni une occupation aristocratique, mais ce qui m'intéresse ici est plutôt le processus d'institutionnalisation du discours philosophique au Royaume-Uni par comparaison avec l'Allemagne. Il faut d'abord reconnaître la différence entre les discours nationaux particuliers à l'intérieur du Royaume-Uni, récemment constitué. L'Irlande avait sa propre tradition, qui commencait avec l'œuvre de John Toland et passait ensuite par les écrits de George Berkeley, William Molyneux, Francis Hutcheson et Edmund Burke. On ne peut pas non plus négliger la dimension écossaise de la pensée de Hume. Il faut reconnaître que le respect accordé au discours philosophique dans les deux pays était différent, en fonction de l'orientation ecclésiastique prédominante – le catholicisme de l'Irlande contre le presbytérianisme calviniste de l'Écosse. Cette approche nous oblige à prendre en compte les conflits intra-nationaux qui autrement se négligent dans l'historiographie des influences philosophiques trans-nationales entre le Royaume-Uni et le continent. Il faut surtout noter la division qui surgit dans la vie intellectuelle en Angleterre après la restauration du roi, quand les 'non-conformistes' de religion puritaine se virent juridiquement exclus de la vie politique, et également des universités d'Oxford et de Cambridge, les seules qui existaient à l'époque. Les non-conformistes créèrent une tradition intellectuelle indépendente qui trouva progressivement sa forme institutionelle dans les 'Dissenting Academies' du 18e siècle, d'où sortirait bon nombre des cadres de la révolution industrielle. Il y avait aussi le mouvement social et spirituel lié à John Wesley et les 'Methodists', qui représentait une forme de pensée assez différente de celle des philosophes aristocrates, plus proche du piétisme dont Kant avait connaissance à travers l'influence de ses parents.

Mon argument est donc tout simplement que les rapports entre la pensée de Kant et celle de la période dite des 'Lumières anglaises' ('English Enlightenment') ne peuvent se comprendre sans référence à la concurrence entre ces discours nationaux, inter-nationaux et intra-nationaux. Une analyse sociologique de la concurrence entre les champs intellectuels nous aiderait à apprécier l'impossibilité de l'arrivée d'un 'Kant britannique', vu qu'il n'y avait pas au Royaume-Uni un discours philosophique autonome capable de traverser les divisions de classe, de nationalité et de religion.

Références

Bourdieu, P., 1966, «Champ intellectuel et projet créateur», *Les temps modernes*, 246, novembre, 865-906.

Cassirer, E., 1981, *Kant's Life and Thought*, New Haven and London, Yale U.P.

Cassirer, E., 1951, *The Philosophy of the Enlightenment*, Princeton, N.J., Princeton University Press.

Goldmann, L., 1971, *Immanuel Kant*, London, NLB.

Goldmann, L., 1973, *The Philosophy of the Enlightenment*, London, RKP.

Texte français revu par Rachel Gomme.

LUMIÈRES ET LUMINISCENCE DE KANT À MILL

Souad Chaherli Harrar

Le point de départ de notre réflexion à propos du thème de ce colloque «Kant et les Lumières européennes» est la définition qu'Ernest Cassirer propose de la philosophie des Lumières en ces termes: «La *philosophie* des Lumières proprement dite est tout autre chose que l'ensemble de ce qui a été pensé et enseigné par les grands maîtres... Elle ne se dégage pas de la somme et de la succession chronologique de ces opinions car, d'une manière générale, elle ne réside pas dans une doxologie mais dans l'art et la manière de conduire les débats d'idées»[1]. Partageant cette définition, nous essayons de l'illustrer à travers le débat d'idées qui a eu lieu au XIXe siècle en Angleterre entre les défenseurs et les détracteurs du XVIIIe siècle ou siècle des Lumières tel que le rapporte et le tranche de façon critique John Stuart Mill. Nous ne nous limiterons pas à cette seule forme historique de débat puisque nous allons traiter d'un autre débat que nous allons instaurer entre Mill et Kant à propos de la liberté qui demeure le principe fondamental des Lumières. Une telle démarche nous a été inspirée par le double engagement des Lumières telles que définies par Kant dans son opuscule *Qu'est ce que les Lumières?*[2] et qui revêt une forme historique et philosophique. Les Lumières deviennent ainsi sujettes au contexte politico-religieux et à l'exigence d'une définition philosophique qui concerne l'homme dans son universalité. John Stuart Mill a enrichi ce double engagement par une nouvelle lecture de l'histoire et de la philosophie en dépassant le débat qui opposait le siècle des Lumières à leurs détracteurs. Raison pour laquelle nous avons dû employer le terme *Luminescence* en parlant de Mill qui ne s'est pas engagé pour la philosophie de Lumières. Certes Mill a employé le terme de "Lumières" dans des contextes différents: il a parlé des Lumières de la littérature[3] ou des Lumières d'une telle ou telle

[1] E. Cassirer, *La philosophie des Lumières*, trad. P. Quillet, Paris, Fayard, 1966, p. 35.

[2] E. Kant, *Qu'est ce que les Lumières?*, *Œuvres philosophiques de Kant*, Paris, Gallimard, 1985.

[3] J. S. Mill, «Civilization», in *Dissertations and Discussions, Political, philosophical and historical 1859-1867-1875*, London, Longmans, Green, Reader, and Dyer, I, p. 187: «Literature becomes more and more a mere reflection of the current sentiments, and has almost entirely abandoned its mission as an enlightener and improver of them».

philosophie et l'usage qu'il en fait exprime plus sa propre conception des Lumières que celle historiquement consacrée. La fortune du terme de *luminescence* pour Mill sera constatée et justifiée tout au long de ce travail à travers les deux significations que je lui réserve. Il signifie tantôt lueur se situant entre les Lumières et l'obscurité tantôt naissance et formation de la lumière. Mon propos consiste essentiellement à montrer les différences entre la conception kantienne des lumières et ce qui pourrait y correspondre chez Mill et que j'appelle luminescences plutôt que Lumières.

Mon analyse se déploie en deux moments. Je rappellerai succinctement la position critique de Mill dans le débat qui a eu lieu en Angleterre au XIXe siècle entre défenseurs et détracteurs des Lumières et que j'exprime à travers le premier sens de luminescence qui signifie petite lueur qui n'est ni exactement lumières ni ténèbres mais qui atténue l'éclat des premières et illumine l'obscurité des secondes. Enfin je montrerai les différences entre Mill et Kant à propos de la liberté que le philosophe de Königsberg définit comme principe premier des Lumières et j'illustrerai ainsi le second sens de luminescence qui signifie naissance de la lumière.

Mill et le débat anglais autour des Lumières

À la différence de Kant, Mill n'a pas écrit un opuscule pour définir les Lumières mais il a n'a pas été pour autant indifférent à la réaction du XIXe siècle contre le XVIIIe comme il l'affirmait dans son *Autobiographie*[4]. Malgré cette influence profonde du Romantisme qui s'inscrivait contre les Lumières, Mill a pu s'en dégager pour exprimer une position critique et nuancée envers les deux courants. Une telle position pourrait sembler ambiguë si on se limitait à la description que Mill en fit en ces termes: «Je ne m'associais jamais à sa condamnation et restais aussi fort attaché à l'une et à l'autre»[5].

Le débat en question tournait essentiellement autour du statut de la raison et du sentiment. Les défenseurs anglais du siècle des Lumières tels que Bentham accordaient plus d'importance à la raison alors que les romantiques anglais tels que Carlyle et Coleridge, influencés par la philosophie allemande, accordaient plus d'importance au sentiment. En ne s'associant ni aux défenseurs des

[4] Mill, *Autobiographie*, trad. Guillaume Villeneuve, Paris, Aubier, 1993, chap. V, p. 147.

[5] *Ibid.*, chap. V, p. 148.

Lumières ni à leurs détracteurs, Mill se permit de nourrir et d'enrichir sa pensée en puisant aussi bien dans la source rationaliste que dans la source romantique. Une telle prise de position se justifie par le sens même du débat que Mill exprime ainsi: «Le combat entre le XIXe et le XVIIIe me rappelle toujours la bataille pour ce bouclier dont une partie était blanche et l'autre noire»[6]. Les deux partis étaient dans le vrai dans ce qu'ils défendaient et qui représentait un aspect de la vérité, et ils étaient dans le faux dans ce qu'ils rejetaient, car l'homme a besoin, pour son propre bonheur et celui de l'humanité entière, de la raison et du sentiment. Nier le sentiment c'est transformer l'homme en une machine et nier la raison c'est le soumettre aux préjugés aux croyances les plus dangereuses qui risquent de nourrir le pire despotisme, celui de l'opinion.

La position de Mill dans ce débat a été exprimée plus en détail dans deux de ses articles, dont l'un a été consacré à Bentham[7], représentant des Lumières anglaises et défenseur du XVIIIe siècle et l'autre à Coleridge[8]: détracteur du XVIIIe siècle et représentant du Romantisme anglais nourri de la philosophie allemande. Bien que Mill reconnaisse les divergences entre Bentham, philosophe progressiste, et Coleridge, poète conservateur, il ne s'empêche pas de voir en eux les défenseurs de l'esprit philosophique dans leur pays.

Dans le premier article, Mill reconnaît en Bentham un révolutionnaire ou l'instigateur d'une révolution dans les modes de pensée et de recherche. Mill va même jusqu'à affirmer que Bentham est une source de lumières en tant que réformateur de la morale et de la politique.

Quant à Samuel Taylor Coleridge (1772-1834), poète britannique qui a marqué l'avènement du Romantisme avec Wordsworth, Mill lui consacre un article dans lequel il le compare toujours à Bentham dont il est l'opposé. Bien qu'appartenant à deux mondes différents, ils se rencontrent dans l'affirmation de la nécessité de la philosophie. Le mérite de Coleridge, consiste dans le fait d'offrir une philosophie de l'histoire et une contribution à la philosophie de la culture humaine; la doctrine de Coleridge est une réaction contre la philosophie du XVIIIe siècle en tant que philosophie expérimentale, innovatrice, abstraite et métaphysique[9]. Le mérite de Coleridge, selon Mill, consiste à placer la foi du coté de la volonté, des affections et

6 *Ibid.*, chap. V, p.148.

7 Mill, «Bentham», in *Dissertations and Discussions*, vol. I, p. 330-392.

8 Mill, «Coleridge», in *Dissertations and Discussions*, vol. I, p. 393-466.

9 *Ibid.*, p. 403.

non de l'entendement, et à voir le statut réel de l'Église nationale en remettant en question un état de fait. Il représente, à travers sa réaction romantique du XIXe siècle contre le XVIIIe, une certaine lumière.

Ce qui ressort de l'approche millienne de ce débat entre le XVIIIe et le XIXe, c'est que les Lumières ne se trouvent pas nécessairement là où on prit l'habitude de les chercher, c'est-à-dire du côté des rationalistes et des progressistes; on peut trouver les lumières du coté des conservateurs et des romantiques qui permettent d'éclairer certaines réalités humaines et d'illustrer une liberté d'esprit qui ne demeure pas confinée dans un cadre classique délimitant le champ des Lumières et chassant les ténèbres et l'obscurité au-delà . Bentham, défenseur du rationalisme et des Lumières fut incapable selon Mill de comprendre l'homme dont les intérêts ont été réduits aux seuls intérêts économiques, ce qui fait qu'une partie de la réalité humaine lui demeurera cachée. Le rationalisme de Bentham se confondant avec les Lumières doit être complété par le sentimentalisme des romantiques représenté par Coleridge. Ainsi, les Lumières des premiers furent réduites et les ténèbres des seconds furent illuminées, c'est le règne des luminescences compte tenu des unes et des autres ainsi que de leur interférence qui exprime un entre- deux qui représenterait à la fois l'obscurité accompagnant les Lumières et les Lumières qui se dégagent des ténèbres et qui transforment le tout en lueurs plutôt qu'en Lumières.

Tel est le premier sens du terme «luminescences» que nous avons utilisé pour rendre compte du débat entre les défenseurs et les détracteurs anglais des lumières.

Nous traiterons à présent du deuxième sens des luminescences qui expriment la naissance des Lumières ou ce qui en rend la genèse possible à travers un débat que nous allons instaurer entre Mill et Kant par un examen de leurs écrits célèbres: *Qu'est ce que les Lumières?* et *De la Liberté.*

Mill et Kant des Lumières aux Luminescences

En raison des limites imposées à la publication de ce travail, je me vois dans l'obligation de réduire la comparaison entre Mill et Kant à propos des Lumières à quatre thèmes essentiels touchant la définition des Lumières par la distinction entre minorité et majorité, par la pensée par soi-même, la liberté et la distinction entre usage privé et usage public de la raison. Nous estimons que *De la liberté* de Mill est par certains de ses aspects une reprise des points essentiels traités par Kant, qui défendait dans son opuscule la liberté de pensée que Mill a reprise plus d'un demi siècle après pour redéfinir les champs de la liberté de penser et désigner celui qui doit en jouir et de concevoir les conditions de son exercice et les obstacles qui la freinent. Si Mill rejoint Kant sur le terrain de la liberté de pensée pierre de touche des lumières, il se sépare de lui dés qu'il s'agit de définir la liberté et de désigner ses détenteurs.

Pour Kant, les Lumières consistent à sortir de la minorité et à atteindre la majorité qui consiste à penser par soi- même et à être libre. La liberté concerne l'homme en général, l'homme dans son universalité qui donne au discours de Kant une dimension philosophique fondée sur l'universalité de la raison. Mais tenant compte de l'histoire et du contingent, les Lumières concernent plus le savant que tout individu et la liberté de pensée réclamée par Kant est plutôt celle du savant. Par contre, dans *De la liberté*, Mill ne réclame ni la liberté de l'homme dans son universalité ni celle du savant en sa particularité mais celle de l'individu considéré comme un ensemble de possibilités qui exige la liberté pour se réaliser.

Si chez Kant la liberté de l'homme ou du savant se trouve opposée au despotisme politique ou théologique, chez Mill le véritable despotisme n'est ni politique ni théologique, il est social. Telle est la forme plus moderne et plus dangereuse que le despotisme politique. Si le premier empêche l'homme de penser par lui-même et d'accéder à la majorité, le second est plus grave selon Mill, puisqu'il empêche la formation d'individus capables non seulement de penser par eux- mêmes et d'exercer la liberté de penser et de discussion, mais il les empêche de choisir leur mode d'être. La société en soumettant les individus à l'uniformité, leur ôte tout choix libre de leur mode d'être, fondé sur la différence, voire même sur l'excentricité. Ainsi la liberté telle que conçue par Mill dépasse les limites de la pensée, puisqu'elle concerne les domaines de l'agir et de l'être. Certes, la liberté de pensée demeure fondamentale chez Mill comme elle l'a été chez Kant, puisqu'il lui réserve le premier chapitre de *De la liberté*, mais il va plus loin que Kant, même si ce dernier annonce que la liberté de pensée représente les prémisses de la liberté d'agir[10], Mill traite la liberté dans sa dimension politique et a le souci de ses applications. Si pour Kant penser par soi- même revient à rejoindre l'humanité caractérisée par la pensée libre qui revêt un caractère universel, pour Mill penser par soi- même et librement n'a pas pour fin de rejoindre l'humanité, mais a pour fin de se réaliser en tant

[10] Kant, *Qu'est ce que les Lumières*, in *Œuvres Philosophiques*, II p. 217.

qu'individualité originale et de pouvoir ainsi développer ses différentes possibilités que je considère comme luminescences ou naissance des Lumières. Ces potentialités que Mill appelle parfois des germes ne pourront se réaliser et croître que si se présentent des conditions extérieures qui leur soient favorables tels que l'éducation, un gouvernement représentatif qui ne se limite pas à être éclairé et à permettre la liberté de pensée mais qui a d'autres fonctions: économiques, sociales et morales ce qui permet aux individus de bien vivre et de s'épanouir en tant qu'individualités particulières et différentes.

Un dernier point de divergence entre les deux philosophes réside dans la distinction établie par Kant entre usage public et usage privé de la raison, qu'il exprime en ces termes: «Or j'entends par usage public de notre raison celui que l'on en fait comme savant devant l'ensemble du public qui lit»[11]. Une telle distinction garantit un confinement de l'exercice légitime de la liberté de pensée par les savants dans un cadre universitaire puisqu'il s'agit d'une liberté face à un public lettré. D'autre part, la liberté du savant est limitée par le devoir d'obéissance du savant en tant que citoyen. Le pouvoir du savant ne doit pas empiéter sur celui du politique même si par ailleurs il est habilité à penser librement sur les questions religieuses et celles relatives à la législation. Le compromis défendu par Kant permet de garantir la liberté de penser du savant face au despotisme politique. Dans *De la liberté*, Mill ne défend ni la liberté de l'homme en général ni celle du savant mais celle de l'individu, l'individu n'étant réductible ni à l'un ni à l'autre; cette liberté ne s'oppose ni au despote politique ni au théologien, elle s'oppose plutôt au despotisme de la société, forme plus moderne et plus pernicieuse que le despotisme politique puisqu'elle ordonne dans des domaines qui «ne la concernent pas»[12] qui touchent les détails de la vie et finit par rendre esclave la vie humaine elle-même. Il ne s'agit donc plus pour Mill de limiter la liberté de l'individu par l'obéissance mais d'établir une harmonie entre indépendance individuelle et contrôle social surtout que le domaine de la liberté de l'individu dépasse celui de la pensée et de l'expression; il concerne le domaine intime de la conscience prise dans un sens large, il s'agit de la liberté de pensée, de sentir l'absolue liberté d'opinion et des sentiments sur tous les sujets spéculatifs ou pratiques scientifiques moraux et théologiques

[11] *Ibid.*, p. 211.

[12] Mill, *De la liberté*, traduction et commentaire de G. Boss, Zurich, Editions du Grand Midi, 1987, p. 10. Cf. sur cette question, Introduction et chap. III.

ainsi que la liberté des goûts et des occupations liberté de former le plan de notre vie selon notre propre caractère de risquer les conséquences qui peuvent s'en suivre sans être empêché. La défense de la liberté de pensée va de pair chez Mill avec la liberté d'agir et d'être qui se fondent sur la diversité des opinions et de celle des individus qui a un impact positif sur le progrès de l'humanité. La diversité des opinions présuppose la faillibilité humaine: notre vérité n'est ni la seule vérité ni la vérité absolue. La diversité des opinons selon Mill nous permet de connaître les différents aspects de la vérité. Il ne s'agit pas seulement de penser par soi même et d'exprimer sa pensée mais de la proposer à l'épreuve de la discussion et d'admettre aussi l'opinion adverse. Il s'agit en plus de la liberté de pensée d'une véritable éthique de la discussion qui la garantit[13]; Ainsi le thème emblématique dans *De la Liberté* est le rapport entre liberté – bonheur et différence qui représente les luminescences, cette lueur qui sera à l'origine de la réalisation de l'individualité dans sa richesse et sa singularité, source de tout progrès social et humain.

Conclusion

Le double débat que nous avons essayé d'analyser à travers la réaction du XIXe siècle au XVIIIe siècle ou siècle des Lumières et à travers la reprise par Mill dans *De la liberté* des problèmes traités par Kant dans *Qu'est ce que les Lumières?* nous renseigne sur la continuité entre les deux siècles relativement au problème de la liberté dans sa signification, sa nature, ses limites et ses fondements. Cependant cette continuité n'empêche pas une certaine rupture due à une approche historiquement située et philosophiquement engagée. Certaines corrections et certaines lumières s'imposent afin de permettre même à une lueur de jaillir de l'individu, même pour lequel il serait plus judicieux de parler de luminescences, terme qui, pris dans son sens originaire et physico chimique, signifie lueur qui vient du corps même que nous prenons analogiquement pour l'individu lui-même ou pour cette individualité qui légitime aussi bien la liberté de penser que celle d'agir et d'être.

[13] *Ibid.*, chap II, p. 81-84.

L'esthétique et les Lumières

KANT ET L'ÉPOQUE DE L'ESTHÉTIQUE

Eliane Escoubas

Je vais baliser mon analyse en 5 moments.

1er moment: Nous repérons, entre 1738 et 1750, trois sources de la théorie kantienne de l'esthétique.

D'une part, Baumgarten, l'inventeur de «l'esthétique», dans la *Metaphysica* de 1739, puis dans l'*Aesthetica* de 1750. Ces deux textes exposent deux définitions qui ne sont pas identiques. En 1739, Baumgarten écrit: «La science du mode de connaissance et d'exposition sensible est l'esthétique (logique de la faculté de connaissance inférieure, philosophie des grâces et des muses, gnoséologie inférieure, art de la beauté du penser, art de *l'analogon de la raison*)[1]. En 1750, il écrit: «L'esthétique (ou théorie des arts libéraux, gnoséologie inférieure, art de la beauté du penser, art de *l'analogon de la raison*) est la science de la connaissance sensible»[2]. La différence est plus importante qu'il ne paraît. L'expression «philosophie des grâces et des muses» est remplacée par l'expression «théorie des arts libéraux» – ce qui connote la substitution d'un lexique moderne à un lexique antiquisant – signe que la naissance de «l'esthétique» n'a lieu (et ne peut avoir lieu) qu'avec la modernité. Quant aux expressions «art de la beauté du penser» et «art de *l'analogon de la raison*, elles demeurent – et cela, on le verra, est aussi un point essentiel, pour l'époque de l'esthétique.

D'autre part, Hume[3] dont la notion centrale est la notion de «nature humaine», avec un texte de 1742, *De la délicatesse du goût et de la passion* (*Of Delicacy of Taste and Passion*) – où la notion de «délicatesse», opposée à la violence de la passion, est à la fois coextensive à la perception et coextensive au goût et donc susceptible de baliser «l'esthétique» à venir, ancrée dans la «délicatesse» de la nature humaine. Un autre texte de Hume est celui de 1757, *De la norme du goût* (*Of the Standard of Taste*), où il met en rapport la «compétence» des artistes avec «l'expertise» des connaisseurs. Ainsi peut naître ce qu'il va appeler une «norme» du goût.

[1] Baumgarten, *Metaphysica*, tr. fr. partielle in *Esthétique*, Paris, L'Herne, 1988, § 533, p. 89.

[2] Baumgarten, *Aesthetica*, tr. fr. partielle in *Esthétique*, *op. cit.*, p. 121.

[3] Hume, *Essais esthétiques*, tr. fr., Paris, GF-Flammarion, 2000.

Troisième source: Burke, avec *Recherches sur l'origine de nos idées du sublime et du beau* (1757)[4], sur lequel je reviendrai tout à l'heure.

Donc: entre «analogon de la raison» et «norme du goût», c'est à partir de ce terrain que va s'établir la théorie kantienne de l'esthétique.

2e moment: Qu'en est-il du terme «esthétique» chez Kant?

On le sait, dans sa période «pré-critique», Kant a écrit un opuscule intitulé *Observations sur le sentiment du beau et du sublime* (1764), en confrontation avec Burke. Pourtant, une fois entré dans la période «critique», il n'est plus question d'«observations», comme Kant avait pu y être conduit par Baumgarten, par Hume et par Burke. En effet, dans la *Première introduction à la Critique de la Faculté de Juger*[5] après avoir mis en évidence les trois «pouvoirs» de la raison, Kant écrit que le «sentiment de plaisir et de déplaisir» peut faire l'objet de la «critique», «en tant que son fondement n'est pas empirique», c'est-à-dire en tant que la faculté de juger esthétique «se rapporte exclusivement au sujet et ne produit par elle-même aucun concept des objets». Dès lors, la période «critique» dans son ensemble va mettre en évidence *deux sens du terme «esthétique»*: celui de la théorie des pures formes de la détermination des objets d'une expérience possible ou «esthétique transcendantale» (*C.R.P.*), et celui de la théorie des pures formes de la réflexion d'une expérience singulière ou théorie du jugement réfléchissant (*C.F.J.*). C'est ce second sens qui concerne le goût ou le sentiment de plaisir ou de déplaisir. Mais nous nous heurtons alors à une question embarrassante, car il n'y a pas d'«esthétique transcendantale» dans la *C.F.J.*, mais seulement une «analytique» du beau et du sublime et une «dialectique» du jugement réfléchissant. Pourquoi cette absence d'une «esthétique», quand précisément le jugement esthétique est concerné? N'est-ce pas contradictoire? Et pourtant la *C.F.J.* ne se tient pas dans le domaine empirique, mais dans le transcendantal: Kant écrit dans les toutes premières pages de la *Préface de la 1e* édition: «Comme l'examen de la Faculté du goût, en tant que faculté de juger esthétique, n'est pas entrepris ici pour la formation et la culture du goût, mais seulement dans un dessein transcendantal [...]». Il est donc clair que c'est le

[4] Burke, *Recherches sur l'origine de nos idées du sublime et du beau*, Paris, Vrin, 1990.

[5] S'agissant de Kant, nous ferons référence à la *Critique de la raison pure* (ici, *C.R.P.*), tr. fr., *Œuvres philosophiques*, volume I, La Pléiade, Paris, 1980 – et à la *Critique de la faculté de juger* (ici, *C.F.J.*), tr. fr., *Œuvres philosophiques*, volume II, La Pléiade, Paris, 1985.

dessein transcendantal lui-même qui n'implique pas, ou qui même exclut, une «esthétique transcendantale» dans la *C.F.J.*

Alors, allons plus avant dans notre analyse. Si l'on considère «d'esthétique transcendantale» de la *C.R.P.* comme une théorie de la perception (ou quasiment une phénoménologie de la perception), il faut être clair: il n'y a pas de théorie de la perception dans la *C.F.J.* Cela s'explique aisément si l'on en revient aux deux formes du jugement: le jugement déterminant qui aboutit à la construction de l'objet, et le jugement réfléchissant par lequel le sujet réfléchit sur ses propres facultés et leur fonctionnement (où il se pense pensant), sans se rapporter aucunement à un objet – où l'objet est purement occasionnel. D'où, comme on le sait, le désintérêt généralisé pour l'objet, qui caractérise la théorie esthétique kantienne. On est donc passé, avec elle, entièrement du côté du sujet – mais d'un sujet «transcendantal» – ce qui va impliquer l'universalité de ce «sentiment» de plaisir ou de déplaisir. Il y a donc deux sortes d'universalité: celle de la raison et celle du sentiment.

*3e* moment: Comment se constitue cette universalité du sentiment? Ou, ce qui pour Kant revient au même: qu'est-ce que réfléchir? Citons Kant: «Réfléchir, c'est comparer et tenir ensemble des représentations données, soit avec d'autres, soit avec son pouvoir de connaître, relativement à un concept possible par là. La faculté de juger réfléchissante est celle que l'on nomme aussi le pouvoir appréciatif de juger (*facultas dijudicandi*) [...]. L'acte de réfléchir exige un principe [....]»[6].

Ainsi, quand il s'agit de concepts universels de la nature, la faculté de juger procède schématiquement et elle est alors déterminante. Quand il s'agit de phénomènes particuliers, la faculté de juger réfléchissante ne procède pas schématiquement, mais techniquement. C'est donc la différence du «schématique» et du «technique» qui s'opère ici. Qu'entendre par cette différence? Kant écrit qu'ici «la faculté de juger ne procède pas simplement "mécaniquement", comme un instrument, sous la direction de l'entendement et des sens, mais à la manière de l'art (c'est-à-dire de la technique ou fabrication) d'après le principe universel mais en même temps indéterminé d'une ordonnance finale de la nature en un système». Le principe de la faculté de juger exposé ici est le principe de *finalité*. En effet, Kant distingue ci-dessus la faculté de juger qui procède «mécaniquement» (c'est le principe de *causalité* de la *C.R.P.*) et celle

[6] Kant, *Première Introduction à la Critique de la faculté de juger*, Pléiade, II, p. 864 sqq.

qui procède «techniquement», c'est-à-dire sur le modèle du «*faire*» humain, de la fabrication; car dans son «faire» l'homme est dirigé vers un but, les actions qu'il accomplit sont ordonnées à une fin, à ce qu'il veut produire. Cette «finalité» mise en œuvre dans le «faire» humain, la faculté de juger la transfère sur la nature, non pas pour l'expliquer (ni donc la «déterminer»), mais pour pouvoir «réfléchir d'après ses propres lois subjectives». Ainsi donc la «technique» humaine devient un moyen pour le sujet, non pas de déterminer la nature, mais de comprendre la manière dont il «réfléchit» sur la nature. Comme on le sait, la *C.F.J.* est divisée en deux parties: la critique de la faculté de juger esthétique et la critique de la faculté de juger téléologique – dans les deux cas, il s'agit de la «réflexion de la faculté de juger d'après ses propres lois subjectives», il y va donc du «sujet». Du «sujet» qui se pense dans son rapport à la nature, qui se pense pensant. C'est la «réflexion». Or, nul ne peut se penser pensant sans l'intermédiaire d'un objet – mais, par ce moyen, ce n'est pas l'objet qui est pensé, mais le sujet. Et l'objet est donné selon le modèle de l'action «technique», du «faire» humain: c'est-à-dire de la finalité. D'où une extension, *apparemment totale*, de la finalité technique à la faculté de juger en son entier.

La question est alors la suivante: la théorie esthétique coïncide-t-elle avec une théorie de la «technique»? Le point de départ de l'esthétique est déjà explicité dans l'*Introduction à la 2*^e^ édition de la *C.F.J.*: l'union sous un principe de plusieurs lois hétérogènes, ainsi que l'accord de la nature avec nos facultés de connaître sont «le fondement d'un plaisir»; il y a donc une «représentation esthétique de la finalité de la nature», et alors «le jugement est un jugement esthétique sur la finalité de l'objet, qui ne se fonde sur aucun concept existant de l'objet et ne procure aucun concept de l'objet» et «l'objet est alors dit beau et la faculté de juger d'après un tel plaisir se nomme le goût»[7]. Nous avons donc retrouvé le principe du *goût*, tel qu'il était le fondement de l'esthétique du 18e siècle. Chez Kant, la faculté du «goût» est coextensive à la «réflexion», puis au «sens commun» (§ 20-21-22). Le plaisir et le déplaisir donnent lieu à des «catégories» – mais des catégories «esthétiques» (le beau et le sublime), et non pas «logiques» comme les catégories de l'entendement dans la *C.R.P.* Il faut souligner alors l'une des déterminations de la catégorie du «beau»: le beau ne répond pas aux critères de la «perfection de l'objet», c'est dire que le beau n'a rien à voir avec l'objet technique, lequel est évidemment apprécié en fonction de son ajuste-

[7] Kant, *C.F.J.*, *Introduction, VII*, Pléiade II, p. 946-947.

ment à l'usage, c'est-à-dire à sa fin. Dès lors, le beau correspond à une finalité sans fin, il échappe entièrement à la technique, dans laquelle on pouvait tout à l'heure le croire pris entièrement.

Il y a donc non pas deux rapports théoriques à l'objet, mais trois: le *mécanisme*, qui est déterminant et explicatif (la causalité), la *technique* (la finalité qui est position d'une fin et de l'organisation des moyens pour la réaliser) et un 3e rapport, le rapport «*esthétique*», sorte de finalité sans aucune fin et sans aucun objet. Ce 3e rapport est celui de la mise en œuvre de l'esthétique – en tant qu'une esthétique *sans objet*. Avec des catégories esthétiques *inobjectives*.

*4e* moment: Quel est alors l'étrange «objet» de cette étrange «esthétique sans objet»? On le sait, le «sentiment du plaisir ou du déplaisir» est, selon Kant, la même chose que le «sentiment de l'accord dans le jeu des facultés de l'esprit».

Mais il faut rappeler aussi que ce sentiment de «l'accord des facultés» peut s'exercer de *deux manières*: s'il s'exerce sur le plan du «sens externe», il est schématisant, s'il s'exerce sur le plan du «sens interne», il est esthétiquement réfléchissant, c'est le sentiment du «beau». Dès lors, ce sentiment de l'accord des facultés, s'il doit être «universel» (puisqu'il est transcendantal et non empirique), coïncide avec le sentiment de l'accord des hommes entre eux. Il rend donc possible une *communicabilité universelle*. Ce que Kant entend par la notion de «sens commun» – qui est sans aucun doute ce que Baumgarten désignait du nom d'«*analogon de la raison*».

Mais où et comment situer cette communicabilité universelle du sentiment de plaisir ou de déplaisir, c'est-à-dire tout simplement du «goût»? Ce «sentiment», on l'a dit, doit s'extérioriser ou plutôt se communiquer. Il le peut de deux manières. *Soit* en s'exprimant au dehors; dès lors, n'est-ce pas le langage qui constitue la faculté capable de cette «expression»? Or, ce n'est pas Kant, mais Schelling qui a magnifiquement découvert et énoncé cette faculté langagière et il l'a justement découverte dans la fonction du schématisme! *Soit*, cette communication s'effectue d'une seconde manière, intérieurement, par propagation ou contamination peut-être, et c'est le fonction du *symbolisme* – le symbole (§ 59) qui, on le sait, fonctionne selon le principe de l'analogie (encore Baumgarten, repris dans les *Prolégomènes* kantiens). Ainsi peut-on dire, s'il y a production de quelque chose dans l'art, c'est pour Kant une production de «symboles» et non pas à proprement parler d'«œuvres» en tant qu'objets. Il n'y a donc pas d'«objets d'art». À la notion de «symbole», il faut évidemment rapporter la notion d'«Idée esthétique» (§ 49), laquelle donne «plus à penser qu'un simple concept» et qu'«aucune langue ne peut exprimer». «Aucune langue», qu'est-ce à dire, sinon que le schématisme n'a pas prise sur elle? Il y a donc bien une «communicabilité esthétique». Une communicabilité du «sens interne» – sans doute proche de ce que Hume nommait «délicatesse», c'est-à-dire le goût.

*5e* moment: Comment penser une «esthétique sans objet» et un art sans «œuvres d'art»? Cela peut-il être mis en rapport avec la notion de «présentation indirecte» par laquelle Kant explicite le symbole et l'Idée esthétique?

Nous devons rappeler l'exigence kantienne permanente, celle du transcendantal – car, nulle part dans la *C.F.J.*, Kant ne veut retomber dans l'empirisme. Dans la *Première Introduction*, nous lisons en effet: «Une définition de ce sentiment de plaisir doit être transcendantale: le plaisir est un état de l'esprit dans lequel une représentation s'accorde avec elle-même, comme raison *soit* de conserver cet état de plaisir lui-même, *soit* de produire l'objet de cette représentation»[8]. Il s'agit donc d'une alternative dont la seconde branche apparaît ambiguë: car comment peut-on, dans une esthétique sans objet, parler de «produire l'objet de la représentation»? C'est bien pourquoi Kant dit que cette seconde branche donne lieu à son tour *soit* à une «esthétique pathologique» *soit* à une «esthétique pratique». L'esthétique pathologique est évidemment celle de la folie et l'esthétique pratique serait celle de l'artiste, au sens du «génie», et elle serait la production d'une «fiction» d'objet. Autrement dit, la «production de l'objet de la représentation» balance entre le délire (pathologique) et la fiction (pratique).

Mais, comme le jugement réfléchissant est précisément un jugement «régulateur», et lorsque le jugement réfléchissant porte en lui-même sa propre régulation, il est ce qui empêche de basculer dans la folie. Ainsi, Kant sort du terrain de Hume non pas par la notion humienne de «norme» – qui ne saurait être transcendantale, mais empirique et qui risque toujours de devenir autoritaire, mais par *l'auto-régulation* du jugement réfléchissant. C'est ce qui est dit clairement au § 40, dans ce que Kant appelle «les maximes du sens commun»: «1) Penser par soi-même, 2) Penser en se mettant à la place de tout autre, 3) Toujours penser en accord avec soi-même. La première maxime est la maxime de la pensée sans préjugés, la seconde maxime est celle de la pensée élargie, la troisième maxime est celle de la pensée conséquente». Ces trois maximes mettent alors le

[8] Kant, *Première Introduction*, *VIII*, Pléiade II, p. 886.

sentiment du goût à l'abri du délire comme de la norme des «experts».

Étrange situation donc de l'esthétique kantienne: sans objets et presque sans œuvres d'art, elle prend son départ et sa puissance au sein du sujet qui «réfléchit», c'est-à-dire qui «s'auto-affecte». Elle tient dans l'«auto-affection» du sujet – ou, et cela revient au même, dans son auto-régulation.

KANT ET LES BEAUX ESPRITS: DU GÉNIE MYSTIQUE AU GÉNIE ESTHÉTIQUE

Clara Carvajal

«Le génie est le talent (don naturel) qui donne sa règle à l'art»[1]. Voici la synthèse exemplaire que Kant oppose à un siècle des controverses philosophiques sur la nature du perfectionnement en matière d'art. Alors que le génie devient le mot d'ordre de toute une génération[2] attestant par cela même de la confusion qui persiste entre le génie mystique et le génie esthétique. Du point de vue étymologique la notion de génie possède deux acceptions: *genius* et *ingenium*. Le *genius* renvoie à une divinité régissant la naissance. Le mot *ingenium* en revanche désigne les qualités innées et par extension les dispositions naturelles des hommes qui sont en relation avec l'invention.

D'une manière générale, le sens premier est celui qui prédomine dans l'esprit des savants. Preuve s'il en est, la définition du génie donnée par le *Dictionnaire de l'Académie Française* en 1762 où il est possible de lire qu'un génie est «un esprit ou démon [...] qui selon l'opinion des Anciens accompagnait les hommes depuis leur naissance jusqu'à leur mort». Cette mystification de la création artistique reste l'héritage le plus manifeste des emplois du mot génie. Cependant, au tournant du siècle, l'affranchissement progressif des arts par le biais de l'esthétique fait resurgir l'intérêt pour cette notion[3].

[1] *Critique* § 46.

[2] *Sturm und Drang* (all. *tempête et élan*). Mouvement littéraire allemand apparu en 1769 et qui s'étend jusqu'en 1785. Ce courant annonce le romantisme européen par l'accent mis au culte du génie et la vision de la nature idéaliste. Herder, éminent représentant et auteur des *Fragmente über die neueredeutsche Literatur* en 1767 prône une revalorisation de la littérature allemande. S'inspirant de Goethe, les jeunes artistes s'insurgent contre le dogmatisme scolastique du classicisme français et défendent une nouvelle idée de la création caractérisée par l'originalité et la sublimation de l'artiste.

[3] Dans l'article «génie» Baldine de Saint Girons rend compte de la renaissance de cette singulière inquiétude: «À l'éloge réitéré depuis l'Antiquité jusqu'à la fin du XVIIe siècle du génie comme "divine ardeur", "fureur démoniaque", "sublime folie", "inspiration surhumaine", fait place au début du XVIIIe une description positive du genius, de ses causes et de sa nature. Un peu postérieure à la renaissance (grâce à la traduction que donna Boileau du *Peri upsous* en 1674) du concept de "sublime", une curieuse et nouvelle fortune du "génie" commença lorsque l'abbé Dubos, faisant en 1719 la première tentative de physiologie de celui-ci, le conçut comme une facilité naturelle pour apprendre et inventer» (*Encyclopédie Universalis*, 2005).

Il va de soi que chez le philosophe de Königsberg se cristallisent les tendances d'un siècle en amont, toutefois s'interroger sur les influences et les paradoxes qu'une telle notion a pu susciter s'avère enrichissant à plus d'un titre. En effet, jusqu'à la parution de la troisième *Critique* les aperçus des penseurs, hétéroclites et nombreux, semblent reposer sur un axe fédérateur: celui de comprendre si le génie est un accident de la nature ou bien s'il est le résultat d'un aboutissement dans les techniques de perfectionnement de l'art. Puis de ses réflexions éparses des traits particuliers semblent s'imposer à l'esprit des savants: être génie suppose à en croire les philosophes posséder un don de fécondité et d'imagination.

Autrement dit, au XVIIIe siècle, la théorie du génie est la théorie de la création artistique. Or, il est intéressant de constater que les allusions de Kant à ce sujet sont très restreintes. Ceci nous semble une invitation à réfléchir sur la place que le philosophe accorde au débat sur le génie dans la théorie kantienne de l'autonomie de l'artiste.

L'éloge du génie imitateur au détriment de l'autonomie artistique

Longtemps associée à l'influence des dieux sur les hommes, la notion de génie est empreinte d'un caractère irrationnel et insaisissable. C'est vraisemblablement ce caractère mystique qui dérange le philosophe. Malgré tout Kant constate que c'est justement cette notion labile qui va mettre en lumière que «le paradoxe du beau se retrouve à propos de la création artistique». Il s'aperçoit d'ailleurs très tôt des contradictions qui sous-tendent le génie artistique. Le génie doit susciter, dit-il, «une satisfaction qui s'impose nécessairement à tous mais il ne saurait y avoir de définition conceptuelle». La théorie kantienne du génie se présente donc comme un complément de la pensée globale sur le jugement esthétique.

Néanmoins Kant élabore sa théorie du génie dans un contexte qui est différent de celui des philosophes français. Dès lors considérer Kant comme l'héritier en ligne droite de la pensée de Dubos comme le suggère D. Dumouchel[4] paraît difficile, d'autant plus que les théories esthétiques élaborées après 1750 portent l'empreinte de la volonté de Baumgarten d'assigner un nouvel statut à l'art comme objet de connaissance.

[4] D. Dumouchel, *Kant et la genèse de la subjectivité esthétique*, Paris, Librairie philosophique J. Vrin, 1999, p. 305.

Soulignons d'emblée que la *doxa* en matière de création artistique est jusqu'au XVIIIe siècle imprégnée de l'héritage de la scolastique. La perfection dans les arts dont l'artiste fait preuve découle ainsi de la théorie de l'imitation posée par les Anciens. Deux visions cohabitent depuis l'Antiquité pour expliquer la nature de la création, d'une part celle de l'allégorie de la caverne du livre X de la *République*, selon laquelle le poète ne peut représenter que le reflet de ce qu'il observe, d'autre part celle de la *Poétique* d'Aristote où le philosophe soutient que les arts résultent de l'imitation qui est le propre de l'homme. Aussi, la théorie du génie s'est longuement nourrie de l'exégèse des Arts Poétiques des Anciens (cf. Horace, Cicéron, Longuin) qui se présentent sous la forme des conseils pour le perfectionnement de l'art oratoire et l'expression des poètes.

L'abbé Dubos, par exemple, auteur des *Réflexions critiques sur la poésie et la peinture* met l'accent dans la capacité de l'artiste à imiter la nature en suivant les préceptes de la poétique aristotélicienne[5]. Bien entendu pour ce bel esprit, le génie n'est que l'ouvrier de la volonté divine. Son ouvrage dont la visée est pédagogique explique le caractère prescriptif de ses conclusions[6]. Aussi les gens de lettres aiment à se reconnaître disciples de l'*Art poétique* de Boileau[7]. Tel l'abbé Batteux pour qui le génie ne crée que par imitation, car selon lui «l'esprit humain ne peut créer qu'improprement: toutes ses productions portent l'empreinte d'un modèle»[8].

Il est devenu pourtant un lieu commun de rattacher la pensée kantienne à l'influence française. En particulier aux théories sur le génie telles qu'ont pu le concevoir Helvétius ou les Encyclopédistes. Mais le regard que les philosophes français portent sur le génie est beaucoup plus proche d'une conception naturaliste du génie. Dans ce sens les rapprochements avec les courants empiristes anglais sont manifestes. Les beaux esprits du siècle consolident par exemple l'idée de l'inégalité des talents concernant le génie: «quiconque se plaît à considérer l'esprit humain voit, dit Helvétius, dans chaque siècle cinq ou six hommes d'esprit tourner autour d'une découverte que fait l'homme de génie»[9].

En même temps la théorie du génie telle qu'elle est appréhendée par les philosophes français est redevable des thèses associationistes.

[5] Aristote l'explique dans sa *Poétique*, Paris, Gallimard, 1996, p. 83.

[6] *Ibid.*, première section, p. 414.

[7] Boileau, *Art Poétique*, 1674.

[8] *Les beaux arts réduits à un même principe*, Paris, Durand, 1746, partie I, chapitre 2, p. 11.

[9] Helvetius, *De l'Esprit*, p. 418.

L'article «génie», par exemple, faussement attribué à Diderot et rédigé vraisemblablement par Saint Lambert, fait l'éloge du génie: «celui dont l'âme plus étendue, frappée par les sensations de tous les êtres, intéressée à tout ce qui est dans la nature, ne reçoit pas une idée qu'elle n'éveille un sentiment, tout l'anime et tout s'y conserve»[10].

En définitive et d'une manière générale, les encyclopédistes considèrent que si le génie est parmi les hommes, sa présence suppose un progrès dans l'aventure humaine de la connaissance[11]. Cette vision idéaliste et universelle du génie ne semble pas avoir été partagée par Kant. Le philosophe met en évidence les limites des théories sensualistes, ainsi être génie ne se réduit pas à une plus large capacité à sentir. Bien au contraire la connaissance du génie se situe au-delà des sensations et de l'entendement. Le génie kantien résulte «d'une spontanéité aveugle»[12] et renvoie donc à la capacité qu'a l'esprit humain de créer dans un contexte où il n'y a pas que de la connaissance.

Imagination créative versus imagination fantastique: les conditions sine qua non *du génie*

Il est possible, en revanche, de croire que si Kant n'a pas été séduit par les théories contemporaines sur le génie, il a pu conceptualiser du moins certains aspects de celles-ci. Pour mener à bout ce raisonnement force est de revenir sur les notions clés soulevées par les penseurs du XVIIIe siècle pour parler du génie. De prime abord l'invention, trait par excellence qui caractérise le génie, est suivie de près par l'imagination.

Il va de soi que la théorie de l'imitation dans les arts telle que la conçoivent les Modernes est très proche de celle qui a pu régner à l'âge classique en France. Étant donné que les rhétoriciens continuent à prodiguer un répertoire classique d'idées concernant la création artistique, il ne faut pas exagérer l'influence des telles orientations dans l'évolution des idées de l'élite intellectuelle européenne[13].

[10] Saint Lambert, article Génie de *l'Encyclopédie*, 1751.

[11] Il suffit ici de se rappeler l'enthousiasme avec lequel d'Alembert évoque «ce petit nombre des grands génies dont les ouvrages ont contribué à répandre les lumières parmi les hommes» dans le *Discours préliminaire de l'Encyclopédie*, 1751, p. XIX.

[12] *Critique*, § 46.

[13] Avec les travaux d'Adam Smith en particulier, la théorie de l'imitation s'affranchit peu à peu de la vision théologique de l'art ou comme l'explique Laurent Jaffro «l'imitation est alors pensée non plus comme une simple représentation mais comme une véritable production». Il n'en reste pas moins que la création artistique telle qu'elle est

Par ailleurs les débats sur la création inondent l'Europe des Lumières. Voltaire le premier associe dès 1764 le génie à la création: «Ce terme, dit-il, semble devoir désigner non pas indistinctement les grands talents mais ceux dans lesquels il entre l'invention (car) un artiste quelque parfait qu'il soit dans son genre, s'il n'a point d'invention, s'il n'est point original, n'est point réputé génie»[14]. Mais cette faculté à produire est soumise dans la mentalité des philosophes français à sa finalité utilitaire. Certes Condillac pense que le génie est celui qui «invente des nouveaux arts, ou dans le même art des genres égaux, et quelquefois même supérieurs à ceux qui étaient déjà connus»[15], mais il est évident que, comme le souligne Helvétius: «par ce mot découverte on doit alors entendre une nouvelle combinaison, un rapport nouveau aperçu entre certains objets ou certaines idées».

Cependant le phénomène qui met véritablement à l'ordre du jour la notion du génie est étroitement lié à l'apparition de l'artiste sur le devant de la scène. L'émergence de l'individu a eu un retentissement certain dans l'expression d'une conscience artistique. Il suffit de rappeler que c'est au XVIIIe siècle que Lakanal proclame les *Droits du génie*, signe avant-coureur s'il en est des Droits d'Auteurs défendus par Beaumarchais[16]. L'influence de Shaftesbury y est fondamentale aussi. En effet, si à l'aube du siècle des Lumières le génie consiste dans «une sensibilité du cœur»[17], par la suite, l'émancipation de l'artiste de l'opinion qui le reléguait au rôle de simple héros prométhéen est patente.

Shaftesbury développe l'idée selon laquelle la source du génie provient de l'imagination qui exalte l'esprit du génie et lui donne des pensées grandes et sublimes. Mais l'enthousiasme de l'artiste est positif et c'est la raison pour laquelle le génie peut servir de modèles aux autres[18]. Le génie artistique devient dès lors une «seconde divinité». Dans ce sens

conçue par les beaux esprits du siècle est encore équivoque. À ce sujet consulter son article «Transformation du concept d'imitation», in *L'esthétique naît-elle au XVIIIe siècle?* Ouvrage collectif coordonné par Serge Trottein, PUF, 2000, p. 45.

[14] Voltaire, *OC*, *Dictionnaire philosophique*, article Génie.

[15] Condillac, *Essai sur l'origine des connaissances humaines*, Amsterdam, P. Mortier, 1746, p. 145.

[16] C'est en 1777 que Beaumarchais crée la Société des Auteurs dramatiques avec entre autres Marmontel et Sedaine.

[17] Dubos, *Réflexions critiques sur la poésie et la peinture*, p. 414.

[18] «Il me faut lorsque je suis seul, tenter de remplacer ce manque par la force de mon imagination (fancy); et à défaut d'une Muse, il me faut m'enquérir de quelque grand homme doté d'un génie plus qu'ordinaire, dont la présence imaginée pourra m'inspirer» (Shaftesbury, *Lettre sur l'enthousiasme*, trad. et notes par C. Crignon d'Oliveira, Paris, Librairie Générale Française, 2002, section I, p. 120).

la définition d'E. Young ne faisait que parfaire cette vision idéale du génie. Dans ses *Conjectures on original compositions* publiées en 1759, le poète reconnaissait dans le génie «un Dieu en soi»[19]. Deuxième degré dans l'autonomie de l'artiste par rapport à la création, le génie est conçu comme étant un don inné de sorte que l'habilité technique est exclue comme argument pouvant servir à définir le génie[20].

De même les théoriciens les plus distingués outre-Rhin reconnaissent le génie comme une valeur de la création artistique. L'auteur de la *Théorie des Beaux Arts*, Sulzer, introduit la notion de génie en Allemagne en 1757 et dès 1779 Carl Wieland rédige *Versuch über das Genie*, ouvrage composite où l'auteur tente de définir le caractère du génie par l'esprit d'invention et par la richesse de son imagination[21]. Pour les théoriciens allemands le génie puise la richesse de son expression dans l'imagination.

Cette imagination est pour d'Alembert l'équivalent du souffle créateur et le poète «qui n'emploie pour l'imitation que les mots disposés suivant une harmonie agréable à l'oreille parle plutôt à l'imagination qu'au sens», et c'est elle qui «lui représente d'une manière vive et touchante les objets qui composent cet univers», et c'est pour cette raison que le poète «semble plutôt les créer que les peindre»[22].

Kant établit la synthèse de ces propriétés: «Les facultés de l'esprit dont l'union (dans certaines conditions) constitue le génie sont donc l'imagination et l'entendement», mais, ajoute-t-il de suite, «tandis que l'imagination, lorsqu'elle est instrument de connaissance, subit la contrainte de l'entendement, qu'elle est tenue de se restreindre pour être adéquate au concept, au point de vue esthétique au contraire, elle est libre»[23].

Génie kantien

Contrairement aux savants anglo-français, Kant n'entend pas définir les caractéristiques propres au génie. Et s'il est vrai qu'il recon-

[19] «With regard to the intellectual genius is that god within» (*Conjectures on original composition in a letter to the Autor of Sir Charles Grandisson*, in *The Works of the Reverend Edward Young*, t. IV, London, 1765, p. 289).

[20] *Ibid.*, p. 279. Consulter aussi «Esthétique et rhétorique dans les *Conjectures* de Edward Young», par M.-M. Munch in *Etudes romanesques*, n°3: mythologies de l'écriture et roman.

[21] C. Wieland, *Versuch über das Génie*, Leipzig, P. G. Kummer, 1779.

[22] Cit.

[23] § 49.

naît la valeur de l'originalité, les vertus cardinales du génie ne constituent pas l'axe fédérateur de sa pensée. En effet, lorsque Kant se sert de l'expression de génie dans ses cours, il est évident que ses propos sont dans une étape qui est préalable à l'élaboration de la notion philosophique. Malgré tout, il convient d'appréhender la théorie kantienne du génie en se bornant à l'article génie publié dans la *Critique de la faculté de juger*. Cette section très succincte a le mérite d'être très précise. Nous revenons ainsi à la citation qu'inaugure cette étude: «Le génie est le talent (don naturel) qui donne sa règle à l'art»; autrement dit, le génie est une «disposition innée de l'esprit» qui sert de modèle aux disciples du génie. Kant associe la notion de génie à sa deuxième connotation, à savoir à *l'ingenium*. Le propre de *l'ingenium* est que c'est une qualité que l'on possède depuis sa naissance et aussi que cette qualité ne peut être apprise. Baltasar Gracian distingue trois facultés propres aux génies: celle de connaître, celle de ressentir et celle du plaisir[24]. Faire allusion à ce texte n'est pas anodin, Kant s'intéresse davantage à *l'ingenium* qu'au *genius*. Ce n'est pas le culte de la personnalité du créateur qui est au centre de ses préoccupations mais bien l'activité du génie, ses facultés. Car le paradoxe de l'art est qu'aucune règle ne saurait apprendre à créer et que pourtant l'artiste qui conçoit l'œuvre d'art donne sa règle à l'art. «On ne peut, dit Kant, apprendre à composer des poèmes d'une manière pleine d'esprit, si précis qui puissent être tous les préceptes pour l'art poétique».

En définitive, si pour Kant «le génie est l'originalité exemplaire des dons naturels d'un sujet dans le libre usage de ses facultés de connaître», l'opinion du philosophe est en revanche manifeste en ce qui concerne les limites du génie: «des esprits superficiels s'imaginent, dit-il, qu'ils ne sauraient mieux montrer qu'ils sont des génies en plein épanouissement qu'en se déliant de la contrainte». Or la création ne suppose pas un affranchissement de toutes les peines liées à l'apprentissage d'un art, et pour que l'artiste atteigne «la forme qui le satisfait», il lui faut s'appliquer. Le génie en matière d'art n'est pas non plus pour Kant une «affaire d'inspiration ou d'un libre élan des facultés de l'âme, mais résulte d'une lente et pénible amélioration qui vise à le rendre conforme à la pensée sans pour autant nuire à la liberté». Par ailleurs Kant tient à préciser que le génie est «le talent pour l'art et non pour la science», car on ne peut

[24] Célèbre auteur de *La pointe du génie*, traduction française d'*El Arte de Ingenio*, un classique de la littérature européenne au XVIIIe siècle, a entrepris de décrire par l'exemple ce qui fait que l'on dise d'un homme qu'il est un génie.

pas apprendre à devenir un génie, dès lors il suppose qu'«un rapport de l'imagination à l'entendement» est suscité chez l'homme de génie par la «seule nature du sujet».

Kant soulève ainsi plus des défis que des éloges par rapport au génie et sa spécificité ne réside pas comme on a pu le suggérer autrefois dans la continuité de la taxinomie sur le génie issue des pairs européens, bien au contraire, sa singularité est de placer le débat sur le génie d'un point de vue cognitif.

MIMÈSIS: DES ENCYCLOPÉDISTES À KANT

Danielle Lories

Affranchissement intellectuel et moral, tel est l'esprit des Lumières. Quoi de plus éloigné de cet esprit que l'«imitation»? Pourtant les arts sont bien, selon les Lumières, imitation de la nature... Paradoxe que les chantres du *sapere aude* se réclament de pareille définition de l'art. D'une part, parce qu'ils se laissent en cela guider par l'autorité des Anciens. D'autre part, parce que la teneur de la définition prend à rebrousse-poil l'esprit du temps: non pas créer et penser par soi-même, mais suivre, imiter... la nature (et les Anciens). Ce premier paradoxe se dissout cependant en un second: l'imitation à laquelle les Lumières confinent les arts est elle-même paradoxale. Je l'indiquerai sur l'exemple de l'*Encyclopédie*.

Deux choix arbitraires sont faits ici, faute d'espace: d'une part, les Lumières sont prises sous leur forme française, représentées par l'*Encyclopédie*, de l'autre, il n'est question que de l'imitation de la nature, abstraction faite de celle des Anciens, pourtant intimement liée à la première depuis la Renaissance. Quant à celle-là, je suggérerai que Kant propose une thèse cohérente et libératrice face aux ambiguïtés de Diderot et des Encyclopédistes.

*Des ambiguïtés de l'*Encyclopédie

Si l'on ouvre l'*Encyclopédie* à l'article «Imitation (*Gramm. & Philosoph.*)», on lit (sous la plume de Diderot):

> c'est la représentation artificielle d'un objet. La nature aveugle n'imite point; c'est l'art qui imite. [...]. [...]. S'il imite par des couleurs, l'*imitation* s'appelle *peinture*. [...] La nature est toujours vraie; l'art ne risquera donc d'être faux dans son *imitation que quand il s'écartera de la nature*, ou par caprice ou par impossibilité d'en approcher d'assez près. [...].

Puis à la sous-rubrique *Poésie. Rhétor.*:

> La première chose qu'il faut faire est de *choisir* un bon modèle. [...] La bonne *imitation* est une continuelle *invention*.

Ceci est paradoxal au regard de la fidélité au vrai requise de l'imitation. Mais l'*Encyclopédie* s'inscrit très clairement en ces articles dans la continuité de la théorie de l'Abbé Batteux dont l'ouvrage de 1746, *Les beaux-arts réduits à un même principe*, consacrait la définition des arts comme imitation de la belle nature. Ce qu'énoncent les articles consacrés à l'imitation est du reste confirmé par les articles définissant chacun des arts: «Un *poëme* est une imitation de la belle nature, exprimé par le discours mesuré». Et la peinture est «un art qui, par des lignes et des couleurs, représente, sur une surface égale et unie, tous les objets visibles».

Le paradoxe se marque en fait dès le *Discours préliminaire* de d'Alembert. À lire ce texte de 1751, «on se demande, observe Baldine Saint Girons, ce qui a poussé les gens du XVIIIe siècle à maintenir envers et contre tout la théorie de l'imitation»[1]. D'Alembert salue «l'imitation de la nature, si connue et si recommandée par les Anciens»[2], puis évoque très rapidement «l'imitation de la belle Nature, sur laquelle tant d'auteurs ont écrit *sans en donner d'idée nette*». Le paradoxe prend toute son accentuation si l'on considère la hiérarchie proposée:

> À la tête des connaissances qui consistent dans l'imitation, doivent être placées la peinture et la sculpture, parce que ce sont celles de toutes où l'imitation approche le plus des objets qu'elle représente, et parle le plus directement aux sens. [...] [Peinture et sculpture] expriment indifféremment et *sans restriction toutes les parties* de la belle Nature, et *la représentent telle qu'elle est*, uniforme ou variée [...]. La poésie qui vient après la peinture et la sculpture, et qui n'emploie pour l'imitation que les mots [...], parle plutôt à l'imagination qu'aux sens; [...] et semble plutôt les créer [les objets qui composent l'univers] que les peindre [...]. Enfin la musique, qui parle à la fois à l'imagination et aux sens, tient le dernier rang dans l'ordre de l'imitation; non que son imitation soit moins parfaite dans les objets qu'elle se propose de représenter, mais parce qu'elle semble bornée jusqu'ici à un plus petit nombre d'images [...][3].

La hiérarchie se mesure à l'exactitude de l'imitation eu égard aux sens qui la perçoivent et à l'ampleur de l'éventail des objets imités. Est valorisée la plus grande proximité de la copie par rapport au modèle en tant que les sens sont juges de la similitude et de la distance. On pourrait presque penser à un éloge du trompe-l'œil, si

[1] Cf. B. Saint Girons, *Esthétiques du XVIIIe siècle. Le modèle français*, Paris, Philippe Sers éditeur, 1990, p. 135-141. Cit. p. 135-36.

[2] D'Alembert, *Discours préliminaire de l'*Encyclopédie *(1751)*, Hamburg, Felix Meiner, 1955, p. 66.

[3] *Ibid.*, p. 66-68.

seulement l'œil était bien la référence pour repérer la *belle* nature, or rien n'indique ici qu'il ne le soit pas.

Mais voici un passage qui fait question à cet égard:

> La peinture, la sculpture, l'architecture, la poésie, la musique et leurs différentes divisions composent la troisième distribution générale qui naît de l'imagination, et dont les parties sont comprises sous le nom de beaux-arts. On pourrait aussi les renfermer sous le titre de peinture, puisque tous les beaux-arts se réduisent à peindre, et ne diffèrent que par les moyens qu'ils emploient; enfin, on pourrait les rapporter tous à la poésie, en prenant ce mot dans sa signification naturelle, qui n'est autre chose qu'invention ou création.

Le paradoxe est manifeste ici dans le double choix de la peinture ou de la poésie comme art de référence, et dans cette manière de faire de l'imagination la faculté d'où naissent les arts d'imitation. Si la peinture est première, alors on retrouve la hiérarchie précédente, fonction de l'exactitude sensible de l'imitation. En revanche, rapporter tous les arts à la poésie est contraire à cette hiérarchie: elle parle à l'imagination plus qu'aux sens et crée plus qu'elle n'imite... ce qui est confirmé ici par le rappel étymologique du sens *naturel* de poésie, invention ou création. Le paradoxe est que les deux présentations sont équivalentes pour l'auteur, quand elles semblent avoir des implications si différentes: ou imitation, copie visant l'exactitude, voire l'illusion sensorielle, ou invention, création, liberté d'imagination. Et elles sont encore équivalentes à cette référence d'une naissance commune des arts dans l'imagination, laquelle est prise ici expressément comme faculté créatrice. Là où d'Alembert rapporte la division du savoir à trois facultés, il indique que l'histoire relève de la mémoire, la philosophie de la raison, et les beaux-arts de l'imagination, précisant immédiatement: «l'imagination est une faculté créatrice»[4], mais c'est pour brouiller à nouveau la distance entre imitation et création, puisqu'il ajoute:

> L'esprit ne crée et n'imagine des objets qu'en tant qu'ils sont semblables à ceux qu'il a connus par des idées directes et par des sensations: plus il s'éloigne de ces objets, plus les êtres qu'il forme sont bizarres et peu agréables. Ainsi dans l'imitation de la nature, l'invention même est *assujettie à certaines règles* [...][5].

[4] *Ibid.*, p. 90.

[5] *Ibid.*, p. 92.

Et plus haut, dans le même esprit:

> Nous prenons l'imagination dans un sens plus noble et plus précis, pour le talent de *créer en imitant*[6].

Créer en imitant, et inventer en respectant des règles, tout le paradoxe réside dans la conception de l'imagination, en fin de compte.

Dès l'*Encyclopédie*, Diderot lui-même, bien qu'il ne cesserait jamais de défendre une forme de principe d'imitation[7], prend ses distances par rapport au tribut payé à Batteux dans son article «Imitation». Dans l'article «Beau» rédigé pour le second tome (1752) avant de devenir vingt ans plus tard le «Traité du beau», il fait reproche à l'auteur des *Beaux-arts réduits à un seul principe* d'y avoir omis un chapitre qui nous apprendrait «ce que c'est que la *belle nature*» à l'imitation de laquelle il «rappelle tous les principes des beaux-arts»[8].

En 1766 encore, Diderot défend une thèse ambiguë. Certes il faut imiter la nature, et fuir la manière que procure l'école: il est virulent à l'égard de l'académisme, la nature seule est à suivre et à observer autant que l'on peut, non les modèles aux poses artificielles de l'Académie:

> Il n'y aurait point de manière ni dans le dessin ni dans la couleur, si l'on imitait scrupuleusement la nature. La manière vient du maître, de l'Académie, de l'école et même de l'antique[9].

Mais il écrit aussi: «L'imitation rigoureuse de la Nature rendra l'art pauvre, petit, mesquin [...]»[10]. On doit à la vérité de dire qu'il ajoute: «mais jamais faux ou *maniéré*». Ce qui évite sinon le paradoxe, du moins la contradiction. Mais que chercher dans la nature et comment pour éviter un art pauvre, petit, mesquin: comment trouver *la belle nature* dans la nature? Comment ne pas tomber dans l'indigence du réalisme ou de l'illusion, sans abandonner «le plaisir réfléchi qui naît de l'imitation»[11]? Comment en imitant la nature ne pas céder au

6 *Ibid.*, p. 90.

7 Cf. Y. Belaval, *L'esthétique sans paradoxe de Diderot*, Paris, Gallimard, 1950 (2e), p. 99.

8 «Traité du beau», in Diderot, *Œuvres*, tome IV, Esthétique – Théâtre, édit. établie par Laurent Versini, Paris, Robert Laffont, 1996, p. 91.

9 *Essais sur la peinture*, in *ibid.*, p. 472.

10 *Salon de 1767*, in *ibid.*, p. 819.

11 *Lettre sur les sourds et muets*, in *ibid.*, p. 59.

relativisme qui fait trouver belle à l'anthropophage une nature que nous jugerons horrible?

Dans le préambule au *Salon de 1767*, sa réponse tient dans le *modèle idéal* et s'exprime curieusement en termes *très platoniciens*. Il s'agit toujours de «l'imitation de la belle nature»[12], mais il est clair qu'il n'y a pas «une belle nature subsistante», telle «qu'on la voit quand on veut» et «qu'il n'y a qu'à copier»; le modèle est au contraire «un être tout à fait idéal». L'idéal de l'art repose sur le sentiment de «la différence de la chose générale et de la chose individuelle»[13], exige que l'on «ajoute», que l'on «supprime» et que l'on cherche à faire «une image première, une copie de la vérité» et non «un portrait ou une copie de copie, *phantasmatos ouk alètheias*»[14]. S'en tenir «au troisième rang»[15] condamné par Platon, c'est «recopier servilement» et se faire «portraitiste»[16]. Il faut au contraire se donner pour modèle «la vérité ou le prototype», non «son fantôme subsistant», chercher «le vrai modèle», qui «n'existe ni en tout ni en partie dans la nature»[17]. La difficulté est de le trouver: «il n'est *emprunté directement d'aucune image individuelle de Nature*»[18]; «quand vous faites beau, vous ne faites rien de ce qui est, rien même de ce qui puisse être»[19]. Le platonisme est éclatant encore quand il dit:

> le modèle le plus beau, le plus parfait d'un homme [...], serait un homme [...] supérieurement propre à toutes les fonctions de la vie, et qui serait parvenu à l'âge du plus entier développement sans en avoir exercé aucune. Mais [...] la nature ne nous montre nulle part ce modèle ni total ni partiel, [...] elle produit tous ses ouvrages viciés [...][20].

Le modèle est posé dans sa perfection et sa plénitude, antérieur à toute réalité individuelle et sensible, qui n'en est qu'une réalisation altérée, selon l'enseignement platonicien, mais le moyen de le retrouver? Par la méthode empirique de l'observation lente, patiente, qui doit permettre selon Diderot de remonter mentalement le pro-

[12] *Salon de 1767*, *op. cit.*, p. 521. Sur le modèle idéal, cf. Y. Belaval, *L'esthétique sans paradoxe de Diderot*, p. 93 sqq.; et P. Junod, *Transparence et opacité. Essai sur les fondements théoriques de l'art moderne*, Lausanne, L'Âge d'Homme, 1976, p. 75-77.

[13] *Ibid.*, p. 522.

[14] *Ibid.*, p. 522.

[15] *Ibid.*, p. 522.

[16] *Ibid.*, p. 524.

[17] *Ibid.*, p. 522.

[18] *Ibid.*, p. 524.

[19] *Ibid.*, p. 524.

[20] *Ibid.*, p. 524-525.

cessus d'altération naturelle pour penser le modèle tel qu'il devait être avant les dégradations, l'usure, etc. C'est dire aussi que le modèle idéal a beau n'être en aucune chose naturelle, il ne réside nulle part ailleurs que dans la nature, en nul ciel platonicien, mais bien dans la tête des hommes de génie, et encore: «il y a un modèle primitif qui n'est point en Nature, et qui n'est que vaguement, confusément dans l'entendement de l'artiste»[21]. On voit l'inconfort de Diderot dans son appel à Platon... Le modèle idéal est un archétype intangible de la nature, «d'aucun siècle, d'aucun pays»[22], il a la pleine possession de sa maturité, mais sans porter les traces du développement qui y mène. Cependant il s'approche par une recherche qui s'apparente par son caractère inductif à la quête des lois de la nature à partir de son observation empirique. Et il ne se laisse saisir qu'au gré des aléas de l'histoire: l'homme de génie – lui seul! – «aura la notion la plus correcte [de la ligne vraie] selon le climat, le gouvernement, les lois, les circonstances qui l'auront vu naître»[23].

Le moins qu'on puisse dire est qu'il ne se sort pas clairement et de manière parfaitement conséquente de l'embarras de l'imitation de la *belle* nature.

Kant par-delà le paradoxe

Cet embarras n'apparaît plus chez Kant: ses options sont bien plus aristotéliciennes. L'imitation de la nature n'occupe plus le devant de la scène dans la troisième *Critique*; il est question de juger du beau, et dans la théorie des beaux-arts, des conditions de possibilité de la production humaine du beau: génie, idées esthétiques, imagination créatrice. Pourtant, il est un parallèle entre la production du beau par le génie et la production des belles formes par la nature, le § 45 l'énonce: «Les beaux-arts ne sont de l'art qu'autant qu'ils ont d'emblée l'apparence de la nature», et:

> Face à une production des beaux-arts, nous devons prendre conscience qu'il s'agit d'art et non d'un produit de la nature; mais, dans la forme de cette production, la finalité doit paraître aussi libre de toute contrainte imposée par des règles arbitraires que s'il s'agissait d'un simple produit de la nature[24].

[21] Appendice sur «La manière» au *Salon de 1767*, p. 817.
[22] *Ibid.*
[23] *Ibid.*, p. 525.
[24] Ak V, p. 306; Pléiade II, p. 1088.

C'est plus que la condamnation par Diderot de la «manière» et de l'artifice académique: toute trace du travail scolaire, pénible et soumis à des règles, doit s'effacer. Mais ce n'est nullement pour faire illusion, tromper l'œil et faire croire à un ouvrage de la nature. L'art doit sembler *naturel* et spontané; on n'y doit voir rien qui soit témoignage de contrainte, de soumission, de labeur, bref d'artifice, mais rien ne dit que l'objet produit doive passer pour un objet naturel, c'est écarté: «dans les productions des beaux-arts, la finalité, bien qu'animée d'une intention, ne doit pas paraître intentionnelle; autrement dit, les beaux-arts doivent *revêtir l'apparence* de la nature, bien que l'on ait conscience qu'il s'agit d'art». Ce qu'il s'agit d'effacer n'est pas même «l'accord avec des règles», au contraire c'est l'exactitude dans cet accord qui donne à l'art l'apparence de la nature, car les productions de la nature elles-mêmes paraissent produites selon des règles fermes et constantes. Ce qu'il faut effacer c'est que «l'accord soit *laborieux*», «qu'on y sente l'école, [...] qu'on y relève trace de ce que l'artiste a eu la règle sous les yeux et imposé des chaînes aux facultés de son âme». Qui en effet a jamais eu le sentiment que le paisible coucher de soleil ait été le fruit d'un dur labeur, le résultat d'un long et pénible apprentissage de la part de la nature, gagné dans la répétition des essais et erreurs?

Ce n'est donc pas que le produit artistique doive imiter un produit naturel quelconque, il ne s'agit pas de se faire copiste de troisième rang, ni même de second rang en prétendant imiter le modèle idéal ou originel, qui aurait pu être celui-là même de la nature productrice et que visait le Diderot platonisant. C'est plutôt que l'artiste, agit en quelque sorte *à la manière de* la nature productrice elle-même de belles choses; ce ne sont pas les produits du génie qui imitent les produits de la nature, c'est le génie qui agit à la manière de la nature, encore faut-il ajouter: *quand elle se fait artiste*, quand elle agit de telle sorte que son produit s'avère final (bien que ce soit sans fin identifiable) pour le jeu de nos facultés de connaître.

C'est en ce sens que l'on peut penser que la solution kantienne au problème de l'imitation de la nature dans sa tension avec l'inventivité du génie est d'esprit aristotélicien. En effet, l'imitation de la nature, attribuée à l'artiste, chez Aristote, prend à bien des égards le contre-pied de la doctrine platonicienne en la matière, surtout elle insiste sur la similitude des *procédés* plutôt que sur la ressemblance des résultats. Ainsi quand en *Physique*, II, 8, Aristote écrit: «Par exemple si une maison était chose engendrée par nature, elle serait produite de la façon dont l'art en réalité la produit»[25], il insiste sur la

[25] Trad. Tricot, Paris, Vrin.

manière dont les choses se passent, et il n'est pas indifférent que l'exemple se situe dans une discussion sur les types de causalité, à propos de la finalité.

Ce sont bien le procédé et la place de la finalité dans les productions naturelle et humaine qui sont mis en parallèle, ce n'est pas que l'hypothétique maison produite par la nature aurait l'allure sensible (l'*eidos*) de la maison dessinée par l'architecte: il serait alors impossible d'affirmer que l'art imite la nature – quel aspect visible de la maison naturelle imiterait l'art de l'architecte? – et impossible aussi de dire que cet art imitateur est capable d'exécuter ce que la nature est impuissante à effectuer, comme l'affirme Aristote.

Or c'est bien là ce que fait le génie kantien. *Il imite la nature*: de manière sinon inconsciente, du moins informulable, il emprunte sa règle à la nature, il crée selon une règle qu'il ne peut connaître et que la nature lui dicte[26]. Ce faisant, il produit des formes qui ont à l'instar de certaines formes naturelles le pouvoir d'animer nos facultés de connaître dans le jeu harmonieux et gratuit de la faveur. Et *il la prolonge*, ajoutant à ce que nous donne généreusement la nature ses propres formes, animées par ses idées esthétiques, c'est-à-dire par son imagination créatrice. Il *exécute ce que la nature est impuissante à accomplir*, se faisant producteur d'une «autre nature»[27], laquelle *donne à penser* bien au-delà de ce «qu'aucun langage peut exprimer complètement ni rendre intelligible», symboliquement. *Prolongeant* ainsi ce que, selon Kant (lorsqu'il expose l'intérêt intellectuel lié au beau), la nature artiste fait quand elle pratique ce «langage chiffré dont la nature se sert pour nous parler par symboles dans ses belles formes»[28].

L'esprit d'Aristote semble bien tirer Kant sans effort ni contorsion des inconforts dans lesquels les références platoniciennes emprisonnaient Diderot: imitation et invention n'ont plus de mal à cohabiter chez l'artiste.

[26] § 46. Ak V, p. 307-308; Pléiade II, p. 1089-1090.
[27] § 49. Ak V, p. 314; Pléiade II, p. 1097.
[28] § 42. Ak V, p. 301; Pléiade II, p. 1081.

La religion

LE DEVOIR DE L'HUMANITÉ ENVERS ELLE-MÊME. L'ÉCRIT SUR LA RELIGION: UN PROGRÈS DÉCISIF DANS LA THÉORIE DE KANT

Gerhard Seel

Vis-à-vis de l'écrit sur la religion de 1793 (*La religion dans les limites de la simple raison*), les interprètes ont des avis très divergents. Les uns – comme Philonenko – pensent qu'il s'agit ici d'une réduction de la religion à la morale. Les autres soutiennent que Kant tire ici les conclusions qui suivent de sa conception de la morale pour la religion. À mon avis, ces interprétations sont erronées toutes les deux. Ce que Kant réalise en vérité dans cet écrit c'est une nouvelle théorie qui dépasse en plusieurs points importants ce qu'il a pensé jusque-là dans sa philosophie pratique et dans sa philosophie de la religion. Ce progrès en quoi consiste-t-il?

Je vois les quatre points suivants:

1. Il conçoit ici pour la première fois des métaprincipes de la moralité qui se situent à deux niveaux au-delà de l'impératif catégorique.

2. Il développe ici pour la première fois sa conception du mal radical.

3. Il introduit ici une toute nouvelle conception de la liberté humaine, conception qu'il avait encore explicitement rejetée dans la *Critique de la raison pratique* et qu'il va désavouer de nouveau dans la *Métaphysique des Mœurs*.

4. Il découvre ici la dimension sociale de la moralité en introduisant un nouveau sujet de l'action morale: l'humanité en tant que communauté éthique.

Voyons ces quatre points de plus près.

Les métaprincipes de la morale

La philosophie pratique de Kant marque un tournant révolutionnaire dans l'histoire de la philosophie pratique en introduisant – sous la forme de l'impératif catégorique – pour la première fois un véritable métaprincipe éthique[1]. Car l'impératif catégorique sert à tester

[1] Certes, la «règle d'or» qui fait figure de prédécesseur de l'impératif catégorique était déjà une métarègle éthique, mais elle est restée sur le plan de la sagesse des peuples et

la validité de principes de premier ordre (les maximes) et se place donc à un niveau supérieur. Dans l'écrit sur la religion Kant va encore un pas plus loin en introduisant deux niveaux ultérieurs de métaprincipes: 1. la maxime de toujours obéir à la loi morale et la maxime de toujours promouvoir l'intérêt de l'amour de soi; 2. comme ces deux métaprincipes s'avèrent incompatibles, la maxime de donner en cas de conflit la prépondérance à la première et la maxime de donner en cas de conflit la prépondérance au second. Kant appelle le premier de ces métamétaprincipes le *bon principe* et le second le *mauvais principe*. À chaque niveau de maximes comme principes subjectifs correspond un nouveau principe objectif, à savoir une nouvelle forme de la loi morale. Kant obtient ainsi une éthique dont les principes se placent à trois niveaux. Voyons cela en détail.

L'impératif catégorique exige que le sujet pratique – avant d'entamer une action selon une des maximes qu'il s'est fixées – soumette cette maxime au test de l'impératif catégorique, c'est-à-dire qu'il se demande si cette maxime peut être acceptée – après une transformation adéquate – comme loi universelle. Il exige en plus de renoncer à cette action si la maxime en question ne passe pas ce test.

Dans l'écrit sur la religion[2], Kant envisage – non plus une décision singulière – mais la série des décisions qu'on est obligé de prendre durant toute la vie quand ce qu'exige la loi morale est opposé à ce que le sujet aimerai faire par amour propre. Dans chacune de ces décisions on peut ou bien opter pour l'obéissance à la loi morale ou bien opter pour la soumission aux penchants de notre sensibilité.

Kant envisage maintenant que le sujet pratique peut se fixer des règles générales (des maximes) concernant cette série de décisions. Il dit que la nature humaine (la nature intelligible et la nature sensible) fait qu'il accepte deux règles générales comme principes de toutes ses décisions: 1. la règle de toujours suivre la loi morale, 2. la règle de toujours promouvoir l'intérêt de son amour de soi. Ce sont des maximes, donc des principes subjectifs.

Il faut bien voir qu'il s'agit ici bel et bien de métarègles qui se réfèrent à des règles d'un niveau plus bas, à savoir à la loi morale et

n'a jamais joué un rôle principal dans la pensé philosophique. Par ailleurs elle ne sert pas à tester des règles mais plutôt à évaluer la volonté.

[2] Je cite le texte de Kant dans la traduction de J. Gibelin publiée chez Vrin, en 1972 (le premier chiffre se réfère à la page de cette édition) et d'après l'édition académique (le second chiffre se réfère à cette édition).

au principe de l'amour de soi et que l'homme ne peut pas éviter de former ces métarègles (Cp. Tr. 57/AA VI, 36).

Mais ce deuxième niveau de principes n'est pas encore le dernier. Car il est évident qu'on ne peut pas suivre ces deux principes à la fois, puisqu'il y a des situations dans la vie de l'homme ou la loi morale exige de lui une action qui exclut ce que le principe de l'amour propre lui commande. L'homme doit donc se résoudre à donner la prépondérance à l'un des deux métaprincipes ou à l'autre. Il fait ceci en se fixant une nouvelle métamaxime:

«Partant, l'homme (même le meilleur) ne devient mauvais, qu'en renversant l'ordre moral des motifs qu'il insère dans ses maximes si bien qu'il insère bien – à côté de la loi de l'amour de soi – la loi morale dans ses maximes, mais quand il s'aperçoit que les deux principes ne peuvent subsister l'un à côté de l'autre et que l'un doit donc être subordonné à l'autre comme sa condition supérieure il fait du motif de l'amour propre et de ses inclinations la condition de son obéissance à la loi morale alors que c'est bien plutôt la dernière qui devrait être insérée dans la maxime générale du libre arbitre comme *condition suprême* de la satisfaction de la première et comme seul motif» (Tr. 57/AA VI, 36, ma traduction).

Ce que Kant appelle ici *maxime générale* est la règle du troisième niveau qui, se référant aux règles du deuxième niveau, établit un ordre de prépondérance entre elles. Il est clair cependant que la morale exige que dans ce choix l'homme donne la préférence à la maxime morale. Cette exigence est donc la norme morale qui en tant que métamétanorme se situe au plus haut niveau de la réflexion éthique. Par conséquent Kant appelle la maxime qui selon la morale doit être érigée comme condition de l'autre le *bon principe* et désigne l'homme qui fait ce choix comme *moralement bon*. Par contre, la maxime qui ne doit pas obtenir la prépondérance est appelée le *mauvais principe* et l'homme qui la choisit néanmoins est un homme *moralement mauvais*.

Ainsi la structure de la théorie kantienne se montre extrêmement compliquée: Nous pouvons distinguer trois types de maximes (principes pratiques subjectifs) qui se placent à trois niveaux de la réflexion. Au premier niveau nous avons les maximes que le sujet se fixe concernant sa vie concrète – par exemple, la maxime de ne jamais laisser une offense sans vengeance – et qui forment l'objet du test selon l'impératif catégorique. Au deuxième niveau nous trouvons les deux métamaximes, opposées l'une à l'autre, à savoir celle de vouloir toujours suivre la loi morale et celle de vouloir toujours poursuivre son amour propre. Au dernier niveau nous rencontrons finalement les deux métamétamaximes qui sont contraires l'une à l'autre également, à savoir celle qui donne la prépondérance à l'une et celle qui donne la prépondérance à l'autre des maximes du deuxième niveau.

En ce qui concerne les principes de la morale, nous constatons une structure analogue. À un premier niveau nous trouvons l'impératif catégorique et les maximes qui ont passé le test qu'il prescrit. C'est ce que Kant appelle très souvent *la loi morale.* À un deuxième niveau nous trouvons l'exigence d'obéir à la loi morale sans exception et au troisième niveau nous avons finalement l'exigence de donner à cette dernière exigence une priorité par rapport au principe de l'amour propre et d'en faire la condition de la poursuite de son propre bonheur.

Il y a donc – selon l'écrit sur la religion – trois formes d'impératifs moraux à trois niveaux de la réflexion éthique. Cependant il faut bien voir que l'impératif catégorique du premier niveau, celui qui a été introduit dans la *Critique de la raison pratique,* implique les deux autres principes. Car si je suis obligé d'agir selon des maximes morales, je suis également obligé d'agir ainsi pendant toute ma vie et si j'ai cette dernière obligation, je dois donner la priorité à la loi morale par rapport au principe de l'amour propre.

Le mal radical et la conversion

Kant appelle le penchant naturel de l'homme à adopter le *mauvais principe* le *mal radical.* Cependant, Kant se trouve dans une sorte de dilemme quant au fondement ontologique du *mauvais principe*: d'un côté ce principe est librement adopté par l'homme et par conséquent il n'y a ni nécessité ni fatalisme d'être bon ou mauvais, mais de l'autre côté ce mal est universel et doit donc être lié à l'humanité elle-même. Kant n'offre pas de solution convaincante à ce dilemme. Il maintient les deux positions tout en reconnaissant leur incompatibilité et il dit que «l'origine rationnelle de ce penchant au mal ... reste pour nous impénétrable» (Tr. 65/AA VI, 43). Apparemment il veut tenir compte de la doctrine chrétienne du péché originel. À mon avis la seule issue à l'impasse serait de prendre, d'un côté, l'expression *penchant* au pied de la lettre et de considérer le penchant comme universel et ancré dans la nature de l'homme en tant que citoyen à la fois du monde sensible et du monde intelligible et de considérer, de l'autre côté, que le fait qu'un homme individuel cède à ce penchant en adoptant le *mauvais principe* résulte d'un acte complètement libre et est par conséquent un fait tout à fait contingent.

Cette liberté se réfère à nos inclinations sensibles et érige leur satisfaction en principe suprême de nos décisions. Ceci crée un nouveau dilemme pour Kant, puisque d'un côté le mal radical étant naturel ne peut pas être éradiqué, mais de l'autre côté il doit pouvoir être vaincu par un changement libre fondamental. Ce changement radical de l'adhérence au *mauvais principe* à l'adoption du *bon principe* est par conséquent l'obligation morale principale de chaque être humain. Mais Kant a des difficultés à expliquer comment cela est possible.

Sur ce point Kant s'inspire de nouveau de la doctrine chrétienne. Il parle de «révolution dans la mentalité de l'homme» et dit que l'homme «ne peut devenir un homme nouveau que par une espèce de renaissance à l'instar d'une création nouvelle (Évangile selon St-Jean III, 5; Cf. I Moïse I, 2)» (Tr. 70-71/AA VI, 47, ma traduction). Cette renaissance est effectuée par un acte de résolution libre par lequel l'homme «convertit le principe suprême de ses maximes qui en faisait un méchant homme ... (revêtant ainsi un homme nouveau)» (Tr. 71/AA VI, 47-48). Pour rendre la possibilité d'un tel acte compréhensible Kant a besoin d'un concept de liberté qui dépasse celui qu'il avait développé dans la *Critique de la raison pratique*. Ce nouveau concept sera l'objet du paragraphe suivant.

La liberté comme libre arbitre

Dans la *Critique de la raison pratique* Kant ne connaît pas le concept de libre arbitre en tant que capacité de décision libre. Le concept de liberté est défini d'un côté comme «indépendance à l'égard de toute matière de la loi (c'est-à-dire à l'égard d'un objet désiré) et de l'autre côté comme "détermination de l'arbitre" par la simple forme législatrice universelle, dont une maxime doit être capable» (Tr. 647/AA V, 33). Le premier aspect, c'est ce Kant appelle *liberté au sens négatif*, le second représente la *liberté au sens positif*.

Cependant les raisonnements que Kant poursuit dans l'écrit sur la religion l'obligent à admettre la capacité que possède l'être raisonnable fini de choisir entre deux principes de la raison. Car ici la liberté ne peut plus être définie comme indépendance à l'égard des inclinations de la sensibilité, puisque – comme nous l'avons vu – l'adoption du *mauvais principe* n'est pas le résultat d'une influence mauvaise exercée par notre sensibilité mais plutôt l'accomplissement d'un acte libre. Pour rendre la conversion au *bon principe* possible, nous n'avons donc pas seulement besoin d'une indépendance par rapport à la causalité du monde sensible[3], mais nous devons en plus

[3] Kant souligne cette condition dans une note (Tr. 73-74, AA VI, 49) où il s'attaque au *prédéterminisme* «d'après lequel des actes volontaires en tant qu'événements ont leurs

être capables d'un choix intellectuel entre deux principes intellectuels. Kant admet une telle capacité explicitement quand il dit: «suivant qu'il (l'homme) admet ou non dans sa maxime les mobiles compris dans cette disposition (pour le bien, G. S.) (ce qui doit être entièrement laissé à son libre choix), c'est lui-même qui fait qu'il devient bon ou mauvais» (Tr. 67/AA VI, 44). Ainsi – au moins au niveau le plus haut de la réflexion éthique – Kant accepte finalement un concept de libre arbitre comme capacité de choisir.

Cependant, dans la *Métaphysique des Mœurs*, Kant fait de nouveau marche arrière et nie qu'on puisse définir le concept de liberté ainsi. Il déclare que «la liberté du libre arbitre ne peut être définie comme la capacité de choisir, si on agit pour ou contre la loi (*libertas indifferentiae*) – comme certains ont essayé de le faire – bien que le libre arbitre en tant que phénomène en donne souvent des exemples dans l'expérience» (AA VI, 226, ma traduction). Kant admet ici que l'expérience nous donne des exemples de cette liberté de choisir. S'il refuse néanmoins de définir la liberté par cette capacité, c'est uniquement à cause de la doctrine selon laquelle l'homme appartient à la fois au monde sensible et au monde intelligible. Car l'homme est libre uniquement comme citoyen du monde intelligible et cette liberté «ne saurait être posée dans le fait que le sujet raisonnable peut également faire un choix qui est contraire à sa raison (législatrice)» (AA VI, 226, ma traduction). Ce qu'il nie ici, il l'avait explicitement admis dans l'écrit sur la religion. Car choisir le *mauvais principe* n'est rien d'autre que faire un choix qui est contraire à la raison.

Le nouveau sujet de la pratique morale: l'Église

Comme nous l'avons vu, Kant se place dans la tradition chrétienne en affirmant qu'il faut une conversion, c'est-à-dire un changement radical dans l'attachement moral, pour que l'homme se libère de son attachement au *mauvais principe* et qu'il s'engage à suivre le *bon principe*. Cependant, cette conversion n'est pas seulement problématique sur le plan métaphysique, elle rencontre en plus des obstacles sérieux au niveau social. Car – selon Kant – les hommes exercent les uns sur les autres une mauvaise influence en donnant des mauvais exemples dans la vie sociale. Cette influence rend quasi impos-

causes déterminantes *dans le temps antérieur* (qui ainsi ce qu'il contient n'est plus en notre pouvoir)» (ma traduction).

sible qu'un homme puisse se libérer tout seul du *mauvais principe*. La seule issue de cette impasse consiste dans la création d'une institution d'entraide morale. Car il faut opposer un palliatif social à l'obstacle social. De ce raisonnement résulte la conception kantienne d'une communauté éthique, voire d'une république éthique qui a comme tâche d'assurer le progrès moral de chacun et de l'humanité tout entière. Voilà l'idée d'un nouveau sujet moral.

Kant décrit cette république éthique en suivant l'analogie avec la république juridique (l'État), mais en marquant à chaque niveau de la comparaison la différence qui existe néanmoins entre elles. Le premier point de comparaison est le fait que l'État juridique aussi bien que l'État éthique forment une seconde étape dans le développement rationnel de l'humanité. Il y a donc dans les deux cas une première étape, moins rationnelle qui précède l'étape ultérieure. Kant appelle cette première étape, selon la tradition de la philosophie du droit, «état de nature». Dans l'état de nature, dit Kant, «chacun se donne à lui-même sa loi et il n'y a pas de loi extérieure à laquelle il se reconnaîtrait soumis» (Tr. 129/AA VI, 95), de plus il «est son propre juge et il n'existe pas d'autorité publique».

La première différence entre les deux cas, évoquée par Kant, est la suivante: tandis qu'un État juridique peut obliger et même forcer tout homme qui entre en relation avec ses citoyens à devenir citoyen et sujet à moins qu'il ne soit pas déjà citoyen d'un autre État, chacun est libre d'entrer dans la communauté éthique ou de rester dans l'état de nature. Il y a cependant – comme dans le cas de l'État civique – une obligation morale de sortir de l'état de nature. La deuxième différence concerne la législation. Dans l'État juridique c'est le souverain qui donne les lois, dans l'État éthique le législateur est Dieu en tant qu'être raisonnable infini. Dans sa législation morale, la volonté divine a comme unique objet les ordres de la raison pratique pure. C'est pourquoi – selon Kant – quand nous affirmons dans la prière *fiat voluntas tua*, nous voulons dire que la loi morale soit suivie sur terre (Tr. 136/AA VI, 101). Mais dans l'État éthique, Dieu n'est pas seulement législateur, il est aussi juge et pour cela il a besoin de sonder les cœurs des hommes. Il y a encore une troisième fonction de Dieu. Comme souverain de l'État éthique il s'occupe du bien-être de ses sujets. Il est donc, tout comme le souverain de l'État civil, bienveillant vis-à-vis de ses sujets (Cp. Tr. 184/AA VI, 139). Cependant cette bienveillance n'est pas identique à la miséricorde. En effet, Kant critique sévèrement la doctrine – surtout en sa forme calviniste – selon laquelle une vie selon la loi morale ne saurait être le mérite de l'homme, mais uniquement l'œuvre de la grâce divine et il rejette également la doctrine de la miséricorde selon laquelle Dieu peut pardonner les péchés. Car cela serait en contradiction avec le rôle de Dieu comme juge équitable (Cp. la note 1 à la page Tr. 184/AA VI, 140).

Dans l'analogie avec l'État civique il nous manque encore un dernier élément: les citoyens. En effet, Kant conçoit l'humanité tout entière comme le peuple qui forme idéalement l'ensemble des citoyens de l'État éthique (Cp. Tr. 132/AA VI, 97-98).

En effet, – selon Kant – chaque être raisonnable a l'obligation morale de s'unir à tous les autres pour former ce que Kant appelle plus tard *l'Église idéale*. C'est pourquoi il peut parler d'un «devoir du genre humain envers lui-même» (Tr. 132/AA VI, 97). On ne saurait surestimer l'importance de cette tournure dans la pensé kantienne de la morale. Comme nous l'avons indiqué au début, Kant introduit ici un nouveau type de sujet de l'action morale, L'humanité ou l'Église idéale.

Comme cette communauté éthique n'est qu'un idéal transcendental que chacun est obligé de poursuivre, mais qui ne se réalisera qu'à la fin de l'histoire, Kant la nomme *Église invisible*. Il caractérise cette Église idéale par quatre propriétés selon la table des catégories:

1. L'Église est universelle et ne saurait donc se diviser en sectes.
2. L'Église est pure, c'est-à-dire «purgée de l'imbécillité, de la superstition et du fanatisme» (Tr. 137/AA VI, 101).
3. L'Église est libre aussi bien en ce qui concerne les rapports de ses membres entre eux, qu'en ce qui concerne son rapport extérieur avec le pouvoir politique.
4. L'Église est invariable dans sa constitution.

Cependant Kant distingue de cette Église invisible l'Église visible ou plutôt les Églises visibles qui représentent les unions effectives des hommes en quête de l'Église idéale. L'Église visible n'a pas et ne peut pas avoir les caractéristiques de l'Église invisible. Elle n'est pas universelle, elle n'est pas pure, elle n'est pas libre et elle n'est pas invariable. Ce dernier point est important, car il rend possible l'exigence de Kant que toutes les Églises visibles doivent se reformer continuellement pour s'approcher de plus en plus de l'idéal de l'Église invisible. Ces Églises visibles ne se fondent pas sur la pure raison, mais sur un livre considéré contenir une révélation divine. Comme fait historique ce livre a besoin d'être interprété. C'est pourquoi l'Église visible va instaurer une caste d'interprètes privilégiés. Cette caste dispose donc du sens de la loi divine, elle s'arroge la législation sur les mœurs et elle règne en tant que telle sur les membres de l'Église. Toutes ces caractéristiques inévitables de l'Église visible donnent lieu à des abus que Kant va critiquer sévèrement dans la quatrième partie de son écrit.

LA CRITIQUE KANTIENNE DE LA PREUVE PHYSICO-THÉOLOGIQUE ET SON CONTEXTE HISTORIQUE

Jean Seidengart

Le Kant précritique du *Beweisgrund* pensait avoir engagé la cosmologie dans la voie sûre de la science newtonienne, ce qui permettait à la physico-théologie «rénovée» de compléter efficacement la preuve ontothéologique inversée. L'avènement du criticisme kantien récusa 18 ans plus tard, comme on sait, le caractère démonstratif de ces deux preuves, tout en concédant que la preuve physico-théologique produit une «irrésistible conviction». Quels sont les attendus de cette profonde mutation?

* * *

Le Monde dont il est question dans l'*Idéal transcendantal* n'est plus seulement l'*Idée* de Monde pris comme totalité absolue de ce qui existe dans l'espace et le temps, mais le *spectacle* du monde [*Schauplatz*][1], c'est-à-dire le Monde comme objet de *contemplation* que nous retrouvons, d'une part, dans la *Critique de la raison pratique* (le *ciel étoilé*) et, de l'autre, dans la *Critique de la faculté de juger* (la *vue sublime du ciel étoilé*).

Grâce à la délimitation parfaitement claire des territoires de la science et de la métaphysique opérée par la *Critique*, puis, à l'intérieur de la métaphysique, la distinction du théologique et du cosmologique, Kant réexamine, sans aucun danger cette fois, son approche *cosmique* du divin qui hantait encore les pages de la *Théorie du ciel* en 1755. À partir de la révolution copernicienne opérée dans la *Critique*, Kant a désormais établi les limites qui séparent originellement [*Ur-Teil*] penser et connaître, tandis que la cosmologie précritique mêlait encore confusément science, métaphysique et théologie.

Pour quelles raisons la perception du spectacle du monde qui se donne à nous ne peut-elle conduire à une preuve concluante de l'existence de Dieu, malgré tout le poids de cette expérience *subjec-*

[1] Kant, *KrV.*, Ak III, 414; pour la traduction française nous nous référons toujours ici à celle de Renaut, Paris, GF, 547. Kant lui-même insiste sur cette distinction dans la *K.U.*, Ak V, 270; tr. fr. Philonenko, Paris, Vrin, 1968, § 29, Remarque, p. 107; cf. aussi *ibid.*, § 86, Ak V, 442; Vrin, p. 250-251.

tive? Au sein du criticisme, sa véritable fonction est de mener à une philosophie de l'espérance, comme cela transparaît déjà manifestement dès la première *Critique*. D'ailleurs, c'est avec une émotion bien visible que Kant s'exprime en présentant cette dernière preuve, contrairement aux deux précédentes dont le caractère abstrait ne les rendait accessibles qu'à une toute petite élite de philosophes. Ici, Kant se fait donc lyrique en évoquant le caractère prestigieux et grandiose de l'argument:

> Le monde présent, qu'on l'explore dans l'infinité de l'espace ou dans la division illimitée à laquelle il peut donner lieu, nous propose un théâtre si incommensurable de diversité, d'ordre, de finalité [*Zweckmäßigkeit*] et de beauté que, même à travers les connaissances que notre faible entendement a pu en acquérir, tout langage, confronté à des merveilles si nombreuses et si infiniment grandes, se sent privé de ses capacités d'expression, tous les nombres perdent leur puissance de mesure et même nos pensées ne parviennent plus à tracer aucune limite, si bien que notre jugement porté sur le tout ne peut que se dissoudre en un étonnement muet, mais d'autant plus éloquent[2].

À première vue, cette preuve présente de réels avantages tant du côté de la science que de celui de la foi. Pour la première, en effet, l'argument «est même profitable pour étendre l'usage de la raison au sein de l'expérience», sans craindre pour autant que cela nuise à la foi, puisque ces connaissances «accentuent notre croyance [*Glauben*] en un auteur suprême, au point d'en faire une irrésistible conviction». Aussi, Kant n'a pas l'intention de ruiner cette preuve, car il entend «la recommander et l'encourager»[3]. D'ailleurs, sa puissance est telle que ce serait «un geste totalement inutile, que de vouloir retirer à cette preuve une dimension de son autorité»[4]. Du reste, de subtils raisonnements chicaniers perdent toute force face à cette preuve qui part de l'observation directe de l'ordre du monde pour s'élever à Dieu. Ainsi, la démarche spontanée de la raison consiste à partir:

> du regard jeté sur les merveilles de la nature et sur l'agencement majestueux du monde, pour s'élever de grandeur en grandeur jusqu'à la grandeur suprême, du conditionné à sa condition, jusqu'à l'auteur ultime et inconditionné[5].

[2] *KrV.*, Ak III, 414-415; GF, 547-548.

[3] *KrV.*, Ak III, 416; GF, 549: «Bien que nous n'ayons aucune objection à présenter contre ce que peut avoir de raisonnable et d'utile ce procédé, mais que nous ayons plutôt à le recommander et à l'encourager».

[4] *KrV.*, Ak III, 415; GF, 548.

[5] *KrV.*, Ak III, 416; GF, 549.

Il ne s'agit donc pas d'entrer dans une dispute interne à la métaphysique, ni de chercher à éradiquer l'argument qui relève bien d'une disposition naturelle de la raison humaine et que rien ne saurait inhiber. Il faut plutôt *déplacer* ce procédé naturel de la raison de son terrain *métaphysique* afin d'examiner ce que cette preuve peut bien valoir sur le plan de la *connaissance*. C'est là que s'amorce la critique kantienne proprement dite qui élève trois objections principales contre la preuve en question.

a) Tout d'abord, la principale objection de la critique kantienne, (déjà présente dès l'époque du *Beweisgrund*), c'est son caractère *insuffisant*, puisqu'elle est *incomplète* par elle-même. Elle tend à nous élever *vers* «l'Auteur suprême et inconditionné», mais sans jamais parvenir à l'atteindre. Mais les raisons de cet échec sont déterminées de façon plus précise dans la première *Critique*. En effet, l'Auteur du monde n'étant pas lui-même d'ordre empirique, il est donc impossible, en remontant du conditionné à sa condition, d'aboutir à la cause première *inconditionnée*, c'est-à-dire de sauter du sensible au suprasensible sans porter atteinte à la logique transcendantale:

> Le pas qui achemine vers l'absolue totalité est entièrement impossible par la voie empirique. Or, c'est pourtant ce que l'on fait dans la preuve physico-théologique[6].

Kant place ses lecteurs face à une alternative intenable: ou bien l'être suprême fait partie de la chaîne des conditions, et dans ce cas il relève de l'empirie, ne pouvant ainsi être cause première inconditionnée; ou bien, en tant que suprasensible, il n'est pas inclus dans la série des causes naturelles, alors se pose la question du passage du sensible au suprasensible:

> Quel pont la raison peut-elle bien établir, dans ces conditions, pour parvenir jusqu'à lui, étant donné que toutes les lois du passage des effets aux causes, toute synthèse et toute extension même de notre connaissance en général ne s'appliquent à rien d'autre qu'à l'expérience possible[7].

Ignorer ce point, c'est rester victime d'une illusion consistant à croire que l'on peut s'élever du sensible au suprasensible par une régression continue de la raison, ce qui est contradictoire.

[6] *KrV.*, Ak III, 418; GF, 551.
[7] *KrV.*, Ak III, 414; GF, 547.

b) La deuxième objection de Kant porte sur le recours implicite au raisonnement par *analogie* pour essayer de *légitimer* le passage du sensible au suprasensible en présumant que les productions de la *nature* sont comparables à des œuvres d'*art*[8], c'est-à-dire à des «œuvres finalisées»[9] qui présupposent «un principe organisateur doué de raison prenant pour fondement des Idées»[10].

> On peut conclure à l'unité de cette cause [du monde] à partir de l'unité de la relation réciproque des parties du monde considérées comme les éléments d'une construction, cela avec certitude pour ce que notre observation atteint, mais pour le reste avec vraisemblance, en suivant tous les principes de l'analogie[11].

D'ailleurs, le concept d'*Auteur* du monde[12] renvoie implicitement à l'*art* (en rapportant l'œuvre à son Auteur) et la preuve exige de notre part une concession problématique, puisque nous ignorons tout de ce que peut être l'éventuel mode d'action de Dieu. Certes, dans sa *Théorie du ciel*, Kant, suivant en cela les enseignements de l'école leibnizo-wolffienne[13], considérait encore la *nature* comme l'*art* de Dieu[14]. Cependant, dès la première *Critique*, il devient clair que ce genre de comparaison est illégitime puisque la nature n'est connaissable qu'en vertu de la liaison causale, tandis que l'analogie de l'*art*, faisant appel à la *finalité*, débouche sur un Dieu-artiste purement anthropomorphique. De plus, il était communément admis dans les traités de logique de l'époque que le raisonnement par *analogie* ne peut jamais obtenir une certitude apodictique, mais seulement du vraisemblable. C'est pourquoi, dès la fin des *Analogies de l'expérience*, Kant avait déjà mis en garde ses lecteurs contre toute tentation de prendre appui sur une analogie *conceptuelle* pour démontrer à partir

[8] Cf. *KrV.*, Ak III, 417; GF, 550: «à partir de l'analogie entre quelques productions de la nature et ce que produit l'art humain».

[9] *Ibid.*

[10] *KrV.*, Ak III, 416; GF, 549.

[11] *KrV.*, Ak III, 416-417; GF, 550.

[12] *KrV.*, Ak III, 418; GF, 551.

[13] Cf. Leibniz, *Monadologie*, 1714, § 64, GP VI, 617, éd. Frémont, t. III, GF, 1996, p. 257: «Mais les machines de la nature, c'est-à-dire les corps vivants, sont encore machines dans leurs moindres parties, jusqu'à l'infini. C'est ce qui fait la différence entre la nature et l'art, c'est-à-dire entre l'art divin et le nôtre».

[14] Cf. par exemple, Kant, *Théorie du ciel*, Ak I, 318; tr. fr. Paris, Vrin, 1984, p. 156: «Quelle foule incalculable de fleurs et d'insectes, détruit un seul jour de froid; mais combien ceux-ci peu nous manquent, bien qu'ils soient des œuvres d'art splendides de la nature et des preuves de la toute-puissance divine».

d'une existence quelconque une autre existence sans se référer à l'expérience:

> On ne peut aucunement aller d'un objet et de son existence à l'existence de l'autre objet ou à sa manière d'exister par l'intermédiaire de simples concepts de ces choses, et ce de quelque manière qu'on les analyse. Quelle possibilité nous reste-t-il alors? Celle de l'expérience, comme connaissance où tous les objets doivent finalement pouvoir nous être donnés[15].

c) La dernière objection est directement liée à la précédente. En effet, Kant précise que l'argument n'aboutit pas au concept d'un Auteur raisonnable de la *matière* du monde, mais seulement de sa *forme* qui est *contingente*, en ce sens que la simple relation causale [*nexus effectivus*] ne saurait rendre compte de la finalité [*nexus finalis*][16] et de l'ordre inhérent aux êtres vivants, de l'harmonie ou de la convenance qui règnent entre les différentes lois de la nature. C'est donc reconnaître que la preuve aboutit tout au plus à un «architecte du monde [*Weltbaumeister*]», mais non point à un «créateur du monde [*Weltschöpfer*]»[17]. À ce niveau, il reste encore à démontrer que cet Auteur raisonnable du monde est Dieu. D'où la nécessité de déterminer plus avant l'Idée de Dieu en passant à la preuve cosmologique, puis à la preuve ontologique qui, comme on sait, n'est pas concluante.

En revanche, il est clair que Kant reconnaît à plusieurs reprises que si la preuve physico-théologique n'est pas concluante, cela ne signifie nullement, pour autant, qu'elle soit vaine et superflue. D'ailleurs elle permet à Kant de prendre conscience que son intérêt véritable réside dans les principes *subjectifs* de la faculté de juger [*Urteilskraft*] (faculté déjà bien présente dès l'*Analytique des Principes*, puisqu'elle servait de médiation entre l'*entendement* et la *raison*)[18]. En effet, dans la mesure où la preuve produit en nous une «irrésistible conviction»[19], c'est qu'elle est *subjectivement* suffisante, mais *objectivement*

[15] *KrV.*, Ak III, 184-185; GF, 276.

[16] Sur cette distinction cf. *KrV.*, Ak III, 453; GF, 586.

[17] *KrV.*, Ak III, 417; GF, 550.

[18] *KrV.*, Ak III, 130; GF, 220: «Les pouvoirs supérieurs de la connaissance [...] sont: l'*entendement*, la *faculté de juger* et la *raison*. Cette doctrine traite donc, dans son analytique, des *concepts*, des *jugements* et des *raisonnements*, en conformité directe avec les fonctions et l'ordre des facultés de l'esprit que l'on comprend sous la dénomination large d'entendement en général».

[19] *KrV.*, Ak III, 415; GF, 548.

insuffisante[20]. Or, ce statut épistémologique de la *conviction* relève plutôt du *croire* [*Glauben*] (au sens fort du terme) que du *savoir* [*Wissen*][21]. Kant voulait surtout démontrer aux écoles philosophiques (en proie au dogmatisme) que cette preuve n'en est pas une et que ce sont ses prétentions qui sont insensées. Cela une fois admis, Kant reconnaît expressément que cette démarche de la raison peut légitimement fortifier la foi, tout en jouissant d'une véritable popularité:

> L'ordre, la beauté et la prévoyance magnifiques qui apparaissent partout dans la nature ont dû à eux seuls produire la croyance en un sage et puissant *auteur du monde* – à la faveur d'une conviction qui se répand dans le public, dans la mesure où elle repose sur des fondements rationnels[22].

Le tout, c'est d'avoir bien conscience que cet argument n'est qu'une *hypothèse* et qu'il ne peut jamais passer lui-même pour une connaissance, bien qu'il puisse servir d'aiguillon à la recherche scientifique, même si «là où nous attendions une articulation téléologique (*nexus finalis*), nous n'en trouvions qu'une qui fût simplement mécanique ou physique (*nexus effectivus*)»[23]. D'où une sorte de tension essentielle entre le connu et l'inconnaissable, dont l'effet le plus positif est de reculer aussi loin que possible les frontières de l'inconnu. En somme, ce «*focus imaginarius*» vers lequel semblent converger toutes les diverses démarches de la recherche scientifique, ce foyer sert de point de fuite à toutes les perspectives qu'il nous est possible d'adopter pour explorer le monde des phénomènes. L'*usage régulateur* est bon en lui-même, à condition d'avoir compris que c'est à la raison elle-même que cette supposition «d'une intelligence suprême conçue comme cause de l'univers»[24] est profitable, car elle lui permet de viser une «plus grande unité systématique»[25]. Elle suffit à la *subjectivité*, à condition d'en rester définitivement à la modalité du «*comme si*», qui est celle de ce que la troisième *Critique* appelle les jugements *réfléchissants*. Ces réflexions irrépressibles, que nous inspirent la grandeur incommensurable, l'ordre, la finalité et la beauté du spectacle du Monde, conservent tout leur sens comme miroir de nos espérances, comme le montre la troisième *Critique*.

[20] Kant précise dans la *KrV.*, Ak III, 536; GF, 672: «La conviction n'est pas une certitude logique, mais *morale*».

[21] *KrV.*, Ak III, 533; GF, 668.

[22] *KrV.*, *Préface à la 2e* édition, Ak III, 20; GF, 86.

[23] *KrV.*, Ak III, 453; GF, 586.

[24] Ak III, 452; GF, 585.

[25] *Ibid.*

Du reste, c'est dans sa *Critique de la faculté de juger* que Kant élargit la *finalité* régulatrice à toute la Nature en général ainsi envisagée comme «système des fins»[26]. Cet élargissement *téléologique* n'accroît nullement notre connaissance, mais il permet de préciser le rôle de la physico-théologie au sein du criticisme, à savoir comme «propédeutique» à la *théologie* plutôt qu'aux sciences physiques[27]. Dans la nature, en effet, tout se tient et nous ne pouvons nous empêcher de penser à un «*entendement intuitif*»[28], infini, créateur, capable d'organiser l'uni-totalité de la nature. Tout au plus, *pressent*-on qu'il pourrait y avoir un Dieu organisateur de l'univers, car l'unité de la nature apparaît *comme* un système organique dont le mécanisme ne peut rendre compte, mais qui pourrait bien, pour un entendement *intuitif*, s'accorder avec la finalité[29].

Enfin, pour penser la nature comme totalité englobant toutes les causes et les systèmes, nous sommes amenés à poser un entendement architectonique: c'est-à-dire un entendement comme celui de Dieu. D'où le passage possible, *en pensée*, de la téléologie à la théologie:

> Une théologie physique (proprement physico-théologique) peut au moins servir de propédeutique à la théologie proprement dite, car par la considération des fins naturelles, dont elle fournit une riche matière, elle permet de s'élever à l'Idée d'un but ultime, que la nature ne peut proposer; en conséquence elle peut faire sentir le besoin d'une théologie, qui déterminerait d'une manière suffisante le concept de Dieu pour l'usage pratique suprême de la raison, mais non la produire ni la fonder d'une façon satisfaisante sur ses propres preuves[30].

Le spectacle du monde suscite en nous, par son immensité, sa beauté, son ordonnance régulière et sa variété, le besoin de chercher une finalité et une unité ultimes, à l'occasion des jugements réfléchissants que ne pouvons nous empêcher de former. Toutefois, la physico-théologie peut tout juste nous conduire au seuil de la théologie et même d'une théologie morale, non au-delà. C'est pourquoi elle sert seulement de propédeutique ou de transition vers un autre ordre qu'elle ne peut que *suggérer*, contrairement à ce qu'avait affirmé Newton dans le Scolie général de ses *Principia* et que l'*Aufklärung* croyait encore plausible.

[26] *K.U.*, § 67, Ak V, p. 377; Vrin, 303.
[27] *K.U.*, § 68, Ak V, p. 384; Vrin, 312.
[28] *K.U.*, § 77, Ak V, p. 406; Vrin, 345.
[29] *K.U.*, § 77, Ak V, p. 409; Vrin, 348-349.
[30] *K.U.*, § 91, Ak V, p. 485; Vrin, 454.

LA PHILOSOPHIE KANTIENNE DE LA RELIGION FACE AU MYSTICISME

Robert Theis

En 1797, Carl Arnold Wilmans présentait à l'université de Halle une thèse dont le titre complet était: *Dissertatio philosophica de similitudine inter mysticismum purum et kantianam religionis doctrinam.* L'écrit allait paraître encore la même année et Wilmans en envoya un exemplaire ainsi qu'une longue lettre d'accompagnement à Kant, que celui-ci faisait publier en 1798 – avec la permission de l'expéditeur –, en appendice à la première section du *Conflit des facultés.* La rédaction de cette première partie était déjà terminée, signalons-le, dès la fin de l'année 1794.

Kant avait fait parvenir la thèse ainsi que la lettre de Wilmans à son ancien élève et ami Reinhold Bernhard Jachmann avec la prière de bien vouloir examiner publiquement certains concepts qui y figuraient. C'est en 1800 que paraît cet examen public qui porte le titre *Prüfung der Kantischen Religionsphilosophie in Hinsicht auf die ihr beygelegte Aehnlichkeit mit dem reinen Mystizismus* (Examen de la philosophie kantienne de la religion du point de vue de la similitude affirmée avec le mysticisme pur)[1]. Kant lui-même avait rédigé à cette occasion une brève préface dont le but était, d'après ses propres termes, de manifester son amitié à l'égard de l'auteur, mais qui est en fait davantage qu'un simple témoignage d'amitié dans la mesure où il y insiste, avec toute la clarté souhaitable, sur la démarcation du criticisme par rapport à toute récupération de la part de prétendues philosophies. C'est là, à ses yeux, le véritable enjeu du texte de Jachmann, un enjeu qui s'inscrit dans un contexte qui dépasse largement la discussion de la problématique développée par Wilmans. À travers la discussion de la question de la similitude entre la philosophie kantienne et le mysticisme transparaît en effet la question de la singularité de la philosophie critique en tant que telle.

Nous voudrions nous attacher d'abord au débat direct qui est en jeu à travers le thème de la similitude pour élargir, à la fin, le questionnement sur la problématique indiquée précédemment, à savoir celle de la singularité du point de vue criticiste. Pour cela, nous

[1] Réédité avec une introduction par nos soins en 2001 aux éditions Olms, Hildesheim.

partirons des remarques mêmes de Wilmans dans sa lettre à Kant. Wilmans y écrit avoir rencontré une «classe d'hommes que l'on nomme séparatistes, mais qui se nomment eux-mêmes mystiques»[2]. Il s'agit en l'occurrence d'un courant au sein du piétisme. Les racines du séparatisme remontent à l'époque de la Réforme[3]; des précurseurs immédiats se retrouvent chez les quakers anglais. Wilmans renvoie d'ailleurs directement aux quakers[4] en signalant que, quant aux principes, les séparatistes ne se distinguent pas d'eux. Dans sa thèse de 1797, il mentionne le théologien quaker Robert Barclay dont l'ouvrage *An Apology for the True Christian Divinity* (en latin: 1676) a exercé une grande influence sur le séparatisme allemand. Les historiens de la théologie nous apprennent qu'au tournant du XVIIe au XVIIIe siècle, il existait plusieurs centres séparatistes en Allemagne, notamment en Westphalie où Wilmans était né (Bielefeld)[5].

Wilmans dit avoir été frappé par le fait que ces hommes «vivaient sans célébrer aucun service de Dieu, rejetaient tout ce qui se nomme service de Dieu et ne consiste pas dans l'accomplissement de ses devoirs»[6]. Par ailleurs, ils ne considèrent pas la Bible «comme leur code»[7] et ne parlent que d'un christianisme intérieur «séjournant en nous depuis l'éternité»[8]. Wilmans souligne qu'un examen attentif de leurs principes montre que, pour l'essentiel, on y retrouve la morale et la doctrine religieuse de Kant.

Nous allons développer les différents aspects que renferment ces remarques de Wilmans en commençant par la question du «service de Dieu» qui consiste dans l'accomplissement des devoirs et en poursuivant avec le problème de l'interprétation de la Bible. Nous ajouterons un troisième point que la lettre de Wilmans ne mentionne pas directement, à savoir la question du statut de la «régénération».

[2] *Le Conflit des facultés*, Ak VII 74 (cité: *Conflit*). Les Œuvres de Kant seront citées d'après l'édition de la Pléiade *Emmanuel Kant. Œuvres philosophiques*, Paris, 1980 sqq. On indiquera toutefois la pagination de l'édition de l'Académie des sciences de Berlin laquelle se trouve également en marge dans l'édition de la Pléiade.

[3] Cf. article "Separatisten", in RGG 5, col. 1703.

[4] Cf. *Conflit*, Ak VII 74.

[5] Cf. Friedrich Wilhelm Kantzenbach, *Orthodoxie und Pietismus*, Gütersloh, 1966, 174 sqq.

[6] *Conflit*, Ak VII 74.

[7] *Ibid.*

La problématique du service de Dieu ou de l'Église invisible

C'est donc à propos de la conception de l'Église invisible que se retrouve, aux yeux de Wilmans, un premier point de rencontre entre le mysticisme et le kantisme.

Quelle est la position de Kant au sujet de l'Église et de l'articulation d'une ecclésiologie dans les limites de la simple raison par rapport à d'autres formes d'associations ecclésiales? Le *Conflit des facultés* aborde le problème en question par le biais d'une considération critique des sectes religieuses: «Dans ce qui mérite d'être appelé proprement *religion*, il ne peut y avoir nulle diversité de sectes (car elle [la religion] est une, universelle et nécessaire, par conséquent invariable), mais bien dans ce qui concerne la foi d'Église, qu'elle soit fondée simplement sur la Bible, ou aussi sur la tradition, en tant que la foi dans ce qui est seulement véhicule de la religion, est tenue pour un article de celle-ci»[9]. La religion est «la croyance qui situe l'essentiel du culte de Dieu dans la moralité de l'homme»[10]. Dans ce sens, on parlera alors de «catholicisme rationnel» (cf. 7: 50; 52). La foi d'Église ou foi statutaire en revanche est une sorte de paganisme. Dans les travaux préparatoires au *Conflit des facultés*, Kant considère le culte comme l'élément central du paganisme. Par culte, il ne faut pas simplement entendre des actes cultuels au sens étroit du terme, mais la foi en certaines doctrines statutaires ainsi que les obligations qui en découlent[11].

Or, c'est l'institution même d'une foi d'Église qui est, aux yeux de Kant, le lieu de naissance du sectarisme: «À partir du point donc où la foi d'Église commence à parler pour elle-même avec autorité, sans veiller à sa rectification par la pure *foi religieuse*, apparaît aussi le sectarisme»[12].

Les sectes sont donc en totale contradiction avec l'idée même de l'Église invisible, à savoir «un corps éthique sous une législation divine morale»[13] dont les caractéristiques sont l'universalité, la pureté, la liberté et enfin l'invariabilité de sa constitution. Aucune de ces conditions n'est remplie dans les sectes: elles sont particularistes comme le montre entre autres le séparatisme; elles ne sont pas pures dans la mesure où l'union de leurs membres ne repose pas sur des

[8] *Ibid.*

[9] *Ibid.*, Ak VII 48.

[10] *Ibid.*, Ak VII 49.

[11] Cf. Ak XXIII 445.

[12] *Conflit*, Ak VII 51.

[13] *La Religion dans les limites de la simple raison*, Ak VI 101 (cité: *Religion*).

motifs exclusivement moraux; les rapports entre les membres ne sont pas régis par la loi de la liberté, mais par le contrôle des consciences et la contrainte – Kant songe ici certainement à cette «Jugendsklaverei» qu'il a si douloureusement ressentie durant ses années au collège piétiste qu'était le *Fridericianum* à Königsberg[14]; enfin, les constitutions des sectes sont contingentes et reposent sur des symboles arbitraires.

Si tel est le cas, qu'en est-il dès lors des remarques de Wilmans qui prétend avoir découvert chez les séparatistes, précisément au niveau de leur *ecclésiologie*, des similitudes avec la pensée kantienne? Est-ce que le constat d'après lequel ces hommes rejettent tout ce qui est culte divin et qui ne consiste pas dans l'accomplissement des devoirs suffit pour parler de similitude? Certes, la quatrième partie de l'écrit sur la *Religion* parle du «faux culte» et dit que «tout ce que l'homme pense pouvoir faire, hormis la bonne conduite, pour se rendre agréable à Dieu est simplement illusion religieuse et faux culte (*Afterdienst*) de Dieu»[15]. Il s'agit en l'occurrence de superstition religieuse[16]; une telle «illusion religieuse enthousiaste est la mort morale de la raison, sans laquelle cependant il ne peut y avoir de religion»[17].

À première vue donc, la similitude entre le mysticisme et la philosophie religieuse de Kant semble établie sur ce point. Jachmann, pour sa part, discute la question dans les dernières pages de son écrit. Or, ce n'est pas tant la thèse mysticiste elle-même qu'il critique, mais avant tout les *présupposés* mêmes de l'attitude mystique à l'égard du culte. Le culte intérieur est un faux culte parce qu'il repose sur une illusion (*Wahn*) du fait que le mystique se considère déjà comme un élu de Dieu sans avoir fait, par lui-même, le moindre effort pour être vertueux. Il considère dès lors son attente silencieuse, sa passivité à l'égard de l'influence divine et les louanges qui résultent d'une communauté enthousiaste comme étant un véritable culte qui plaît à Dieu[18].

Même si Jachmann concède aux mystiques l'effort moral pour éviter le mal et pour suivre les commandements de la justice, il n'en reste pas moins qu'à ses yeux, il existe de cette façon deux manières hétérogènes pour honorer Dieu. Le culte moral en revanche exclut tout ce qui est mécanique, toute passivité pieuse, et consiste unique-

[14] Cf. Manfred Kühn, *Kant. Eine Biographie*, München, 2003, p. 63 sqq.
[15] *Religion*, Ak VI 170.
[16] Cf. *ibid.*, Ak VI 174.
[17] *Ibid.*, Ak VI 175.
[18] Cf. Jachmann, *Prüfung*, 170 sqq.

ment dans l'intention issue de la raison pratique. Vu les présupposés des mystiques, leur culte, même intérieur, est vicié et ne renferme aucune similitude avec le culte divin tel que le conçoit Kant.

La problématique de l'herméneutique biblique

C'est dans le concept même de la religion telle que la définit Kant, à savoir que «la religion (considérée subjectivement) est la connaissance de tous nos devoirs en tant que commandements divins»[19] et dont la fin propre est «l'amélioration de l'homme»[20], donc dans le concept d'une religion et d'une foi morales qu'est fondée l'interprétation dite morale de l'Écriture. Dans la *Religion*, Kant écrit que l'analyse de la révélation qui nous est parvenue doit être telle que «le sens s'accorde avec les règles pratiques universelles d'une pure religion de la raison»[21]. Dans le *Conflit des facultés*, Kant va même radicaliser cet aspect en affirmant qu'une interprétation morale ne consiste pas dans une sorte d'extraction d'un sens moral des textes bibliques, mais dans un «Hineinlegen» d'un tel sens dans ces écrits: «Le théologien biblique dit: cherchez dans les Écritures, vous qui entendez trouver la vie éternelle. Mais cette vie éternelle, parce que la condition n'en est autre que l'amélioration morale de l'homme, nul homme ne peut la trouver dans un livre quelconque que s'il l'y a introduite, parce que les concepts et principes requis pour cela doivent nécessairement non pas être, à proprement parler appris de quelqu'un d'autre, mais seulement, à l'occasion d'un exposé, se déployer à partir de la raison propre du maître»[22].

C'est précisément ce principe herméneutique qui amena certains théologiens à détecter une «similitude» entre certains concepts dits mystiques, c'est-à-dire moraux, et des concepts kantiens. Christian Wilhelm Flügge énumère dans son ouvrage *Einfluß der Kantischen Philosophie auf alle Zweige der Theologie* (1796)[23] des auteurs favorables à une exégèse dite morale dont le plus connu était Christian Friedrich von Amonn (1766-1850), mais aussi K.H.L. Pölitz et J.H. Tieftrunk pour n'en mentionner que quelques-uns.

Cette exégèse morale était cependant loin de faire l'unanimité. Les représentants de la méthode historico-critique lui faisaient le

[19] *Religion*, Ak VI 153.
[20] Cf. *ibid.*, Ak VI 112.
[21] *Ibid.*, Ak VI 110.
[22] *Conflit*, Ak VII 37.
[23] Réimpr. en 1982 aux éditions Olms, Hildesheim.

reproche d'accommodation. Flügge parle à ce propos de la «Kantische Accomodirmethode»[24] que, par ailleurs, lui-même dit aimer et estimer. Ces exégètes la considèrent comme un retour en arrière à l'exégèse allégorico-mystique tant décriée[25].

C'est à cette critique que Kant réagit dans le *Conflit des facultés*. «C'est exactement le contraire, attendu que, quand le théologien biblique prend l'enveloppe de la religion pour la religion elle-même, il doit présenter par exemple tout l'Ancien Testament comme une continuelle allégorie [...] de l'état encore à venir de la religion, s'il ne veut pas admettre que celui-ci aurait déjà autrefois constitué la vraie religion [...]; ce par quoi en conséquence le Nouveau Testament serait rendu superflu»[26]. Kant fait valoir que l'herméneutique morale, du fait qu'elle s'appuie sur des principes rationnels, est seule à même d'éloigner la mystique[27]. Il renvoie cette sorte d'interprétation dans le domaine de la fantaisie: «L'imagination se perd inévitablement dans le transcendant, si elle ne rattache pas le surnaturel (qu'il faut penser dans tout ce qui se nomme religion) à des concepts déterminés de la raison, comme les concepts moraux, et elle conduit à un illuminisme de révélations intérieures dont tout un chacun a ensuite la science propre et pour lesquelles il n'y a plus aucune pierre de touche publique de la vérité»[28].

Dans la *Religion*, cette interprétation mystique est identifiée à ce que Kant appelle le «troisième prétendant» dans l'interprétation biblique (à côté de l'interprétation morale de la religion et de l'exégèse philologique). Elle y est caractérisée comme recourant à un «sentiment *intérieur* pour connaître le vrai sens de l'Écriture et en même temps son origine»[29]. Kant est catégorique en ce qui concerne, non point le rejet pur et simple du sentiment – le sentiment moral est dit être «unzweideutig» (non équivoque)[30] –, mais en ce qui concerne le fait que ce n'est pas sur la base d'un sentiment qui est quelque chose de privé et de purement individuel, qu'on peut conclure à une quelconque universalité et donc à une pierre de touche quant à

[24] Christian Wilhelm Flügge, *Einfluß der Kantischen Philosophie auf alle Zweige der Theologie*, Hannover, 1796, p. 126.

[25] En ce qui concerne la similitude entre l'exégèse kantienne et l'exégèse dite mystique, C.A. Amonn avait publié, en 1796, un petit écrit *Ueber die Aehnlichkeit des inneren Wortes einiger neuerer Mystiker mit dem moralischen Worte der Kantischen Schriftauslegung*. Amonn ignorait à ce moment le texte de la première partie du *Conflit*.

[26] *Conflit*, Ak VII 45.

[27] *Conflit*, Ak VII 46; cf. Jachmann, *Prüfung*, p. 144.

[28] *Conflit*, Ak VII 46.

[29] *Religion*, Ak VI 113.

[30] *Ibid.*, Ak VI 114.

«d'authenticité d'une révélation»[31]. En définitive, le sentiment n'enseigne absolument rien; il ouvre au contraire la porte à toute sorte d'enthousiasme (*Schwärmerei*). Jachmann dira dans son écrit que la raison est exclue du sentiment[32].

On n'aura pas de peine à détecter dans ces formulations des thèmes que Kant a déjà développés notamment dans *Qu'est-ce que s'orienter dans la pensée?* Contester à la raison le droit de parler en premier lieu; lui contester sa fonction d'orientation dans le domaine du suprasensible au nom d'une «intuition transcendante (*überschwenglich*) qualifiée de "croyance"»[33], c'est ouvrir portes, et fenêtres à l'enthousiasme, la superstition, voire à l'athéisme. L'adversaire, à l'époque, était Jacobi.

La problématique de la «régénération» (Wiedergeburt)

Nous aborderons maintenant un troisième point de la confrontation de la pensée religieuse et morale de Kant avec le mysticisme, à savoir la question de la régénération.

Wilmans, il est vrai, ne la discute pas dans sa lettre à Kant d'où nous sommes partis dans les remarques précédentes. Pourtant, il s'agit là, nous semble-t-il, d'un point capital quant à la démarcation de la pensée kantienne par rapport au mysticisme. Cette question rejoint une préoccupation de Kant exposée dans l'*Appendice* de la première partie de l'écrit sur la *Religion*, à savoir la question comment l'homme qui est radicalement mauvais par nature – et cela en raison d'un fait originaire intelligible, d'une *Urtat* avant tout fait par lequel il a toujours déjà perverti l'ordre moral des maximes – et qui pourtant a une disposition tout aussi fondamentale au bien, peut opérer en lui-même la conversion au bien. «Si dans le fondement de ses maximes l'homme est corrompu, comment est-il possible que par ses propres forces, il effectue cette révolution et devienne un homme de bien?»[34] Ce sera par une révolution dans l'intention – laquelle par ailleurs dépasse tous nos concepts – que l'homme y parviendra et qu'il deviendra un «homme nouveau». Dans la *Religion*, Kant utilise à ce propos le terme de «régénération»: ce sera par «une sorte de

[31] *Ibid.*
[32] Cf. Jachmann, *Prüfung*, p. 147.
[33] *Qu'est-ce que s'orienter dans la pensée?*, Ak V 268.
[34] *Religion*, Ak VI 47.

régénération, pour ainsi dire par une nouvelle création [...] et un changement de cœur»[35] qu'il y parviendra.

Or, cette notion de «régénération» renvoie à l'expérience centrale du piétiste: c'est dans l'expérience de la régénération que le piétiste devient un homme nouveau. Kant serait-il donc, quant à cette thèse fondamentale de sa philosophie religieuse, plus près du piétisme qu'on ne veut bien l'admettre?

C'est dans le *Conflit des facultés* qu'il aborde la question de front: ce sera par rapport à deux sectes piétistes ou mystiques qu'il entend se démarquer, d'une part la secte de Spener, le fondateur du mouvement, et de Francke, la figure de proue du piétisme à Halle, d'autre part la secte du comte Zinzendorf, le fondateur de la communauté des frères de Herrenhut. C'est avec une remarquable connaissance des nuances entre ces deux sectes que Kant expose leurs positions respectives. Nous ne retiendrons ici que le *point commun* entre les deux par rapport auquel Kant prend ses distances. Pour les mystiques, la transformation ou la régénération repose sur un sentiment et est possible seulement grâce à une influence surnaturelle: «[...] les deux partis conviennent que cela ne peut se passer naturellement»[36]. L'homme est donc considéré dans cette «théologie» comme étant dans un état de minorité, de passivité: *de lui-même, il ne peut rien.* Or, c'est précisément sur ce point que diverge la position de Kant: selon lui, la vie vertueuse n'est pas l'effet de la grâce divine, mais de la raison pratique. Nous avons en nous une disposition morale qui est telle que nous avons le pouvoir de devenir vertueux parce que nous avons l'obligation de le devenir. C'est en cela que réside «la véritable solution de ce problème (de l'homme nouveau)»[37]. Aux yeux de Kant, la Bible va dans la même direction: non pas «faire allusion à des expériences surnaturelles et à des sentiments extatiques qui devraient produire cette révolution à la place de la raison, mais au contraire à l'esprit du Christ pour le faire devenir nôtre (comme il le montre lui-même dans son enseignement et à travers son exemple), ou plutôt, puisqu'il est déjà en nous avec la disposition morale originelle pour lui procurer de la place»[38].

Derrière le débat sur le mysticisme en matière de religion se cache encore un autre débat, voire un autre combat, à savoir celui mené contre la philosophie du sentiment. À ce propos, il est remar-

[35] *Ibid.*
[36] *Conflit*, Ak VII 56 sq.
[37] *Ibid.*, Ak VII 59.
[38] *Ibid.*

quable que Kant saisisse l'occasion de la petite préface à l'ouvrage de Jachmann pour parler précisément de *philosophie*. Partant de la définition de la philosophie comme «*Weisheitslehre*», il se demande si la sagesse doit être comprise comme infusée par une sorte d'inspiration d'en haut ou si l'homme y accède grâce à la force de sa raison pratique. Dans le premier cas, on affirme la possibilité absurde d'une expérience suprasensible qui s'appuie sur une doctrine secrète que Kant n'hésite pas à qualifier d'«*Afterphilosophie*». Or, c'est précisément contre cette «fausse philosophie» qu'il avait publié en 1796 un petit article dans la *Berlinische Monatsschrift* intitulé *Sur un ton supérieur nouvellement pris en philosophie*. Cet écrit de circonstance était dirigé contre un ouvrage d'un certain Johann Georg Schlosser sur Platon, ouvrage imprégné d'un «mysticisme platonisant du sentiment»[39]. Le problème en fait le préoccupe déjà depuis le milieu des années 80 comme en témoigne *Qu'appelle-t-on s'orienter dans la pensée?* Le «travail herculéen» de la raison[40] ne saurait être rendu superflu par des illuminations qui nous feraient accéder directement à la chose elle-même, en l'occurrence le suprasensible. C'est là un «salto mortale» qui ne fait que causer de la confusion dans les esprits. Le recours au sentiment signifie la «mort de toute philosophie».

[39] Karl Vorländer, *Immanuel Kant. Der Mann und das Werk*, Hamburg, 1992, t. 2, p. 272.

[40] Cf. *Sur un ton*, VIII 390.

IL GIOBBE DELL'ILLUMINISMO. KANT E IL PROBLEMA DELLA TEODICEA

Peter Koenig

L'interesse di Kant per Rousseau inizia nell'anno 1762. Nell'estate Kant legge l'*Emile*, ed è così conquistato da questa lettura che per alcuni giorni rinuncia persino alla sua passeggiata quotidiana[1]. Rousseau provoca in lui quel cambiamento che alcuni anni dopo Kant così descrive: «Io stesso sono per inclinazione naturale un ricercatore. Provo fino in fondo la sete di conoscere e l'avida inquietudine di andare avanti con le ricerche, e anche la soddisfazione per ogni risultato. Ci fu un tempo in cui credevo che solo questo potesse portare onore all'umanità e disprezzavo la plebe ignorante. Rousseau mi ha fatto ravvedere. Si dilegua l'abbagliante privilegio, imparo a rispettare gli uomini e mi sentirei più inutile di un banale operaio se non pensassi che le mie ricerche possano dare a tutti un'occasione per ristabilire i diritti dell'uomo»[2].

Tra le riflessioni di Kant se ne trova anche un'altra, risalente all'anno 1764 o 1765, che ci informa sul significato che il filosofo di Koenigsberg attribuiva a Rousseau per la moderna concezione filosofica dell'uomo. Kant stabilisce un confronto fra Rousseau e Newton e paragona le loro rispettive scoperte. Newton, secondo lui, ha visto per primo che l'ordine e la regolarità dell'universo sono legati a un'estrema semplicità e «da allora le comete si muovono in orbite geometriche», mentre prima di lui si vedeva solo disordine e diversità male assortita. Rousseau invece ha scoperto per primo la natura profonda dell'umano, che è celata sotto la molteplicità delle figure[3]. A questa interpretazione, d'altro canto, Kant lega l'idea che Rousseau, attraverso la scoperta delle leggi del mondo morale abbia fornito anche una giustificazione di Dio e della divina provvidenza, confermando così il precetto di Pope che tutto ciò che esiste è anche buono.

Possiamo chiederci perchè Kant attribuisca proprio a Rousseau questo particolare merito e non invece, come sembrerebbe più naturale, a Leibniz, o a Wolff, i sostenitori più in vista della tesi secondo

[1] Cfr. A. V. Gulyga, *Immanuel Kant*, Ffm 1981, p. 58.
[2] *Kant's gesammelte Schriften* (Akademieausgabe), XX, p. 44.
[3] *Kant's gesammelte Schriften* (Akademieausgabe), XX, p. 58-59.

cui il mondo reale rappresenta il migliore di tutti i mondi possibili e il dolore e la miseria sono solo una conseguenza di quei limiti che se da un lato sono resi necessari dall'esistenza di Dio, dall'altro risultano meno evidenti che in altri dei mondi possibili e dunque sono da considerare essi stessi parte del bene. In altre parole, perché Rousseau rappresenta per Kant il pensatore che ha trovato una risposta convincente al problema della teodicea, la giustificazione di Dio di fronte all'esistenza del male nel mondo?

A questo punto occorre ricordare che se le riflessioni in cui Kant esprime questa opinione risalgono agli anni '60, nel 1791 Kant pubblica un saggio in cui dimostra il fallimento di tutti i tentativi filosofici di teodicea. Può darsi che, nel momento in cui parla di Rousseau, Kant creda ancora possibile la riuscita di un tentativo filosofico di teodicea, che trenta anni dopo invece rifiuterà. Ma sarebbe certo più interessante pensare che Kant anche nel 1791 abbia ritenuto possibile una soluzione rousseauiana del problema. Io credo che nel saggio appena citato ci siano degli indizi per ritenere che le cose stiano così.

Kant inizia la trattazione del 1791 con la spiegazione di ciò che si intende con teodicea: si tratta, dice, della «difesa della saggezza suprema del Creatore contro le accuse che le muove la ragione a partire dalla considerazione di quanto nel mondo vi è di contrario al fine di questa saggezza»[4]. Colui che voglia difendere la causa di Dio può farlo in tre modi: può provare che la base dell'accusa è falsa, perchè il mondo non è in contrasto con il fine o non contiene nulla che sia contrario al fine e perciò non c'è nulla che si possa rimproverare a Dio; può mostrare che il contrasto con il fine non va visto isolatamente ma invece come conseguenza necessaria della natura delle cose; oppure può provare che il contrasto con il fine non è da imputare a Dio, ma alle creature del mondo e alla loro libera decisione.

Nel suo saggio Kant mostra che tutti questi tentativi da parte dei difensori di Dio sono destinati a fallire e che gli argomenti da loro portati non reggono. Il motivo di questa posizione adesso non ci interessa, ma c'è un dettaglio che è importante.

Kant infatti all'inizio della sua trattazione dice che il problema della teodicea ruota in generale attorno a quello della contrarietà al fine, nella misura in cui esso si contrappone alla saggezza di Dio; più avanti distingue chiaramente tre diversi possibili tipi di questa contrarietà: uno incondizionato, uno condizionato e uno dato dalla

[4] I. Kant, *Scritti di filosofia della religione*, a cura di G. Riconda, Milano, 1989, p. 53.

combinazione tra le prime due forme – ovvero, formulato in modo meno astratto: esiste un contrasto con il fine che consiste nell'esistenza del male (il fatto che gli uomini sono cattivi e compiono azioni cattive) – e ciò va contro la santità di Dio nella sua proprietà di legislatore; c'è poi il contrasto con il fine che consiste nell'esistenza del male e del dolore nel mondo, della malattia e della morte, che va contro la bontà di Dio nella sua proprietà di padrone del mondo; e c'è infine il contrasto con il fine che consiste nell'impossibilità di punire con regolarità il male morale, lasciando soffrire i buoni e gli innocenti, che va contro la giustizia di Dio nella sua proprietà di giudice. Il problema della teodicea, insomma, si caratterizza più precisamente nel modo seguente: com'è possibile giustificare la santità, la bontà e la giustizia di Dio di fronte all'esistenza del male morale, del male metafisico e dell'ingiustizia?

Dato questo presupposto, in che cosa potrebbe consistere la soluzione di Rousseau al problema della teodicea?

Nel secondo *Discours* Rousseau mostra che l'uomo per natura è buono, nel senso ristretto che non conosce la distinzione tra bene e male. Dal punto di vista del mondo morale l'uomo per natura non è né egoista né altruista, o piuttosto è tutte e due le cose contemporaneamente, dal momento che possiede per natura insieme all'amore di sé anche la compassione. Attraverso l'ammissione dell'indifferenza morale dell'uomo nell'originario stato di natura viene dunque controbattuta anche la base dell'accusa contro Dio, che esista il male morale nel mondo. A ciò si aggiunge il fatto che l'uomo nello stato di natura non è infelice e non deve soffrire per il male metafisico: Rousseau lo descrive nel secondo *Discours* come essere autarchico, e vede le esigenze minime che lo spingono all'azione come facilmente superabili. Dal momento che per l'uomo di natura di Rousseau i primi due tipi di contrasto con il fine descritti da Kant non esistono, anche il terzo decade. L'uomo allo stato di natura è buono e vive soddisfatto di sé e del suo stato. Perciò, insomma, l'accusa di essere responsabile della miseria degli uomini non riguarda Dio. Se esiste il male nel mondo e se gli uomini ne soffrono, se nel mondo accanto al bene morale si trova anche il male morale, né l'uomo allo stato di natura né Dio ne hanno colpa. La colpa ce l'ha evidentemente *la società*. Questa almeno è l'interpretazione che Ernst Cassirer dà della soluzione rousseauiana al problema della teodicea[5]. Secondo Cassirer la soluzione di Rousseau consiste nella scoperta di *un nuovo soggetto*,

[5] Cf. E. Cassirer, *Das Problem Jean Jacques Rousseau*, in: E. Cassirer, J. Starobinski, R. Daruton, *Drei Vorschläge, Rousseau zu lesen*, Frankfurt/Main, 1989, p. 38.

appunto la società, a cui attribuire la responsabilità del male e del dolore nel mondo. Non è Dio né l'uomo singolo a essere responsabile per il contrasto con il fine nel mondo ma la società, questo soggetto anonimo, inafferrabile, che risveglia nell'uomo l'egoismo e la vanità che gli fa desiderare dominio e potere, ricchezza e riconoscimenti e non gli lascia, almeno all'inizio, nessuna possibilità di autodeterminazione.

Se questa è la soluzione che Rousseau dà al problema della teodicea e che Kant nel 1762 loda, c'è però un punto che non sfugge alla critica. È certo giusto che l'uomo allo stato di natura è buono e non è neppure consapevole della propria mortalità, così come lo stato di natura in sè non ha motivo di trasformarsi in un altro stato, sociale o borghese. Ma nella realtà queste trasformazioni si sono verificate, ci sono state rivoluzioni sulla terra, gli uomini sono stati confinati in isole e per necessità hanno dovuto evolversi in un certo modo, reagire al mutamento della situazione, come sostiene lo stesso Rousseau nel suo Discorso. Dunque si dovrebbe ammettere che ciò era stato previsto nel grande piano di Dio. Ma in che misura si può allora liberare Dio da ogni responsabilità per il male e il dolore nel mondo? Se è la società che lascia che gli uomini scoprano la differenza tra bene e male, che li spinge alla cattiveria e al vizio e che procurando e suscitando sempre nuovi bisogni li rende disponibili all'esperienza del male, perché nella creazione del mondo ha trovato posto la società?

Può darsi però che né Rousseau né Kant si sarebbero trovati d'accordo con questa soluzione al problema della teodicea illustrata da Cassirer. Rousseau, e Kant con lui, potrebbero sempre obbiettare che l'uomo non solo si trasforma in un essere sociale, ma ha anche la possibilità di riconquistare, non appena diventa schiavo di un altro, quella libertà originaria che ha perduto, senza per questo dover tornare allo stato di natura. Lo stato fondato sul contratto sociale rappresenta proprio un progetto di società in cui tutti decidono per il singolo e il singolo per tutti e in cui – almeno idealmente – non si possono prendere decisioni che riguardino il singolo nelle quali egli nello stesso tempo non si autodetermini con la propria volontà. È qui che il soggetto inafferrabile e senza nome, la società, si fonde con l'individuo e finisce per essere attratta nell'orbita di responsabilità della sua libertà e autodeterminazione. Quello che appare in contrasto con il fine, l'abbandono dello stato di natura originario, la miseria e il dolore dello stato sociale, le lotte della storia, risultano legate e giustificate con uno scopo assoluto, in definitiva politico, della cultura. Che l'uomo, attraverso le sue molteplici vicende storiche, arrivi a fondare uno stato in cui diventa nuovamente capace di autodeterminarsi (tanto come singolo che come specie) è il fine ultimo che si può attribuire alla storia.

È di nuovo Kant che formula in parole programmatiche questa interpretazione. Nel saggio *Idea di una storia universale dal punto di vista cosmopolitico* l'ottava delle nove tesi recita:

> Si può considerare la storia della specie umana nel suo insieme come l'effettuazione di un occulto piano della natura per porre in essere una costituzione politica internamente (e a questo scopo anche esteriormente) perfetta, come l'unica condizione di cose in cui essa può pienamente sviluppare tutte le sue disposizioni in seno all'umanità[6].

Più avanti, nel commento all'ultima delle sue tesi, leggiamo:

> Una tale *giustificazione* della natura (o meglio della *Provvidenza*) non è affatto un motivo di poca importanza per scegliere un particolare punto di vista nella concezione dell'universo. Che giova infatti esaltare e far considerare l'eccellenza e la sapienza della creazione nel regno della natura irrazionale, se la parte del gran teatro della suprema sapienza, cioè la storia della specie umana, che contiene lo scopo di tutto questo, deve sempre rimanere un'eterna obiezione in contrario, che ci costringe a distogliere con risentimento i nostri occhi da tale spettacolo e, nel dubbio di arrivare mai a scoprire in esso un disegno perfetto e razionale, ci porta a sperare di trovarlo in un altro mondo[7]?

Questa difesa della *Naturgeschichte* dell'uomo, questo tentativo di trovare nella storia almeno un segno che faccia sperare che non si tratti solo di un gioco meccanico di forze irrazionali che lascia avanzare barcollando attraverso la storia la specie umana, ma che invece siamo in presenza di un chiaro avvenimento teleologico ed è possibile ascrivere alla natura un'intenzione, attribuirle una certa astuzia, tutto questo non si può certo scambiare con una soluzione del problema della teodicea. Il fatto che ci siano segni di miglioramento, di acculturazione degli uomini in e grazie a uno stato di cosmopolitismo autorizza forse un certo ottimismo, ma non basta a far decadere l'accusa che sia Dio a permettere o addirittura a prevedere nel mondo il contrasto con il fine.

È possibile dunque che la soluzione al problema della teodicea che Kant attribuisce a Rousseau sia da cercare altrove. Anche in

[6] I. Kant, *Scritti politici e di filosofia della storia e del diritto, con un saggio di Christian Garve*, a cura di N. Bobbio, L. Firpo, V. Mathieu, Torino, 1956, p. 134.

[7] *Ibid.*, p. 138.

questo caso una chiave potrebbe venire dalla trattazione di Kant sulla teodicea.

Dopo aver mostrato il fallimento di tutti i tentativi di giustificazione dei vari tipi di contrasto con il fine nel mondo, Kant torna nuovamente con le sue riflessioni a distinguere tra due concezioni di teodicea, una dottrinale e una autentica. Questa distinzione emerge quando si intende come teodicea una «*interpretazione* della natura, in quanto Dio manifesta attraverso di essa l'intenzione della sua volontà»[8]. Ma la volontà dichiarata di un legislatore può essere interpretata in due diverse maniere: in modo dottrinale, se ci si attiene al testo e alle espressioni della dichiarazione riconducendole alle intenzioni già note o presupposte del legislatore, oppure autentica, quando è il legislatore stesso a farsi carico dell'interpretazione e a spiegare come deve essere intesa la sua dichiarazione. Nel caso del problema della teodicea, per Kant siamo di fronte a una alternativa simile: da un lato si può intendere il mondo come una dichiarazione divina, dalla quale ricavare per via di argomentazione (*herausvernuenfteln*) la vera intenzione del suo creatore. In questo caso si tratta di una teodicea dottrinale. Per Kant rientrano in questa categoria tutti i tentativi *filosofici* di teodicea: essi sono tutti destinati al fallimento, perchè la ragione umana vi travalica i propri limiti e si attribuisce una capacità conoscitiva superiore alle sue possibilità. D'altra parte è possibile chiedersi se Dio non ci parli anche in modo diretto e non ci dica in che cosa consiste la sua volontà. Si avrebbe così la possibilità di una teodicea autentica, una possibilità che per Kant in effetti esiste. Kant osserva in proposito che:

> non si può negare il nome di teodicea anche al puro e semplice rifiuto di tutte le accuse rivolte alla saggezza divina, quando esso risulta da un *decreto divino* o, ciò che in questo caso è la stessa cosa, da un decreto di quella ragione, tramite la quale ci formiamo necessariamente e prima di ogni esperienza un concetto di Dio come essere morale e saggio[9].

Kant si basa qui su principi della sua teologia morale, tra cui da un lato quello secondo cui la ragione teoretica o speculativa supera i propri limiti quando ambisce alla possibilità della conoscenza di Dio, dall'altro quello per cui la ragione pratica può fornire la base per essere convinti dell'esistenza di Dio, della sua essenza e della sua intenzione – o almeno per esserne convinti in un modo sufficiente-

[8] Kant, *Scritti di filosofia della religione*, p. 59.
[9] *Ibid.*, p. 59-60.

mente giustificato dal punto di vista soggettivo. Che la ragione pratica possa fare ciò, dipende per Kant da un fatto specifico e innegabile: la consapevolezza indiscutibile di essere sottoposti all'imperativo morale categorico. Kant chiama talvolta questa particolarità della ragione un *Machtspruch der Vernunft* (un decreto della ragione), perché vi si esprime una volontà che non ha bisogno di essere giustificata da niente altro o di essere sottoposta alle domande, una volontà che ha già in sé la forza di imporsi.

Il legame tra il concetto di una teodicea autentica e Rousseau diventa chiaro nel paragrafo successivo. Kant sostiene che una teodicea autentica di questo genere si ritrova in forma allegorica anche nell'episodio biblico di Giobbe, e riassume così il succo della storia:

> Giobbe viene rappresentato come circondato da tutto ciò che si può immaginare giovi a rendere perfettamente felice la vita di un uomo. Egli ha salute, benessere e libertà, comanda su altri che può rendere felici, vive in seno ad una famiglia fortunata, tra amici cari: e sopratutto (quel che più importa) è in pace con sé medesimo in buona coscienza. Tutti questi beni (ad eccezione dell'ultimo) improvvisamente gli sono tolti da un destino tremendo che s'abbatte su di lui per metterlo alla prova. Dopo lo stordimento iniziale per questo inaspettato rovesciamento della sua sorte, Giobbe a poco a poco ritorna in sé medesimo e scoppia allora in lamenti sulla sua cattiva stella. Allora fra lui e gli amici che si presentano con il pretesto di consolarlo, si accende ben presto una disputa, in cui entrambe le parti, ciascuna secondo la propria opinione [...] avanzano la propria teodicea per dare una spiegazione morale di quel cattivo destino[10].

Gli argomenti che si alternano dalle due parti non sono particolarmente rilevanti. Notevole è invece la differenza di carattere e di interpretazione tra Giobbe e i suoi amici. Giobbe parla come pensa e come gli viene, come verrebbe a ogni uomo nei suoi panni; gli altri invece parlano come se Dio, di cui difendono la causa, li stesse ascoltando e dicono certe cose non perché siano convinti che sono vere ma perché sperano così di potersi ingraziare il favore dell'onnipotente. Giobbe rappresenta la semplicità, la spontaneità, l'onestà del cuore e alla fine viene anche ricompensato da Dio; i suoi amici invece rappresentano la malignità, l'inganno, la menzogna, la confessione intesa come mezzo per arrivare a qualcosa. «Dunque la sincerità di cuore», dice Kant, «e non l'eccellenza nel conoscere, l'onestà di confessare i propri dubbi apertamente e la ripugnanza a fingere in

[10] *Ibid.*, p. 60.

modo ipocrita convinzioni non sentite e sopratutto di fronte a Dio, con il quale è folle volere giocare d'astuzia, queste sono le qualità che nel giudizio divino hanno deciso la superiorità dell'onesto, nella persona di Giobbe, nei confronti dell'ipocrisia religiosa»[11]. Non conta tanto la verità del giudizio che si dà su Dio, la sua esistenza e le sue intenzioni nella creazione, quanto l'onestà con cui si manifesta il proprio giudizio o la propria posizione: il fatto insomma che non si sostiene niente di diverso da ciò di cui si è convinti in coscienza. Solo su questo, su una vera e onesta confessione di fede può fondarsi una autentica teodicea.

Ma questa è per l'appunto un'idea rousseauiana. Per Rousseau l'uomo allo stato sociale diventa un essere malvagio, ipocrita, simulatore che mira a ottenere il favore di chi è ricco e potente e sta sempre ben attento a nascondere le sue vere intenzioni. Ma Rousseau vuole mostrare anche, e con questo movimento retorico cominciano le *Confessioni*, che anche nello stato di società l'uomo è capace di *onestà del cuore* ed è in grado di dire, senza abbellimenti e senza guardare al proprio tornaconto, come vede le cose. È proprio questa semplicità morale rousseauiana che Kant ha davanti agli occhi quando nel saggio sulla teodicea scrive:

> C'è qualcosa di toccante e di capace di elevare l'animo nella presentazione di un carattere sincero, lontano da ogni falsità e doppiezza. Poiché però l'onestà, una pura semplicità e dirittura d'animo (e sopratutto la schiettezza), è il minimo che si può esigere da un buon carattere, non si vede su che cosa si fondi l'ammirazione che proviamo per questo, a meno che non si ammetta che la sincerità è la qualità da cui la natura umana è più lontana. Triste osservazione! Tutte le altre qualità infatti, in quanto si fondano su principi, possono avere un vero valore interiore solo tramite essa[12].

L'esempio di Rousseau mostra per Kant che la sincerità, la semplicità, la dirittura del pensiero su cui si fonda il valore vero della morale e dei principi morali, sono possibili, per quanto forse non si diano molto spesso.

Potremmo dire che, agli occhi di Kant, Rousseau è il Giobbe dei tempi moderni. Con questa immagine del resto concorda la rappresentazione che lo stesso Rousseau ha dato di sé: come uno che ha scelto la verità, nonostante le persecuzioni, vere o immaginate, nonostante le difficoltà della sua vita e tutti i conflitti interiori. Da qui

[11] *Ibid.*, p. 61.
[12] *Ibid.*, p. 63-64.

trae origine l'ammirazione di Kant; è qui che Kant vede in definitiva la soluzione alla questione della teodicea, nel senso di un'interpretazione autentica della volontà di Dio.

KANT ET LE MOUVEMENT SPIRITISTE

Marius Dumitrescu

En 1784, dans le numéro de septembre de la publication *Berlinische Monatsschrift*, Moses Mendelssohn a rendu public son étude de la question: *Qu'est-ce que les Lumières?* On traite ici de la culture et des Lumières comme étant deux éléments nécessaires à l'harmonisation entre l'essence humaine et l'essence du citoyen, on dit que les Lumières, en tant que processus de libération de l'être humain de l'empire des superstitions et préjugés, est indispensable à l'humanité. Dans ce climat des *Lumières* soutenu par la science, surtout par la physique newtonienne, on assiste, de manière inexplicable à première vue, à la ressuscitation de l'occultisme sous la forme du mouvement spiritiste, du magnétisme, de l'astrologie, etc. Les mouvements révolutionnaires qui ont ébranlé l'Europe et l'Amérique au XVIIIe siècle ont été accompagnés par l'occultisme. Le Comte Cagliostro et le Comte Saint-Germain, deux parmi les plus connus occultistes, annonçaient la fin de tout un cycle historique. Ils fascinaient par leurs pérégrinations spatio-temporelles. Cagliostro, dans sa qualité de *Grand Cophte*, a été le créateur d'un rite maçonnique axé sur les mystères égyptiens relatifs à la transmigration de l'âme. L'ordre spirituel et politique qui avait assuré l'équilibre de l'Europe était au crépuscule, et des forces invisibles sonnaient le triomphe d'une nouvelle ère. Dans ce contexte, toute personne qui mettait la réalité en question était la bienvenue. C'était un monde mûr, qui sentait l'imminence d'un changement. Des Rosicruciens et des Francs-Maçons occultistes de toute sorte sont devenus du jour au lendemain des gens très à la mode. Leur mission était de hâter la décrépitude de la vieille ère. D'une part, il y avait les forces qui édifiaient l'esprit moderne, à savoir la science mécanique, l'encyclopédisme, l'école d'histoire, de sciences naturelles, etc., d'autre part, il y avait les forces destinées à stimuler le déclin de la vieille ère avec ses privilèges, qui apportaient une senteur de mystère, d'occulte, d'ancien et de ténébreux. Dans les termes d'une alchimie de la culture, les deux forces représentent l'aspect d'*albedo* et de *nigredo*, de construction et de déconstruction, de naissance et de putréfaction, des étapes indispensables à la vie. Le XVIIIe siècle marque la fin des guerres religieuses qui ont divisé l'Europe du XVIIe siècle. L'Église ne trouvait plus de justification idéologique pour motiver ses répressions sanglantes dont les victimes étaient, d'habitude, les intellectuels. Le mouvement hermétique, qui a fasciné le climat culturel de l'Europe de la fin du XVe siècle jusqu'à la première moitié du XVIIe siècle, trouvait un climat tout à fait propice de manifestation. Les préoccupations occultes de cette période, parmi lesquelles une place spéciale était occupée par la communication avec les entités spirituelles, et qui, un siècle plus tôt, ont coûté la vie à Giordano Bruno, se trouvaient maintenant en terrain favorable. Un Don Juan pouvait se convertir beaucoup plus facilement dans un libertin, comme Casanova, qui menait sa vie dans les salons exubérants d'une aristocratie décrépite. Un Faust pouvait passer beaucoup plus facilement converti dans un homme de la nouvelle science, comme l'était Newton qui, avec la prudence nécessaire, était préoccupé, d'une manière tout à fait sérieuse, par l'alchimie. Le matérialisme fruste, imposé par l'omnipotence de la mécanique, était doublé des plus excentriques expériences de salon qui excitaient les facultés physiques et psychiques par la consommation des produits exotiques tels le tabac, le café, le cacao, etc.

Dans cette atmosphère, le jeune Kant s'intéresse au mouvement spiritiste, motivé par le mécontentement ressenti envers le matérialisme, qui était devenu une mode de l'époque. La grande censure de l'imaginaire du XVIIe siècle[1] a culminé par l'acceptation comme données de la recherche scientifique seulement des choses qui tiennent du monde visible, vérifiables du point de vue expérimental et soumises à la cohérence mathématique. Kant, en consensus avec les exigences de l'époque, par la fameuse théorie cosmogonique, a élaboré un modèle mécanique de l'univers, connu dans l'histoire de la science sous le nom du modèle Kant-Laplace. Pourtant il restait encore beaucoup d'aspects que la science ne pouvait expliquer, comme par exemple la transmission du mouvement, problème sur lequel s'est penché Leibniz, ou la nature de l'attraction gravitationnelle, à laquelle on pourrait ajouter l'impossibilité d'avoir une explication pour les affinités électives. De tels aspects dépassaient les frontières de la science mécanique, en envoyant à d'autres formes de connaissance. En 1766 Kant, sous la forte impression du visionnaire suédois Emmanuel Swedenborg, nous surprend par son ouvrage *Les rêves d'un visionnaire expliqués par des rêves métaphysiques*, qui prouve le fait que le philosophe était préoccupé par ce qui se passait dans les milieux spiritistes. Le thème, avoue Kant, lui a été suggéré par «*les amis connus et par ceux inconnus*»[2]. Une formulation assez ambiguë, qu'on retrouve tout au long de son ouvrage, et qu'on peut difficilement classifier comme satire ou comme une préoccupation sérieuse

[1] I. P. Coulianu, *Eros et magie à la Renaissance*, Bucarest, Hemira, 1994, p. 265.
[2] I. Kant, *Les rêves d'un visionnaire*, Bucarest, IRI, 2003, parag. 318.

pour la communication avec les esprits. L'ouvrage a été rédigé dix ans après qu'il avait écrit les études *Histoire générale de la nature et théorie du ciel* (1755) et *Des Habitants des étoiles*, où le philosophe décrit les habitants d'autres planètes, comme par exemple ceux de Jupiter et Saturne, et où on trouve des similitudes avec la façon dont ces habitants sont décrits par Swedenborg dans son célèbre ouvrage *Arcana celestia* (Les secrets du ciel). La correspondance avec Charlotte von Knobloch[3] atteste l'affinité, au moins pendant une période de la vie du philosophe, avec des expériences du type exotique. «Les adeptes de Swedenborg en Allemagne ont vu dans cette correspondance une preuve du fait que le philosophe avait été en fait un spiritiste, mais il a pris par la suite la voie erronée de la philosophie, comme on affirme dans un écrit de Tafel: *de sorte qu'on voit Kant perdre finalement ses capacités suprasensibles et achever sa vie dans la soumission aux appétits sensuels*»[4].

Les huit volumes d'*Arcana celestia*, que le philosophe s'est procurés avec de grands efforts financiers, l'ont déçu. La désillusion causée par la lecture des volumes de Swedenborg le déterminera à écrire *Les rêves d'un visionnaire* où il ne récuse pas les expériences exotiques relatées, mais leurs interprétations théosophiques offertes par l'auteur suédois. Kant avait un esprit trop constructif pour se joindre au groupe de ceux qui ne souhaitaient que démolir le vieux monde sans penser à ce qu'ils mettraient à sa place. À l'époque coexistaient les deux courants: l'un rationaliste, de l'homme *des Lumières*, orienté vers le futur, et l'autre mystique, qui répandait l'idée de l'homme *illuminé*, fasciné par les vieux mystères. Les deux courants avaient à leur centre l'idée de lumière. Le philosophe est l'auteur d'une des études les plus provocatrices sur les Lumières (*Aufklärung*)[5], dont le leitmotiv est la formule d'Horace: *sapere aude* (aie le courage de savoir!). Les Lumières sont vues comme un processus dont le but est de faire sortir l'homme de son état de minorité, de le déterminer à utiliser sa propre raison, d'être libre. Les ténèbres de la philosophie ne réussissent pas à effrayer le philosophe allemand, mais, bien au contraire, le provoquent à une analyse que l'intellect libéré de tout préjugé peut faire de telles conceptions.

Il y a pourtant un champ, prioritaire pour Kant, qui le rap-

[3] Lettre à Charlotte von Knobloch du 10 août 1763, à laquelle on ajoute la communication faite par la suite à Moses Mendelssohn, du 8 avril 1766, qui a été une réponse au compte-rendu de Mendelssohn du livre *Les rêves d'un visionnaire...*

[4] U. Schultz, *Immanuel Kant*, Teora, p. 75.

[5] L'étude sur les Lumières du numéro de décembre 1784 de la publication *Berlinische Monatsschrift*.

proche des idées du mouvement spiritiste, à savoir celui des fondements ou, plutôt, des conditions de possibilité de la morale. *Les rêves d'un visionnaire* a comme but principal l'investigation de deux séries de conditions: celles qui rendent possible le mouvement dans le monde et celles qui fondent la moralité dans le monde[6]. Le fragment du IIe chapitre de l'ouvrage de 1766 est révélateur dans ce sens: «L'entière moralité des actions ne peut jamais avoir un effet complet, conformément à l'ordre de la nature, dans la vie corporelle de l'homme, et elle ne peut l'avoir que dans le monde spirituel, conformément aux lois pneumatiques [...]».

Quand, en fin de compte, la communion de l'âme avec le monde corporel se défait par la mort, la vie dans l'autre monde ne sera qu'une conséquence naturelle de cette liaison qui avait déjà été maintenue dans cette vie-ci. Toutes les conséquences de la moralité d'ici se retrouveront au-delà dans les effets qu'un être qui soit dans une communion indissoluble avec le monde spirituel entier a déjà produit auparavant conformément aux lois pneumatiques[7].

Le XVIIIe siècle avait imposé la philosophie comme une discipline qui a contribué substantiellement au modèle mécanique du monde. La philosophie devait offrir une réponse à tous les problèmes. Pourtant, le champ de l'intériorité restait encore un univers avec beaucoup d'inconnues. Même si le traité sur *Les Passions de l'âme*, élaboré par Descartes, apportait une perspective qu'on peut considérer scientifique aujourd'hui sur le rapport entre l'âme et le corps, le problème de l'autonomie de l'âme ne trouvait pas de réponse par les moyens de la science. Descartes constatait que les passions, bien que motivées par des éléments externes, sont quand même autonomes, appartiennent à l'âme. La douleur provoquée par une flèche qui a percé le pied est autre chose que la flèche elle-même; de plus, dans certains cas, on peut ressentir des douleurs sans qu'il y en ait une cause sur le plan physique; de ce point de vue, la situation de celui qui a perdu un de ses membres, mais continue de ressentir la douleur en l'absence de celui-ci, est édificatrice. Dans un siècle si confiant en le pouvoir de la mécanique, comme était celui de Kant, quand le rapport entre la cause et l'effet semblait garanti par des lois absolues, l'existence des phénomènes qui ne peuvent avoir une explication causale, qui échappent à l'empire de la cohérence mécanique, paraissait inacceptable. C'est ainsi qu'on peut

[6] G. Treash, *Les rêves de Kant et la critique*, dans *La revue de la philosophie*, Bucarest, Éd. de l'Académie roumaine, 1990, p. 168.

[7] I. Kant, *Les rêves d'un visionnaire*, Bucarest, IRI, 2003.

expliquer, à notre avis, la réaction de Kant envers le spiritisme et les phénomènes occultes en général, réaction que nous trouvons emblématique jusqu'à nos jours.

«La philosophie [...] se voit parfois dans un grand embarras vis-à-vis de certains récits, lorsque soit elle ne peut *douter* de certains d'entre eux sans être pénalisée, soit elle ne peut *croire* à plusieurs choses sur eux sans tomber dans le ridicule. On trouve les deux inconvénients, dans une certaine mesure, dans les récits actuels sur les esprits [...]»[8]. Ces arguments vont déterminer le philosophe à considérer que «de tels récits n'auront jamais que des adeptes secrets, que la mode dominante du manque de confiance rejettera publiquement»[9].

Après ces avertissements, Kant raconte le cas le plus troublant de son époque, à savoir celui du visionnaire Swedenborg. Les textes du mystique suédois ont retenu son attention par les quelques preuves de clairvoyance, mais le modèle théosophique qui les expliquait lui a provoqué des suspicions. Dans ce sens le philosophe de Königsberg constate, tout d'abord, que Swedenborg a un intérieur ouvert, qu'il possède des capacités de communication qu'on appelle aujourd'hui télépathiques, qui consistent dans le contact qu'il peut avoir avec d'autres esprits, bien qu'ils n'appartiennent pas à notre monde terrestre, comme ceux de Saturne. Cela est possible, pour Swedenborg, parce que les esprits forment une sorte de société subordonnée aux idées de vérité et de bien. Le bien et la vérité sont les forces invisibles qui forment l'essence de l'univers. La vie est essentiellement de la vérité et du bien. Ces idées deviennent objectives dans le concept *du plus grand homme*, une sorte d'esprit absolu, cosmique, qui assure la communication de toutes les entités possédant de l'intellect et de la volonté, ce qui garantit que l'univers est dominé par la moralité. Pour Kant, sans une argumentation solide ces pensées sont de pures fantaisies, des rêves qui peuvent s'avérer dangereux, qui mènent finalement à la compromission de la morale. Les expériences strictement subjectives, même d'une personne exceptionnelle, ne peuvent devenir des fondements pour une métaphysique qui a la prétention de nous placer dans la sphère de l'universel. La métaphysique ne peut se fonder sur les rêveries des visionnaires. Elle doit tenir compte de leur existence et se pencher sur eux avec ses instruments spécifiques. Dans ce sens, Kant achève son ouvrage par une conclusion pratique dont le but est d'établir le rapport entre l'expérience du visionnaire et la philosophie.

[8] *Ibid.*, § 353.
[9] *Ibid.*, § 354.

Dans une conclusion pratique de l'ouvrage entier Kant se penche, avec les moyens de la philosophie, sur le rapport entre l'âme et le corps, un thème central de la pensée moderne. Le philosophe de Königsberg admet que, tandis que sur le plan sensible, avec les instruments de la physique de Newton, on peut comprendre la transmission du mouvement et, même plus, on peut fonder une science qui possède des lois et opère avec des concepts universels, l'explication de la manière dont la pensée et la volonté agissent sur le corps reste encore un mystère. Tandis qu'on peut comprendre l'action d'un corps sur un autre corps, il est totalement énigmatique comment on peut transmettre au corps un message qui vient de l'âme. Pourquoi, si j'ordonne que mon propre bras se lève, l'action s'accomplit, et si j'ordonne de la même manière à la lune qu'elle s'arrête dans le ciel, elle n'y s'arrête pas? «La différence entre les deux situations est que dans le premier cas on a l'expérience, tandis que dans le deuxième on ne l'a pas»[10]. Kant n'en a pas une explication, c'est seulement par l'expérience qu'on sait que les choses se passent ainsi, on ne sait pas pourquoi, on ne comprend pas du tout la raison de ces successions causales qu'on considère nécessaires et universelles. Ce qui est absurde en quelque sorte, et que Kant doit admettre, c'est le fait qu'on se trouve en relation avec les êtres de notre genre par l'intermédiaire des lois corporelles, tandis qu'il serait beaucoup plus naturel de communiquer directement, comme d'un esprit à un autre. Il a repris cette idée dans son dernier ouvrage, *L'anthropologie pragmatique*, où il a imaginé une société parfaite, formée d'entités télépathiques capables de constituer une confédération cosmopolite avec d'autres entités du même genre de l'univers. Kant ne peut qu'espérer que «peut-être dans notre vie du futur, par de nouvelles expériences et de nouveaux concepts, on pourra comprendre les forces du Soi pensant, qui nous sont encore cachées»[11]. Jusque-là, pour fonder la morale, on doit se contenter des méthodes offertes par la philosophie, la seule qui peut donner, par la force des arguments, de l'universalité et de la crédibilité. Ce petit ouvrage, dédié par Kant aux visionnaires, annonce la méthode critique qui soumettra à une analyse comme on n'avait jamais rencontrée, les facultés de connaissance, en essayant de surprendre les limites de l'être humain et de repenser de cette perspective l'entière problématique de la philosophie.

[10] *Ibid.*, § 370.
[11] *Ibid.*, § 371.

Droit, morale et politique

SCIENCE ET SAGESSE – UNE AUTRE VUE SUR KANT

Margit Ruffing

Parler de Kant et des Lumières paraît signifier, de prime abord, parler de la scientificité ou de la «scientifisation» du savoir, particulièrement pour ce qui est du projet critique kantien, qui consiste à trouver les principes d'une philosophie scientifique de la raison. En parlant de Kant et les Lumières, on pense tout de suite à une philosophie apriorique qui sert de fondement aux sciences empiriques de l'homme, comme l'anthropologie et la psychologie par exemple. Or, j'aimerais mettre en relief un aspect tout à fait différent de la philosophie kantienne: c'est le fait que pour Kant ce n'est pas la science qui a le dernier mot, mais la sagesse. Kant emploie le terme «sagesse» dans un sens spécifique: il ne s'agit pas d'un reliquat d'une langue philosophique traditionnelle qui reprend le terme «sagesse» dans une signification conventionnelle.

Dans les écrits de Kant, le terme «sagesse» se trouve partout, dans les textes précritiques aussi bien que dans les trois Critiques et les écrits postérieurs; de plus, l'*Opus postumum* atteste l'emploi homogène de ce terme dans toutes les phases de la pensée kantienne. Ce que Kant appelle sagesse, c'est une idée de la raison, mais aussi plus qu'une idée: elle est l'unité de la raison même, c'est-à-dire tout ce que la raison développée peut être, théoriquement et pratiquement. Je commence avec la définition complexe que Kant en donne dans la Dialectique transcendantale de la *Critique de la raison pure*; ici, dans le contexte des idées transcendantales, la sagesse est considérée comme «idée pratique»:

> L'idée pratique est donc toujours hautement féconde, elle est rigoureusement nécessaire en ce qui concerne les actions effectives. En elle, la raison pure trouve la causalité nécessaire pour produire effectivement ce que contient son concept; aussi ne peut-on dire de la sagesse, avec une sorte de dédain: Elle n'est qu'une idée; mais précisément parce qu'elle est l'idée de l'unité nécessaire de toutes les fins possibles, elle doit servir de règle à toute pratique, comme condition originaire, ou tout au moins restrictive[1].

[1] *Critique de la raison pure*, B 385; Ak III, p. 1037 [Pléiade I, p. 254].

Une définition peu courante, mais substantiellement kantienne... La sagesse comme idée pratique est – pour ainsi dire – la raison de la raison, elle amène la raison pure à se créer soi-même, conformément à son concept; théoriquement, elle est l'idée du but final [*Endzweck*] comme «unité nécessaire de tous les buts possibles», et c'est ce qui la rend pratique: car l'idée de l'unité des buts a une fonction régulatrice par rapport au pratique. Dans l'*Opus postumum*, se trouvent les remarques suivantes: «la sagesse est le rapport d'une connaissance aux fins essentielles de l'humanité»[2], ou «la sagesse est le rapport de la décision [de quelqu'un] à l'entier (la jonction de son intention avec l'entier) de toutes les fins»; et ici Kant en tire la conséquence: «par conséquent, la sagesse est une perfection morale, pas seulement une perfection naturelle. La sagesse en soi est (un) bien/est bonne, l'omniscience ne l'est pas immédiatement [*Weisheit ist an sich Gut. Allwissenheit nicht unmittelbar*]»[3].

Cela nous mène, d'un côté, au centre de la philosophie pratique, de la philosophie kantienne de la morale, de l'autre côté, à la relation entre science et sagesse. La deuxième des deux remarques veut dire que la sagesse est bonne en soi, c'est-à-dire qu'il y a une connexion immédiate entre moralité et sagesse, tandis que la relation entre savoir, omniscience ou science et sagesse serait à expliquer. Je vais donc d'abord parler de l'importance de la sagesse pour la moralité et de sa fonction dans la philosophie morale; ensuite, du rapport entre science – philosophie – sagesse.

Dans la *Critique de la raison pratique*, dans le contexte du chapitre sur l'existence de Dieu comme postulat de la raison pure pratique, on trouve la définition suivante: au point de vue théorique, la sagesse signifie *la connaissance du souverain Bien*, et au point de vue pratique, *la conformité de la volonté au souverain Bien*[4]. L'idée du souverain bien est le contenu abstrait de la représentation d'un être parfaitement rationnel et moral. Ou à l'inverse, la connaissance de cet être provoque un savoir du mode de participation, un savoir qui pousse le savant à chercher cet être. En d'autres termes, la connaissance de l'idée du souverain bien implique «la représentation d'un être singulier en tant qu'adéquat à une Idée»[5], ce que Kant appelle «idéal».

[2] Les traductions des citations suivantes de l'*Opus postumum* sont les miennes. – Réfl. 1652, L 2 [Ak XVI, p. 66.20-21].

[3] Note datée précritique, 1772-1776; Réfl. 4843. τ–ν. M 392. À M § 958 sqq. [Ak XVII, p. 744.12-15].

[4] Voir *Critique de la raison pratique*, Pléiade II, p. 767 [Ak V, p. 131].

[5] Pléiade II, p. 994 [KU, Ak V, p. 232.16-17].

[Entre parenthèses: pour l'idéal du sage, Kant rappelle la tradition de l'Antiquité et du christianisme en nommant Socrate et Jésus-Christ comme exemples de personnes qui se sont rapprochées de l'idéal inaccessible de «l'homme divin en nous»[6]]. La science du souverain bien et de la vertu donne sa matière à la moralité humaine, tandis que la connaissance du principe objectif de la moralité, la connaissance – ou mieux: la conscience – de l'impératif catégorique, d'après la doctrine de la raison pratique, doit rester formelle. L'importance théorique du concept de sagesse consiste donc dans la synthèse de son caractère scientifique, en tant qu'il décrit une connaissance, et du savoir du souverain bien, qui est essentiel pour la compréhension de l'humanité elle-même. La compréhension de l'homme comme être moral a besoin de concepts spécifiques qui sont capables d'exprimer l'essence matérielle de la moralité, qui sont capables de définir ce que les Anciens ont appelé une vie vertueuse. Dans les travaux préparatoires à la doctrine élémentaire de la *Métaphysique des Mœurs*[7], on trouve comme sous-titre du chapitre des devoirs envers soi-même: «De la sagesse – comme quintessence [*Inbegriff*] et but de toute la vertu [*aller Tugend*]». Le «Inbegriff» veut dire la totalité de toutes les singularités qui sont comprises dans un certain concept; «Inbegriff» indique le superlatif du concept, la perfection, l'entier.

L'«Inbegriff», comme totalité des singularités, est indiqué par l'implication – susmentionnée – de la représentation de l'idéal dans l'idée du souverain bien, qui en même temps est la base théorique de la signification pratique. Comme je l'ai déjà dit, la sagesse considérée *pratiquement* signifie la proportionnalité de la volonté au souverain bien. Sur le plan pratique, il faut donc réunir la signification de l'idée de la sagesse – son importance objective – et sa réalité concrète – son importance subjective. De cette manière, en créant l'idée de sagesse, la raison semble se promettre la solution du problème de la correspondance entre la volonté humaine, la plupart du temps motivée par des besoins subjectifs, et la loi morale objective. Comment penser cette correspondance? Dans la *Métaphysique des Mœurs*, on trouve les indications suivantes:

> La vertu signifie une force morale de la volonté. [...] La vertu est donc la force morale de la volonté d'un *homme* dans l'accomplissement de son *devoir*, lequel est une *coercition* morale exercée par sa propre raison législatrice, dans la mesure où celle-ci se constitue elle-même en un pouvoir *exécutif* de la loi. [...] on l'appelle [la

[6] Voir *Critique de la raison pure*, Pléiade I, p. 1194 [A569/B597].

[7] Ak XXIII, p. 402.

> force morale] aussi la sagesse proprement dite, c'est-à-dire la sagesse pratique, car elle fait de la fin ultime de l'existence de l'homme sur la terre sa propre fin[8].

Par conséquent, la sagesse pratique est le pouvoir de réaliser la vertu, elle est le pouvoir de la raison de forcer la volonté à accepter le devoir comme sa propre destination. Autrement dit, la sagesse pratique est la conscience du devoir dans le sens le plus général: la vraie vertu consiste à poser individuellement le but/la fin de l'existence de l'humanité dans le monde. La connaissance du but/de la fin de l'existence humaine est cherchée et peut être trouvée par la philosophie, qui est donc en même temps recherche et doctrine – la science dont les hommes ont le plus besoin:

> *Qu'est-ce que la philosophie comme doctrine qui, parmi toutes les sciences, constitue pour les hommes la plus grande nécessité?*
> Elle est ce que déjà son nom indique: recherche de la sagesse. Or la sagesse est l'accord de la volonté avec le but final (le souverain bien); et puisque ce dernier, dans la mesure où il est accessible, est aussi un devoir, et inversement, puisque s'il est un devoir, il faut aussi qu'il soit accessible, et qu'une telle loi des actions se nomme morale, la sagesse ne sera pour les hommes rien d'autre que le principe intérieur de la volonté de suivre les lois morales, de quelque sorte qu'en puisse être l'objet [...][9].

«Sagesse» exprime la concordance de la volonté avec le but final [*Endzweck*], comme matière de la philosophie, elle est l'explication du principe interne de la volonté qui lui donne la possibilité 1) de connaître et 2) d'aspirer à réaliser le souverain bien. (La définition de la philosophie comme science de la sagesse est reprise plus tard dans la deuxième partie de cette communication.) En conclusion: pour devenir un être humain raisonnable, qui vit en accord avec sa destination, c'est-à-dire avec son aptitude morale, il faut devenir sage. Facile à dire! Mais dans la *Métaphysique des Mœurs* et ensuite dans l'*Anthropologie*, Kant ajoute des indications plus concrètes:

> Ce commandement [le premier commandement valant pour tous les devoirs envers soi-même] est le suivant: connais-toi toi-même (examine-toi, sonde-toi), non quant à la perfection physique (l'aptitude ou l'inaptitude à toutes sortes de fins libres ou même imposées), mais quant à la perfection morale en rapport avec ton de-

[8] *Métaphysique des Mœurs*, Pléiade III, p. 689 [Ak VI, p. 405].

[9] *Annonce de la prochaine conclusion d'un traité de paix perpétuelle en philosophie*, Pléiade III, p. 425 sq. [Ak VIII, p. 418].

> voir; sonde ton cœur pour savoir s'il est bon ou mauvais, si la source de tes actions est pure ou impure, et cherche ce qui peut lui être imputé, soit en tant qu'appartenant originairement à la substance de l'homme, soit en tant que dérivé (acquis ou contracté) et qui est susceptible d'appartenir à l'état moral.
> Cette connaissance morale de soi qui exige que l'on pénètre dans les profondeurs du cœur les plus difficiles à sonder, dans l'abîme, est le commencement de toute sagesse humaine[10].

Ensuite, il y a la définition déjà citée de la sagesse comme concordance de la volonté d'un être avec l'«Endzweck»: «sie bedarf beim Menschen zu allererst die Wegräumung der inneren Hindernisse (eines bösen in ihm genistelten Willens) und dann die Entwik-elung der nie verlierbaren ursprünglichen Anlage eines guten Willens in ihm zu entwickeln». Pour que soit possible le développement de la bonne volonté selon sa disposition naturelle, il faut d'abord éliminer les obstacles intérieurs qui consistent moins en la malveillance, qu'en l'embrouillement et la confusion d'une volonté qui ne se connaît pas, qui ne comprend pas ses propres intentions. En parlant de la connaissance morale de soi-même, Kant ne parle pas des pensées inconnues, mais de la profondeur du cœur, difficile à sonder; la parole du cœur indique de nouveau qu'il s'agit d'un procès de connaissance intérieure et entière, mais rationnelle, à ne pas confondre avec quelque analyse psychologique à la base de l'observation exaltée de soi-même. La condition subjective de la moralité est plutôt la sincérité; chercher et accepter la vérité de sa propre volonté est le premier pas et consiste à examiner ses maximes en rapport avec leur valeur morale. La sincérité envers soi-même est l'aspect intérieur de l'interdiction de mentir, et l'un est aussi important moralement que l'autre.

Dans l'*Anthropologie*, Kant explique le chemin vers la sagesse en proposant des maximes valides pour chacun, mais particulièrement pour les penseurs professionnels, les philosophes:

> C'est trop demander à l'homme que d'attendre de lui la sagesse, en tant qu'elle est l'idée d'un usage pratique de la raison par qui la légalité trouve son accomplissement; cependant, même au degré le plus élémentaire, cette sagesse ne peut être inspirée par autrui, chacun doit la dégager de lui-même. Le précepte pour y parvenir comporte trois maximes à cet effet: 1) penser par soi-même, 2) se mettre (dans l'échange avec les humains) en pensée à la place de

[10] *Métaphysique des Mœurs*, Pléiade II, p. 730 [Ak VI, p. 441, § 14].

l'autre, 3) en toute circonstance, penser en accord avec soi-même[11].

La troisième des maximes répète ce que j'ai appelé «sincérité» envers soi-même, la deuxième maxime concerne la communication avec les autres – le terme de communication pris à la lettre, parce que se penser à la place de l'autre en communiquant, cela signifie avoir la conscience de ce qu'il y a de commun entre soi-même et l'autre: la conscience de faire, l'un comme l'autre, partie de l'humanité. La première des maximes, penser par soi-même, «Selbstdenken», est traitée par Kant dans un autre contexte: «Selbstdenken» est la profession du philosophe, qui est penseur de soi-même aussi en tant qu'il est professeur. Dans la *Logique* de 1800 et l'*Annonce des leçons pour le semestre d'hiver 1765*, la profession philosophique, en rapport non seulement avec la recherche, mais aussi avec la doctrine, est caractérisée comme «l'idée d'une sagesse parfaite, qui nous désigne les fins dernières de la raison humaine»[12]; en outre: le vrai philosophe est «le philosophe pratique, professeur de sagesse par doctrine et exemple». Penser par soi-même veut dire: employer sa raison d'une manière libre et personnelle, ni comme imitateur servile, ni comme sophiste qui se propose un semblant de vérité et de sagesse par l'emploi dialectique de la raison. Penser par soi-même, c'est en même temps la matière capitale d'enseignement de la philosophie et la condition de «la science des fins dernières de la raison humaine»[13]: la philosophie, décrite par la remarque suivante de l'*Opus postumum*, «non pas comme le formel de la raison pure en concepts, mais comme le matériel des idées (de Dieu, du monde, de l'âme humaine), subjectivement aussi bien que objectivement unie et représentée soi-même comme sagesse»[14].

Enfin, la philosophie, d'après Kant, est une science spécifique, la science des fins dernières de la raison humaine – et cette matière lui donne une «dignité [*Würde*], c'est-à-dire une valeur absolue»[15], tandis que la valeur de la science même est relative et dépend de sa relation à la sagesse: «Car la science n'a de réelle valeur intrinsèque que comme *instrument de sagesse*»[16]. Cette explication pourrait être interprétée comme prééminence de la sagesse sur la science; mais en

[11] *Anthropologie du point de vue pragmatique*, Pléiade III, p. 1018 [Ak VII, p. 200].
[12] *Logique*, trad. L. Guillermit, Paris, Vrin 1970², p. 24 [Ak IX, p. 24].
[13] Voir *ibid.*
[14] 1. Convolut., déc. 1800-févr. 1803 [Ak XXI, p. 21, 05.23-26].
[15] *Logique*, trad. L. Guillermit, Paris, Vrin 1970², p. 24 [Ak IX, p. 24].
[16] *Logique*, trad. L. Guillermit, Paris, Vrin 1970², p. 24 [Ak IX, p. 26].

même temps, Kant met en relief le fait que la sagesse a nécessairement besoin de la science. Dans l'*Opus postumum*, il y a une remarque sur la phase critique (jusqu'à 1788) qui doit se lire comme une conclusion de ce que Kant dit dans la «Methodenlehre» de la *Critique de la raison pure* concernant le succès du projet critique, que l'emploi de la raison pure n'aurait pas réussi à trouver la vérité, mais à éviter les erreurs: «Là où l'erreur est provocante et en même temps dangereuse, des connaissances négatives et les criteria [*critères*] de celles-ci sont plus importants que les [connaissances] positives, constituant souvent l'objet essentiel de notre science»[17]. Dans le même contexte: «des connaissances négatives pour éviter des erreurs, et positives pour étendre la connaissance en même temps. [...] la sagesse de l'homme est négative»[18]. Ainsi, la réalisation de la critique de la raison conditionne la compréhension de l'importance de la connaissance négative. Achever la sagesse, négative en soi, a pour condition l'usage critique, c'est-à-dire scientifique de la raison. C'est le devoir de la philosophie d'effectuer la recherche scientifique qui conduit à la doctrine de la sagesse. La profession philosophique prépare pour ainsi dire «le chemin à la sagesse», dans les réflexions de l'*Opus postumum* susmentionnées, Kant appelle la philosophie l'outil qui sert «à la simplicité du bon sens commun».

Ici, on voit aussi la connexion entre le sujet de ma communication et le sujet de notre colloque: à mon avis, l'illuminisme kantien ne peut pas être compris sans l'idée de sagesse, qui signifie simplicité, mais non pas naïveté. La simplicité de la raison est essentielle – mais quand elle ne se pense pas elle-même, elle reste naïve et se trompe elle-même en considérant des définitions positives comme la vérité entière. La sagesse réelle est négative, dit Kant; elle consiste dans la conscience de soi humaine d'être obligé d'avancer par la réflexion, par la critique de la raison, vers une «Gesinnung» [*disposition*] morale, qui implique non seulement la manière de penser, mais aussi le caractère de l'homme libre et raisonnable; bref: le terme de la sagesse décrit l'esprit éclairé, théoriquement aussi bien que pratiquement. Donnons le dernier mot à Kant, qui réussit à résumer tout le programme critique ainsi que son but en une seule phrase: «User de la raison pour rechercher, donc accomplir cet usage au moyen d'une foi complète en la raison, cela est la sagesse [Forschender Gebrauch der Vernunft, also der [se] mit einem jenen vollendenden Vernunftglauben beschließt, ist Weisheit]»[19].

[17] Réfl. (anthropologie) 193 [Ak XV.1, p. 71.15–17].
[18] Réfl. (anthropologie) 191 [Ak XV.1, p. 70.25–26].
[19] Réfl. (métaphysique) 6217 [Ak XVIII, p. 507.14–16].

LA SIGNIFICATION DE LA DISTINCTION ENTRE LE DROIT RATIONNEL ET LE DROIT POSITIF CHEZ KANT

Petre Dumitrescu

La philosophie de Kant est loin d'avoir un but pratique, c'est-à-dire d'offrir une solution intellectuelle aux problèmes, à la différence de la philosophie de Hegel, Nietzsche, Bergson, etc. Par son contenu et par sa méthode, elle donne une vraie réponse à la situation concrète dans laquelle se trouve l'homme. De plus, la transposition par Kant de la modalité de mettre les bases de la certitude philosophique du plan théorique dans celui pratique révèle le fait que la mission de la philosophie est de nous aider à saisir les conditions de possibilité de ce que nous pensons et faisons, à comprendre pourquoi une action est ce qu'elle l'est. La certitude de la raison pratique est intérieure, elle ne peut être séparée de l'acteur de l'action, du sujet, et elle vaut autant que celui-ci.

Vu ce cadre idéique, il semble que ce n'est que par l'ignorance de la substance authentique du kantianisme en tant que philosophie, par excellence, des distinctions et aussi de la tentative d'atténuer les tensions dans la variété des éléments du monde, que les exégètes des ouvrages de philosophie pratique de Kant ont pu adopter et répéter à saturation l'interprétation hégélienne conformément à laquelle ceux-ci proposeraient une vision rigoriste et formaliste sur le comportement humain. Une telle interprétation imposait implicitement l'opinion que la philosophie pratique de Kant a éludé les transformations historiques des mœurs et des systèmes de droit et le fait que ces changements posséderaient le pouvoir miraculeux de modifier tant soit peu ce qui, au-delà d'eux, nous définit et conserve notre spécificité humaine.

La philosophie pratique élaborée par Kant et heureusement complétée par une théorie de l'État et du droit montre le fait qu'un système juridique légitime n'est que celui qui se conforme aux principes de la moralité. Entre la morale et le droit il y a des différences évidentes, mais elles doivent être considérées comme insignifiantes par rapport aux similitudes entre les principes qui gouvernent les deux domaines. L'origine commune de la morale et du droit est due à la réalisation de la liberté en tant que finalité des deux domaines, dont chacun comprend «des lois de la liberté». Dans la mesure où ces lois «ne portent que sur des actes extérieurs et sur leur légitimité, on les nomme juridiques; que si elles exigent en outre qu'on les prenne elles-mêmes pour principes déterminants des actions, elles sont alors éthiques»[1].

Le domaine de l'éthique est l'expression des normes qui réglementent les décisions rationnelles, intérieures, des gens, tandis que le droit met de l'ordre dans les normes des relations extérieures entre ceux-ci. La moralité est le champ de manifestation et de légitimation de la perspective de l'intérieur, tandis que le droit est l'instance qui institue et soutient les relations extérieures, les relations sociales concrètes. Les deux formes d'organisation de la vie sociale ne sont légitimes que dans la mesure où elles garantissent l'accomplissement de la liberté qui, à son tour, est la condition de réalisation du bien moral et de la justice. L'accomplissement de l'idée de justice dépend donc de la réalisation de l'idée de liberté.

Bien qu'il ne vise que l'ordre extérieur de coexistence, le droit dépend de la morale, car ce n'est qu'ensemble qu'ils peuvent contribuer à la réalisation de la liberté. Kant expose cette idée nettement lorsqu'il définit le domaine de l'éthique comme étant celui dans le cadre duquel on «fait d'une action un devoir et de ce devoir un mobile [...] Celle, au contraire, qui ne comprend pas cette dernière condition dans la loi, et qui par conséquent permet un autre mobile que l'idée même du devoir, est juridique»[2]. Dans le droit, donc, on n'a en vue que l'accord ou le désaccord d'une certaine action avec la loi, sans tenir compte de ses raisons.

La morale et le droit se distinguent non pas par les différents types de devoirs, mais plutôt par la nature de la normativité spécifique à chaque domaine; à l'éthique correspond une normativité intérieure, tandis qu'au droit, une extérieure. Tout devoir a un caractère moral. Par exemple, l'éthique nous apprend à respecter les engagements qu'on prend dans un contrat, même lorsque l'autre partie ne nous y contraint pas. L'importance du devoir éthique prime par rapport au devoir juridique, d'où résulte le fait que le droit ne peut pas entrer en contradiction avec les principes moraux. L'éthique est la base du droit parce que l'idée du droit est inconcevable sans la réalisation du bien moral.

Toutes ces constatations mettent en évidence la façon bipartite dont Kant conçoit le droit: sous un aspect formel, rationnel, et sous un aspect empirique, historique, ce qui met les bases de la distinction entre le droit rationnel et le droit positif. Cette distinction a

[1] E. Kant, *Éléments métaphysiques de la doctrine du droit*, Paris, Auguste Durand, Libraire, 1853, p. 18.
[2] *Ibid.*, p. 26.

déterminé certains analystes de considérer que Kant propose un retour à la théorie du droit naturel. Le droit rationnel ne peut pas se confondre avec le droit naturel du jusnaturalisme parce que les deux types de droit opèrent avec des critères de rationalité différents. Même si parfois le droit rationnel est appelé par Kant «naturel», il n'a rien en commun avec les vieilles conceptions du droit naturel.

La distinction entre le droit rationnel et le droit positif est faite en fonction du type d'obligation caractéristique à chacun. Le droit rationnel ou naturel comprend les lois «dont le caractère obligatoire peut être reconnu *a priori* par la raison, même en l'absence de toute législation extérieure», tandis que le droit positif se réfère aux lois «qui ne sont pas du tout obligatoires, lorsqu'elles ne sont pas réellement l'objet d'une législation extérieure (qui par conséquent ne seraient pas des lois sans cette législation)»[3]. Plus précisément, le droit rationnel est celui qui se fonde sur des principes *a priori*, purs, tandis que le droit positif provient de la volonté du législateur.

Dans la relation entre le droit rationnel et le droit positif, le premier est prioritaire, ayant le rôle de fonder le deuxième. Contenant des principes *a priori*, le droit rationnel a la même origine que la morale, la raison pure, pratique. Les principes purs du droit, tout comme ceux de la morale, sont des lois pratiques d'une même volonté. La volonté pure est celle qui se donne à elle-même des lois morales pures ainsi que des lois juridiques pures. Le droit rationnel et l'éthique revendiquent la même source pour les principes propres à chacun, d'où résulte que le droit ne peut être neutre vis-à-vis de la morale.

Le droit rationnel, formé des normes *a priori*, représente le guide du droit positif. La substance de cette idée est configurée en termes très clairs par Kant lorsqu'il dit: «On peut donc concevoir une législation extérieure qui ne contiendrait que des lois purement naturelles; mais alors même faudrait-il présupposer une loi naturelle qui fondât l'autorité du législateur (c'est-à-dire le droit d'obliger les autres par sa seule volonté)»[4]. Une telle loi naturelle, de laquelle les autres règles rationnelles de droit seraient déduites, est le principe universel du droit, formulé ainsi par Kant: «Est conforme au droit ou juste, toute action qui permet, ou dont la maxime permet au libre arbitre de chacun de s'accorder, suivant une loi générale, avec la

[3] *Ibid.*, p. 34.
[4] *Ibid.*, p. 35.

liberté de tous»[5]. La loi juridique universelle est celle qui exige à tout citoyen les choses suivantes: «*agis extérieurement de telle sorte que le libre usage de ton arbitre puisse s'accorder avec la liberté de chacun suivant une loi générale*, m'impose sans doute une obligation, mais elle n'attend pas du tout, et elle exige encore moins, qu'en vertu de cette obligation je me fasse même un devoir de soumettre ma liberté à cette restriction...»[6]. La validité d'un tel principe juridique résulte des exigences mêmes de la raison pratique, étant un des postulats de celle-ci, «qui n'est susceptible d'aucune autre preuve»[7].

De même que tous les postulats de la raison, le principe universel du droit a un rôle régulateur, étant un principe fondateur et non pas constitutif. Ce principe représente le fondement de la normativité positive, historique, une exigence nécessaire à la réalisation de la justice. De plus, on peut dire que l'idée de justice s'institue en vertu d'un tel principe universel du droit. L'idée de justice représente l'idéal de justice, irréalisable en tant que tel, mais sur la base duquel se fonde l'édifice entier du droit positif. La variété des systèmes juridiques concrets doit contenir, en tant que directive pure, formelle, le principe rationnel du droit, accentué par l'idée de justice. En tant qu'idée régulatrice de la vie juridique entière, l'idée de justice représente la condition de possibilité de l'existence et de la valorisation des faits juridiques. De l'idée de justice on déduit les normes du droit rationnel et, ensemble, elles forment un tout virtuel systématique. L'idée de justice donne de la rationalité et de l'objectivité à tous les jugements juridiques où elle est impliquée.

Il faut aussi préciser que, chez Kant, la raison fournit seulement l'élément formel des systèmes de droit et non pas des idéaux concrets de justice. Les normes juridiques sont élaborées par la matérialisation de l'idée formelle de justice dans un certain cadre social, raison pour laquelle elle subsiste dans toute appréciation juridique, mais aussi dans l'interprétation et l'application des normes du droit positif. En considérant que ce qui est universel n'est pas l'idéal concret de justice, mais seulement l'idée formelle de justice, la catégorie du juste, Kant naturalise l'idée de l'hétérogénéité des diverses idées de justice spécifiques aux différentes sociétés. Il peut y avoir, donc, autant d'idées de justice qu'il y a des sociétés, car cela n'induit pas nécessairement un relativisme juridique absolu, si on considère le fait que la rationalité des idéaux concrets de justice et des normes

[5] *Ibid.*, p. 44.
[6] *Ibid.*
[7] *Ibid.*, p. 45.

qui leur correspondent est la conséquence du caractère rationnel de l'idée formelle de justice – idée libre de déterminations concrètes. Si la loi positive n'était pas fondée de manière rationnelle, elle serait automatiquement arbitraire: «Une proposition contenant un impératif catégorique (un ordre) s'appelle loi (c'est une loi moralement pratique). Celui qui commande (*imperans*) au moyen d'une loi est le *législateur* (*legislator*). Il est l'auteur (*auctor*) de l'obligation d'agir suivant la loi; mais il n'est pas toujours l'auteur de la loi même. Dans ce dernier cas, la loi serait positive (contingente) et arbitraire»[8].

La distinction entre le droit rationnel et le droit positif proposée par Kant a le mérite, d'une part, de prévenir une compréhension rigoriste, formelle, du comportement humain, et d'autre part, de mettre en évidence les conditions de possibilité de la réalisation de celui-ci. L'aspect rationnel et formel du droit a un caractère logique-épistémologique, s'attache au criticisme en tant que vision et méthode propre à la philosophie, et dépend de l'ordre transcendantal et non pas de celui métaphysique. La distinction susmentionnée nous révèle le fait que la philosophie pratique kantienne ne doit pas être interprétée selon l'exégèse posthégélienne, comme une philosophie de type rigoriste, formel, du comportement humain. La description par Kant du rôle de la dimension formelle du droit positif visait justement une meilleure institution, formulation et application de celui-ci qui, en l'absence d'une rationalité spécifique, n'aurait pas pu remplir la fonction qui lui revient dans l'univers social et humain.

La loi pure, le principe *Sollen* (il faut), dans la conception de Kant, ne nous dit pas comment agir – cela dépend de nous-mêmes; elle ne fait qu'établir les critères selon lesquels on peut discerner si notre intention est morale ou non. Kant n'a pas eu l'orgueil de nous apprendre ce que nous devons faire, le rôle du philosophe n'est pas de penser et d'agir à notre place, sa fonction se résume à délimiter sur le plan de la réflexion la structure transcendantale de nos différentes expériences. La philosophie nous aide à découvrir l'humanité dans l'homme et à maintenir en permanence un intérêt élevé pour cela dans tout ce que nous pensons et faisons.

Avec sa valeur mise en évidence de sa substance spécifique, la philosophie de Kant s'avère être un premier essai de la pensée moderne de donner une signification raisonnable à la situation ambivalente, contradictoire, paradoxale, qui définit aussi la condition de l'homme contemporain, caractérisé autant par une soif dévorante

[8] *Ibid.*, p. 38.

de vie, de concret, que par une aspiration impétueuse vers l'universel, l'absolu, l'éternel.

L'implémentation de la normativité positive dans un certain univers social n'est légitime, selon Kant, que dans les conditions de l'existence d'un régime politique basé sur les principes suivants: 1. La liberté de chaque membre d'une société, comme homme; 2. L'égalité de chaque membre avec tous les autres, comme sujet; 3. L'indépendance de chaque membre d'une communauté, comme citoyen[9].

Ces principes ne sont pas seulement des lois que l'État déjà formé implémente, précise Kant, mais ils proviennent de l'idée du contrat originaire, sur laquelle doit se fonder «toute législation juridique d'un peuple», celle qui «sert originairement de base à toutes les espèces de constitution civile»[10]. En d'autres mots, ce sont les principes indispensables, sans lesquels on ne peut parler de l'organisation et du fonctionnement de l'État de droit.

Par l'ensemble de sa philosophie pratique, Kant n'a voulu sous aucune forme élaborer une morale et un droit pour les philosophes, il n'a voulu que révéler les coordonnées philosophiques de ces domaines importants de la vie sociale. En même temps, sur cette base, le philosophe allemand visait à convaincre les gens fascinés et subjugués par le monde immanent que celui-ci envoie inéluctablement à la dimension transcendantale dans la perspective de laquelle devient consistante l'idée pure du droit, dont la valeur d'objectivité, c'est-à-dire de nécessité et d'universalité, représente la condition *sine qua non* de compréhension et d'application bénéfique des systèmes positifs de droit.

La distinction opérée par Kant entre le droit rationnel et le droit positif impose naturellement qu'on reconsidère les interprétations selon lesquelles il aurait promu une conception rigoriste, formaliste, sur le comportement humain. La conception formaliste n'est valable que sur le plan transcendantal, de l'idéalité, dans le cadre de laquelle s'impose un rigorisme d'essence logique-épistémologique. Dans l'horizon transcendantal l'exigence logique est primordiale, l'aspect épistémologique, conformément à la vision kantienne du monde, est prioritaire par rapport aux règles pratiques concrètes. Le passage vers le plan concret de la vie pratique, réalisé par l'immanentisation des principes transcendantaux, fait que l'attitude formaliste soit abandonnée en faveur d'une attitude concrète-empirique.

[9] E. Kant, *De la paix perpétuelle*, dans l'œuvre citée, p. 296.
[10] *Ibid.*, p. 297.

On peut conclure que le problème essentiel pour Kant n'a pas été de raccorder la philosophie au droit, mais de conjuguer le droit avec la philosophie, de montrer comment le droit, dans ses manifestations positives, empiriques, garde sa boussole, son orientation correcte, bénéfique pour la vie des gens. Un phénomène de la sphère de vie qui n'entre pas en résonance avec l'ordre de la pensée philosophique ne révèle pas son sens fondamental pour lequel l'homme pourrait l'assumer et s'yattacher. En même temps, en prenant en considération la dimension rationnelle du droit, fondé sur les exigences de la méthode critique, Kant visait à démontrer que, malgré la diversité des systèmes de droit, les pièges du relativisme peuvent être maîtrisés, tempérés, dominés.

Par conséquent, dans un monde malade de relativisme, la méditation que nous avons essayé de proposer concernant certains aspects essentiels de la philosophie kantienne du droit, permet la mise en évidence du référentiel paradigmatique, formel, pérenne, des lois et des actes juridiques. Ainsi s'ouvre pour nous une voie magnifique d'émancipation de certaines tares qui grèvent le plus nocivement possible l'esprit des gens de nos jours, la peur, l'indolence, l'indifférence envers la vérité, le bien et la justice.

PORTALIS, UN JURISTE DES LUMIÈRES, CRITIQUE DE KANT

Georges Pieri

Le juriste J.-E. Marie Portalis est certes plus connu par le rôle qu'il a joué dans l'élaboration des deux œuvres célèbres que sont le Concordat et le Code civil que par la place qu'il a tenue dans les débats philosophiques. Bien qu'il ait été considéré, par ses contemporains comme le plus philosophe des juristes de son temps, il faut bien reconnaître que ses écrits philosophiques n'ont pas eu le même retentissement que ses propos de législateur. Rappelons rapidement les grandes étapes de sa vie qui aident à expliquer et à comprendre ses prises de positions philosophiques. Homme de la Provence, il devint avocat au Parlement de Provence, s'illustrant par son éloquence et sa science du droit. Mais le déclenchement de la Révolution française allait inaugurer une période d'épreuves au cours de laquelle il échappe miraculeusement au tribunal révolutionnaire et à l'échafaud, suivie par la survenance du neuf thermidor. Puis, après le coup d'État du 18 fructidor (4 septembre 1797), destiné à éliminer les modérés et empêcher le rétablissement de la Monarchie, Portalis, visé par une mesure de proscription, décide de quitter la France. Après être passé en Suisse, il poursuit son errance à Fribourg où il rencontre Mallet du Pan, puis se rend en Souabe à Tubingue. Enfin son ami Mathieu Dumas l'appelle en Holstein, à Emkendorff où le comte et la comtesse de Reventlow vont lui offrir l'hospitalité pendant près de deux années. Ce séjour constituera une étape décisive pour la formation intellectuelle de Portalis. C'est là que notre juriste provençal va côtoyer, dans ce cénacle piétiste, philosophes, historiens, poètes, écrivains, en particulier Jacobi, les deux Stolberg, et ainsi se familiariser avec des courants d'idées qu'il connaissait mal et cela, sans parler l'allemand. C'est dans un tel milieu que Portalis va dicter à son fils (car il était déjà très menacé par la cécité) en 1798 le texte de son grand ouvrage, qui ne sera édité qu'en 1820 après sa mort et dont le titre évoque bien le sens de son projet: *De l'usage et de l'abus de l'esprit philosophique durant le XVIIIe siècle* (2 volumes, 3e éd., Paris, 1834). Dans ce qui se présente comme un véritable traité de philosophie, notre auteur fait montre d'un esprit encyclopédique, à n'en juger que par les intitulés de ses 34 chapitres où l'on trouve cités et discutés des philosophes passés et présents: Bacon, Descartes, Diderot, Gassendi, Helvétius, Hume, La Mettrie, Leibniz, Spinoza et bien entendu, Kant. Il s'agit d'une sorte de bilan intellectuel des idées de son temps, dans lequel il attaque les philosophes de son siècle. Ainsi dans le chapitre IX intitulé «De l'abus qu'on a fait, en métaphysique, de nos découvertes et de nos progrès dans les sciences naturelles, et du matérialisme considéré comme le premier effet de cet abus», il écrit (p. 230): «Pourquoi faut-il que nos découvertes soient devenues des pièges, et que de nouvelles erreurs aient trouvé leur source dans un nouvel accroissement des lumières [...] Autrefois une fausse métaphysique spiritualisait les corps, une métaphysique plus dangereuse encore matérialise aujourd'hui les esprits». Il touche ainsi du doigt la crise qui a pu faire attaquer les Lumières, au sein de l'émigration: «on a voulu paraître instruit sans avoir le temps de l'être. On discuta tout, sans rien approfondir» (p. 372). Cependant, ne nous y trompons pas, Portalis reste un ferme partisan des connaissances dont il préconise l'élargissement. Esprit éclairé, s'il combat les philosophes c'est pour la mauvaise direction qu'ils ont donnée à l'esprit philosophique mais en même temps il leur ressemble car, comme eux, il met les idées à la base des actions et des institutions et, comme eux, il pense que le progrès des connaissances est la condition nécessaire du bonheur de l'homme. Il écrit notamment: «Par l'analyse des idées nous arrivons à l'observation des choses; l'observation exacte des choses nous fournit ensuite les matériaux nécessaires pour étendre et pour recomposer plus sûrement nos idées» (p. 136). Il faut voir là l'influence de l'École des idéologues, représentés par Destutt de Tracy et Volney. Portalis proclame au Conseil des Anciens: «d'ignorance est la source de toutes les superstitions et de toutes les erreurs; ce n'est que par les connaissances utiles et agréables que nous pouvons détruire l'ignorance, car il n'y a que la lumière qui puisse chasser les ténèbres» (*Discours relatif aux prêtres assermentés*).

Mais notre auteur va surtout s'attacher à distinguer les bienfaits apportés par l'usage de l'esprit philosophique et ce qu'il appelle son abus qu'il croit déceler dans le système kantien. En effet, le chapitre VII de son ouvrage, déjà cité, s'intitule: «Examen du système de philosophie critique publié par Emmanuel Kant, professeur de l'Université de Königsberg», et le chapitre VIII: «Observations sur les conséquences qu'Emmanuel Kant déduit lui-même de son système et qu'il veut transformer en règles de logique et en principes fondamentaux de la connaissance humaine». Notons tout de suite que Portalis ne lisait pas Kant dans le texte mais passait par les traductions latines (éd. Schmidt-Phiseldux, 1796) de la *philosophie critique* et de la *critique de la raison pure*, s'aidant des commentaires qui lui furent donnés par Jacobi et sans doute aussi par Reinhold. Quoi qu'il en soit, il fut sans doute un des premiers à parler de Kant en France avec Charles de Villers (disciple enthousiaste de Kant). La question est de savoir s'il a bien compris le philosophe allemand. Il semble ne pas comprendre le mot «idée» et il poursuit Descartes qu'il croit apercevoir au fond de Kant, chez lequel il décèle la chimère des «idées innées»: «chez Descartes, les principes, les idées fondamentales, sont des idées innées, des propositions générales et des notions abstraites, chez E. Kant, qui reproduit en d'autres termes le cartésianisme, ce sont des conceptions pures, des formes pures, constituées *a priori*, des propositions synthétiques» (ch. VIII, p. 204). Il dira au chapitre VII à propos des analyses de Kant: «Tout est faux dans ce système, en tant que tout y est absolu» (p. 200). Ce qu'il entend réfuter chez Kant ce sont les abstractions et l'esprit de système auxquels s'ajoute une réfutation de l'idéalisme: «je conviens avec le philosophe de Königsberg que l'entendement existe avant toute connaissance, mais comme l'œil existe avant tout regard particulier [...] L'esprit a tout ce qu'il faut pour penser [...] L'aptitude qu'ont tous les hommes à former certaines idées ou à reconnaître certaines vérités, prouve seulement les mêmes dispositions, la même aptitude, les mêmes facultés: elle prouve la préexistence du principe intelligent qui forme toutes nos idées et non la préexistence de nos idées elles-mêmes» (ch. VII, p. 185; ch. VIII, p. 226-227). À quoi bon, dit-il, par un abus de la philosophie porter trop loin l'analyse du sentiment et chercher des raisons «à ce qui n'en a point» et discuter «lorsqu'il ne faut que sentir». C'est encore contre Kant qu'il appelle Herder à l'aide: «Gardons-nous de croire que les hommes raisonnables ont tous passé sous le joug des novateurs en philosophie. Les écrits de Jacobi, de Bardili, de Herder prouvent que le véritable esprit philosophique pénètre chez les Allemands comme en France et en Angleterre» (ch. VIII, p. 227).

Ailleurs, critiquant le principe même de la morale de Kant et niant la distinction posée par le kantien Reinhold entre expérience et philosophie, il se refuse à reconnaître l'existence de la «raison pure» et de son aspiration à ce «droit insensé» d'être plus puissante qu'elle-même, et il rappelle la «judicieuse observation» de Herder au début de sa *Métacritique* que la raison pure ne serait jamais qu'un contenant sans contenu, une fiction platonique. On voit bien à quel point Portalis reste hostile à toute métaphysique, étant persuadé que «ce sont, écrit-il, les phénomènes intérieurs et extérieurs qui seuls alimentent la raison» et que «rien de ce qui est ne peut être connu ni prouvé *a priori*». L'existence est un *fait*, dit-il, et un fait quel qu'il soit ne peut être fondé que sur ce que Kant appelle des preuves empiriques. Selon lui les nouveaux systèmes métaphysiques de l'Allemagne «ne sont propres qu'à reculer, dans cette vaste partie de l'Europe, les progrès des véritables lumières» (p. 183). Les *faits* sont pour notre auteur les véritables matériaux de nos connaissances, les idées générales n'étant que des idées réfléchies que nous acquérons par les faits. Il se veut plus proche de Bacon quand il écrit: «Tout est perdu si l'on méconnaît une fois la force ou l'autorité de l'expérience qui limite nos connaissances en même temps qu'elle en est le principe». Et encore: «N'oublions jamais que le sentiment est en métaphysique le seul principe de toutes nos véritables découvertes»; ou encore: «Le caractère des vérités premières est [...] d'exprimer sinon ce que tout le monde observe, du moins ce que tout le monde sent» (ch. VIII, p. 213, 217; ch. XXII, p. 55). En véritable antimétaphysicien, comme un grand nombre de Français de son temps, Portalis oppose l'ordre fictif de la logique transcendantale, qu'il voit chez Kant, à l'ordre réel de la nature. À travers Kant, il combat Leibniz et Descartes: «Les cartésiens, les mallebranchistes et les kantiens» sont réunis dans la condamnation des idées innées ou vues en Dieu et non formées par l'esprit (ch. VIII, p. 226). Il faut bien admettre que, sur la théorie même de la raison pure, sa réfutation s'en tient en somme à des contre-affirmations où il prend position au nom des «faits» contre tout système, croyant, avec Montaigne, dit-il, que nous ne connaissons le tout de rien, autrement dit que l'essence des choses nous est inconnue: «Nous sommes hommes avant que d'être géomètres; nous sentons avant que de raisonner» (ch. VII, p. 190; ch. VIII, p. 215).

Le rejet de toute métaphysique s'associe, chez Portalis à la très grande attention qu'il a prêtée à l'*Histoire*, «Physique expérimentale de la législation», à laquelle il consacre le chapitre XXI, intitulé: «De l'application de l'esprit philosophique à l'histoire» au cours duquel il s'en prend nommément à Kant coupable de bâtir le système le plus arbitraire où les faits se trouvent arrangés à partir de maximes générales. Il faut bien voir que, dans l'esprit de Portalis, l'action insensible du temps, jointe à l'expérimentation de l'histoire, permet seule de fonder la légitimité des institutions. Cette vision du passé et de la tradition semble s'opposer à l'esprit des Lumières négligeant la tradition afin d'affranchir l'homme de ses préjugés. Aussi, ne doit-on pas s'étonner de voir Portalis parler avec sympathie de Burke dont les idées rejoignent en partie les siennes, notamment sur le rôle de la continuité, de la nature et de la tradition comme principes de légitimité et sur les dangers de l'apriorisme révolutionnaire. Mais, tout comme Portalis, Burke disciple de Locke et de Montesquieu est un esprit éclairé, contre l'absolutisme des Stuarts, et, s'il attaque la Révolution française ce n'est pas qu'il soit contre les Lumières un partisan de l'irrationnel, mais seulement parce qu'il est convaincu que les Français, peu fidèles à la tradition de Montesquieu et aux Lumières bien comprises, ont été séduits par l'esprit de système, celui que Portalis reproche précisément à Kant. C'est pourquoi notre auteur ne veut à aucun prix entendre parler de philosophie de l'histoire. Toute l'œuvre de l'esprit philosophique appliqué à l'histoire c'est, selon lui, de distinguer le vrai du vraisemblable, de nous donner des cours de sagesse pratique: «L'histoire est une sorte de vie à venir [...]». Encouragements et leçons pour les sciences et les arts, conseils de politique et hauts exemples pour la morale, voilà ce que peut donner l'histoire à condition d'être préservée de l'esprit du système, plus dangereux là que partout ailleurs. Quant à ces philosophes modernes, et Kant le tout premier, qui «ne regardent les faits historiques que comme une base sur laquelle on peut bâtir les systèmes les plus arbitraires», ils ne font qu'étayer des «fictions» sur les réalités de l'histoire. Prétendre comme Kant, dans ses *Conjonctures sur le commencement de l'espèce humaine*, se servir de l'Écriture Sainte «comme d'une carte de géographie» dont on se fait fort de combler les lacunes, transformer en règle de morale ou de politique des faits qui le plus souvent résultent de la fortune et du hasard, subordonner l'individu à l'espèce qui seule compterait selon lui: autant d'entreprises osées et chimériques. «Pourquoi nous dit-il que les individus ne sont rien, et que l'espèce seule compte? [...] Y a-t-il autre chose que des individus dans la nature?», et Portalis de poursuivre, dans ce chapitre XXI, à propos de Kant: «Quand le philosophe de Königsberg aura résolu ces problèmes, d'une manière satisfaisante, on pourra s'occuper avec lui du soin de changer la manière d'étudier et d'écrire l'histoire» (p. 23-25). C'est Montesquieu, dont l'*Esprit des lois* fut «comme la Bible de la famille juridique des Portalis», que son individualisme historique oppose à Kant.

Portalis ne s'est pas trop étendu, dans son œuvre, sur le thème du droit naturel qu'il conçoit selon la vision commune du XVIIIe siècle, comme modèle à la fois moral et rationnel du droit écrit: «Nous donnons à la morale le nom du droit naturel» (ch. XXIII, p. 114). Et dans le *Discours préliminaire sur le projet de code civil*, p. 4: «La raison, en tant qu'elle gouverne indéfiniment tous les hommes, s'appelle droit naturel». En revanche, il insiste sur la nécessaire conformité des institutions à la *nature des choses*, laquelle est, pour lui, à la fois immuable et variable: la découverte de la nature par l'observation et l'expérience permet, dit-il, d'induire des *faits*, des règles générales qui concourent à former le «système général de la nature», lequel représente *l'ordre*. Par suite, des lois positives doivent imiter la nature: «Au dessus de toutes les lois écrites est une loi naturelle qui est émanée de l'éternelle justice, qui commande aux hommes et aux nations, aux sujets et aux rois et dont les divers législateurs ne sont et ne peuvent être que les fidèles et respectueux interprètes» (ch. XXII, p. 75). Mais Portalis s'empresse de souligner la variabilité de cette nature et l'on ne peut manquer d'y retrouver l'influence de Montes-quieu: «Il y aura toujours divers ordres de lois, disait-il au *Conseil des Anciens*, parce qu'il y aura toujours divers ordres de choses [...]». On retrouve là une disposition d'esprit propre au juriste de formation qu'était Portalis, plus enclin au relativisme, à l'esprit de modération, qu'à la métaphysique, tout en se voulant un homme des Lumières épris de raison. Paradoxalement, c'est la philosophie kantienne qui inspirera, bien plus que la vision de Portalis, la pensée juridique moderne à partir du XIXe siècle.

LA QUESTION DE LA PEINE DE MORT AU SIÈCLE DES LUMIÈRES: LE PLAIDOYER DE KANT

Kisito Owona

«Agis de telle sorte que tu traites l'humanité aussi bien dans ta personne que dans la personne de tout autre toujours en même temps comme une fin, et jamais simplement comme un moyen»[1]. Si l'on s'en tient à cet impératif kantien pratique à la lettre, l'on ne peut que deviner Kant en train de dresser un réquisitoire contre la peine de mort. Si l'homme est la valeur absolue que possède la fin, la question se pose alors de savoir si l'action de mettre à mort l'autre peut s'accorder avec l'idée de l'humanité en soi. L'usage des adverbes «toujours» et «jamais» qui excluent toute restriction, toute exception et toute limite nous conduit à répondre par la négative. Car, comme dit Kant lui-même, l'homme n'est pas une chose. Le commentaire que fait Kant à la suite de cette maxime ne laisse place à aucune ambiguïté quant à sa réponse dont on peut préjuger, et avec raison, sur la question de la peine de mort: «Je ne puis disposer en rien de l'homme en ma personne, soit pour le mutiler, soit pour le dégrader, soit pour le tuer». Paradoxalement, comme la plupart de ses contemporains, Kant plaide en faveur de la peine de mort. Est-ce à dire que sur les questions de société tels que le suicide, la peine de mort, Kant, malgré le rigorisme qui caractérise sa pensée, reste tributaire et prisonnier de son temps et de son époque? Ce débat sur la peine de mort n'est-il finalement pas la zone d'ombre des Lumières? La peine de mort étant la sanction suprême de toutes les peines, il convient d'exposer de façon générale la conception kantienne de la fonction et de la nature des peines.

***

Kant conçoit bien le droit de punir. C'est «le droit qu'a le chef, envers celui qui lui est soumis, de lui infliger une peine en raison de son crime»[2]. Mais le souverain ne peut punir que celui qui a transgressé la loi publique. L'acte de la violation de la loi est contraire à la citoyenneté. Et ce qui est impropre à la citoyenneté est tout

[1] *Fondements de la métaphysique des mœurs*, Pléiade II, p. 295.
[2] *Métaphysique des mœurs*, Pléiade III, p. 600.

simplement criminel. Selon que le crime est privé ou public, on distinguera la justice civile et la justice criminelle. Il incombera donc au tribunal civil de juger tous les crimes privés tels que les abus de confiance, les détournements de fonds ou de marchandises, les fraudes... Par contre, la justice criminelle aura à s'occuper de tous les délits publics tels que la fabrication de fausses monnaies, ou la contrefaçon des lettres de change, le vol, la rapine... Pourquoi faut-il punir les transgresseurs de lois? Parce que la punition est un rempart de l'état civil contre l'état de nature. Dans l'état de nature, l'état de sauvage, la sanction est inexistante. Or à l'état civil, elle sert de garde-fou. Il faut supposer une peine toujours utile à soi-même ou à ses concitoyens. D'où l'idée que «la loi pénale est un impératif catégorique».

Quant au mode et degré de châtiment que la justice publique doit infliger aux coupables, Kant fait appel à la loi du talion. Reste donc à savoir les implications de cette loi dans la pensée politique de Kant.

La loi du talion: contexte historique

La loi du talion est détaillée dans l'*Exode*. Deuxième livre de l'Ancien Testament après la *Genèse*, l'*Exode* relate au même titre que le *Lévitique*, les *Nombres* et le *Deutéronome*[3], la manière dont s'est formé le peuple élu et s'est établie sa loi sociale et religieuse. L'*Exode* développe principalement les thèmes de la délivrance d'Israël d'Égypte et de l'Alliance au Sinaï (que la tradition chrétienne place au sud de la péninsule qui porte son nom). C'est dans ce dernier thème qu'on retrouve l'énonciation de la loi du talion.

Une fois délivré d'Égypte, le peuple d'Israël va s'installer au Sinaï où il conclura avec Yahvé son Dieu une alliance pouvant se réduire à la charte du judaïsme. Le Décalogue, c'est-à-dire, «Dix Paroles», sous-entendu les dix commandements, et le code de l'Alliance constituent la colonne vertébrale de cette Alliance. Le Décalogue peut être considéré comme l'acte fondateur de l'Alliance. Il est la parole de Dieu lui-même. Ce qui n'est pas du tout le cas en ce qui concerne le code de l'Alliance qui n'est pas promulgué au Sinaï.

[3] Le *Lévitique* contient la loi des prêtres de la tribu de Lévi. C'est en quelque sorte le code législatif vu sous l'angle religieux. Dans les *Nombres*, il s'agit du recensement de la communauté des Israélites organisés en clans et en familles. Ils reprennent le thème de la marche au désert. Enfin, le *Deutéronome* désigne la «seconde loi». Il introduit un code de lois civiles et religieuses qui succède et remplace le Code de l'Alliance.

Il est considéré comme la charte de l'Alliance du Sinaï pour la simple raison que, bien que datant des premiers temps de l'installation en Canaan, avant la monarchie, il était conforme à l'esprit des commandements du Décalogue. Au reste, le Code est un ensemble de prescriptions relatives d'une part au droit civil et pénal, d'autre part aux règles culturelles, et enfin à la morale sociale. Tout le chapitre 21 de l'*Exode* se rapporte au droit civil et pénal. C'est ici qu'est énoncée la loi du talion. *Grosso modo*, voici ce qu'elle stipule: «Si des hommes, en se battant, bousculent une femme enceinte et que celle-ci avorte mais sans autre accident, le coupable paiera l'indemnité imposée par le maître de la femme, il paiera selon la décision des arbitres. Mais s'il y a accident, tu donneras vie pour vie, œil pour œil, dent pour dent, pied pour pied, brûlure pour brûlure, meurtrissure pour meurtrissure, plaie pour plaie»[4]. Cette loi du talion, de nature sociale, consiste donc en un châtiment qui est égal au dommage. C'est donc cette loi que Kant va s'approprier.

Interprétation kantienne

«Quel mode et quel degré de châtiment la justice publique doit-elle prendre pour principe et pour mesure?»[5]. Question que pose Kant et qui a le mérite de soulever explicitement le problème de la proportionnalité des peines relativement aux dommages. Pour Kant, «il n'en est point d'autre que le principe d'égalité (figuré par la position de l'aiguille de la balance de la justice), qui consiste à n'incliner pas plus d'un côté que de l'autre»[6]. Il faut voir dans cette sentence le témoignage du rigorisme de Kant. La loi du talion interdit la justice des «à peu près»: pas plus, pas moins qu'il ne mérite, mais exactement ce qu'il mérite. Le châtiment ne doit être égal au dommage que parce que le mal qu'on inflige à autrui, un mal dont il n'est ni la cause efficiente, ni la cause lointaine, ce mal, on le fait à soi-même. Chaque homme est le destinataire de l'outrage dont il est auteur. Par conséquent, la peine qu'il subit doit être proportionnelle au tort causé à autrui. La loi du talion a l'avantage d'introduire les concepts de qualité et quantité dans la peine. Toutefois, pour éviter que chacun se fasse justice soi-même sur la base de la justice du «pareil», Kant note que la loi du talion ne peut être applicable qu'à

[4] *La Bible de Jérusalem*, Cerf/Verbum Bible, 1988, *Ex.* 21, 22-27, p. 107.
[5] E. Kant, *Métaphysique des mœurs*, Pléiade III, p. 602.
[6] *Ibid.*

la barre du tribunal. Il reconnaît qu'il est impossible d'appliquer la loi du talion à la lettre. Mais les effets que son esprit entraîne peuvent se rapporter à tout ce qui touche l'honneur, la sensibilité, à l'amour-propre d'un individu. Dans ce cas, la loi reste valable. Supposons un maître qui injurie son esclave. Une simple amende pour ses injures verbales ne vaudrait pas la sanction qu'il mérite. Vis-à-vis de son esclave, il a l'habitude de provoquer, de blesser par des injures. Mais si, aux termes du verdict et du droit, on inflige une humiliation à l'amour-propre du maître, cette humiliation équivaudrait à la blessure faite à l'orgueil de l'esclave qui ne sera ni contraint de présenter publiquement ses excuses, ni contraint de baiser la main du maître, ni même de faire une génuflexion. Un coup de langue peut être bien pire qu'un coup de flèche. Il peut donc ne pas y avoir un rapport avec l'offense. Mais cela n'empêche pas la loi du talion de rester valable quant à ses effets.

Kant exige le respect de la loi du talion jusqu'à son terme. Ce jusqu'au-boutisme de Kant s'exprime explicitement dans ces propos: si le voleur «a commis un meurtre, il doit mourir. Il n'existe ici aucun succédané qui puisse satisfaire la justice. Il n'y a commune mesure entre une vie, aussi pénible soit-elle, et la mort, et par conséquent non plus aucune égalité entre le crime et la réparation, si ce n'est en infligeant juridiquement la mort au coupable, pourvu qu'elle soit exempte de tous mauvais traitements qui pourraient faire de l'humanité un objet d'horreur en la personne du torturé»[7]. Cette doctrine d'égalité des peines contient une sorte de syllogisme juridique: tous les criminels sont coupables de mort. Or le meurtrier est un criminel. Donc, il doit mourir. L'infanticide maternel et l'homicide sont des crimes[8]. Or tout crime est digne de mort. Donc les auteurs de ces crimes doivent mourir. Par criminels, il faut entendre les meurtriers, les complices, les commanditaires. La sentence de mort prononcée contre tous les criminels n'est pas que physique. La mort peut être aussi physiologique, sociale, psychologique, politique. Ainsi l'homme d'honneur préférera par exemple la mort aux travaux forcés, tandis que le coquin choisira le bagne plutôt que la mort. L'un et l'autre subissent la peine de mort, mais de manière tout à fait proportionnelle à leur façon de sentir. Si le nombre de criminels et de complices est assez considérable et que leur exécution menace

[7] *Métaphysique des mœurs*, Pléiade III, p. 603.

[8] Le premier se rapporte à l'enfant adultérin né hors mariage: véritable scandale et humiliation au vu des mœurs de l'époque. Ce «crime» est donc provoqué par le sentiment de l'honneur féminin. Tandis que le deuxième est provoqué par l'honneur guerrier.

l'État de disparition, il revient au souverain de les déporter et les exiler en lieu et place de la peine de mort. De toute évidence, Kant est favorable à la peine de mort. Il s'en prend même à Beccaria qui se démarqua à l'époque en délégitimant toute peine de mort.

Kant contre Beccaria au sujet de la peine de mort

Kant, Rousseau et le marquis de Beccaria (juriste et philosophe italien: 1738-1794) participent au débat qui anime le XVIIIe siècle, débat portant sur la fonction et la nature des peines. La tendance générale de l'époque est à la légitimation de la peine de mort. Kant et Rousseau y sont favorables. Dans *Du contrat social*, Rousseau prend clairement position dans le cinquième chapitre qui s'intitule: «Du droit de vie et de mort». Pour Rousseau, le pacte social vise la conservation des contractants. Or «qui veut la fin veut aussi les moyens, et ces moyens sont inséparables de quelques risques, même de quelques pertes. Qui veut conserver sa vie aux dépens des autres doit la donner aussi pour eux quand il faut»[9]. Il en est ainsi de la peine de mort infligée aux criminels. «C'est pour n'être pas la victime d'un assassin que l'on consent à mourir si on le devient»[10]. Celui qui rompt le traité social met en péril l'État. Par conséquent, il est plus un ennemi qu'un Citoyen. En tant que tel, il doit être traité comme un ennemi c'est-à-dire qu'il faut qu'il périsse pour la conservation de l'État. À défaut, il doit s'exiler. Si les supplices deviennent fréquents – ce qui est un signe de faiblesse ou d'inefficacité du gouvernement – le Souverain peut recourir exceptionnellement au droit de grâce, sachant tout de même que ce droit de faire grâce est une entorse à la loi. Le retour systématique au droit de grâce consacre le droit d'impunité. L'histoire nous enseigne que Beccaria sera véritablement le premier à mettre en question le principe de la légitimité de la peine de mort. À cet effet, son ouvrage *Des délits et des peines* publié en 1764, soit deux ans plus tard que la parution du *Contrat social*, a un caractère réquisitorial. C. Beccaria va marquer son époque avec cette publication[11]. Véritable pamphlet contre la justice criminelle exercée par l'Ancien Régime, ce livre est salué par le Siècle des Lumières comme une grande révolution dans le domaine

[9] J.-J. Rousseau, *Du contrat social*, Paris, Flammarion, 2001, p. 74.

[10] *Ibid.*

[11] La traduction que nous avons consultée est celle de Maurice Chevallier, préfacée par R. Badinter, Paris, Flammarion, 1991.

de la jurisprudence criminelle. Comme «il s'est trouvé bien peu de gens pour envisager et combattre la cruauté des châtiments et l'irrégularité des procédures criminelles, cette partie si essentielle de la législation, et si négligée dans presque toute l'Europe» (p. 60), Beccaria s'était chargé, lui, de dénoncer les abus des lois, leur légèreté ainsi que leur inhumanité. Que peuvent valoir les lois si elles sont faites par ceux dont l'intérêt est justement de s'opposer à ces lois? Sous l'influence de Montesquieu qu'il appelle «l'immortel président» (p. 61), C. Beccaria va proposer une nouvelle grille de lecture et d'appréciation des peines. Puisque les peines ne sont pas proportionnelles aux délits commis et qu'elles sont inhumaines, il faut les socialiser, les humaniser. Pour cela, rien ne vaut une liberté politique sans laquelle on ne peut prétendre à une bonne justice. Ceci dit, la peine ne doit pas avoir pour objectif de créer des parias dans la société, ni des exclus. Elle doit pouvoir se mesurer à son utilité sociale. La peine survient quand il s'agit de défendre et protéger la société plutôt que de bannir le coupable de la société. Parmi toutes les peines, la peine de mort est, pour ainsi dire, la plus ignoble. «En vertu de quel droit les hommes peuvent-ils se permettre de tuer leurs semblables?» se demande Beccaria (p. 126). Pour lui, la peine de mort n'est pas un droit. Elle prétend empêcher des récidives. Pourtant, des hommes déterminés ont continué à nuire à la société. En outre, «ce n'est pas la sévérité de la peine qui produit le plus d'effet sur l'esprit des hommes, mais sa durée. Notre sensibilité, écrit encore Beccaria, s'émeut plus facilement et de façon plus persistante d'impressions légères mais répétées que d'un choc violent mais passager» (p. 128).

C'est donc cette thèse beccarienne de l'illégitimité de toute peine de mort que Kant va critiquer. Le ton de Kant est ironique lorsqu'il parle de sa «sensiblerie sympathisante d'une humanité affectée»[12]. Tout ce réquisitoire n'est à ses yeux que «sophisme et chicane». On n'imagine personne en train de se rendre au tribunal pour dire: «Je veux subir une peine. Punissez-moi» alors qu'il n'est coupable de rien. La peine n'intervient que quand on a voulu une action pénalisante. Il est loisible d'établir un parallèle entre le raisonnement de Kant et cet adage populaire et platonicien: «Nul n'est censé ignorer la loi». Dire par exemple vouloir être puni si j'assassine quelqu'un signifie qu'en acceptant cette loi, et la connaissant, je la cosigne et accepte en même temps de me soumettre à cette loi qui peut devenir pénale si je la transgressais un jour. Dans ce cas, il n'y aurait

[12] E. Kant, *Métaphysique des mœurs*, Pléiade III, p. 605.

pas de peine puisque ce qui m'arrive, je l'aurais voulu, en connaissance de l'effet. «Quand donc je rédige une loi pénale contre moi en tant que criminel, c'est alors en moi la pure raison juridiquement législatrice qui, avec tous ceux qui sont associés en une union civile, me soumet à la loi pénale en tant que je suis un individu capable de crime, par conséquent une autre personne»[13]. Comme je ne peux pas être mon propre juge pour prononcer une sentence de mort à mon égard, il revient au peuple par le tribunal de disposer de ma vie, donc d'édicter la peine de mort. Qu'autrui puisse disposer de ma vie n'est donc pas, comme le prétend Beccaria, un non-sens. Son erreur «consiste à prendre le jugement que le criminel porte lui-même (qu'on doit nécessairement attendre de sa raison), et selon lequel il faut perdre la vie, pour une résolution de sa volonté, celle de s'ôter lui-même la vie, et ainsi l'on se représente l'exécution du droit et le jugement du droit comme réunis en une seule et même personne»[14]. Cette confusion entre la volonté particulière du coupable et la volonté unifiée *a priori* dans le contrat rend impossible, selon Kant, non seulement la peine de mort mais aussi toute peine.

Au demeurant, dans un État qui veut se conserver et conserve ses citoyens, il est impératif que le pouvoir judiciaire soit effectif. Il ne peut l'être qu'à travers ses deux instances, la justice civile et la justice criminelle qui sont toutes deux habilitées à infliger des peines judiciaires aux coupables indépendamment de la peine morale que peut infliger la conscience de chacun. Pour ce qui est de la justice criminelle, en vertu du principe d'égalité des peines, l'impératif catégorique de la loi pénale valide la sentence suprême qui est la peine de mort. Seul cependant le souverain peut commuer cette peine de mort, soit en l'adoucissant, soit en la remettant entièrement. Cela fait partie de ses prérogatives au même titre que le droit de punir. Cela s'appelle le droit de gracier qui le distingue de ses sujets. Mais il n'en demeure pas moins vrai que ce droit constitue déjà lui-même une grave injustice. Kant rejoint ici le point de vue de Rousseau. Les deux emploient d'ailleurs plus ou moins les mêmes termes. Gracier les sujets qui ont commis les crimes les uns envers les autres, c'est faire injure au droit, c'est pratiquer l'impunité. Que vaut une loi qui ne peut s'appliquer, que l'on sait non applicable dans toutes les circonstances? La loi doit s'appliquer dans toute sa totalité. À la limite, le souverain peut user de ce droit de gracier si et seulement si

[13] Op. cit., p. 606.
[14] *Ibid.*

c'est à lui-même qu'il est fait outrage. Et encore faudrait-il que cet outrage ne porte pas atteinte à la sécurité et à la tranquillité publiques.

***

La position de Kant concernant la peine de mort peut étonner, lui qui fustigeait avec la dernière énergie le meurtre ou la décapitation du monarque. Il faut néanmoins reconnaître que l'argumentation contre le droit de grâce ne nous laisse pas indifférent. Mais cet épisode du discours sur la peine de mort n'est qu'une parenthèse inspirée par une fidélité à sa rigueur dans le raisonnement. «La loi pénale, dit-il, est un impératif catégorique»: malheur à celui qui s'en remettrait à la doctrine du bonheur pour délivrer le coupable de la peine. Celle-ci doit exprimer la justice sous sa forme rétributive, indépendamment de toute considération eudémoniste ou philanthropique: «le rigorisme du droit pénal ne doit connaître aucune déviance; la justice cesse d'être une justice dès qu'elle se vend»[15]. Ce chapitre n'affecte pas l'ensemble de la pensée morale et politique de Kant. Il est même loisible de noter qu'à la lecture de son argumentation, se dégage un paradoxe qui est peut-être révélateur: en même temps qu'il défend la peine de mort, il s'insurge contre la torture.

Bien que la sentence soit sévère sur la peine de mort, il reste que Kant tempère et modère son discours. Nous en voulons pour preuve le texte ci-après qui est un véritable hymne à l'amour, texte suffisamment clair qu'il n'est point besoin que nous y apportions des commentaires. «C'est donc un devoir de vertu, dit Kant, non seulement de ne pas répondre – par simple vengeance – à l'hostilité des autres par la haine, mais encore de ne pas même presser le juge du monde de nous venger; et cela en partie parce que l'homme porte en lui assez de fautes personnelles pour avoir lui-même grand besoin de pardon, en partie aussi et surtout parce qu'aucun châtiment, d'où qu'il provienne, ne doit être dicté par la haine. C'est pourquoi le pardon est le devoir de l'homme»[16]. Le pardon ne signifie pas bien entendu indulgence pour les offenses, car une veule indulgence est en quelque sorte une renonciation à ses droits.

[15] S. Goyard-Fabre, *La philosophie du droit de Kant*, Paris, Vrin, 1996, p. 229.
[16] *Métaphysique des mœurs*, Pléiade III, p. 756.

LO STATO DI MINORITÀ DI CUI NOI SIAMO COLPEVOLI

Antonio Carrano

Poco più di venti anni separano la pubblicazione dello scritto che Kant dedicò alla definizione dell'illuminismo dalle lezioni che Fichte tenne a Berlino su *I tratti fondamentali dell'epoca presente.* Venti anni, nel corso dei quali la stagione del tardo illuminismo giunse al tramonto e vide spegnersi le sue attese e suoi entusiasmi, finendo per puntare contro se stesso l'arma della critica che prima aveva diretto contro ogni credenza e ipotesi azzardata degli uomini, non confermata da esperienza o provata dal ragionamento.

Procedendo ora *à rebours*, non è da una prospettiva del tutto avversa all'illuminismo che Fichte considerò il suo presente nei *Grundzüge* come l'epoca dell'illuminismo imperante[1], alla luce di una costruzione *a priori* della storia strutturata al suo interno in cinque fondamentali epoche volte a dar forma al concetto di un piano universale (*Weltplan*). Basta pensare, per convincersene, alla definizione che egli vi diede dello «scopo della vita dell'umanità sulla terra» cui è finalizzato questo stesso piano, quello appunto di «istituirvi con libertà tutti i rapporti secondo ragione»[2]. Tuttavia egli escluse che il suo presente fosse di per sé un'età illuminata o che si approssimasse quanto meno ad esserlo, dal momento che *rischiaramento* (*Aufklärung*) e *oscuramento* (*Ausklärung*) vi convivevano escludendo la possibilità di una netta demarcazione prima che altri ne prendessero coscienza, a parte il filosofo. Il che si doveva per lui all'affermarsi in esso di un'accezione assai deleteria di *vita razionale* che per la prima volta sperimentava una grave scissione: quella, com'egli scrisse, tra la «vita una, che si manifesta come vita del genere», e la ragione stessa, che, in quanto separata dalla vita, fa prevalere ora «l'individualità e l'amore di essa»[3].

[1] Cfr. sull'argomento L. Siep, *Fichtes Kritik der Aufklärung in den «Grundzügen des gegenwärtigen Zeitalters» (1806)*, in *Aufklärung und Interpretation. Studien zu Kants Philosophie und ihrem Umkreis. Tagung aus Anlass des 60. Geburtstag von Reinhard Brandt*, hrsg. von H. F. Klemme, B. Ludwig, M. Pauen, W. Stark, Würzburg 1999, p. 217-228.

[2] J. G. Fichte, *Grundzüge des gegenwärtigen Zeitalters* (1804-1805), in *Gesamtausgabe der Bayerischen Akademie der Wissenschaften*, hrsg. von R. Lauth, H. Jacob und H. Gliwitztky, Stuttgart-Bad Cannstatt, 1962 e sgg., Bd. I, 8, p. 198; tr. it. *I tratti fondamentali dell'epoca presente*, a cura di A. Carrano, Milano, 1999, p. 85.

[3] Ivi, p. 219; tr. it. p. 116.

Senza insistere troppo sulle premesse teoretiche che hanno consentito a Fichte di individuare una profonda scissione tra vita e ragione, occorre ricordare come per lui, da un lato il contrasto tra l'epoca del sapere presunto e quella del sapere acquisito concerneva il rapporto (di subordinazione o meno) con il suo fondamento[4], e dall'altro il passaggio dall'una all'altra presumeva l'abbandono, non solo della pigra fiducia nel «sano intelletto» e nell' «esperienza come unica fonte di sapere»[5], ma anche dell'idea di ragione come proprietà dei singoli esseri razionali, opposta a quella che ne fa «l'esistenza e la vita unicamente possibili, le quali riposano su se medesime e si reggono da se medesime»[6].

In effetti, dovendo sintetizzare ciò che Fichte ha inteso strettamente con illuminismo, potremmo ripetere che esso non era altro per lui che un particolare «modo di pensare (*Denkart*)» affermatosi allora fino a diventare totalizzante, improntando via via la moralità come la religione dei singoli individui, e persino la costituzione e il governo dei popoli[7]. Un modo di pensare che, ad una considerazione superficiale (cioè a partire anche dai suoi benefici effetti in rapporto alla tecnica e al dominio della natura), appariva nella sua tendenza dominante come la «fondamentale spinta dell'agire più comune nell'epoca, nascosta e non elevata alla coscienza distinta, ma nondimeno reale e vera». E che, ad una considerazione più profonda, andava colta invece «nel suo credo», in cui realmente era condensata la particolare identità dell'epoca strutturatasi nel corso del «divenire teoretico»: quello attraverso cui lo stesso illuminismo – osservava Fichte – «si confessa e si ama e si approva, ed è fiero di se stesso, vuol essere ritenuto il supremo modo di pensare unicamente vero»[8].

Stava così in questa forma di superbia, frutto della prima, immatura consapevolezza della ragione, la radice della colpevolezza o *peccaminosità* dell'epoca, associata a quell'oblio della vita razionale o superiore che detta ad ognuno di mettere la propria vita al servizio del genere come al servizio delle idee[9]. Non altro che in essa, infatti, si annidava il male conseguente all'atto di liberazione dal peso dell'autorità che prima aveva gravato sulla ragione, spinta ora a passare d'impulso dalla legittima diffidenza verso le verità accolte in maniera acritica all'«assoluta indifferenza nei confronti di ogni verità», fino a

[4] *Ibid.*
[5] Ivi, p. 243-244; tr. it. p. 151-152.
[6] Ivi, p. 210; tr. it. p. 102.
[7] Ivi, p. 215-216; tr. it. p. 119-110.
[8] Ivi, p. 214; tr. it. p. 106-107.
[9] Ivi, p. 221; tr. it. p. 118-119.

dimenticare in ultimo la stessa realtà delle idee. Più precisamente, essa rappresentava il male derivante dall' «amore che la vita contraria alla ragione porta a se stessa», e che viene a ledere quest'ultima, nel momento in cui, divenendo autoreferenziale, «si presenta nella sua diversità specifica, sia in generale che in particolare, come gioia della propria intelligenza, come presunzione e vanità meschina per la sua abilità e libertà da pregiudizi»[10].

Senza dubbio, è forte l'impressione che Fichte abbia calcato volutamente la mano nel ritrarre a tinte fosche il proprio presente, agitando lo spauracchio di una completa svalutazione della verità, di cui poteva solo presagire il processo. Ma che nondimeno egli è riuscito a descrivere con maestria, quando ha parlato di un tempo in cui si scambia per «vera saggezza» il «prendere tutto alla leggera»[11] e «un gran vuoto» avanza minaccioso «come noia infinita»[12]; in cui ormai «mediocrità e fiacchezza» affliggono la comunicazione, e anzi si crede che l'arguzia (*Witz*) serva a trasmettere meglio la «verità profonda»[13]. Un tempo, insomma, il cui stato di *completa peccaminosità* sarebbe apparso insormontabile, se il filosofo non avesse pensato di bilanciarlo *in extremis* con una massiccia dose d'ottimismo, tale da mostrare lo stesso «libero oscillare tra l'autorità e il puro nulla» come «uno stato intermedio del nostro genere, nel quale essa [l'epoca] dapprima si libera della cieca costrizione, e poi dovrebbe essere spinta alla scienza della ragione dal sentimento della propria vacuità»[14]: quello stesso stato in cui doveva trovare spazio l'opera dei dotti, i quali avrebbero soddisfatto così la reale esigenza dell'epoca, già solo aprendo la strada alla coscienza della dilagante «mediocrità e fiacchezza» quale risultato della liberazione conseguita.

Come si vede, entrambe le cose – il ricorso ad una forma di comunicazione vivente da parte dei dotti, come lo stimolo all'esame critico attraverso la lettura dei testi – rientravano per Fichte in quell'uso pubblico della propria ragione su cui Kant aveva insistito anni prima. Intervenendo nel dibattito sull'illuminismo, questi aveva ravvisato, infatti, nel coraggio individuale, nella scelta di libertà che dà avvio ad «un'autentica riforma dell'atteggiamento di pensiero (*Reform der Denkungsart*)»[15], la condizione prioritaria all'uscita dallo stato di

[10] Ivi, p. 223; tr. it. p. 121.

[11] *Ibid.*

[12] Vedi ivi, p. 250; tr. it. p. 160.

[13] *Ibid.*

[14] Ivi, p. 258; tr. it. p. 170-171.

[15] I. Kant, *Beantwortung der Frage: was ist Aufklärung?* (1784), in *Kant's gesammelte Schriften*, hsrg. von der Königlich Preußischen Akademie der Wissenschaften (d'ora in

minorità di cui sono colpevoli unicamente gli uomini; mentre aveva indicato nell'uso non censurato che ciascuno poi fa della propria ragione «*come studioso* dinanzi all'intero pubblico di *lettori*»[16] lo strumento adeguato di un'illuminazione collettiva, intesa come esercizio concreto e insieme misurato della libertà. Un uso, che proprio per la sua dimensione *pubblica* doveva supporre un modello discorsivo richiamantesi all'autorità della ragione, e che pertanto andava assoggettato ad una severa disciplina intellettuale, onde anche evitare i pericoli che corre la libertà di pensiero quando la ragione rifiuta di sottomettersi «alla legge che *essa stessa si dà*»[17]. Ma, per questo, anche un uso che solo in principio poteva essere esercitato da una stretta cerchia di dotti illuminati, e che tendenzialmente doveva interessare invece un numero sempre più esteso di individui coltivati, i quali come «pubblico raziocinante degli uomini» avrebbero costituito insieme la compagine «dei cittadini» – volendo accogliere la tesi di J. Habermas che «la pubblicità funzionale dal punto di vista politico» rappresenta «sotto la costituzione repubblicana», in un senso non solo formale, «il principio organizzativo dello stato liberale di diritto»[18].

Convinto che unicamente la libertà di pensiero e di parola bastasse all'illuminismo per affermarsi, Kant riteneva però necessario subordinarne l'esercizio ad una massima della prudenza politica; perché a nulla sarebbe valsa la legittima opposizione alla «costrizione civile» e alla «costrizione delle coscienze», come a nulla avrebbe portato la rivendicazione della libertà, sia «di *esprimere* pubblicamente» i propri pensieri, sia di condurre «*un esame personale*»[19] in materie di regola censurate, se non fosse stata la ragione a guidare passo a passo questo processo di emancipazione. Grande sarebbe stato il rischio per la ragione di finire sotto «il giogo delle leggi che altri le

avanti citati con la sigla Ak), Bd. VIII, Berlin, 1923, p. 36; tr. it. *Risposta alla domanda: cos'è Illuminismo?*, in *Scritti di storia, politica e diritto*, a cura di F. Gonnelli, Roma-Bari, 1995, p. 46.

16 Ivi, p. 37; tr. it. p. 47.

17 Vedi Id., *Was heisst: Sich im Denken orientieren?* (1786), in Ak, cit., Bd. VIII, p. 145; tr. it. *Cosa significa orientarsi nel pensare?*, in *Scritti sul criticismo*, a cura di G. De Flaviis, Roma-Bari, 1991, p. 27. Si rimanda in proposito ad alcuni recenti contributi di O. O'Neill, *Kant's Conception of Public Reason*, in *Kant und die Berliner Aufklärung. Akten des IX. Internationalen Kant-Kongress*, Bd. 1, *Haupvorträge*, hrsg. im Autrag der Kant-Gesellschaft e.V., von V. Gerhardt, R.-P. Hostmann und R. Schumacher, Berlin-New York, 2001, p. 35-47, e di K. Deligiorgi, *The Public Tribunal of Political Practical Reason: Kant and the Culture of Enlightenment*, in ivi, Bd. 5, Sektion XV-XVIII, p. 148-155.

18 J. Habermas, *Publizität als Prinzip der Vermittlung von Politik und Moral (Kant)*, in *Materialen zu Kants Rechtsphilosophie*, hrsg. von Z. Batscha, Frankfurt a. M., 1976, p. 179.

19 I. Kant, *Was heisst: Sich im Denken orientieren?*, cit., p. 144-145; tr. it. p. 26-27.

impongono», qualora essa si fosse spinta ad affrancarsi dalle restrizioni che essa deve imporsi autonomamente[20]. Meglio quindi forgiarsi in proprio delle catene invisibili, tali da non mortificare la naturale aspirazione alla libertà, piuttosto che abusare della stessa, una volta spezzate le antiche catene, e giocarsela definitivamente finendo legati ai ceppi come, se non peggio di prima. Questo sembra essere stato il suo pensiero al riguardo; di un filosofo del tardo illuminismo che nell'uso della libertà di pensiero riusciva a presagire il rischio concreto del suo abuso, diagnosticando come forma degenerata di esso una «persuasione dell'autocrazia della ragione speculativa», e dunque una «*miscredenza razionale*, uno stato d'animo dominato dall'incertezza, il quale fa anzitutto perdere alle leggi morali ogni potere in quanto moventi del cuore», e facilmente conduce infine «al modo di pensare chiamato *libertinismo*»[21].

Niente di tutto questo, evidentemente, doveva comportare, oltre all'uso pubblico, l'*uso polemico della ragione*, cui Kant ha dedicato un intero paragrafo della Dottrina trascendentale del metodo: legittimo, quando si trattava di difendere gli assunti della ragione «contro le negazioni dogmatiche»[22], e però da vincolare ad una severa disciplina, considerata la necessità di «porre in completa libertà tanto la ragione che *cerca* (*forschende*) come quella che *controlla* (*prüfende Vernunft*)»[23] – sempre, beninteso, nel riguardo degli interessi della ragione stessa, «i quali esigono nello stesso tempo che essa limiti il campo delle proprie conoscenze e che si proponga di estenderlo»[24]. Quest'uso, se si vuole, egli lo ha attuato in prima persona, mettendo in pratica l'idea che nulla, per *utile* o *sacro* che sia, può essere sottratto ad una critica rigorosa «che ispeziona e indaga senza riguardo per nessuno»[25], compresa la ragione osannata dall'illuminismo. Anzi, egli lo ha finanche saggiato nello scritto in questione, dove la riflessione sull'illuminismo profilava in fondo il passaggio ad un *illuminismo superiore*[26], divenuto impellente per l'obbligo che ha la ragione «di sottostare alla critica» senza «opporre alcun divieto al libero esercizio di essa»[27]. E di cui è opportuno

[20] Ivi, p. 145; tr. it. p. 27.
[21] Ivi, p. 146; tr. it. p. 28.
[22] Vedi Id., *Kritik der reinen Vernunft*, cit., p. 484; tr. it. p. 567.
[23] Ivi, p. 487; tr. it. p. 570 (mio il corsivo).
[24] *Ibid.*
[25] Ivi, p. 484; tr. it. p. 566.
[26] Desumo questa espressione dal testo di una conferenza tenuta recentemente a Napoli da G. Zöller dal titolo emblematico *Lumi sull'illuminismo. La concezione kantiana dell'uso autonomo, pubblico e comune della ragione* ora pubblicata in «Studi kantiani», XVIII, 2005, p. 45-60.
[27] I. Kant, *Kritik der reinen Vernunft*, cit., p. 484; tr. it. p. 566.

sottolineare il carattere radicale, implicando esso che la ragione – a meno di non voler «recar danno a se stessa ed esporsi a un sospetto dannoso»[28] – deve applicare alle sue procedure la critica prima rivolta a ogni falsa credenza e idea imposta in modo autoritario. Sicché il suo tratto distintivo è di accompagnare la volontà di emancipazione a un'istanza di controllo fatta valere ed esercitata dalla ragione. In mancanza della quale, la libertà di pensiero avrebbe certo finito allora col distruggere se stessa, invece di favorire quel modello del *pensare in proprio* cui era ispirata la parola d'ordine dell'illuminismo (*sapere aude!*)[29], sì stimolato dalla volontà di «cercare in se stessi (cioè nella propria ragione) la suprema pietra di paragone della verità», ma subordinatamente a «un principio negativo dell'uso della facoltà di conoscere»[30] approvato dalla ragione stessa.

Vale la pena ora di riflettere sull'attività espressa dal termine *uso* (specificato poi come uso *polemico*, *pubblico* o semplicemente *razionale*, secondo le modalità più appropriate), da opporre ad un abito mentale passivo che Kant ha stigmatizzato con durezza rinvenendovi la radice di uno stato di soggezione che, in tanto poteva perdurare come fenomeno storico, in quanto chi ormai era capace di abbandonarlo si lasciava ancora guidare pigramente da un'autorità estranea, con chiare ripercussioni sul piano politico e religioso. Non per altro egli ha indirizzato una dura critica, non già contro le condizioni oggettive di ignoranza e di oppressione, ma contro il «cattivo uso razionale delle [...] doti naturali»[31] di cui era individualmente responsabile chiunque continuava ad affidare a «precetti e formule» la risposta a quelle domande che, al contrario, devono impegnare la ragione.

Tuttavia non si sarebbe data consapevolezza dello stato di colpevole minorità, se prima non vi fosse stato un lungo processo di sedimentazione teorica quale è giunto a mostrarsi in forma avvertita nello scritto di Kant. In esso il filosofo ha cercato di definire nei suoi tratti essenziali l'evento che, nel sentire comune, sembrava concentrare il significato dell'epoca, e di cui egli ha intuito (al pari di Fichte) il carattere necessariamente transitorio, confermato dalla stessa definizione negativa dell'illuminismo come uscita dallo stato di

[28] *Ibid.*

[29] L'accorta disamina di questo «*Wahlspruch der Aufklärung*» è oggetto del recente articolo di C. La Rocca, *Was Aufklärung sein wird*, in «Deutsche Zeitschrift für Philosophie», 52, 3, Berlin, 2004, p. 347-360.

[30] Id., *Was heisst: Sich im Denken orientieren?*, cit., p. 147; tr. it. p. 29.

[31] Id., *Beantwortung der Frage: was ist Aufklärung?*, cit., p. 36; tr. it. p. 46.

minorità. In maniera brillante, M. Foucault ha posto a base di questo processo «la modifica del rapporto preesistente tra la volontà, l'autorità e l'uso della ragione»[32], che Kant avrebbe cercato dunque di riarticolare da una prospettiva superiore e informata dei propri mezzi, fissando le condizioni del passaggio dall'illuminismo individuale (frutto di un atto volontario, di rottura con il precedente modo di accettare l'autorità) all'illuminismo collettivo (risultato, questo, di un lavoro spirituale volto a consolidare un atteggiamento critico attraverso l'uso pubblico della ragione). Piuttosto che nella forma del contagio che si diffonde celermente a partire dal primo atto di autoliberazione, questo passaggio sarebbe dovuto avvenire per Kant in modo graduale e, possiamo dire, tatticamente moderato, tenuto conto del paradosso che solo un minor grado di *libertà civile* riesce di norma a procurare allo «*spirito* del popolo» «lo spazio per dispiegarsi secondo tutte le sue capacità»[33]. Per quanto egli non dubitava del carattere impetuoso di tale processo. Il quale, per riuscire al meglio, doveva solo seguire un movimento di diffusione dall'alto verso il basso, e di qui nuovamente verso l'alto. Dato che il lavoro formativo dei dotti, armati di *libero pensiero*, avrebbe sortito un'emancipazione generalizzata del popolo grazie al benefico influsso esercitato sul comune modo di sentire; mentre la *libertà di agire* del popolo, conseguita così virtuosamente, avrebbe finito per incidere alla lunga sugli stessi «principi del governo», la cui azione si sarebbe ispirata così alla nuova realtà dell'uomo e del cittadino, considerato d'ora in avanti *più che una macchina* e «conformemente alla sua dignità»[34].

Ma ciò, in fin dei conti, riguardava ancora un'epoca futura che Kant nel saggio sull'illuminismo non preconizzava come imminente, per il solo fatto che non poteva. Guardando più che altro al presente, infatti, egli ha cercato di confrontarsi in maniera coerente con l'immagine di esso che la realtà gli restituiva, badando nello stesso tempo a non restare vittima della vuota radicalità del suo ideale, a non perdersi nel suo gioco autocelebrativo. Non a caso per lui il significato filosofico e culturale dell'illuminismo, di là dai *segni chiari* che pure concorrevano a presentarlo come un fatto e un processo in atto, andava colto sempre e comunque in un monito.

[32] M. Foucault, *Qu'est-ce que les Lumières?* (1984), in *Dits et Écrits 1954-1988*, édition établie sous la direction de D. Defert et F. Ewald avec la collaboration de J. Langrage, Paris 1994, vol. IV, p. 564.

[33] I. Kant, *Beantwortung der Frage: was ist Aufklärung?*, cit., p. 41; tr. it. p. 51.

[34] *Ibid.*

FINS ET MOYENS: LE PROJET DES LUMIÈRES ET LA CRITIQUE KANTIENNE DE L'EUDÉMONISME

Christophe Yahot

L'une des hypothèses les plus communes aux philosophes et intellectuels des Lumières a été la foi dans le pouvoir de la *raison* humaine. L'usage de la raison était en mesure d'ouvrir la voie à un *progrès* perpétuel dans le domaine de la connaissance, des techniques et des valeurs morales. Refusant l'innéisme et le dogmatisme rationaliste cartésien, les sources autorisées telles qu'Aristote et la Bible, le XVIIIe siècle, à la suite de Locke, se tourne vers l'expérience, l'observation de la nature[1]. Certes, les Lumières étaient plus qu'une méthode de pensée et une attitude contre l'ignorance et le fanatisme qu'un ensemble d'idées déterminées. Néanmoins, les aspirations humaines, pensait-on, ne devraient pas porter sur un avenir *lointain*, mais sur les moyens d'améliorer la vie présente. Aussi le bonheur sur terre était-il placé au-dessus du salut religieux. Mais désormais débarrassée de tout «préjugé» et des arcanes de la théologie chrétienne, comment les penseurs des Lumières peuvent-ils déterminer les Moyens et les Fins qui assurent aux hommes, désormais liés par un destin commun, une existence harmonieuse? En clair, en quel sens le projet intellectuel des Lumières satisfait pleinement – ou non – à ses ambitions de bonheur et de progrès? Comment déterminer, non plus de manière intuitive[2], mais de manière *discursive* et sans arbitraire les moyens et les fins, décider dans l'absolu qu'un être est une fin, une «fin en soi»? S'il existe d'ailleurs, dans la nature, quelque «intention» de parvenir à un but quelconque, comment, sur le plan éthique et ontologique, c'est-à-dire de manière purement rationnelle, peut-on parler de «fins» et de «moyens»? Comment établir ces «hiérarchies»?

[1] Le recours à l'expérience et à la nature n'est cependant pas aussi simple qu'on pourrait croire dans la pensée des Lumières. Kant par exemple en appelle à l'expérience, en l'occurrence celle d'un devoir, mais pour démontrer finalement que l'expérience ne doit jouer aucun rôle sur cette question.

[2] On peut noter chez plusieurs peuples à travers le monde cette «philosophie naturelle» qui, conformément à la définition que Lalande propose de la finalité, laisse apparaître l'«Adaptation des parties à un tout, ou des parties d'un tout les unes aux autres», in *Vocabulaire technique et critique de la philosophie*, Quadrige, PUF, 17ème éd., 1991, p. 355.

L'on peut dire qu'avec l'avènement des Lumières, en particulier avec Kant, une place prépondérante est accordée, non à une finalité externe et transcendante, mais à une finalité centrée sur l'originalité du vivant (finalité interne et immanente), même si selon Bergson cette exception en faveur de la finalité interne est un compromis insatisfaisant qui implique un monde définalisé: «Il faut opter entre la négation pure et simple de la finalité et l'hypothèse qui coordonne, non seulement les parties d'un organisme à l'organisme lui-même, mais encore chaque être vivant à l'ensemble des autres [...] Si radicale que notre thèse puisse paraître, la finalité est externe ou elle n'est rien du tout»[3]. Mais il n'est pas sûr que les deux régions de la finalité (externe et efficiente – interne et effective) s'excluent mutuellement ou soient aussi simples à déterminer, c'est pourquoi il s'agit ici moins d'un rejet de l'une ou l'autre que d'un réexamen de la notion de finalité dans son ensemble. Le rôle de la finalité dans l'explication et la compréhension de l'univers, des êtres et des choses est nécessairement lié à celui des moyens mis en œuvre. Mais si la finalité peut se comprendre comme «adaptation de moyens à des fins», comment déterminer ce qui est une «fin» et ce qui n'est qu'un «moyen»?

Restreinte au jugement esthétique, le § 58 de la *Critique de la faculté de juger* règle de la façon la plus brutale le sort de la téléologie: la finalité ne fait que désigner «une espèce de la causalité de la nature d'après une analogie avec la nôtre dans l'usage technique de la raison»[4]. Inutile donc d'imaginer ici des fins, et la négation des causes finales est la seule «présupposition» dont la Critique ait besoin. Hegel ne dit pas autre chose. De fait, si l'on entend par «fin» le terme d'un processus, dira Hegel, il n'y a pas de «fins objectives» dans la nature; l'expression même de «fins objectives de la nature» est contradictoire, car l'objet qui est censé représenter la fin demeure subordonné au projet qui l'engendra: «La finalité externe qui n'a que la forme de la téléologie n'aboutit à proprement parler qu'à des moyens et non à une fin objective»[5]. Telle est l'origine de la définition de l'«utilité»: l'effet est simplement un moyen disponible pour l'art d'autres êtres naturels possibles. Or l'importance qu'on accorde à ce concept d'utilité, dont Hegel fera un des traits symptomatiques de l'*Aufklärung* et de sa renonciation à l'absolu, est inséparable de la condamnation de la téléologie classique. En clair, plus on se con-

[3] Bergson, *Évolution créatrice*, Paris, PUF, 7e éd., 1996, p. 529.
[4] § 60.
[5] Hegel, *La science de la logique*, Paris, Vrin, 1947, trad. Jankélévitch, II, 425.

vainc que l'homme est le seul auteur de finalité, non plus instrument d'ordre – comme l'artisan platonicien –, mais inventeur d'ordre, moins on est disposé à trouver de la finalité dans les choses. Dès lors ce qui passait pour «bienveillance» de la nature est occulté ou simplement mis au compte de l'ingéniosité humaine et technicienne. La monopolisation de la finalité par l'homme (notamment par la technique humaine) a donc pour contrepartie son expulsion de la nature.

Mais cela n'est pas sans poser problème. Pour Hans Jonas, en effet, la toute-puissance de la technologie requiert une nouvelle éthique: «le nouvel impératif affirme précisément que nous avons bien le droit de risquer notre propre vie, mais non celle de l'humanité [...] nous n'avons pas le droit de choisir le non-être des générations futures à cause de l'être de la génération actuelle et que nous n'avons même pas le droit de le risquer. Ce n'est pas du tout facile, et peut-être impossible sans recours à la religion, de légitimer en théorie pourquoi nous n'avons pas ce droit»[6]. La question reste donc apparemment entière: une fois reconnue l'existence d'une finalité humaine reposant sur deux piliers, l'utilité et la technique, faut-il exclure pour de bon la notion de «fins naturelles»? Faut-il croire que le partage des êtres naturels en moyens et fins résulte seulement d'une métaphore techniciste sans fondement dans les choses? On pourrait le croire, mais c'était avant qu'ait été effectuée la distinction entre organique et inorganique. En effet, s'il y a des êtres – les vivants – dont le concept enveloppe le schéma finaliste, il redevient peut-être permis de parler sans gratuité de «fins de la nature»[7], car si l'organisme se comporte en vue de fonctionner, on ne peut plus penser son milieu comme indifférent et en soi indéterminé par rapport à lui. Certes, il n'y a pas de disposition de la nature en faveur de l'homme, mais il y a au cœur de la nature physique, des êtres capables de transfigurer celle-ci, et non seulement de s'y loger. On comprend alors que Hegel développe ce point en suivant, semble-t-il, les indications de Kant. Il n'y a pas de finalité objective tant que l'objet que l'on appelle «fin» reste distinct du «moyen», ce qui est toujours le cas lorsque la finalité est définie par le schéma artisanal:

[6] H. Jonas, *Le principe de responsabilité. Transformation de l'agir*, trad. J. Greisch, Flammarion, p. 40-41.

[7] Hegel évoque ainsi une preuve téléologique à la fin de la *Philosophie de la religion*: si la nature inorganique est regardée comme «autonome» et que l'homme ne fasse que s'y ajouter, «l'accord de l'inorganique et de l'organique est tenu pour contingent; il n'est plus besoin de demander une unité; qu'il y ait finalité, cela même est donné pour contingent», trad. P. Garniron, Paris, PUF, 1996, XI, 528-529.

un constructeur *intelligent* qui dispose des *éléments* en vue de réaliser une *œuvre*. Or, *telle n'est pas l'action du sujet vivant*. Il est vrai qu'il ressent la présence du milieu comme celle d'une «objectivité indifférente», souvent hostile, dans laquelle il serait inséré. Mais il serait erroné d'interpréter le vivant à partir de cette situation «pathologique», car si l'on passe du rapport mécanique «stimulus-réaction» au rapport «besoin-assimilation», caractéristique de la vie, l'organisme alors ne traite plus l'objectivité comme objectivité; il se l'approprie au lieu de l'écarter et, dès lors, en fait non seulement un moyen, mais un moyen qui ne subsiste plus en tant qu'être indépendant et passe tout entier dans son usage, contrairement à la chose-disponible de l'utilité. De la sorte la différence de nature entre organique et produits artificiels devient manifeste: alors que ces derniers ne sont que des «fins» apparentes (relativement aux instruments ayant servi à les fabriquer), mais en réalité *constitués* par d'autres moyens (pierre, bois, fer, etc.) qui leur communiquent leur fragilité, le vivant nie dans son être même le produit de sa subsistance. Pour assouvir son besoin non seulement il recourt à la nature inorganique, mais la supprime dans son être d'inorganique. C'est qu'il détient donc non seulement le pouvoir de résister à l'être-autre (qui demeurerait alors éternellement être-autre indifférent), mais également celui d'abolir son altérité. Par son style de «production», il est l'exemple que toute production n'est pas nécessairement transformation d'une chose donnée en autre chose, – ou encore qu'il y a une production qui est reproduction. L'exemple, aussi, qu'il y a des moyens qui méritent mieux ce nom que ceux imaginés par les théologiens en quête de merveilleux, car le moyen véritable n'est ni un détour ni une étape qui resteraient en arrière de la fin une fois atteinte, mais ce qui s'abolit dans la fin réalisée. Bref, chez l'homme, la fin dénature les moyens, et c'est en ce sens qu'elle les justifie: parce qu'elle les métamorphose, et non parce qu'elle corrigerait rétroactivement l'appréciation qu'on portait sur eux.

Cette prise en considération du vivant implique aussi, en conséquence, un regard nouveau sur la notion de «fin suprême». Celle-ci suppose que des fins de la nature sont d'abord *données* pour lesquelles nous devons ensuite chercher une fin suprême. Or, au niveau de la vie, nul vivant, en tant que tel, n'est ni une fin dernière, encore moins une fin suprême. En tous les cas, tant que l'on reste au spectacle de la nature, il est impossible de concevoir ce que peut signifier une fin suprême; tout juste, peut-être, une «fin dernière» de la nature. Certes, il est permis de penser que la nature vivante est une norme téléologique absolue, mais non l'homme en tant que vivant, car si l'on ne considère que la causalité (finale) physique, rien ne nous assure que l'homme soit autre chose qu'un maillon dans leur enchaînement. La vie ne transfigure donc pas la nature mais elle nous suggère de rechercher au-delà de celle-ci la fin suprême. Mais comment déterminer cette fin suprême?

Tout ce que la vie nous apprend, c'est que si l'homme se considère comme fin dernière, c'est dans la mesure où il réussit à établir avec son environnement une relation telle que la nature, d'elle-même, serait incapable de l'instaurer. Pour le reste, il est clair que l'homme, en tant que vivant, appartient à l'objectivité, et il serait arbitraire de désigner cet objet du monde *donné* comme la destination (suprême) de la nature: il n'y a pas d'objet empirique comme tel qui soit fin dernière sinon par une décision gratuite, pas de vivant qui soit le centre du monde. Ainsi, l'homme est certes présent dans le monde, mais en faisant du bonheur son intention suprême, cela n'explique pas pourquoi il est là ni quelle valeur il a lui-même pour se rendre son existence agréable. Rien n'autorise, sinon la folie de l'humanisme, à transformer cette contingence en une fin inconditionnelle. Il faut donc s'interroger: pourquoi l'anthropocentrisme, débris de la théologie naturelle, s'est-il survécu en humanisme dans le monde de l'utilité? C'est que l'intérêt porté à la vie fait que nous la considérons comme la justification suffisante de notre existence: le bien-être du vivant semble être alors la «fin dernière» de la nature, car on a rabattu sur le même plan la valeur de l'*existence* et la valeur de l'*état empirique*. Or le jugement sur la fin suprême de la Création suppose qu'on se situe au-delà de l'intérêt vital[8], car pour Kant, le rapport vertu/bonheur n'est nullement un rapport analytique (comme l'ont cru à tort épicuriens et stoïciens): on peut être vertueux et être malheureux, comme on peut être malhonnête et plein de prospérité. Il n'est donc pas étonnant que depuis le début du XXe siècle et à la suite des analyses de Max Weber, il ne fait plus de doute que la modernité est en crise: la modernité a cessé d'être un projet, pour devenir une fatalité[9]. La modernité des Lumières était

[8] Ainsi les Épicuriens et les Stoïciens s'attachent unilatéralement à l'une ou à l'autre: Épicure voulait donner des motifs à la vertu et lui ôta la valeur interne, car il n'eut d'égard qu'à la valeur de l'état; quant à Zénon, il voulait donner une valeur interne à la vertu et lui ôta les motifs, ne reconnaissant comme souverain Bien que la seule valeur de la personne et non celle de l'état.

[9] Heidegger pour sa part souligne que l'essence de la technique est «pro-vocation»: «Le dévoilement, cependant, qui régit la technique moderne, ne se déploie pas en une pro-duction au sens de la poïesis. Le dévoilement qui régit la technique moderne est une pro-vocation, par laquelle la nature est mise en demeure de livrer une énergie qui puisse comme telle être extraite et accumulée», in *Essais et conférences*, «La question de la technique», Paris, Gallimard, 1988, trad. A. Préau, p. 20-22.

un idéal d'émancipation, dynamisé par un sujet en quête de liberté éthique, politique et culturelle. Mais la sécularisation extrême de cet idéal s'est convertie en un processus de désenchantement, de désacralisation et d'atomisation des individus. La civilisation techno-scientifique fait œuvre de désillusionnement continué et Kant ou Fichte n'y verrait pas la promesse d'un avenir humain de l'homme. Les analyses catastrophistes de Heidegger semblent bien confirmer en effet que la métaphysique de la subjectivité est une pure logique de la domination et de la volonté de puissance: le phénoménalisme kantien se serait alors historiquement accompli, par exemple dans le perspectivisme, l'individualisme nietzschéen. Ainsi, l'une des sources théoriques du catastrophisme heideggérien, Ernst Jünger, considérait-il, en 1941, que la possibilité de la paix dans le monde (en particulier dans le monde occidental) n'était possible que par la venue d'un nouvel âge théologique où la foi remplacera la science et mettra fin à la technocratie[10]. Ces dernières années, un héritier de Heidegger, Hans Jonas, invite à concevoir le conflit entre écologie et modernité, selon la logique du pire, celle de la destruction de l'espèce humaine par la techno-science humaine. La notion de sujet est alors mise en cause, puisqu'elle conduit à un anthropocentrisme destructeur. La peur du pire doit donc être l'unique pensée raisonnable, celle qui doit soumettre inconditionnellement le sujet à la sauvegarde de la nature.

Ici se pose un problème véritable quant à l'interprétation de l'éthique kantienne. Bien des critiques de la morale kantienne reposent sur l'incompréhension ou le refus de cette nouvelle analyse de la finalité qui fait de l'éthique kantienne une *critique* et non l'étage supérieur de la téléologie. Ainsi, pour Scheler par exemple, la volonté axiologique doit viser des matériaux axiologiques déjà disponibles: «ce sont ces matériaux seuls qui fournissent aux hommes le champ où ils peuvent s'assigner des fins»[11]. Cela suppose qu'il y a une matière éthique déterminée, une hiérarchie des fins qui permet de caractériser la volonté bonne. Mais une telle thèse, à la vérité, oppose à Kant une autre option plutôt qu'une critique véritable de l'éthique kantienne, car la tâche de la morale, pour Kant, ne consiste pas à délimiter le champ des fins matérielles possibles, mais à assigner l'instance qui pourra restreindre leur choix: l'*éthique ne saurait partir des fins que l'homme peut se poser, c'est bien plutôt le concept de devoir*

[10] E. Jünger, *La Paix*, trad. Banine, éd. La Table Ronde, p. 133.

[11] Scheler, *Le formalisme dans l'éthique et l'éthique matérielle des valeurs*, Paris, Gallimard, 1955, trad. M. Gandillac, p. 64-65.

qui doit conduire aux fins. La question des «fins» et des «moyens» est donc inséparable de celle du fondement de l'éthique. Cela revient à se demander comment pourrait-on «faire le bien» sans une connaissance plus ou moins précise de ce qu'est le bien, et donc sans subordonner l'action à cette connaissance. Si le bienfait implique cette relation, et si seule la bonne volonté est bonne, comment discerner ce qui est «bien»?

L'agir humain s'inscrit toujours dans le singulier (dans un monde particulier, une nature particulière, etc.), c'est pourquoi Kant reconnaît qu'il n'y a peut-être jamais eu dans le monde une action accomplie par devoir[12], et il se pourrait bien aussi qu'il n'y ait jamais eu non plus un devoir reconnu comme tel par tous. Si donc, «quand il s'agit de valeur morale, il n'est pas question des actions, qu'on voit, mais des principes intérieurs de ces actions, qu'on ne voit pas»[13], alors il semblerait que Kant passe sans cesse, subrepticement, du devoir tel qu'il le conçoit en théorie à des jugements empiriques et traditionnels du devoir qui sont ceux de l'opinion[14]. La question reste donc de savoir si les devoirs peuvent être déduits.

En principe, la critique kantienne appelle et exige cette déduction, mais Kant ne fait que suivre la division ordinaire des devoirs «plus commode», selon ses propres termes, pour coordonner ses exemples[15]. Or, ce faisant, il ne reprend pas seulement cette division, il reprend aussi à son compte les devoirs «ordinaires», tels quels («devoirs envers soi-même», «devoirs envers autrui», différentes «maximes», etc.). Mais si les devoirs eux-mêmes semblent demeurer tributaires de l'empirique, si tant est que la vocation profonde et ultime de toute philosophie est de réconcilier la philosophie et l'existence, les «fins» et les «moyens» peuvent-ils être déterminés dans l'absolu?

Pour Kant, il est clair que si l'on fait intervenir des fins matérielles qui peuvent ou non être atteintes, des fins qui sont bonnes pour notre volonté à la manière dont d'autres le sont pour nos inclinations, il n'y a plus de volonté bonne sans condition restrictive, de volonté «absolument bonne». Tant qu'on limite l'enquête aux fins «dont l'existence, comme effet de notre action, a une valeur pour nous»[16], on ne sort donc pas de la simple activité téléologique.

[12] Kant, *Fondements de la métaphysique des mœurs*, 2e section, éd. J. Muglioni, Paris, Bordas, 1988, p. 55.

[13] Cit., p. 33.

[14] Dans les *Fondements*, sur le devoir, Kant ne fait pas autre chose, dans les nombreux «exemples» qu'il analyse, qu'exploiter les conceptions habituellement admises au niveau de l'expérience pour récuser finalement leur valeur.

[15] Cit., p. 52, note 1.

[16] Kant, *Fondements de la métaphysique des mœurs*, section.

Mais tout change si cette activité peut être contrôlée de manière que seul mérite le nom de *fin* le motif que j'ai pris comme règle générale selon laquelle je veux me conduire et dont nul ne me détournera, même s'il m'empêche de le mettre en pratique. Le critère de la fin, en ce sens nouveau, n'est plus la réalisation, mais le refus (et l'impossibilité) de choisir une autre maxime. Dès lors, la fin n'est absolument plus définie comme le terme d'un accomplissement, c'est-à-dire comme objet extérieur à l'acte qui le produit. La problématique de la fin suprême ne peut donc être résolue qu'au niveau de l'homme, en tant qu'il est capable d'imposer une régulation à toutes ses fins subjectives, donc de se détacher de toutes les fins matérielles: «Dans le règne des fins tout a un *prix* ou une *dignité* [...] mais ce qui constitue la condition, qui seule peut faire que quelque chose est une fin en soi, cela n'a pas seulement une valeur relative, c'est-à-dire un prix, mais une valeur intrinsèque, c'est-à-dire une dignité»[17]. Cette mise en perspective de l'eudémonisme peut sembler parfois n'exprimer qu'un parti pris d'ascétisme au sens où la morale ne dit pas que je dois conserver la vie, mais seulement que je dois être *digne* de vivre. Pourtant il s'agit moins de rigorisme que de redresser une erreur quant à la situation de l'homme, car selon la morale kantienne, la fin de l'action doit être, quand il s'agit de nous-mêmes, la *perfection* et la *dignité*, non le bonheur: «La morale n'est pas à proprement parler la doctrine qui nous enseigne comment nous devons nous rendre heureux, mais comment nous devons nous rendre dignes du bonheur [...] car elle n'a exclusivement affaire qu'à la condition rationnelle (condition *sine qua non*) du bonheur et non à un moyen de l'obtenir. Mais quand elle a été exposée complètement (elle qui impose simplement des devoirs et ne donne pas de règles à des désirs intéressés), quand s'est éveillé le désir moral, qui se fonde sur une loi, de travailler au souverain bien (de nous procurer le royaume de Dieu), désir qui n'a pu auparavant naître dans une âme intéressée, quand, pour venir en aide à ce désir, le premier pas vers la religion a été fait, alors seulement cette doctrine morale peut être appelée aussi doctrine du bonheur, parce que l'espoir d'obtenir ce bonheur ne commence qu'avec la religion»[18]. L'expérience en effet suffit à montrer que la Providence n'a pas conspiré à notre bien-être, sinon la nature aurait choisi l'instinct et non la raison pour l'exécution de son intention et, bien plus, «la nature aurait pris sur elle ce choix, non seulement des fins, mais encore des moyens

[17] *Ibid.*

[18] Kant, *Critique de la raison pratique*, trad. F. Picavet, PUF, 5e éd., 1997, p. 139.

mêmes, et avec une sage prévoyance elle les eût confiés ensemble simplement à l'instinct»[19]. Nous ne serions donc voués au bonheur que si la nature était notre seul horizon. Mais Kant ne considère pas que l'homme est indigne des soins de la Providence. Il ne méprise pas non plus le bonheur empirique, mais veut insister sur le fait que l'homme mérite mieux que d'être confié à la garde de la nature[20]. C'est pourquoi chez Kant, la philosophie éthique est indissociable de la dimension historique de l'humanité, c'est-à-dire de la *culture*: en faisant de celle-ci, au § 83, «la fin dernière de la nature pour l'homme», la *Critique de la faculté de juger* consacre la séparation entre nature et histoire, qu'amplifiera Hegel et dont Marx dénoncera dans l'*Idéologie allemande* le caractère «idéaliste». Mais pour Kant, la culture, en tant qu'«aptitude à se proposer des fins en général», «à utiliser la nature comme moyen», demeure malgré tout inséparable de sa motivation biologique. La culture nous éloigne toujours davantage de la nature, mais cette dernière est toujours présente pour conserver le genre animal, d'où l'origine du mal. L'histoire kantienne n'est donc pas le scénario d'une révélation de l'esprit, car elle ne décolle pas assez de la nature pour en perdre la trace, de sorte qu'il serait erroné d'imaginer des normes éthiques dans le cours de l'histoire. Pour Kant, la culture est donc sans commune mesure avec l'idée de «fin suprême» et reste une «fin dernière de la nature» et non de la raison. À ce stade, le § 83 montre bien que l'homme est plus qu'un instrument de l'équilibre écologique, mais il n'en reste pas moins un *moyen*. Or, tant que l'on a pu déterminer un être qui soit autre chose qu'un moyen au service d'une fin extérieure à lui, il est impossible de donner un contenu au mot de «fin suprême». En clair, ni l'historicité de l'homme ni sa capacité de culture ne lui donnent encore le droit de se proclamer «fin suprême»; elles ne lui assurent qu'une place de choix dans la nature, et celle-ci n'est pas encore l'exception ontologique que requiert l'idée de «fin suprême»[21]. Ainsi, dans la téléologie historique de Herder, certes, l'espèce humaine peut être présentée

[19] Cit., Première section.

[20] D'où le décalage perpétuel entre Rousseau et lui: Kant nourrit moins d'illusions, car c'est de l'homme civilisé qu'il entend partir, et non de l'homme naturel. Certes, ils parlent tous deux dans le même registre, mais même si Kant ne critique pas expressément Rousseau, les correctifs qu'il lui apporte suggèrent que, chez celui-ci l'obsession du bonheur fait parfois écran à la révélation de la liberté. Nous nous référons sur ce point à J. Ferrari, *Les sources françaises de la philosophie de Kant*, Paris, Klincksieck, 1979 (en particulier III, 2: «Morale et pédagogie» et III, 5: «De Rousseau à Kant: Le Vicaire savoyard et la raison pratique».

[21] En ce sens, on peut penser qu'une fin suprême, ce n'est pas ce qui est le plus haut situé dans la création, mais ce qui, sous un certain rapport, n'y est plus situable.

comme le couronnement de l'œuvre divine, mais elle reste «seulement une petite partie du Tout»[22]. En tant qu'animal doué de raison, l'homme demeure donc un produit et ce qu'il croit être sa destination peut bien n'être qu'un but visé à travers lui par une puissance supérieure. Centre de la Création, il n'en est qu'une partie et non le fondement. Ainsi, prétendre que l'avènement du règne de la moralité constitue la «fin suprême» du Créateur, ce n'est rien de plus qu'un discours pieux. Or la moralité n'est fin suprême que si l'homme «n'est pas un effet ni la fin qu'un autre puisse se vanter d'avoir produite»[23]. Une «fin suprême», par définition, n'est donc pas le produit d'une causalité-finalité; elle exige une désaliénation que celle-ci, justement, rend impossible.

Affranchir l'homme de l'aliénation commune à tous les produits, c'est donc transformer le schéma de la finalité externe de sorte qu'il ne soit plus vrai que toute *fin* est inséparable d'un processus de réalisation. Les analyses de Kant et Hegel sur ce point permettent de bien comprendre cette exigence. Pour Hegel il serait absurde de dépouiller l'histoire de toute fin: «L'histoire et essentiellement l'histoire du monde, a pour fondement une fin suprême en-et-pour-soi qui s'est réalisée et se réalise effectivement...»[24]. Mais dans l'esprit de Kant, une fin suprême n'est certainement pas un but à atteindre; et une fin *donnée* n'est justement pas une fin suprême. Le langage de Hegel suppose encore une ontologie centrée sur la finalité technique[25], c'est-à-dire un parti pris qui rend partiale et égoïste toute décision sur la «destination» de l'homme. Rien ne nous dit que l'homme soit une *fin à réaliser* ou même qu'il soit essentiellement un inventeur de fins; rien ne nous dit que le vocabulaire du projet et de la réalisation ne soit pas un préjugé métaphysique. Mais s'il est possible de choisir entre des fins réalisées, existantes, choses entre les choses, comment décider qu'au regard de l'auteur l'effet qui nous semble le plus élevé ne soit encore qu'un moyen au service d'une fin que nous n'imaginons pas? Il faudrait rencontrer un être tel qu'il ne soit pas, à coup sûr, un moyen. Et ce problème semble insoluble: il revient à chercher, dans le système des fins, un être qui ne soit plus considéré comme produit de l'auteur et qui, par sa nature même, ne soit pas inclus dans le plan de la création. Il ne servirait à rien, non plus, de

[22] Herder, *Idées pour une philosophie de l'histoire de l'humanité*, Paris, Aubier, 1978, p. 278.
[23] *Ibid.*
[24] Hegel, *Encyclopédie*, § 549.
[25] Certes, contre l'état naturel, Kant accorde une place importante à l'«histoire», mais le texte du *Conflit des facultés* dénonce la vision artificialisante et techniciste inséparable des utopies du XIXe siècle.

répéter que l'homme est seul capable de se soumettre la nature et de dominer les animaux, encore moins de supposer que la nature, en secret, conspire à son bien-être: le privilège historique de l'homme est un argument aussi faible que celui de sa vocation au bonheur. En un mot, la «fin» que Kant tente de définir n'est pas un bien dans la possession duquel l'homme peut se reposer après l'effort. Inutile donc de chercher du côté de l'histoire ou de la technique, car toutes les fins matérielles dont l'auteur est indissolublement l'exécutant et le bénéficiaire n'arrachent pas l'homme au schéma de la finalité externe: si un être est fin suprême, il ne doit certainement pas être instrument, ni de la nature ni du Créateur; mais pas non plus de la fin qu'il a choisie. Certes, il peut sembler absurde, pour le commun des mortels, de rechercher un projet qui n'ait besoin ni de but ni d'emprise sur les choses[26]. Mais pour Kant, cela n'est vrai que si l'on imagine nécessairement la fin que comme un but extérieur à l'agent qui prétend l'atteindre. Or il n'est pas sûr qu'une telle image cerne exactement la notion de fin, car elle pourrait bien envelopper une confusion entre pratique et pragmatique[27]. Une fin digne de ce nom m'y est donc moins un objectif qui m'est fixé qu'un motif auquel je ne peux (par définition) me déterminer sous la contrainte. Voilà, semble-t-il, le critère recherché, négatif, mais seul exact: un autre peut bien me contraindre à *faire* quelque chose qui n'est pas ma fin, mais il ne peut me contraindre à faire de cette fin la mienne, et je ne puis avoir de fin sans me la proposer moi-même. La fin redéfinie de la sorte, est seulement principe d'une volonté essentiellement raisonnable.

Le survol des diverses figures de la téléologie, à la fin de la Critique, est donc destiné à éclairer le fondement de la morale, c'est-à-dire à mesurer la distance entre les deux acceptions du mot «fin», selon qu'il s'agit des fins *positives* données comme réalisables ou désirables et de la fin-en-soi, uniquement *restrictive*. En effet, si de-

[26] L'attitude de Durkheim traduit assez bien celle de l'opinion commune, notamment lorsqu'il refuse de voir dans «l'hétérogénéité radicale de la sensibilité et de la raison» l'origine du sentiment d'obligation: «Poursuivre une fin qui ne touche pas notre sensibilité est chose psychologiquement impossible; il faut donc qu'à côté de son caractère obligatoire, la fin morale soit désirée et désirable», in *Sociologie et philosophie*, Paris, PUF, 3e éd., 2004, p. 63.

[27] Dans l'*Anthropologie*, VII, 322, Kant distingue la disposition technique ou habileté mécanique, la disposition pragmatique («utiliser habilement les autres hommes à ses fins»), la disposition morale («agir à l'égard de soi et des autres selon le principe de la liberté sous des lois»). À ce niveau, hommes et choses ne sont plus donnés comme des moyens ou des buts et leur présence n'est plus essentielle pour la qualification du comportement. La «praxis» au sens authentique et non marxien, c'est donc le comportement «finalisé», mais sans être orienté par un intérêt quelconque.

puis les *Fondements*, la condition qui fait d'une nature raisonnable une volonté bonne est simplement qu'«elle se pose à elle-même une fin», non pas comprise comme un but à atteindre, mais «conçue de façon seulement négative [...] contre laquelle on ne doit jamais agir», la Critique met en lumière le fait que la notion de «fin en soi» et, par là, les structures de l'éthique tout entière ne prennent leur plein sens que si on les réinscrit dans la problématique de la fin suprême de la Création.

ÉMANCIPATION SANS RÉVOLUTION CHEZ KANT

Dimitri Lang

Quels qu'aient pu être ses désaccords avec ses contemporains, Kant a donne à plusieurs reprises son adhésion globale à la philosophie des Lumières et à son programme d'émancipation. Pour l'*Aufklärung* du XVIIIe siècle, émancipation signifiait la libération des contraintes imposées par des forces extérieures à l'homme. Ce qui impliquait deux choses: la maîtrise progressive de la nature par la science et la technique, d'une part, et la suppression de l'oppression intellectuelle et des puissances de soumission politiques, d'autre part. Or, que ce soit dans le domaine religieux, avec la fameuse «querelle du panthéisme» en 1785, ou, plus tard, dans le domaine politique, à propos du «Conflit des Facultés», Kant a toujours défendu les droits de la raison. Toutes les idées d'examen critique, d'autonomie, de combat contre les dogmes et les superstitions, qui formaient le socle de l'idéologie des Lumières, Kant les a reprises à son compte et les a revendiquées comme siennes. Pourtant, nombreux sont ceux qui considèrent que la philosophie politique de Kant n'a jamais été à la hauteur de ses convictions républicaines et des idéaux d'émancipation de son siècle.

Ce reproche se fonde largement, mais pas seulement, sur le fait que sa condamnation sans appel du droit de révolte atténue considérablement la portée de la sympathie affichée par lui pour la Révolution française. Bien que sincère dans ses déclarations prorépublicaines, explique-t-on depuis Fichte, Kant n'a jamais réussi à penser les moyens d'une réelle émancipation politique de l'homme. Le désir de s'affranchir du régime monarchique – régime encore imprégné de fortes survivances féodales dans de nombreux pays de la vieille Europe, comme l'Allemagne ou la Russie, était déja quasi unanime à l'époque. Mais, au regard de l'aspiration des peuples à la justice et au changement en général, le réformisme de Kant, qui n'accordait en matière de droit politique que celui de penser librement, paraît bien timide et décevant. L'esprit de turbulence qui accompagne parfois la liberté le rebutait, il lui semblait être l'antichambre de l'anarchie[1].

[1] Qu'on rappelle la note du *Projet de paix perpétuelle*: «Une constitution, quoique imparfaite, vaut mieux que l'anarchie qui résulterait infailliblement d'une réforme précipitée», Ak III, p. 373; Pléiade III, p. 368. À propos de la liberté, Kant mettait en garde: «Un degré supérieur de liberté civile paraît avantageux pour la liberté de l'*esprit* du peuple, mais il lui oppose des barrières infranchissables; un degré moindre de liberté civile, en revanche, procure à l'esprit l'espace où s'épanouir selon toutes ses capacités», Ak VIII, p. 44; Pléiade II, p. 217.

Quant à la démocratie, elle lui paraissait s'apparenter au despotisme[2]. On comprend qu'il n'ait pas pu imaginer d'autre statut politique pour l'homme que celui de citoyen obéissant à un souverain intouchable.

Dans l'ensemble, la tradition interprétative a plutôt jugé sévèrement la philosophie juridique et politique de Kant. Les critiques qui lui ont été adressées sont connues, elles peuvent se résumer en deux mots: compromis et conservatisme. Le droit «de faire un usage public de sa raison», que Kant reconnaît au citoyen, constitue une bien faible garantie contre les abus possibles du pouvoir souverain. Par ailleurs, un droit d'expression qui n'est pas assorti d'un droit de participation réelle à la vie politique de l'État se dénonce comme inutile dans la mesure où il prive le citoyen de véritables moyens d'agir sur son destin et celui de la cité. On ne saurait s'étonner que Georges Vlachos l'ait réduit «à une faculté de discussion académique entre personnes éclairées»[3]. Enfin, eu égard à la réalité sociologique de l'époque, la liberté de penser ne pouvait concerner qu'une frange très réduite de la population, la minorité du public savant de la société. Elle ne pouvait donc transformer les mentalités en profondeur. Timorée dans ses buts comme dans ses perspectives, la doctrine kantienne du droit paraît condamner les citoyens à une irrémédiable impuissance politique. L'émancipation de l'homme proposée par Kant resterait purement intellectuelle, elle n'atteindrait pas le niveau proprement politique. Pour bien des lecteurs, la philosophie politique de Kant n'est et ne sera, selon le mot de Marx, que «*la théorie allemande* de la Révolution française».

Il reste, cependant, qu'à une partie de ces objections, Kant, d'une certaine manière, avait déjà répondu dans l'opuscule *Qu'est-ce que les Lumières?*, en fournissant la clef d'une articulation possible entre l'émancipation intellectuelle du sujet pensant et l'émancipation politique du citoyen. C'est à éclairer les modalités de cette articulation que nous nous efforcerons ici.

Le réformisme de Kant et la condamnation du droit de révolution

Ce n'est pas le moindre des paradoxes de la pensée politique kantienne que d'avoir salué la Révolution française tout en con-

[2] Il s'agit de la démocratie au sens précis que Kant donne à ce terme, celui d'un régime où, le pouvoir exécutif et le pouvoir législatif étant exercés par les mêmes hommes, le principe de la représentation y est impossible. Voir *Projet de paix perpétuelle*, Ak VIII, p. 352-353; Pléiade III, p. 343-344.

[3] G. Vlachos, *La Pensée politique de Kant*, Paris, PUF, 1962, p. 522.

damnant les tentatives de fonder philosophiquement un droit de révolte. Par rapport aux événements qui secouent la France à partir de 1789, l'ambiguïté de la pensée politique kantienne se situe justement ici: d'un côté, Kant cautionne le projet républicain que portent avec eux les révolutionnaires français, de l'autre, il dénonce toutes les formes d'action subversive entreprises contre l'État et même toutes les formes de résistance au pouvoir en place. C'est cette dernière condamnation qui confère en particulier un accent conservateur à sa pensée politique[4].

De la négation du prétendu droit de résistance découle, en effet, un devoir d'obéissance inconditionnelle. Il faut, dit Kant, «obéir au pouvoir législatif actuellement existant, quelle qu'en puisse être l'origine»[5]. Bien plus, le devoir d'obéissance vaut même en cas d'injustice reconnue du souverain[6]. L'affirmation est grave. Elle constitue à elle seule déjà une régression considérable par rapport à la tradition libérale issue de Locke, au Bill of Rights américain et à son fameux droit d'insurrection. Sur le plan des conséquences pratiques, elle revient au mieux à opter pour le *statu quo*, c'est-à-dire au fond pour le maintien de la monarchie. Au pire, à justifier le despotisme.

Pourtant, Kant, *Aufklärer* déclaré, partisan du rationalisme en politique comme dans le domaine de la religion, n'a pas renié la Révolution française, il ne souhaitait pas non plus sacrifier les valeurs républicaines sur l'autel de l'odre établi. Loin de se ranger aux côtés des auteurs conservateurs et réactionnaires, dont les idées gagnaient du terrain à mesure que s'intensifiait la Terreur en France, Kant s'est déclaré ouvertement en faveur de la conception républicaine de l'Etat soutenue par les Jacobins. Seulement, pour lui, l'idéal d'une constitution républicaine n'autorisait aucune forme d'action séditieuse, il impliquait un réformisme légaliste: «Il peut bien se faire qu'un changement de constitution politique (si elle est défectueuse) soit parfois nécessaire, écrit Kant, – il ne saurait alors être accompli que par le souverain lui-même grâce à une *réforme*, mais non par le peuple, grâce par conséquent à une *révolution*»[7].

[4] Voir A. Philonenko, *Théorie et Praxis dans la pensée morale et politique de Kant et de Fichte en 1793*, Paris, Vrin, 1988, p. 93.

[5] Ak II, p. 319; Pléiade III, p. 585.

[6] *Ibid.*: «si l'organe du souverain, le *régent*, même s'il va jusqu'à détourner la loi, par exemple si en ce qui touche les impôts, les recrutements, etc., il va contre la loi de l'égalité dans la répartition des charges publiques, le sujet peut bien déposer des *plaintes* (*gravamina*) contre cette injustice, mais il ne saurait opposer aucune résistance», p. 585.

[7] Ak VI, p. 321-322; Pléiade III, p. 588-589.

Aux sources du réformisme de Kant, on peut donc discerner deux éléments: la thèse de l'illégitimité d'une action révolutionnaire, d'une part, et la confiance dans le pouvoir émancipateur de la raison, d'autre part. Pour comprendre le premier point, c'est-à-dire la critique kantienne du droit de révolte, sans doute faut-il partir de l'œuvre politico-juridique de Kant elle-même plutôt que des textes périphériques sur la Révolution française. C'est dans la *Doctrine du droit*, qu'on peut considérer comme la formulation ultime de la pensée politique de Kant, qu'on trouve l'exposé le plus précis de la critique du prétendu droit de résistance[8]. Formulée dans une optique strictement juridique, cette dernière découle des principes mêmes de la philosophie kantienne du droit[9].

L'argument principal consiste à souligner la contradiction à reconnaître au peuple le droit de résister aux décisions du pouvoir suprême. Une telle résistance en effet exigerait que les décisions du «pouvoir suprême de l'État» puissent être soumises au jugement du peuple, qui serait alors une instance plus haute que le «pouvoir suprême»[10]. Mais le peuple ne peut juger de la légitimité du pouvoir politique que s'il s'est préalablement constitué comme peuple. Or il n'existe comme peuple qu'en tant qu'il se soumet au pouvoir suprême en vertu du contrat social originaire. Il ne peut donc désobéir à ce qui lui donne un statut juridique sans se dissoudre comme peuple.

Les concessions dramatiques que Kant fait au pouvoir politique, ne doivent pas être interprétées, bien sûr, comme le signe d'un ralliement à une conception absolutiste/paternaliste du pouvoir, elles résultent de l'attachement indéfectible du philosophe allemand à l'idée de droit et ne peuvent s'expliquer que par sa conception de «l'union civile». L'union civile, c'est-à-dire la vie sous le régime du

[8] Ak II, p. 318; Pléiade III, p. 584-585. Pour avoir une vue détaillée des arguments de Kant contre le droit de révolte, on se reportera à W. Haensel, *Kants Lehre vom Widerstandsrecht*, Suppl. au vol. LX des «Kant-Studien», Berlin, éd. R. Heise, 1926.

[9] Comme le fait remarquer O. Höffe, les arguments de Kant contre le droit de révolte sont des «arguments de principes et non des arguments de faits». En faveur de sa position, Kant ne mobilise aucun argument issu de l'expérience ou de l'histoire, aucun argument pragmatique sur les bienfaits ou les misères probables d'une révolution. Kant entend rester sur le plan des concepts *a priori*, parce que le problème du droit de révolte est un problème de légitimité, donc de droit, non d'opportunité; en conséquence, quels que soient les enseignements de l'histoire tirés des soulèvements populaires, on ne peut les invoquer pour trancher la question du droit de résistance, *Introduction à la philosophie pratique de Kant*, Albeuve-Suisse, Castella, traduction de F. Rüegg et de S. Gillioz, 1985, p. 226-227.

[10] Ak II, p. 318-320; Pléiade III, p. 584 sq.

droit, est la seule forme de coexistence digne de l'homme, parce qu'elle est la seule capable d'instituer entre les hommes un rapport rationnel et pacifique. Elle n'est donc pas seulement souhaitable, elle est moralement nécessaire. En toute rigueur, elle définit un impératif catégorique. Or, justement, le droit de révolte, en autorisant la résistance au pouvoir, constitue une violation du devoir qu'ont les hommes de tendre vers l'État civil. Autrement dit, pour Kant, l'action révolutionnaire ne renverse pas seulement un ordre politique empiriquement existant, elle signifie la rupture de l'union civile originaire et la destruction de l'idée d'ordre juridique en général. À vouloir affranchir les citoyens des contraintes du droit, on les précipite dans l'état de nature et la violence de l'anomie.

Les Lumières et l'usage public de la raison comme facteur d'émancipation

Pour le progressisme réformiste de Kant, la seule manière conforme au droit de conduire un peuple vers une constitution juste est de prendre le train de l'inexorable processus d'émancipation en cours. C'est là répéter la grande idée des Lumières selon laquelle l'émancipation politique ne peut se réaliser qu'avec la libération préalable de toutes les potentialités critiques de la raison des citoyens. Si cette condition n'est pas remplie, une révolution politique même couronnée de succès est inutile, voire funeste, car elle ne fera en effet que substituer à un despotisme un autre despotisme. Sans réforme profonde des manières de penser des hommes, «une révolution, note Kant, entraînera peut-être le rejet du despotisme personnel et de l'oppression cupide et autoritaire», mais «la grande masse irréfléchie» continuera d'être tenue en lisière par de «nouveaux préjugés» et sans doute soumise à d'autres tuteurs[11].

On connaît justement la célèbre définition des Lumières donnée par Kant: «la sortie de l'homme de son état de minorité». À travers cette définition, Kant ne cherche pas à retracer la genèse ou le mouvement des Lumières historiques, mais à décrire la spécificité d'une attitude nouvelle face au monde: l'attitude d'examen rationnel. Si la critique, entendue au sens d'une entreprise qui soumet au libre examen de la raison toute espèce de connaissance et de pratique, définit un programme d'assainissement de l'esprit et, du même coup, d'émancipation de l'individu humain, il reste à déterminer comment

[11] Ak VIII, p. 36; Pléiade II, p. 211.

l'exercice d'une pensée majeure peut engendrer une réelle émancipation politique, étant donné les restrictions qu'impose, dans la philosophie kantienne, le devoir d'obéissance absolue du citoyen.

Kant a d'abord voulu inscrire la liberté de pensée dans les institutions, pour la défendre contre toutes les formes de censure et de persécution; pour éviter aussi que le devoir d'obéissance ne se transforme en pacte de soumission. Il a donc posé le droit de «faire un *usage public* de sa raison dans tous les domaines» comme un droit politique fondamental. Cette liberté de penser sous la forme d'un droit d'expression et d'une liberté de plume était une conquête encore récente au XVIIIe siècle. N'oublions pas qu'un siècle plus tôt, Hobbes niait qu'on pût admettre, dans un État digne de ce nom, un droit de critique[12]. Et dans le camp conservateur, on continuait régulièrement d'accuser la libre pensée de répandre des idées qui menaçaient la paix civile et l'autorité de l'État. L'histoire avait cependant fait son chemin, et l'idée d'une parole critique déliée était désormais en plein accord avec l'esprit du rationalisme conquérant de l'époque. «Notre siècle est le siècle propre de la critique, à laquelle tout doit se soumettre», avait déjà déclaré Kant dans la *Critique de la raison pure*[13].

Tout en maintenant donc les idéaux de liberté de pensée et de conscience défendus par les premiers philosophes des Lumières (Spinoza, Bayle, Voltaire), Kant avait, cependant, on le voit, dépassé la thématique de la tolérance développée au XVIIe siècle. Il ne s'agissait plus de vanter auprès des souverains les avantages pour la paix civile d'une politique de tolérance, il s'agissait de faire valoir un droit.

Mais la grande nouveauté introduite par *Qu'est-ce que les Lumières?* consiste dans l'adoption par Kant d'un paradigme que l'on pourrait qualifier de communicationnel[14], en vertu du caractère public de l'usage de la raison. Cette publicité dans l'exercice de la pensée ne crée pas seulement un espace privilégié de communication entre particuliers, elle crée aussi une intersubjectivité politique. L'instauration d'un débat public implique en effet des discussions intersubjectives, qui peuvent agir à deux niveaux différents. À un premier niveau, horizontal, si l'on peut dire, le débat public met en relation les citoyens

[12] Voir T. Hobbes, *Léviathan*, Paris, Dalloz, 1999, p. 344.

[13] Ak IV, p. 9, note; Pléiade I, p. 727.

[14] Sur la présence d'un paradigme communicationnel dans la pensée kantienne, voir A. Renaut, *Kant aujourd'hui*, Paris, Aubier, 1997, p. 385 sq. Il va de soi que la communication intersubjective des citoyens dont il s'agit ici est bien différente de la communication esthétique, directe et sans concept, décrite dans la *Critique de la faculté de juger*.

entre eux, grâce à l'échange des idées et des opinions. En exerçant leur droit de penser, les citoyens s'instruisent mutuellement, ils sortent de leur isolement monologique aussi bien que de leur état de minorité. La communication des idées devient alors un moyen de transformer les hommes en les éclairant mutuellement. S'il est exact maintenant, comme l'affirme Kant, qu'on ne pense bien qu'en pensant ensemble, le principe de la publicité démultiplie la force critique de la raison des citoyens. L'intersubjectivité liée à la dimension communicationnelle du débat public ajoute donc ici au droit d'expression une dimension d'auto-ajustement spontanée de la pensée critique.

À un deuxième niveau, vertical cette fois, le débat public jette un pont entre les sujets et leur souverain, et constitue ainsi une sorte de puissance médiatrice entre la société et l'État. En devenant l'objet d'un dialogue entre citoyens, les questions politiques deviennent des questions que se réapproprient les individus, elles cessent d'être l'affaire privée du souverain. Elles tombent dans la sphère publique. Par l'exposé public de sa pensée, le citoyen indique au souverain les vices et les dysfonctionnements des mécanismes du pouvoir, l'écart entre la situation réelle et la situation souhaitée ou souhaitable. Les décisions prises par le pouvoir sont examinées, discutées, jugées. Les citoyens se constituent donc en juge, forment un tribunal au sens où la *Critique de la raison pure* parle, dans la Préface, d'un Tribunal de la raison. Ils observent, condamnent ou approuvent, suivant les circonstances; ils se posent, dans tous les cas, face au monarque, comme une réalité avec laquelle ce dernier doit compter.

Kant pense sans doute ici que le souverain ne pourra plus gouverner selon son bon vouloir, car la dimension publique du débat entraîne des contraintes auxquelles le souverain lui-même ne peut pas se soustraire: les contraintes spécifiques à la rationalité pratique. L'opuscule de 1784 le rappelle explicitement: «*Cæsar non est supra grammaticos*» (César n'est pas au-dessus des grammairiens)»[15]. Intouchable juridiquement, le souverain n'est pourtant pas infaillible, son pouvoir lui confère une légitimité, mais ne garantit pas la justesse de ses décisions.

L'opinion publique au sein de la société ne constitue pas, toutefois, pour Kant, un contre-pouvoir au sens d'une force militante de subversion, elle est plutôt décrite comme un pôle actif de réflexion censé irradier sa sagesse jusqu'aux cercles les plus haut de l'État. Tout le réformisme de Kant se concentre ici sur la capacité des Lumières produites par l'activité pensante de la communauté ration-

[15] Ak VIII, p. 40; Pléiade II, p. 215.

nelle des citoyens à toucher le pouvoir. On serait tenté de dire que l'instauration d'un espace public de débat ouvre une brèche dans la personnalisation du pouvoir, pensé jusque-là comme fondamentalement monologique.

Certes seul le souverain est autorisé, par son statut, à prendre des décisions et, en l'occurrence, à procéder à des réformes. Le peuple n'a que le droit d'inspirer ces changements, non de les exiger et encore moins les réaliser. C'est là sans doute, au regard de la conscience démocratique contemporaine, une limitation qui grève le républicanisme de Kant. Seulement, pour Kant, le souverain ne peut rester longtemps en deçà des attentes de son peuple sans provoquer une réaction de mécontentement violente – ce que Kant appelle un «appel de la nature»[16], sorte de riposte mécanique à un régime d'oppression. Le souverain serait donc avisé d'écouter les doléances de son peuple, s'il ne veut pas entendre sa colère.

Mais il y a plus. Un souverain qui ne tiendrait pas compte de l'opinion de ses sujets, qui ne s'informerait pas des idées échangées lors de ces interactions linguistiques, penserait seul, et donc penserait mal. En pensant mal, ne serait-il pas finalement voué à gouverner mal? Telle est, nous semble-t-il, en dernière analyse, la signification politique profonde du droit à faire un usage public de sa raison que l'on peut directement dégager de la fameuse maxime de la pensée énoncée dans *Qu'est-ce que s'orienter dans la pensée?*[17]. C'est dire que, pour Kant, la propagation des lumières réclamée par les philosophes ne doit pas seulement descendre jusqu'aux couches populaires de la société, elle doit remonter jusqu'aux sphères du pouvoir; la véritable émancipation politique du peuple passe par l'éducation du souverain, et cette éducation ne peut se faire que par l'entremise des débats publics ouverts par l'élite éclairée du peuple.

[16] Ak VIII, p. 373, note. Étrangement, l'expression «appel de la nature» (*Ruf des Natur*), a été complètement omise dans la traduction de H. Wismann dans la Pléiade III, p. 368. A. Tosel note justement à ce sujet que «la sphère de l'opinion publique est le substitut de toute révolution», *Kant révolutionnaire*, Paris, PUF, 1990, p. 93.

[17] Ak III, p. 144; Pléiade II, p. 542-543. Il faudrait ici citer tout le passage, nous n'en citons qu'une partie: «On peut donc dire que cette autorité extérieure qui arrache aux hommes la liberté de faire part publiquement, chacun, de ses pensées, leur arrache en même temps la liberté de penser, le seul joyau qui nous reste encore dans la multitude des fardeaux de la vie civile et qui, seul, peut nous aider encore à trouver un remède à tous les maux de cette condition».

L'histoire comme marche de l'humanité vers l'émancipation

Cependant, peut-on vraiment croire qu'un souverain habitué à gouverner en monarque réformera l'État, en se mettant à l'écoute de ses citoyens? Kant le croyait. Le spectacle de la propagation des Lumières l'avait persuadé que les réformes exigées par l'esprit du temps s'opéreraient tôt ou tard, lentement, progressivement, mais sûrement sous la pression des idées nouvelles.

Si l'homme en général a le devoir d'oser se servir de son entendement, le souverain doit lui aussi faire preuve de la même audace. Et pourquoi en effet ne serait-il pas capable de dépasser les préjugés dominants, de penser librement en se ralliant à la communauté rationnelle des hommes? Cette conception du monarque éclairé, Kant ne la considérait pas complètement comme chimérique. Saisissant son propre temps comme une phase transitoire, mais décisive, Kant voyait partout les signes historiques d'une mutation positive des esprit qui touchait même les plus hautes sphères du pouvoir. Comme beaucoup de ses contemporains, il était convaincu d'être à la veille d'une époque nouvelle (l'«époque de propagation des Lumières») qui devait rejeter dans le passé tous les vestiges de l'ancienne société et préparer l'avènement du régime républicain[18].

Notre philosophe considérait d'abord avoir trouvé en la personne de Frédéric II l'«exemple illustre»[19] d'un souverain décidé à traiter l'homme «conformément à sa dignité»[20]. Dans l'opuscule de 1784, il salue l'empereur allemand pour son entreprise de modernisation de l'absolutisme (ce dernier a, par exemple, laissé à ses sujets une entière liberté de conscience en matière de religion), il le loue pour le soin qu'il prend à veiller à l'accroissement des Lumières. Il n'y a pas de raison de penser que les princes n'abandonneront pas un jour les faux privilèges de l'absolutisme, pour réaliser authentiquement leur vocation de souverain, celle d'être les premiers serviteurs du peuple, selon le mot de Frédéric lui-même.

Le coup de tonnerre de la Révolution française donnait, selon Kant, une confirmation supplémentaire à tous ceux qui pensaient que l'humanité était en route vers sa destination morale. Il convient, cependant, de noter tout de suite que, contrairement à ce que pourrait suggérer le titre d'un passage important du *Conflit des facultés*

[18] Sur le rapport de Kant à l'actualité, lire M. Foucault, «Qu'est-ce que les Lumières?», cours du Collège de France de l'année 1983, in *Le Magazine littéraire*, n° 309, avril 1993.

[19] Ak VIII, p. 41; Pléiade II, p. 216.

[20] Ak VIII, p. 42; Pléiade II, p. 217.

(«D'un événement de notre temps qui prouve cette tendance morale de l'espèce humaine»[21]), cette confirmation ne se situe pas au niveau des événements historiques eux-mêmes, qui pouvaient plutôt donner lieu à une interprétation pessimiste de l'Histoire, mais au niveau de l'expérience subjective des témoins. Un peuple fait soudain savoir son désir de vivre en accord avec l'idéal republicain et les droits de l'homme, et cette volonté de lutter pour le droit suscite l'«enthousiasme» du public[22]. Pour Kant, cette ferveur républicaine exprimée de manière publique est en soi une «*prise de position*»[23], un engagement désintéressé des spectateurs d'autant plus louable qu'il comporte une part de risque. Or c'est bien cette réaction sublime des spectateurs (et non la Révolution française en tant que telle) «qui prouve cette tendance morale de l'espèce humaine». On voit le paradoxe: s'il revient effectivement à la Révolution française d'avoir révélé l'existence d'une disposition morale en l'homme, ce noyau moral montre à son tour que, quand les hommes sont mûrs pour la liberté, la marche vers la constitution républicaine ne requiert pas nécessairement de moment insurrectionnel. La dimension critique de la philosophie kantienne de l'histoire interdisait tout jugement constitutif sur le cours réel des événements, elle obligeait le philosophe à se placer sur le terrain du sens et du signe, elle n'en rendait pas moins pensable une émancipation politique des hommes sans révolution.

[21] Ak VII, p. 85; Pléiade II, p. 894.
[22] Ak VII, p. 85; Pléiade III, p. 895.
[23] *Ibid.*

KANT ET LA RÉVOLUTION FRANÇAISE: LA PERSONNE ET LE PEUPLE

Chantal Moubachir-Genin

La légende a retenu cet épisode selon lequel, à la nouvelle de la Révolution française, Kant aurait sacrifié le rituel de sa promenade vespérale, marquant ainsi le caractère extraordinaire et remarquable de cet événement. Aussi, la réflexion qu'il conduira sur l'histoire et la question politique, à partir de ce moment, ne cessera de se référer à ce fait. La célébration de la constitution républicaine comme modèle de forme de gouvernement, dans le *Projet de paix perpétuelle*, ou la capacité, relative, qu'il lui accorde de faire se rejoindre la morale et le droit dans le *Conflit des facultés*, par exemple, attestent de la valeur qu'il lui attribue.

Pourtant, on le sait, le jugement n'est pas sans partage, ce qui est la moindre des choses pour l'auteur des trois critiques. Qu'il s'agisse de la terreur ou de la légitimité de mettre en cause le souverain, voire de le renverser, Kant exprime des réserves, si ce n'est des condamnations. Aussi bien, la Révolution française va-t-elle lui permettre, semble-t-il, d'éprouver et de confirmer les distinctions qui structurent sa philosophie: ce qui relève du droit comme institution, politique et sociale, ce qui revient à la morale comme principe de prescription absolue, et enfin ce qui échoit à l'histoire comme ferment et fomenteur de progrès.

Dans la *Critique de la faculté de juger*[1], Kant précise la nouveauté de la Révolution. «C'est ainsi qu'à l'occasion de la transformation récemment entreprise d'un grand peuple en un État, on s'est souvent servi du terme organisation d'une manière très appropriée pour l'institution des magistrature, etc., et même du corps entier de l'État. En effet, dans un tel tout chaque membre ne doit pas seulement être moyen mais aussi en même temps fin, et tandis qu'il contribue à la possibilité du tout, il doit à son tour, en ce qui concerne sa place et sa fonction, être déterminé par l'idée du tout.» Cette formule laisse entendre qu'un tel État permet de surpasser le *mécanisme* de l'organisation sociale[2]. Le citoyen ne se fait plus alors seulement fonctionnaire, c'est-à-dire agent d'exécution de tâches dont le principe et la

[1] § 65, note, p. 194, Vrin. PL III.
[2] Cf. *Qu'est-ce que les Lumières?*

fin lui échappent, en ce qu'il n'en est pas responsable, mais aussi savant puisqu'il est désormais réputé pouvoir penser, voire constituer l'ordre de la cité. Le constituer, non plus seulement parce qu'il en fait partie, mais parce qu'il en est désormais partie prenante. C'est en ce point que le citoyen rejoint la personne morale, émancipant son rôle d'une simple fonction pour lui conférer le statut d'un devoir et la signification d'une ambition.

Or, ce qui va faire problème, précisément, c'est l'appréciation de ce devoir et la légitimité de cette ambition. Kant va se trouver ici pris dans une manière d'antinomie quand le fait – la révolution – se réclame du droit au moment même où elle l'abolit et est contrainte de s'en dispenser. Il s'agit donc d'articuler le fait et le droit, le fait du droit et le, possible, droit du fait. L'un des instruments de cette opération est la conception du peuple comme personne: dès lors que l'action politique requiert l'association, la coalition des individus, elle se distingue et se détache de la délibération du sujet dans l'intimité de sa conscience. Le moyen de cette convergence sera *la publicité des raisons*, car, qu'on décide en soi et pour soi, ou bien en communauté, il est impératif de pouvoir rendre raison de ses choix, de les fonder en raison. Le vecteur de la constitution du peuple comme personne apparaîtra donc sous les espèces, et les auspices, de l'exercice de la raison et de la volonté de la faire reconnaître en droit.

Aussi, à l'affrontement du fait et du droit, s'ajoutera la nécessaire articulation des trois personnes en présence: l'État, le peuple et l'individu, homme, sujet, citoyen. Le problème de la liberté consistera donc à faire converger les trois instances sans pour autant confondre ou méconnaître leur statut propre. À quel titre la révolution joue-t-elle le rôle de révélateur, de catalyseur? Est-elle susceptible aussi d'apporter des solutions en réorganisant les données de la réalité et en mobilisant les acteurs de l'histoire? En quoi, enfin, peut-elle constituer l'expression de l'avènement des Lumières? C'est ce que nous tenterons de montrer en rappelant d'abord cette révolution en quoi consiste le fait de conférer la souveraineté au sujet, pour, ensuite, examiner le transfert qu'en opère la république dans le peuple, ce qui nous amènera à poser la question du basculement kantien de la révolution à la réforme.

De la souveraineté du sujet

La Révolution française a ceci de singulier qu'elle est à l'origine non seulement d'un bouleversement politique, mais encore d'une mutation terminologique profonde. L'expression en fait foi: comment imaginer qu'un sujet puisse être souverain, lui qui est, par définition, soumis au souverain. Le sujet n'est donc plus l'assujetti mais celui qui, comme le dit Kant[3], «est capable de se représenter comme "je"». Cette souveraineté est, certes, d'abord souveraineté sur soi-même, dès lors que l'action libre, donc l'action juste, consiste à subordonner les motifs, singuliers, contingents, aux seuls mobiles de la loi de la raison. Mais que la loi s'entende comme universalisation possible de la maxime, révèle à la fois l'autonomie du sujet et sa dépendance à l'égard des autres; dépendance, mais non subordination. Si chacun est en droit de choisir la maxime de son acte, cette liberté infinie lui confère aussi des obligations imparables. «Agis comme si la maxime de ton action devait être érigée par ta volonté en loi universelle». L'universalité est donc la mesure même de la liberté et de la justice de l'acte, le «comme si» relève d'un postulat pratique et non d'une fiction ou d'une virtualité intellectuelle. Le sujet dont il est question est toujours placé par Kant dans des situations précisément décrites, et si fiction il y a, elle joue toujours le rôle d'opérateur logique et pratique[4]. Le sujet est ainsi redéfini dans la plénitude de son appartenance mondaine et les arcanes de sa responsabilité. Répondant de lui-même, il appelle, incarne et exprime la responsabilité des autres sujets.

Aussi, la *Déclaration universelle des droits de l'homme et du citoyen* constitue-t-elle le volet politique de la morale kantienne. Récusant le principe de la servitude, abolissant le privilège de la naissance et redécoupant l'espace public, c'est aussi par un acte décisoire qu'elle fonde les règles de la conduite civile et civique. Plus encore, on peut percevoir qu'elle se donne pour objet d'associer en un même destin l'humanité et la civilité, voire le civisme. Sans doute, n'est-ce pas là un fait totalement nouveau; les démocraties antiques avaient déjà conçu l'appartenance à la *polis*, à la *civitas*, comme déterminant le plus haut degré de l'humain. Mais ce fut alors au prix de la ségrégation servile: l'homme d'un autre homme n'est pas pleinement homme et son statut juridique en atteste; il est chose plus que personne et ne quitte jamais la «médiété»[5] en ce sens que l'affranchissement ne peut effacer la généalogie[6].

[3] *Anthropologie du point de vue pragmatique*. PL III.

[4] Cf. toutes les analyses des «cas moraux» dans *La Métaphysique des mœurs*, mais aussi dans *Théorie et pratique*, ou *D'un prétendu doit de mentir par humanité*. Voir aussi notre communication *Réflexion et délibération: l'acte moral chez Kant*, Congrès de l'ASPLF, Nantes, août 2004.

[5] Pour reprendre la traduction proposée par M. de Gandillac du mot grec *metaxu*.

[6] Cf. les analyses de P. Veyne, *La société romaine*, Paris, Seuil et de Moses Finley, *Démocratie antique et démocratie moderne*, Paris, Payot.

Pourtant, cette souveraineté du sujet, déclarée, postulée, doit encore se donner les moyens de sa réalisation. Si le droit *pose*, il ne *dispose pas* de tout. Deux questions restent ouvertes. Par quels moyens le sujet doit-il s'agréger à d'autres sujets pour ne pas renoncer à sa souveraineté et quelle forme politique va-t-il instaurer à cette fin?

Du peuple et de la République

Qu'on se réfère à *Théorie et pratique* (1793), au *Projet de paix perpétuelle* (1795) ou à la *Métaphysique des mœurs* (1797), se dessine pour Kant une association, voire une concaténation de l'individu au citoyen, du citoyen au peuple, et du peuple à l'État. Ainsi considère-t-il l'État comme une personne que nul ne peut s'approprier car, dit-il[7], «Un État n'est pas, en effet, (comme par exemple le sol où il est établi) un avoir (*patrimonium*). C'est une société humaine et nul autre que lui n'a le droit de lui imposer des ordres ou d'en disposer». C'est à ce titre qu'il est une «personne morale» comme le peuple. S'immiscer, ou s'ingérer dans les affaires d'un État, c'est donc aussi léser «des droits d'un peuple»[8]. La souveraineté de l'un est donc étroitement liée à celle de l'autre. D'où les trois principes qui doivent ordonner la composition du corps politique:

«1. *La liberté* de chaque membre de la société en tant qu'*homme.*

2. *L'égalité* de tout homme avec tout autre en tant que *sujet.*

3. *L'autonomie* de chaque membre d'une communauté en tant que *citoyen*»[9].

Seule la constitution républicaine est capable de garantir ces trois principes, car elle *réalise* «l'idée du contrat primitif sur laquelle doit être fondée toute législation juridique d'un peuple»[10]. Autant qu'il est l'instrument d'expression de la volonté générale, le peuple est donc la résultante, au sens physique du terme, de ces trois règles; il se constitue à leur faveur et existe par leur moyen. En lui, doit donc toujours être reconnu l'homme, le sujet et le citoyen. L'État se voit alors confier la tâche, et le devoir, de concilier, coordonner ces principes pour sauvegarder le peuple grâce au droit: «*Salus publica suprema civitatis lex est*», le salut public vient de la loi seule[11].

[7] *Projet de paix perpétuelle*, Paris, Vrin, p. 4. PL III.

[8] *Ibid.*, p. 8.

[9] *Théorie et pratique* II. Partage qu'on retrouve dans le *Projet*, p. 19-20.

[10] *Projet*, *id.*

[11] *Théorie et pratique.* PL III.

Dès lors, le souverain est réputé n'être «qu'un être de raison (représentant le peuple entier) tant qu'il n'y a pas encore de personne physique qui représente la puissance suprême de l'État et qui procure à cette Idée son efficacité sur la volonté du peuple»[12]. La réalisation de cette idée passe par le concept de *co-sujet* c'est-à-dire le membre du corps politique capable d'obliger tous les autres par l'intermédiaire de la loi. Celui qu'on désignera toujours comme «le souverain» n'aura donc de légitimité qu'à la mesure de sa capacité à *représenter* le peuple tout entier. D'où la combinatoire proposée par Kant entre formes de pouvoir (*forma imperii*) et formes de gouvernement (*forma regiminis*). L'autocratie, l'aristocratie et la démocratie se voient ainsi soumises à l'épreuve de la forme de gouvernement, despotique ou républicaine. Kant déploie alors une vive critique de la démocratie, rejoignant souvent les arguments platoniciens et anticipant ceux de Tocqueville, en soulignant que dans une démocratie «chacun veut y être maître». Il y voit donc plus un ennemi de la république que l'expression de la victoire du peuple. «La forme démocratique, au sens propre du mot, est nécessairement despotique parce qu'elle fonde un pouvoir exécutif où tous prononcent sur un seul et en tout cas contre un seul [...] ce qui met la volonté générale en contradiction avec elle-même ainsi qu'avec la liberté»[13]. En quoi la démarche kantienne vise, d'une certaine manière, à démystifier, voire désacraliser la notion de peuple qui n'est jamais érigée au rang d'Idée mais plutôt soumise au travail d'élaboration et d'évaluation d'un concept.

Il s'agit donc de proportionner «la puissance du souverain à la volonté du peuple: un seul, quelques-uns, tous ensemble commandent à chacun et à eux-mêmes»[14], et la république n'est réalisée qu'à la condition que le souverain ne déroge pas à l'obligation civique, que le pouvoir suprême soit ainsi désigné, non parce qu'il concentre tous les pouvoirs, mais parce qu'il arbitre pour le bien commun, conscient que ce pouvoir lui est remis afin qu'il représente le peuple et non s'y substitue. Ainsi, «toute forme de gouvernement qui n'est pas *représentative* est proprement *informe* parce que le législateur peut être en une seule et même personne l'exécuteur également de sa volonté»[15]. Par conséquent, la position kantienne affirme là à la fois la désapprobation d'un pouvoir despotique, comme la République

[12] *Métaphysique des mœurs*, Doctrine du droit, § 51, GF. PL III.

[13] *Projet*, *id.*

[14] *Métaphysique des mœurs*, *id.*

[15] *Projet*, *id.*

française l'instaurera au moment de la Terreur, et l'acceptation, voire la reconnaissance, dans les deux sens du terme, d'une république monarchique voire d'une monarchie républicaine. Dans *Qu'est-ce que les Lumières?*, on sait l'hommage, l'éloge, voire le dithyrambe que Kant adresse à Frédéric II. Son règne peut être dit républicain parce qu'il ne décide pas pour un peuple «ce que même un peuple n'est pas autorisé à décider pour lui-même»[16]. Attenter aux droits du peuple serait alors «porter préjudice à sa majesté (celle du prince)»: *Caesar non est supra grammaticos.* Si donc le prince possède le pouvoir suprême, c'est en raison directe du «devoir de ne rien prescrire aux hommes» pour tout ce qui est de leur ressort, savoir, leur conscience morale, spirituelle et intellectuelle: liberté de juger, de décider, de croire, c'est-à-dire de penser. Laisser librement s'exercer la raison, en favoriser même la formation et l'éclosion, tel est le pouvoir du souverain, désormais *magister*, et non plus *dominus*, et tel est aussi le pouvoir républicain. Comment donc concevoir le peuple et son action, pour y parvenir? Nous allons montrer que Kant, parce qu'il démystifie le peuple et repense le souverain, va être conduit à remanier le concept de révolution.

Réforme et révolution

La question est essentielle en ce qu'elle met au jour le conflit constitutif du politique entre force et droit. Si les droits de l'homme sont sacrés, doit-on pour autant, pour les défendre, désobéir à la loi morale ou déroger au droit. C'est, en effet, sur ces deux plans que Kant va contester le recours à la violence, mais cette double critique s'enracine dans une visée commune et un principe fondateur: la liberté.

Sur le plan du droit, d'abord, Kant fait valoir que, quel que soit le bien-fondé des raisons invoquées pour renverser le pouvoir, elles entrent en contradiction avec elles-mêmes. «Toutes les actions relatives au droit d'autrui dont la maxime est incompatible avec la publicité sont injustes», écrit-il[17]. Le fait que je ne puisse pas rendre publique la maxime d'une telle action révèle, en effet, qu'elle porte en elle une injustice possible contre laquelle autrui serait capable de se révolter à son tour. L'insurrection n'est donc pas un moyen légitime de se débarrasser d'un tyran. Pourtant, Kant reconnaît *in fine*, à

[16] Cit., GF, p. 48.

[17] *Projet de paix perpétuelle*, cit., Appendice, p. 76. PL III.

«d'irrésistible puissance suprême» la possibilité d'user de la force à l'égard de la rébellion, rejoignant Hobbes pour conférer à l'État ce que Weber appellera «de monopole de la violence légitime». Aussi bien, Kant va-t-il être amené à opérer un glissement au cours de son analyse, du critère d'avalisation du droit à l'énoncé impératif des règles morales. «On possède assurément, grâce à ce principe de l'incompatibilité des maximes de droit public avec la publicité, un bon indice de la *non-concordance* de la politique avec la morale (en tant que doctrine du droit)»[18]. Si la morale révèle le droit, l'exalte et tente de le réaliser, la politique, elle, s'en dispense. Aussi, dans le *Conflit des facultés*, va-t-il, certes, rendre un vibrant hommage à la Révolution française, y voyant l'indice et même l'accomplissement d'un progrès de l'humanité. Mais il tempère cet éloge de deux manières. D'abord, en ne s'attachant pas tant à la réalisation durable des idéaux promus par la révolution – il dénonce même «la misère et les crimes affreux» qu'elle peut engendrer et qui doivent dissuader de la reproduire – qu'à ce qu'elle permet de mettre, publiquement et politiquement, au jour: «une disposition morale du genre humain». Il la définit comme le droit d'un peuple de se donner une constitution et de faire qu'elle soit républicaine, c'est-à-dire «conforme au droit et moralement bonne»[19]. C'est cette idée morale qui suscite passion, sympathie et enthousiasme, mais elle ne vaut précisément que parce qu'elle est idéale. «Cependant, ce droit n'est toujours qu'une idée dont la réalisation a pour condition limitative l'accord des moyens dont elle dispose avec la moralité que le peuple ne doit pas transgresser; il n'est point licite de recourir à une révolution qui est toujours injuste»[20]. Si, dans la revendication de ses droits sacrés, le peuple exprime les aspirations morales de l'humanité, leur satisfaction reste contraintes par elles.

Ainsi, la philosophie transcendantale maintient-elle ce hiatus, au sein même du peuple, entre ce qu'il est capable de réaliser, car l'histoire lui en donne parfois l'occasion, et ce qu'il doit faire. Il est porteur d'un idéal de justice et de liberté, mais Kant cherche néanmoins à le démystifier, effrayé déjà des crimes qu'on peut commettre en son nom, en s'armant de ses espoirs, de son énergie, de ses luttes. Soucieux du partage, critique, entre la morale et la politique, respectueux de l'ordre établi, parfois même zélateur du monarque,

[18] *Ibid.*, p. 82.
[19] *Conflit des facultés*, Vrin, 2e section, § 6, p. 101. PL II.
[20] *Ibid.*, note, p. 103.

on pourrait penser que Kant n'apprécie le peuple qu'à la mesure de son orthodoxie et qu'à proportion de sa stricte correspondance avec l'idée d'humanité. La diffraction que la vertu subit dans l'action politique n'est imputable, à ses yeux, qu'à des vices personnels, qu'à des manquements que des sujets ambitieux, versatiles, vils impriment à la loi morale. Il méconnaît ainsi les propriétés d'un groupe et se désintéresse des divisions, des tensions, qui peuvent le parcourir, remettant à l'histoire le soin de remédier à ces divergences d'intérêt et à ces conflits de pouvoirs[21].

Ce faisant, si la république qu'il appelle de ses vœux n'est pas aussi éthérée que celle de Platon, elle demeure une Idée et les moyens de la réaliser s'appliquent d'abord aux individus. L'éducation y joue un rôle central et le Prince est éclairé par ce moyen comme il doit permettre que le peuple le soit aussi. La révolution n'a donc de sens que si elle se fait «réforme du mode de pensée», car le bouleversement de régime politique ne garantit pas la levée des tutelles qui empêchent les hommes de penser par eux-mêmes[22]. L'usage public de la raison que l'on fait «en tant que *savant*, devant un public *qui lit*» est à la fois le moyen et la fin de cette révolution. Ainsi, «le seul palladium des droits du peuple, c'est la liberté de plume»[23]. Là s'exprime la pleine appartenance de Kant aux Lumières et sa pérenne modernité.

[21] Cf., *Idée d'une histoire universelle au point de une cosmopolitique.*

[22] Cf., *Qu'est-ce que les Lumières?*

[23] *Théorie et pratique* II, p. 81.

L'HOMME DU XVIIIe SIÈCLE DANS LE MIROIR BRISÉ DE LA RÉVOLUTION

Salah Hadji

C'est à la question de la persistance du paradoxe à l'endroit de la Révolution française[1] – et tout particulièrement à la manière dont Kant l'a exprimée au cours de la dernière décennie du *Siècle des Lumières* – qu'il nous a semblé intéressant de revenir. Quelle loi commande cette contradiction qui fait qu'une révolution à portée universelle, par une opposition abrupte de soi à soi, ne se manifeste comme «signe historique» qu'aussitôt qu'elle fait coexister – comme par l'effet d'une fracture – le choix *libre* d'un «bien» avec le meurtre commis «dans les formes»[2]?

Entre Kant et la Révolution française, il y a désormais cette fracture qui signifie, d'un point de vue transcendantal, un passage qui ne passe pas. On pressent aisément les difficultés que contient une telle question pour une pensée qui rencontre l'«absolument inexplicable»[3], à un moment où il lui a semblé avoir possédé la clef de son arc-boutement.

Qu'un tel paradoxe se rencontre en philosophie critique, voilà qui empêche de continuer à en parler en termes de «savoir», de «devoir» ou d'«espérance»[4]. Le paradoxe révèle ici une contradiction qui donne à l'homme l'image d'une cassure le renvoyant à lui-même, en amont et en aval du système.

Eu égard aux trois déterminations critiques de nature topique et judicative, auxquelles Kant fait correspondre trois types de jugement: le jugement déterminant, le jugement pur pratique et le jugement réfléchissant[5], comment pourrait-on encore justifier, à l'intérieur du système, le paradoxe de la Révolution française de façon non contradictoire, en sachant qu'il s'agit là d'un événement historique qui,

[1] Cf. Maurice Agulhon, *Histoire vagabonde*, Paris, Gallimard, 1988; voir partie "Débats": "Faut-il avoir peur de 1989?", p. 244-261, et "La Révolution française au banc des accusés", p. 262-279.

[2] E. Kant, Pléiade III, p. 588 (note).

[3] *Ibid.*

[4] E. Kant, Pléiade I, p. 1365.

[5] E. Kant, Pléiade II, p. 927. Il s'agit des trois lieux transcendantaux que la troisième *Critique* a distingués en «terrain», «domaine» et «demeure».

par son versant «régicide» de 1793 – est attesté comme l'expression d'un arbitraire face à quoi tout jugement, y compris le jugement réfléchissant, se trouve voué à l'échec? Précisons alors que la thématisation de cet échec oriente la réflexion vers une dualité *dramatique* qui ne se laisse penser, ni en termes de «schème», ni en termes de «type», ni encore en termes de «symbole». C'est que le drame qui se noue est propre à la catégorie d'*action*, laquelle ne se laisse penser ni par rapport au monde des phénomènes, ni par rapport au canon de la raison pure pratique, ni encore par rapport à l'unité réfléchissante entre loi de la nature et loi de la liberté.

On n'échappe pas ici à une asymétrie entre le problème pratique en tant qu'il est régi par le canon de la raison pure et le problème de l'action dont Kant nous dit, dans l'*Anthropologie,* qu'elle est l'épreuve même de l'«usage du monde», sur un mode affectuel qui emprunte le jeu de l'apparence et de la dissimulation. Il est significatif que, pour approcher cette expérience de l'homme «entré dans le jeu» du monde, Kant ne trouve d'autres «auxiliairesis» que l'«histoire», les «biographies», le «théâtre» et les «romans»[6].

Le vocabulaire est ici suggestif: les termes «usage du monde » et «entré dans le jeu» renvoient à des espaces de recherche qui ne vont pas de soi, tels que le théâtre et le roman qui, pour esquisser les traits fondamentaux de l'homme, se fondent, non sur «l'expérience et la vérité, mais la fiction»[7]. La fiction est ici dissimulation induite par l'action humaine en tant qu'elle *se produit* dans le monde. Se produire dans le monde, c'est jouer de soi et du monde. L'essence de l'action de l'homme comme citoyen du monde est le partage même de ce jeu. L'action ne fait pas exister des catégories ou des principes, au début, pour s'y insérer, ensuite. *La Religion* et l'*Anthropologie* sont on ne peut plus claires sur ce point: les circonstances d'une histoire où s'inscrit l'action de l'homme, avec son tumulte affectuel, font que «la faculté judiciaire morale qui se juge elle-même» vient toujours en retard[8], et que «les principes de la pensée alors, ne précédant pas (comme ils le doivent), mais venant après coup, est une inversion de l'ordre naturel dans notre faculté de connaître»[9]. C'est dire que l'action a son commencement en deçà de l'architectonique.

[6] E. Kant, Pléiade III, p. 940.
[7] *Ibid.*, p. 941.
[8] E. Kant, Pléiade III, p. 223.
[9] Kant, Pléiade III, p. 952.

Première par rapport au concept, à l'idée et à l'assentiment, l'action a sa logique spécifique qui est proprement éclipse de la fonction du transcendantal. Éclipse double, en fait, avec le sublime où l'action se joue par rapport à un au-delà architectonique. Il faut en prendre parti en ce qui regarde la quatrième question: c'est en visant l'élément «action» que l'on atteint l'un des sens de cette question, d'autant que l'homme n'est homme que par le mode de devenir de ses dispositions. Si l'homme se définit par les tâches qui lui sont proposées, il est en lui-même une tâche à réaliser[10].

On reconnaît ici la singularité des enjeux propres aux écrits postérieurs aux trois *Critiques* quant aux formes de discontinuité discrète qu'ils recèlent par rapport au système. À examiner ces écrits, il est aisé de reconnaître qu'ils appartiennent à un palier d'analyse qui décentre leurs thématiques par rapport aux questions des fondements, tant théoriques que pratiques de la philosophie critique, pour les infléchir nettement vers les problématiques du «faire et ne pas faire». De ces textes, j'en retiendrai quatres[11]: *La Religion*, la *Doctrine du droit*, *Le Conflit des facultés* et l'*Anthropologie*. Ces écrits paraissent impliquer clairement l'existence d'un hiatus entre *Les Lumières*, saisies à hauteur de l'Idéal, et l'affectuel vécu dans les profondeurs du «cœur» humain; entre la théorie, comme «idéalité vide» du concept de devoir, et les vicissitudes de l'action. Par rapport à ce hiatus, deux problèmes se posent. Le premier est de savoir *comment est pensée* une révolution selon l'Idéal ou les lumières de la raison; le second, pour qui cette Révolution a-t-elle eu lieu, quand et comment.

L'idée commune que l'on se fait de la révolution semble largement dépendante de la genèse de son concept dans le domaine astronomique et de sa transposition dans le monde humain sur un mode immédiat. En témoigne la double référence à la notion de mouvement et à celle de lumière. Dans une lettre à D'Alembert datant de 1765, Voltaire définit la révolution comme événement qui «se produit dans les esprits [...] pour en jouir et éclairer les hommes». Kant fait du renversement copernicien le pivot de sa philosophie transcendantale. N'y aurait-il pas, dans cet usage fait de l'idée de révolution, une univocité contraignante qui ne gagne en rigueur systématique qu'en perdant en vitalité singularisante? Ne pourrait-on pas reconnaître dans

[10] Kant, Pléiade III, IX, p. 1151.

[11] Pourtant, il faut bien observer d'abord que ces trois écrits nous reconduisent à bien des aspects de la question du «sublime esthétique» rencontré dans la troisième *Critique*. C'est lui qui apporte à la question que nous traitons le fait le plus sûr du débordement ou ouverture du système sur le concept de «passage à la limite» comme premier répondant de l'a-topique.

cette univocité une hypothèque de nature scientiste qui grève l'approche du *Socius* en en soumettant artificiellement l'organisation à une loi d'homogénéisation. Dans son sens astronomique, l'idée de révolution dit tout à la fois l'universalité d'une loi de la nature et l'efficace de sa nécessité. Aussi est-ce l'idée d'une science, qui ait la puissance démiurgique, qui a prédominé dans les esprits pour appuyer l'exigence de changement dans le sens du triomphe de la raison sur l'arbitraire, de la vérité sur l'obscurantisme.

L'idée d'ordre de la nature, régie par des lois nécessaires, sert alors de modèle qui prémunit contre «des causes errantes»[12]. Si, dans cette optique, la politique était appelée à devenir une «science de l'homme», c'est parce que la gestion de la vie publique semblait pouvoir se prêter à une organisation qui soit la même pour tous. De l'homogénéité de la loi de la nature, voilà que l'on opère un raccourci commode vers l'homogénéisation du «*Socius*». Or, de ce que les hommes sont proclamés libres et égaux par nature – selon l'article premier de la Déclaration des droits – s'ensuit-il qu'ils naissent, agissent et évoluent comme tels?

Cette ambiguïté n'a, certes, pas échappé aux Constituants lesquels, pour œuvrer à l'égalité, ont fondé les obligations de l'État en matière d'instruction publique. Mais on n'ira pas jusqu'au bout. Bien plus, on tombe dans la contradiction en matière de suffrage universel; au lieu de poser le principe: «un homme, une voix», on adopta un système censitaire à deux degrés, basé sur une discrimination entre citoyens dits «actifs» et citoyens dit «passifs».

À cette discrimination qui relève du suffrage est venue s'ajouter l'idée d'une «gradualité des fonctions», avancée par Mirabeau et dont la justification inspirée par une haute idée du savoir se tirait du souci de vouloir faire de la gestion de la chose publique une véritable science. Derrière ce souci de la compétence, motivé par la chose publique, se profilait, non pas une théorie de la séparation des pouvoirs mais une conception de la hiérarchisation des facultés de l'esprit. Ce qu'il y a lieu, toutefois, de souligner, c'est que les élus (*le Tiers*) ne réclamaient jusqu'à 1789 que des réformes, et les modèles qu'ils élaboraient dans leurs cercles de pensée n'avaient rien qui ressemblât à une révolution. N'avait-on pas vu alors des nobles – tels La Fayette et Montmorency – se rallier au Tiers État? C'est que le maître-mot était non pas la révolution mais le progrès; ce qui est bien différent.

Ces variations circonstancielles montrent assez que l'enjeu était bien – du moins jusqu'à 1789 – l'ordre du *Socius* dont on voulait

[12] L'expression est de Platon, cf., *Timée*, 28a-30b et 52a-53b.

confier la direction politique aux idées. Or un pareil projet se trouve sous-tendu par une idée réductionniste qui identifie la notion de vertu humaine au seul élément de la pensée, l'élément qui «brille» (élite). Aussi est-ce à un tel élitisme, qualifié d'«aristocratie des philosophes», que Chabot avait voulu opposer «la démocratie des sans-culottes».

Ces remarques permettent d'avancer quelque peu vers une critique de l'image qu'on avait du statut théorique de la révolution. Si la révolution correspond à un état d'esprit, elle n'a pas non plus le statut d'une pensée dont la seule cohérence rationnelle pourrait servir d'accord pour tout le monde. Or, penser la révolution, c'est composer avec ses côtés effrangés et mesurer par eux tout le domaine de l'ouvert que nous ne pensons pas encore. L'ouvert est le tout évoluant dans l'éclatement d'une structure nécessairement affectée d'excès et de défauts, pris eux-mêmes dans l'hétérogénéité de leurs causalités et de leurs niveaux de compréhension. S'orienter dans la pensée de la révolution, c'est aller avec cette pensée vers ce qui se passe dans l'action et ce qui en elle s'effiloche aux multiples facettes de l'homme.

C'est dire que la révolution est toujours *un problème.* Non pas au sens où l'on pourrait être conduit à douter qu'elle puisse avoir lieu, mais au sens où elle exprime les problèmes et les questions de l'homme dans l'histoire. Aussi l'histoire doit-elle être pensée tout à la fois comme finalité et comme fragilité. De toutes les manières, les questions et les problèmes ne relèvent guère de catégories objectives prêtes à recevoir leur «remplissement» noématique sur un mode contraignant. Il est vrai qu'à considérer l'usage fait de la référence à la Révolution française, l'image dominante est celle qui la donne comme une unité taillée comme un bloc. Or, eu égard aux faits historiques, peut-on parler de cette Révolution au singulier?

Rappelons qu'il y a déjà les deux dates: 1789 et 1793, perçues généralement comme étant les deux références historiques majeures. Assurément pour avoir fonctionné à l'intérieur de lectures idéologiques, ces deux références avaient fini par éclipser les autres registres où se jouaient les effets des tensions sociales et où s'exprimaient les rythmes du progrès historique – tant technique que scientifique, artistique ou littéraire. Mais chacune de ces deux dates de référence couvre-t-elle un événement unique qui soit en lui-même marquant pour être pris comme tel dans sa singularité? Si nous ne considérons la Révolution française qu'à travers le prisme de 1789, force est de rappeler qu'elle a été ponctuée par trois dates que l'histoire a retenues essentiellement pour leurs symboliques respectives[13]. Il s'agit,

[13] Cf. J. Tulard, *Les Révolutions*, Paris, Fayard, 1985, chap. I, p. 10-64.

d'abord, de la «révolution politique» du 23 juin qui vit la monarchie absolue cesser d'exister en France, et dont la postérité a retenu la harangue de Mirabeau: «[...] nous sommes ici par la volonté du peuple et l'on ne nous en arrachera que par la force des baïonnettes!», en réponse à l'ordre du roi qui voulait casser «Le serment du Jeu de Paume». Ensuite, il y a eu le 14 juillet, date de la prise de la Bastille, qui apparut comme le symbole de l'effondrement du pouvoir absolu. Il y a eu, enfin, la révolution sociale du 4 août 1789, qui mit fin aux droits seigneuriaux, c'est-à-dire au régime féodal et aux privilèges.

Voilà qui signifie que la Révolution n'est pas une. Mais il faut aller plus loin et dire qu'elle l'est encore moins pour tous, en ce sens que l'homme du XVIIIe siècle n'est pas unique. Si les hommes d'une époque présentent, dans leurs pratiques, cette impression uniforme que donne une conviction ou un emballement frénétique, ils offrent des différences sensibles quant aux motivations qui les animent[14]. Ces différences ne sont pas celles «du moins au plus, ou du vide au plein. La tête de l'analphabète n'est pas vide, elle est aussi remplie que celle du savant, mais remplie d'autres choses»[15]. D'un point de vue anthropologique, analphabète ne veut pas dire inculte: dans le fracas des insurrections, des guerres et des révolutions coexistent lumières et fétichisme, grâce et terreur, tolérance et fanatisme. Ce sont des moments où les masses non éclairées d'un pays servent toutes formes d'enchaînement des violences. Elles peuvent servir sous la bannière de la République à la manière dont d'autres, leurs semblables, servent Dieu et le roi. Le problème est celui des niveaux de différenciations anthropologiques: on peut juger de la Révolution par les «habitudes» produites par toute une époque, et non seulement par les *Lumières* qui la pensent et qui en favorisent l'avènement. L'adage selon lequel on juge de l'arbre à ses fruits peut se dire aussi en son contraire: on juge des fruits à l'arbre, d'une Révolution à son terroir historique et non seulement à ses conséquences.

La question directrice qui se pose alors est de savoir pour qui la Révolution française a eu lieu et à quel événement symbolique en reconnaît-on l'avènement. Ressortit-elle à l'histoire des seules *Lumières* ou à l'histoire des cultures de toute une époque? Est-elle le fait de l'homme de l'Idéal ou le fait de l'homme populaire de la période 1789-1793[16]?

[14] M.A. Aghulon, *op. cit.*, p. 298.

[15] *Ibid.*

[16] L. Sfez, «Égalité», in *Nouvelles histoire des idées politiques*, Paris, Hachette 1987.

De ces questions nous touchons au fil rouge qui unit, dans les écrits kantiens, le rapport des *Lumières* à la Révolution sous le signe du progrès humain. La Révolution, nous dit Kant, est un «événement» qui ne doit être considéré que «comme indication, comme signe historique», pouvant ainsi démontrer «la tendance de l'espèce humaine considérée en totalité»[17]. Kant précise que cet événement ne doit pas être considéré de manière à ce qu'il soit lui-même – c'est-à-dire immédiatement – la cause du progrès. Il y a là une distinction entre la cause immédiate intuitionnable à partir du phénoménal et une autre cause – celle-là même qui donne l'événement comme signe historique.

La traduction du signe historique s'effectue donc selon deux ordres de causalité: un premier ordre où le signe atteste son signifiant – malgré sa visibilité – comme carence du signifié; un second ordre où le signifié (l'Idéal ou le sens moral) – malgré la non-visibilité de son signifiant – se manifeste par ses conséquences en empruntant au sensible des signifiants sélectifs. Le signe historique n'a donc pas de sens littéral. Le signe se prête ainsi à deux lectures: il peut s'agir tout simplement d'un événement de nature phénoménale, ayant sa cause et son terme dans la série évanescente de la causalité sensible; tout comme il peut y être question d'un «fait» dont la cause tout aussi bien que le terme restent inexponibles mais dont l'effet qui en porte témoignage «*ne s'oublie pas*». La saisie du sens de ce qui se présente comme signe historique exige donc un acte de pensée supplémentaire: car ce n'est guère par un seul et même mouvement de la pensée qu'on perçoit les événements se produisant dans l'expérience ou qu'on se tourne, pour en apercevoir le sens, vers l'idée d'une cause qui nous affecte dans notre humanité et qui, nulle part, ne peut se présenter directement dans l'expérience.

C'est avec ce retournement de l'attention de l'homme sur ses dispositions intérieures que le signe historique fait sens. Aussi l'homme ne le perçoit-il que dans la mesure où il y retrouve le sens même d'une révolution, celle qui se produit dans son monde intérieur quand il quitte «cette minorité qu'il a endossée par sa faute [...] [et] ose maintenant, même si sa démarche est encore vacillante, avancer de son propre pas»[18]. Ce sont, entre autres, ces vacillations, propres aux différentes singularités agissantes dans l'histoire, que, sans doute, la Révolution française diffracte et ne cesse encore de nous en renvoyer l'image comme dans un miroir brisé.

[17] E. Kant, Pléiade III, p. 894.

[18] *Anthropologie*, Pléiade III, p. 1046.

«FIAT IUSTITIA. PEREAT MUNDUS». PAIX PERPÉTUELLE ET COUR INTERNATIONALE

Paola Vasconi

Le projet philosophique de Kant n'est pas de communiquer l'amour de la paix ni d'en appeler à la bonne volonté de chacun. L'intention de Kant n'est pas de penser l'exigence morale de la paix, mais la paix est réalisable par le moyen du droit. La paix ne résulte pas d'une guerre. Kant aura recours à la métaphore de la paix des cimetières, pour condamner le principe des guerres exterminatrices et, corrélativement, pour récuser le fait que le droit de guerre puisse caractériser le droit des gens, c'est-à-dire le droit international.

En décembre 1796, Kant publie un article intitulé *Annonce de la prochaine conclusion d'un traité de paix perpétuelle en philosophie*[1]. La philosophie est le lieu de la pensée libre. Le despotisme des métaphysiciens dogmatiques produit son opposé, l'anarchie. Les dogmatiques laissent alors la place aux sceptiques qui décrètent que rien ne peut être connu avec certitude.

La philosophie a donc besoin, comme le corps social, d'un tribunal, c'est-à-dire d'une instance tierce. Ce sera le tribunal de la raison critique qui évitera que les différends soient tranchés par une *victoire* comme c'est le cas à la guerre. Cette paix perpétuelle en philosophie ne signifie en aucune façon que la philosophie critique s'arroge la possibilité de trancher les différends qui surgissent entre les métaphysiciens. La paix philosophique est, en quelque sorte, une paix armée.

La première section contient six articles préliminaires en vue d'une paix perpétuelle entre les États. La première section fixe les conditions *préliminaires* à la paix et a donc pour fonction de préparer la seconde. Une différence saute aux yeux du lecteur qui compare la forme des articles préliminaires et celle des articles définitifs: les premiers sont formulés de manière négative, les seconds sont tous positifs. Les articles préliminaires sont rédigés sous forme d'interdictions, et paraissent définir la paix comme l'absence de guerre. Pour instaurer une paix durable, il faut œuvrer à l'éradication des causes de la guerre. Prohiber, c'est exiger. Il faut donc lire les six articles en

[1] *Kant's gesammelte Schriften* 1910-; abbr. Ak, 8, *Zum ewigen Frieden*, 1795.

plaçant l'accent sur le verbe devoir qui exprime positivement l'exigence normative du droit de la paix.

Des ingérences récentes pour des raisons humanitaires ou pour mettre fin à des conflits internes ont ouvert à nouveau le débat sur le droit d'intervention (intervention militaire et humanitaire en ex-Yougoslavie ou en Irak). Kant lui-même, au moment où il affirme le devoir de non-ingérence, prévoit une exception dans l'article 5.

> Kein Staat soll sich in die Verfassung und Regierung eines andern Staats gewelttthätig einmischen[2].

Si un État se déchirait par suite de dissensions intérieures, et que chacune des deux parties représentait un État qui aurait des prétentions sur l'ensemble, il n'y aurait plus de gouvernement mais une situation d'anomie, d'anarchie. Dans cette hypothèse, Kant envisage une intervention extérieure qui ne constituerait point une immixtion, mais un secours prêté à l'une des deux parties. Ainsi l'intervention extérieure se justifie-t-elle, en cas de guerre civile, sous des conditions qui découlent du primat du contrat originaire. Lorsque l'État fait reposer son pouvoir sur une violence qui interdit toute expression de la volonté générale et viole les droits de l'homme, l'intervention extérieure se justifie. Le droit des peuples à disposer d'eux-mêmes ne doit pas être confondu avec le droit des États à disposer de leur peuple. La nation souveraine de Hitler ou Pol-Pot n'est pas inviolable, pour le droit de la paix de Kant.

Pour montrer comment l'état juridique contribue à faire avancer le problème de la paix, Kant passe en revue les manières avec lesquelles les citoyens entrent en rapport les uns avec les autres selon les trois figures du droit public: le droit politique interne (*jus civitatis*) traite des relations entre l'État et les citoyens, le droit international qui est ce que les juristes appellent le droit des gens (*jus gentium*), organise le rapport entre les États, enfin le droit cosmopolite (*jus cosmopoliticum*) considère les hommes comme citoyens d'une communauté humaine universelle. Le droit international doit être fondé sur ce que Kant appelle une «fédération des peuples», une «alliance de paix». Un gouvernement mondial détenteur du monopole de la violence légitime serait dispotique.

Les États s'associent librement dans une fédération et leur engagement est révocable. La paix universelle et perpétuelle serait à ce

[2] Ak, 8, 346 (Pléiade III, p. 336).

prix. La paix a tout à gagner avec la généralisation du droit d'hospitalité. La paix est une idée régulatrice. La paix philosophique est, en quelque sorte, une paix armée. La paix politique doit être une paix armée.

Les États s'associent librement dans une fédération sans un tribunal international. Mais la paix politique est réalisable par le moyen du droit, par le moyen d'un tribunal de la raison.

En 1996, Jürgen Habermas a publié un livre intitulé *La paix perpétuelle, le bicentenaire d'une idée kantienne*[3]. Habermas y étudie l'idée de Kant. Pour Habermas, le concept kantien de paix est insatisfaisant, en raison du fait que les guerres ont des raisons sociales. À partir de l'examen des deux derniers siècles, Habermas considère que Kant a eu raison. Il a eu raison, précisément, lorsqu'il a prédit la pacification des mœurs internationales, par l'intensification du commerce. Kant considère que l'esprit du commerce est incompatible avec la guerre. Cette idée kantienne a engendré la création du GATT et de l'Europe communautaire.

Kant ne pouvait pas prévoir l'évolution des phénomènes internationaux comme les deux guerres mondiales, le terrorisme, les guerres de déportation et d'anéantissement. À partir de cette situation, caractérisée, surtout, par la prolifération sémantique des images du monde, Habermas propose de réviser l'idée de paix perpétuelle. Il soutient ainsi la création d'un tribunal permanent et punitif, comme il n'hésite pas à dire qu'il faut imposer également des élections mondiales.

Ainsi Rawls étudie l'idée de Kant en 1999[4]. Les principes fondamentaux auxquels on parviendrait, sous la forme d'un consensus par recoupement, seraient que les peuples doivent être libres, indépendants, égaux, habilités à se défendre mais non à engager la guerre, obligés de respecter les traités, de garantir les droits de l'homme, sans intervenir dans les affaires intérieures des autres. Rawls s'emploie ensuite à élargir la communauté des peuples jusqu'à inclure les sociétés bien ordonnées hiérarchisées. Ces dernières constituent des régimes qui ne sont pas libéraux mais qui n'appuient pas d'actions terroristes. La thèse essentielle de Rawls est que les principes de son droit des peuples appliqué à une telle communauté des peuples seraient alors les mêmes que ceux qui sont l'objet d'un consensus

[3] J. Habermas, *La paix perpétuelle, le bicentenaire d'une idée kantienne*, Paris, Cerf, 1996.

[4] J. Rawls, *The Law of Peoples with «The Idea of Public Reason Revisited»*, Harvard, Ma., President and Fellows of Harvard College, 1999; tr. fr. *Le droit des peuples et la raison publique*, trad. B. Guillarme, Paris, La Découverte, 2006.

pour la communauté restreinte des sociétés libérales. Le droit des gens kantien n'est pas une utopie. Se battre pour une juste cause est un devoir de l'humanité. «*Fiat iustitia, pereat mundus*».

> Der zwar etwas renommistisch klingende, sprüchwörtlich in Umlauf gekommene, aber wahre Satz: *fiat iustitia*, *pereat mundus*, das heisst zu deutsch: «Es herrschte Gerechtigkeit, die Schelme in der Welt mögen auch insgesammt darüber zu Grunde gehen.» ist ein wackerer, alle durch Arglist oder Gewalt vorgezeichnete krumme Wege abschneidender Rechtsgrundsatz [...]. Die Welt wird keineswegs dadurch untergehen, dess der bösen Menschen weniger wird[5].

«Les sociétés où règnent la corruption, la tromperie et le non-respect des promesses sont invivables, et espérons-le, condamnées – comme le note Boyer – Même les brigands connaissent la valeur de la parole donnée, comme l'avait noté Augustin. La sincérité est une valeur, comme la Vérité est un idéal régulateur»[6].

La Cour pénale internationale est la première institution internationale permanente instaurée par un traité qui ait été créée pour assurer que les crimes internationaux les plus graves ne demeurent pas impunis. La Cour est complémentaire des juridictions pénales nationales.

Le Statut de Rome créant la Cour pénale internationale a été adopté le 17 juillet 1998, à l'occasion du vote en faveur de l'adoption du Statut par 120 pays participant à la Conférence diplomatique des plénipotentiaires des Nations Unies sur l'établissement d'une Cour pénale internationale.

Le Statut de Rome de la Cour pénale internationale est entré en vigueur le 1er juillet 2002, date depuis laquelle les individus qui se rendent coupables de l'un des crimes énoncés dans le Statut sont passibles de poursuites devant la Cour. Un État qui prend parti au Statut accepte par là même la compétence de la Cour à l'égard des crimes énoncés dans le Statut de Rome. La compétence de la Cour est limitée aux crimes les plus graves qui touchent l'ensemble de la communauté internationale. Elle est compétente à l'égard des crimes de génocide, des crimes contre l'humanité et des crimes de guerre, qui sont tous entièrement définis dans le Statut.

[5] Ak, 8, p. 378-379 (Pléiade III, p. 374-375).
[6] A. Boyer, *Hors du temps. Un essai sur Kant*, Paris, Vrin, 2001, p. 249.

La Cour est compétente à l'égard des crimes de génocide, des crimes contre l'humanité et des crimes de guerre lorsque la situation est déférée au Procureur par un État membre ou par le Conseil de sécurité. La Cour ne peut exercer sa compétence que si l'État sur le territoire duquel le crime présumé a eu lieu, ou l'État dont l'auteur présumé du crime est ressortissante, s' est rallié au Statut.

Si aucun de ces deux États n'en fait partie, la Cour ne sera pas en mesure d'enquêter sur les crimes présumés, sauf si l'État sur le territoire duquel le crime présumé a eu lieu ou l'État de la nationalité de l'auteur présumé du crime accepte la compétence de la Cour par une déclaration déposée. Les États membres ont l'obligation de coopérer pleinement avec la Cour dans la conduite des enquêtes et des poursuites contre les crimes définis dans le Statut.

Pour une interprétation rationnelle globale de l'homme, une cour internationale est un moyen possible.

L'IDÉE DE L'EUROPE AU XVIIIe SIÈCLE DANS LES PROJETS DE PAIX PERPÉTUELLE: SAINT-PIERRE, ROUSSEAU, KANT

Jean Ferrari

À un moment de son histoire où l'Europe s'interroge sur son avenir, ses limites géographiques, la forme que doivent prendre ses institutions après le rejet par deux de ses membres du projet de traité constitutionnel, dans une actualité où mille problèmes se posent autour des questions: mais qu'est-ce donc en définitive que l'Europe et que signifie aujourd'hui être européen?, il n'est sans doute pas inutile d'examiner quelles réponses et quelles perspectives le XVIIIe siècle a développées sur ce thème et dans quel contexte son urgence s'est alors imposée aux esprits les plus éclairés. Dans les minutes qui me sont imparties je ne puis qu'indiquer quelques questions dont la proximité avec celles de notre temps ne peut qu'intéresser et surprendre.

C'est effectivement à partir de ce que certains ont désigné comme l'année zéro de l'histoire européenne, après une guerre née sur un sol dont les destructions se sont étendues au monde entier, entraînant des dizaines de millions de victimes et des destructions sans précédent, que les pères de l'Union européenne ont souhaité établir entre les belligérants les conditions d'une paix que rien ni personne ne pourrait remettre en question. Le première et capitale raison de l'Union ne fut d'abord ni économique, ni commerciale, ni même culturelle, ce fut l'établissement de la paix entre les États européens, ce qui, à l'époque, exigeait, en particulier de la part de la France et de l'Allemagne, une difficile réconciliation.

Or, au début du XVIIIe siècle, l'Europe est au bord de l'abîme. Les guerres suscitées par les ambitions de Louis XIV ont mis à mal les différentes nations européennes et n'ont été interrompues que par les paix précaires d'Aix-la-Chapelle (1668), de Nimègue (1678), par la Trêve de Ratisbonne (1684) et le Traité de Kyswick (1697). À partir de 1702, la guerre de succession d'Espagne dévaste des régions déjà dévastées. Les traités d'Utrecht en 1713 et les conférences de Rastadt (1713-1714) y mettent fin par d'imparfaites solutions. C'est à ce tournant du siècle que s'élèvent des voix de plus en plus nombreuses pour dénoncer les méfaits de la guerre, de toute guerre, ainsi en France celles de Nicole, de Fénelon, de La Bruyère, alors que d'autres s'attachent à déterminer d'une manière concrète les conditions de l'établissement d'une paix véritable en Europe. Déjà, au début du XVIIe siècle, après les grandes voix de Raimond Lulle, de Nicolas de Cuse, d'Érasme et de Thomas More au Moyen Âge et à la Renaissance, le moine Emeric de Crucé avait publié en 1623 *Le nouveau Cynée ou Discours, des occasions et des moyens d'établir une paix générale et la liberté du commerce par tout le monde.* Toutefois la perspective d'emblée universaliste semblait rendre particulièrement utopique son programme. C'est pourquoi aurait dû être mieux accueilli le projet de l'Abbé de Saint-Pierre pour rendre la paix perpétuelle à l'Europe, limitant à un continent les dispositions et les mesures susceptibles de mettre fin à toutes les guerres entre les États européens.

Je ne m'arrêterai pas sur l'idée que se faisait l'Abbé de Saint-Pierre de l'Europe. Je remarquerai seulement, tout au début de ses travaux, son hésitation, qui est aussi celle de nos contemporains, sur ses limites géographiques puisqu'une des premières formes de son projet incluait dans l'Europe des États, des nations musulmanes comme la Turquie et le Maroc[1]. Mais, dès 1713, lorsque le projet paraît chez Antoine Schouten à Utrecht, il ne concerne plus que les États chrétiens de l'Europe. De 1713 à la mort de l'Abbé, si a pu varier, selon les moments, le nombre des princes souverains et républiques d'Europe, de 18 à 24, appelés à entrer dans une alliance perpétuelle pour la paix qui les obligera à régler leurs différends en faisant appel à un tribunal où chacun d'eux sera représenté et dont les règles et les pouvoirs de contrainte seront admis par tous, cette fédération, ou mieux cette confédération, puisqu'elle garantit entièrement la souveraineté des États, ne concerne que l'Europe chrétienne.

Car l'Europe est en position de défense à l'égard du reste du monde et, hors les relations commerciales avec les autres pays, ce que voulait imposer aux princes et aux rois le bon Abbé, c'était une organisation telle qu'elle puisse assurer une paix perpétuelle à l'Europe. Bien des rapprochements pourraient être faits entre son projet qu'il ne cessa de réécrire et dont il donna jusqu'à sa mort de nombreuses versions imprimées à ses frais et la constitution actuelle de l'Europe. Mais, à l'époque, il fut incompris, raillé même par Voltaire. Il a fallu la reprise de son projet par Rousseau, invité par le neveu de l'Abbé à en faire un résumé qui parut en 1761 chez le libraire

[1] Abbé de Saint-Pierre, *Projet pour rendre la paix perpétuelle en Europe*, Introduction, présentation... par Simone Goyard-Fabre, Paris, Garnier, 1981, p. 221.

Bastide à Paris sous le titre d'*Extrait du projet de paix perpétuelle* par Jean-Jacques Rousseau, pour que les idées de l'Abbé aient quelque retentissement et remettent à l'ordre du jour, je dirai presque à la mode, l'idée de paix perpétuelle puisque l'Académie française en fit le sujet de son concours en 1766. Or, dans cet extrait, Jean-Jacques Rousseau prête aux idées de l'Abbé tout l'éclat de son style et fait de l'Europe, de son histoire, de sa réalité socio-culturelle et politique, un tableau tout à fait remarquable dont je veux seulement rappeler ici quelques traits.

Les limites extérieures de l'Europe, hormis la Turquie d'Europe, qui, à l'époque, occupait une partie de celle-ci, et les frontières naturelles à l'intérieur, permettent facilement de dénombrer les pays appelés à participer à ce que Rousseau appelle le système de l'Europe.

> C'est ainsi, écrit-il, que toutes les Puissances de l'Europe forment entre elles une sorte de système qui les unit par une même religion, par un même droit des gens, par les mœurs, par les lettres, par le commerce et par une sorte d'équilibre qui est l'effet nécessaire de tout cela, et qui, sans que personne songe en effet à le conserver, ne serait pourtant pas si facile à rompre que le pensent beaucoup de gens[2].

Et Rousseau montre comment, à partir de l'empire romain et de ses métamorphoses jusqu'à son époque, par transformations successives s'est formé cet ensemble des États européens dont les Romains, par la sagesse de certains décrets comme l'attribution de la citoyenneté à tous les habitants de l'empire, avaient formé l'esquisse. Ainsi, après l'Abbé de Saint-Pierre, Rousseau trouve dans l'Europe de son temps une unité et une communauté d'intérêts qui rend d'autant plus absurde les guerres qui la ravagent. Et cette analyse spectrale de l'Europe, pour reprendre le titre d'un livre du Comte de Keyserling, rend non seulement plausible, mais nécessaire l'établissement d'une confédération européenne dont l'Abbé de Saint-Pierre a eu l'idée et dont l'unique finalité est l'établissement d'une paix définitive entre les différentes nations européennes.

Je ne dirai rien, faute de temps, de l'Europe de Montesquieu et je me permets de vous renvoyer au beau volume des *Cahiers Montesquieu* qui contient les Actes du Colloque de Gênes (de mai 1993) réunis par notre ami Alberto Postigliola et publiés à Naples chez Liguori, précisément sous le titre de *L'Europe de Montesquieu*. Il est

[2] J.-J. Rousseau, *Œuvres complètes*, Paris, Gallimard, Bibliothèque de la Pléiade, 1964, tome III, p. 565.

difficile d'aller au-delà des diverses analyses qui sont proposées. Il convient maintenant d'évoquer brièvement l'Europe de Kant.

Dans l'œuvre de Kant, le mot Europe et les termes qui en sont dérivés connaissent de nombreuses occurrences, plus de 230, et sont relatifs aux divers aspects physiques, anthropologiques, culturels, politiques du continent, mais la réalité de l'Europe est d'abord pour lui géographique. C'est dans ses études premières sur les tremblements de terre et sa *Géographie physique* que le mot revient le plus souvent. L'Europe est distinguée des autres continents par des caractéristiques particulières: son climat modéré, la longueur de ses côtes, la variété de son relief, les modes de vie et de développement de ses habitants. Si les frontières maritimes à l'Ouest sont bien marquées, à l'Est elles demeurent floues et des considérations géopolitiques peuvent en faire varier considérablement le tracé. Ainsi l'expression commune de «Turquie européenne» n'a-t-elle pas le même sens qu'aujourd'hui et la volonté de Pierre le Grand d'européaniser l'empire russe, reprise par Catherine II, brouille-t-elle la séparation entre l'Europe et l'Asie.

Mais le plus intéressant, c'est la réalité politique et culturelle de l'Europe, son identité propre, telle que Kant l'a perçue. Qu'il y ait chez Kant un européocentrisme n'est guère contestable, même si son intérêt et sa curiosité pour le reste du monde n'ont jamais faibli comme le montre à l'évidence la *Géographie physique*. Mais, lorsqu'il songe à l'histoire, c'est à l'Europe qu'il rapporte l'évolution du monde et en Grèce qu'il voit l'origine de la civilisation car c'est par elle que nous connaissons l'histoire. Le texte de la 9e proposition de l'*Idée d'une histoire universelle d'un point de vue cosmopolitique* est explicite à cet égard. Justifiant son idée qui lui permet de considérer l'histoire humaine comme un système et non comme un simple agrégat d'actions humaines dépourvues de plan, Kant part de l'his-toire grecque, car dit-il, c'est par elle que toutes les autres histoires antérieures et contemporaines nous sont conservées, et il suit le cours de l'histoire à travers l'empire romain, les invasions des barbares formés, comme malgré eux, par la romanité, jusqu'à son époque, pour lire l'unité d'un développement qui se mesure en progrès successifs[3]. Comme le fera Edmond Husserl au XXe siècle dans *La crise des sciences européennes et la phénoménologie*, Kant, en ces lignes, dessine une sorte de ligne de crête de la civilisation, liée à la double capacité humaine de la mémoire et de la raison, et croissante depuis le Ve siècle avant Jésus-Christ jusqu'au siècle des Lumières, sans rupture, en Occident.

[3] Kant, *Œuvres philosophiques*, sous la direction de F. Alquié, Paris, Gallimard, Bibliothèque de la Pléiade, 1981, tome II, p. 2002 et s.

Ainsi par rapport au reste du monde – c'est là une opinion commune au siècle des Lumières chez Montesquieu, comme chez Kant – l'Europe présente les conditions d'un progrès. Si elle n'est pas encore éclairée, elle est en marche vers les Lumières comme l'affirme Kant dans son opuscule de 1784 et son progrès, c'est ce qu'il présume ici, influencera favorablement la marche du monde. «C'est en Occident, écrit-il, dans une *réflexion sur l'Anthropologie* des années 1775-1778, qu'il nous faut chercher la continuité du progrès du genre humain vers la perfection et de là son expansion sur la terre»[4].

Toutefois, cet européocentrisme culturel et anthropologique est tout entier orienté vers des fins qui ne sont pas européennes. Dès ses premières réflexions sur le droit et la politique dans les années soixante, Kant se réclame d'une perspective universaliste de l'histoire de l'humanité. Il parle même d'un patriotisme mondial du philosophe, *Weltpatriotism*[5], et l'idée de cosmopolitisme est une pièce maîtresse de sa pensée politique. Comparable à l'idée de république à laquelle elle est subordonnée, elle est une idée pure de la raison qui oriente l'histoire des hommes vers un état de droit des peuples, seul capable d'instaurer la paix perpétuelle entre les nations. Ainsi la triade républicanisme, cosmopolitisme, paix perpétuelle, constitue-t-elle la trame linéaire et parfaitement cohérente des idées de la raison politique kantienne qui éclaire l'histoire de l'humanité et permet d'en comprendre le progrès.

Mais, puisque le transcendantal ne prend sens que par rapport à une expérience possible, il faut bien que Kant envisage les conditions de possibilité de la réalisation de ces trois idées de la raison qui, non seulement dessinent les finalités de l'histoire humaine, mais aussi définissent une tâche qu'il importe à chacun d'accomplir. «[...] du haut tribunal suprême du pouvoir législatif, la raison condamne sans exception la guerre comme voie de droit; elle fait un devoir absolu de l'état de paix»[6]. Il s'agit pour Kant de travailler ici et maintenant à l'établissement d'une paix universelle et perpétuelle qui constitue le souverain bien public. Dès lors, de même que la perpétuation changeait radicalement le sens de l'idée même de paix, son extension spatiale à l'ensemble du globe en modifiait profondément la perspective historique désormais dominée par la nécessité pour tous les États du monde de devenir républicains, comme l'affirme avec force le *Premier article définitif* du *Projet de paix perpétuelle.*

[4] *Refl. 1501*, Ak 15 789 01.
[5] *Refl. 8019*, Ak 19 583 25.
[6] *Op. cit.*, III, p. 348.

Mais, par là même, l'Europe ne disparaît-elle pas en même temps que ses limites, qui, pour l'Abbé de Saint-Pierre et Rousseau, étaient celles-là mêmes à l'intérieur desquelles devait s'établir la paix? En effet la distance est immense entre le projet de l'Abbé de Saint-Pierre strictement limité à l'Europe chrétienne et à ses 20 États et celui de Kant qui embrasse l'univers entier. Toutefois, en sa réalité empirique, l'histoire donne à voir des signes qui permettent de reconnaître à l'Europe un rôle particulier qui tient principalement à la nature de ses institutions. Malgré le caractère absolu de certains de ses gouvernements, Kant affirme dans l'*Idée d'une histoire universelle d'un point de vue cosmopolitique* qu'«on découvrira un cours régulier dans l'amélioration de la constitution politique sur notre continent (qui donnera vraisemblablement un jour des lois à tous les autres)»[7].

Pour Kant comme pour la plupart des esprits éclairés du XVIIIe siècle, l'Europe est en quelque manière le berceau d'une rationalité juridique qui, comme la raison elle-même qui en est la source, ne peut être qu'universelle. Et lorsqu'à l'intérieur de l'Europe un événement se produit comme la Révolution française qui tend à faire d'un peuple le maître de son destin et établit entre ses membres les règles d'un vrai républicanisme [les droits de l'homme et du citoyen], on peut raisonnablement penser que cet exemple sera suivi par ses voisins immédiats et pourra s'étendre à l'ensemble du continent et de là au reste du monde, car, écrit Kant dans le *Conflit des Facultés*: «il faut bien rattacher [...] à quelque expérience l'histoire prophétique de l'espèce humaine»[8]. En elle se manifeste et s'écrit le progrès vers le mieux, c'est-à-dire vers une société cosmopolitique réglée par le droit, assurant à tous une paix perpétuelle, condition de l'accomplissement éthique qui est la fin ultime de l'humanité.

Telle est la finalité de la raison à l'œuvre dans l'histoire. L'Europe n'est qu'une figure imparfaite de l'Idée, un moment de l'histoire humaine empiriquement déterminé, mais qui doit servir de modèle aux autres. En son histoire prophétique de l'humanité, Kant a vu bien au-delà de son époque et de la nôtre.

[7] *Op. cit.*, II, p. 205.
[8] *Op. cit.*, III, p. 893.

La postérité

LA CRITIQUE ÉTHIQUE DE LA CULTURE. KANT, ROUSSEAU, CASSIRER

Giulio Raio

Il est opportun que ces brèves considérations sur l'influence de Rousseau dans l'évolution de la pensée kantienne vers un criticisme éthique de la culture, soient précédées d'un rapide survol des textes philosophiques et d'histoire de la philosophie où Cassirer, interprète contemporain de la *Kulturkritik* kantienne, a développé cette perspective néo-universaliste.

On notera avec intérêt une certaine fragmentation chronologique dans l'apparition des textes où Cassirer interprète le rapport entre Kant et Rousseau – son attention s'est alternativement raréfiée ou intensifiée, sollicitée quelquefois par des motivations extratextuelles.

Un extrait d'*Erkenntnisproblem* (II, 1907) anticipe cette nébuleuse de textes. «À travers les *Rêves d'un visionnaire* nous parle un disciple et admirateur de Rousseau» (ECW[1], 3, p. 505)! Le *règne des fins* a remplacé le *règne des esprits*!

Le premier texte sur le rapport entre Rousseau et Kant et sur le criticisme éthique de la culture est le *Kantbuch* de 1918 (ECW, 8). *Kantbuch* n'est pas seulement le livre d'Heidegger!

Le *Kantbuch* termine l'édition des *Œuvres* de Kant dirigée par Cassirer, il se situe dans la dernière période de la saison berlinoise, semble conclure la saison, féconde par ailleurs, de la *Kant-Philologie*, et annoncer une phase nouvelle d'interprétation romantique du kantisme selon Schiller ou Humboldt.

La *construction de l'éthique critique* se fait par le refoulement de la problématique éthique de la psychologie – de la psychologie anglaise de Shaftesbury, Hutcheson, Hume, pourtant utilisée délibérément – et à condition de rendre autonome le contenu de l'éthique. Refoulement et autonomie sont réalisés grâce à la profonde influence de Rousseau, à son concept de *nature*.

Un ample paragraphe, de 1928 environ, inédit jusqu'en 1995 dans la *Metaphysik der symbolischen Formen* (ECN[2], 1), aborde le *pro-*

[1] Abréviation par E. Cassirer, *Gesammelte Werke*, Hamburger Ausgabe, sous la direction de B. Recki, 1-26, Hamburg, Meiner, 2008.

[2] Abréviation par E. Cassirer, *Nachgelassene Manuskripte und Texte*, sous la direction de J. M. Krois et O. Schwemmer, Hamburg, Meiner, 1995 ss.

blème de l'anthropologie philosophique[3]. À l'anthropologie philosophique est également dédié le deuxième paragraphe de *Kant und Rousseau*. L'inédit ne regarde pas toutefois vers le passé mais vers le futur. La *Wirkung* à l'œuvre n'est pas celle de Rousseau mais celle de Kant, décelée dans la «conversion à la culture» de Scheler et Plessner!

La confrontation de la philosophie des formes symboliques avec la philosophie de la vie se développe en effet sur le versant de l'humanisme contemporain et de l'anthropologie philosophique. La confrontation s'étend à la *philosophie du sens*: par cette nouvelle expression Cassirer entend se référer d'une part à la secession phénoménologique de Max Scheler (et d'Heidegger lui-même) et à l'anthropologie philosophique de Helmut Plessner, d'autre part à la philosophie de la vie elle-même, à la présence simultanée de ses motifs de fond dans l'émergence d'une perspective du sens: la philosophie du sens est en quelque sorte une direction de la philosophie de la vie. L'anthropologie contemporaine de Scheler et Plessner, fondamentalement phénoménologique, prend origine de la *conversion* au culturel qui se situe entre Kant et Husserl, reprenant à l'époque post-positiviste la question kantienne de la position de l'homme dans la création, de la nature idéale de l'homme et de la doctrine des essences de Husserl. Elle se caractérise par une conception de l'homme qui n'est pas seulement sujet-objet de la nature mais en même temps sujet-objet de la culture.

1932 est l'année où se concentrent trois textes: le célèbre écrit *Das Problem J.-J. Rousseau* (ECW, 18), le principal des écrits préparatoires de la *Philosophie der Aufklärung*, publié dans «Archiv für Geschichte der Philosophie», la *Philosophie der Aufklärung* elle-même éditée à Tübingen (ECW, 15) et l'*Unité dans l'œuvre de J.-J. Rousseau*, conférence tenue à Paris le 27 février 1932 et publiée l'année suivante dans le «Bulletin de la Société française de Philosophie» (ECW, 18).

Das Problem J.-J. Rousseau développe les thèmes de la conférence parisienne. La littérature critique – un exemple entre tous, Philonenko – reconnaît aux écrits de 1932 une forte motivation politique:

> Démontrer l'unité de la pensée de Rousseau, c'était à la fois fermer la porte aux démons du totalitarisme et de l'anarchisme et c'était aussi affirmer la supériorité de la norme sur la violence. Lorsque Cassirer déclare qu'au plus haut niveau de la pensée mo-

[3] Cf. E. Cassirer, *Metafisica delle forme simboliche*, a cura di G. Raio, Milano, Sansoni, 2003.

rale Rousseau rejoint, dans la théorie de la bonne intention, Kant, à travers lui c'est la voix de l'Allemagne libérale qui s'exprime[4].

Enfin, la clé de nos propos est le texte *Kant und Rousseau*, écrit en Suède en 1939, mais publié avec *Gœthe et la Philosophie kantienne* dans le volume *Rousseau Kant Goethe* en 1945 en Amérique, premier écrit posthume paru quelques mois après la mort de Cassirer (ECW, 24)[5].

Kant und Rousseau, comme le dit Cassirer lui-même dans sa préface (Columbia University, octobre 1944), a été écrit pour illustrer le «climat d'opinion» – *the climate of opinion*, expression empruntée à Whitehead – qui donne naissance à la culture du XVIIIe, et pour servir en quelque sorte d'introduction à la nouvelle édition américaine, revue et corrigée, de la *Philosophie der Aufklärung*. L'édition américaine de la *Philosophie der Aufklärung* ne sortira qu'en 1951.

Dans son *Introduction* à une nouvelle édition du *Rousseau Kant Goethe* de 1963, Peter Gay observe que l'essai *Kant und Rousseau* «éclaire la catégorie cosmopolite des Lumières, révélant les connexions entre deux figures très dissemblables»[6].

L'essai *Kant et Rousseau* reprend les thèmes historiographiques et interprétatifs, le schéma de l'exposition et les citations du *Kantbuch* de 1918, comme de l'essai plus fameux *Le problème de Jean-Jacques Rousseau* (1932). Toutefois, il introduit certains éléments innovateurs et pour ainsi dire *conclusifs*, *définitifs*, par rapport au thème de fond.

La *Wirkung*, l'incidence, est un terme-clé de l'historiographie de Cassirer, selon une conception de l'historiographie *à la Dilthey*, d'histoire de l'esprit, déjà présente dans *Liberté et forme* (ECW, 7), parachevée du point de vue littéraire et philosophique dans *Descartes* (ECW, 20), l'œuvre tant aimée par Musil. La *Wirkungsgeschichte*, l'«histoire de la réception», est l'histoire des significations, l'histoire de l'émergence historique de la signification spirituelle.

Recourant à un terme non philosophique, qui ne relève ni du vocabulaire savant de l'herméneutique ni de celui de l'historiographie de la réception, mais appartient à la *philosophie du temps*, *Wirkung* peut être traduit très simplement par le mot *avenir*. C'est ce que fait

[4] A. Philonenko, Présentation d'E. Cassirer, «Le problème Jean-Jacques Rousseau», Partie I, trad. de M. B. de Launay, *Revue de Métaphysique et de Morale*, 91, 1986, p. 148.

[5] Cf. E. Cassirer, *Rousseau, Kant, Gœthe*, hrsg. von R. A. Bast, Hamburg, Meiner, 1991; E. Cassirer, *Rousseau, Kant, Gœthe*, a cura di G. Raio, Roma, Donzelli, 1999.

[6] P. Gay, *Introduction*, in E. Cassirer, *Rousseau, Kant, Goethe. Two Essays*, translated from the German by J. Gutmann, P. O. Kristeller, J. H. Randall, Princeton, Princeton University Press, 1963, p. IX.

Philonenko dans une considération pénétrante à propos de l'incidence de Rousseau sur Kant: *Kant n'est là que pour marquer un point dans l'avenir de la lecture de l'œuvre de Rousseau*[7]. Kant projette vers le futur la lecture de Rousseau, il montre la route.

Déjà dans *Le Problème de Jean-Jacques Rousseau*, Cassirer partait d'un postulat méthodologique à vocation universelle, d'une forme d'historicisme des problématiques. Avant tout il est indispensable d'éclairer le terme et le concept de *problème* chez Cassirer.

Cassirer n'utilise pas l'expression *problème des Lumières*, tout au moins jamais au sens fort; il utilise par contre de façon marquée deux expressions. La plus fameuse est l'*Erkenntnisproblem*, le *problème de la connaissance*, et ensuite *das Problem J.-J. Rousseau*, le *problème J.-J. Rousseau.*

L'expression *Erkenntnisproblem* semble avoir deux significations, deux façons de thématiser le terme *problème.* La première signification est celle d'une problématique de l'image naturelle du monde, conséquence du refus de la conception ingénue d'une connaissance qui refléterait des objets postulés face au sujet, en faveur de l'élaboration d'une conception critique de la connaissance. La seconde signification est une problématique du concept en tant que principe symbolique.

L'expression *das Problem J.-J. Rousseau* a un autre sens, porteur de développement, d'une prospective (comme le *prægnans futuri* de Leibniz), qui ne relève pas d'une problématique de la critique de la connaissance ou d'une forme de logique universelle, mais d'une problématique critique de la culture et d'une nouvelle forme d'universalité. L'*univers des idées* de Rousseau ne s'est pas encore transformé en un pur fait historique que l'on peut *comprendre*, *représenter objectivement*, il est plutôt un *problème.*

La notion de problème indique ici une modalité particulière d'historicisme qui ne regarde pas vers le passé mais est tournée vers le futur (prophétisme). Hermann Cohen avait déjà souligné la signification *historique* du prophétisme[8].

Il faut distinguer ce criticisme problématique orienté vers une prospective, de la conception de la problématique de Nicolai Hartmann dans la *Métaphysique de la connaissance.* Selon Cassirer, la modalité contradictoire, non systématique et provisoire de la pensée, laisserait supposer chez Hartmann une métaphysique de la résignation

[7] A. Philonenko, *Cassirer, lecteur et interprète de Kant*, in *Ernst Cassirer. De Marbourg à New York. L'itinéraire philosophique*, Actes du Colloque de Nanterre, 12-14 octobre 1988, édités sous la direction de J. Seidengart, Paris, Cerf, 1990, p. 52.

[8] Cf. G. Raio, *Origine e storia nel Cassirer postumo*, in *Natura e storia*, a cura di L. Bianchi, Napoli, Liguori, 2005, p. 327-344.

(*faible* dirait-on aujourd'hui) mais en fait, en dépit du procédé de l'aporie, il retombe dans l'inconditionné de la métaphysique.

La notion, à la fois historique et spirituelle, de *problème* désigne alors une figure de l'universalisme où – comme chez Rousseau – la pensée philosophique ne constitue pas un «ensemble défini de jugements» qu'il faut placer, «sous forme de répétition et de relation», dans la représentation de l'histoire de la philosophie, mais un «mouvement toujours en marche de la pensée», une «problématique objective» dont la valeur n'est pas limitée à l'époque où elle naît, mais qui renferme en soi «une nécessité intérieure objective», une *signification* universelle.

Le thème central de l'essai était l'unité de l'œuvre de Rousseau, la continuité entre le *Discours sur l'origine de l'inégalité* et le *Contrat social.* Cassirer voulait démontrer l'unité théorique de la pensée de Rousseau, démontrer que le *Contrat social*, loin de renier les idées fondamentales du *Discours*, en était le prolongement et l'aboutissement.

La clé de voûte de sa thèse repose sur l'interprétation *criticiste* du concept de l'*état de nature* et de la différence entre *homme naturel* et *homme artificiel.* Le concept de l'état de nature n'est ni un concept historique ni un concept utopique, c'est un concept critique, *problématique*, actuel, et un concept subjectif, de la conscience. La différence entre l'*homme naturel* et l'*homme artificiel* se base sur la conscience de soi, sur la découverte d'une image originaire de l'homme. Le *Contrat social* pose alors un problème nouveau, qui reste en continuité avec les prémices théoriques de l'état de nature: le problème de la liberté comme fondement de la société. Le concept de Rousseau de la liberté est un concept éthique. La signification de la liberté tient à l'universalité de l'obligation de la loi, son caractère est une adhésion libre à la loi, sa réalisation consiste en la volonté générale. L'idée de la loi considère l'individu seulement en tant que membre de la société, jamais comme existence singulière, comme *So-Sein.* L'éthique de Rousseau n'est pas une *éthique du sentiment*, elle est la forme plus élevée de l'*éthique de la loi* avant *l'éthique pure* de Kant.

Dans *Kant et Rousseau*, le *problème J.-J. Rousseau* retourne en termes d'historiographie, d'histoire des idées. Mais le *problème* n'est plus la *signification* dans son *objectivité* culturelle, mais la signification dans sa *genèse idéologique*, la relation constitutive entre *interprétation* et *signifié.*

Cassirer voit dans l'Allemagne des années '60 de Kant et de Lessing, le lieu d'origine de l'interprétation éthique, universaliste de Rousseau, «restaurateur des droits de l'humanité».

L'interprétation kantienne de Rousseau est le tournant qui débouche sur une critique de la culture en termes d'éthique et d'universalisme, sur la *critique éthique de la culture.*

Son point de départ est la relation entre éthique et anthropologie comme elle se dessine dans les écrits kantiens des années soixante. Kant ne veut pas étudier l'homme dans sa nature effective, mais dans son essence, dans sa *nature* immuable qui est au fondement de la loi morale. Au centre de l'anthropologie kantienne se trouve *l'homme de nature*. Sur ce point opère l'influence de Rousseau, dans la construction de l'éthique critique.

Tout au moins est-ce la thèse soutenue par Cassirer dans le *Kantbuch* qui limite l'influence de Rousseau sur Kant au moment de la *construction*. La raison fondamentale de cette limitation réside dans le *mélange* sémantique composant le concept de nature de Rousseau. Chez ce dernier ce concept est à la fois ontologique et axiologique, normatif: ontologique dans l'expression, normatif dans son contenu.

Ce sens double, cette présence simultanée de significations ne peut être acceptée par Kant analysant et cherchant les frontières entre *être* et *devoir*, entre *monde sensible* et *monde intelligible*.

Le motif du *mélange sémantique*, d'une double signification qui en limite l'incidence, retourne au sujet du *sentiment*.

Rousseau emploie le même terme pour désigner deux dimensions fondamentalement opposées: le sentiment comme affection psychique et le sentiment comme action spirituelle. La question de la terminologie, de son effet limitatif de l'incidence, se réduit à une question d'expression.

Dans *Kant et Rousseau*, la *Wirkung*, l'influence de Rousseau sur Kant n'est pas limitée par les contradictions théoriques et linguistiques du texte de Rousseau, ou circonscrite à la construction de l'éthique, à la phase et au problème *pré-critique* des rapports entre éthique et anthropologie. En fait, elle s'étend en profondeur et sans bornes, non seulement sur le plan personnel et sur celui du style, de la recherche d'un style littéraire adapté mais, surtout, sur le plan philosophique. Elle s'étend au contenu philosophique jusqu'à la critique, à l'anthropologie philosophique, à la philosophie politique, la philosophie de la religion.

La lecture contemporaine de Kant, éloignée cependant de l'atmosphère parisienne, se caractérise par la profonde pénétration des fondements ultimes de la pensée de Rousseau, et par la reconnaissance d'une *tonalité affective*, d'une affinité spirituelle.

La principale thèse interprétative de Kant est l'idéalisation du *retour à la nature*. La doctrine de Rousseau de l'état de nature ne doit pas être entendue au sens réaliste, mais au sens idéaliste, non point ontologique, constitutif, mais normatif, régulateur: il ne s'agit pas de *retourner* à l'état de nature mais d'envisager cet état *à partir* du temps présent et *en envisageant le* futur, sans renier l'accomplissement de la civilisation ni délaisser la tâche de la critique de la culture.

L'interprétation donnée par Kant dans l'*Anthropologie* d'un retour à l'état naturel ne doit pas être entendue comme une métaphore ou une symbolique du *retour* mais comme la conversion du regard en arrière en un regard vers l'avant, en une vision prospective et critique. L'éloge que fait Rousseau de l'état de nature devient de la sorte le fondement de la critique de la culture. Il ne conduit pas à répudier la civilisation mais il agit comme principe normatif, de différentiation, de séparation entre les exigences des mœurs et les exigences de la moralité, entre valeurs vraies et fausses valeurs.

Kant n'interprète pas la distinction faite par Rousseau entre l'*homme naturel*, *image onirique* de l'humanité, et l'*homme de l'homme*, *image culturelle* de l'humanité, comme la description historique d'une évolution en cours, progrès de l'humanité. L'homme naturel n'est pas un état ontologique: ce n'est ni un état psychique, inconscient, archétypique, ni un état historique, génétique, originaire, précédant la *chute*. Il s'agit d'un concept éthique et téléologique. L'essence de la nature humaine n'est pas un *état* perdu, mais le *but*, le *sens* de l'homme, sa place dans la création. L'anthropologie kantienne ne procède pas de faon synthétique à partir de l'homme naturel, mais de façon analytique à partir de l'homme civilisé: la civilisation, la culture, est l'essence de l'homme, tel est le *fait*, l'état des choses d'où il faut partir pour une critique de la culture.

Sur le plan de la méthode, le tournant opère une idéalisation, c'est-à-dire une dérivation du concept d'état de nature, de l'expérience à l'idée. Il ne s'agit pas d'une idéalisation absolue, d'une transformation en symbole, mais d'une idéalisation *critique*. L'idée, chez Kant comme chez Goethe, ne s'oppose pas à l'expérience, n'a pas une existence isolée, ontologique mais est principe normatif de l'expérience. La même idéalisation critique (de l'expérience à l'idée) se répète dans l'interprétation du concept de *contrat social* en tant qu'*idée* de la raison *pratique* et principe normatif et fondateur de la *loi*.

Comme nous avons vu, dans le *Nachlaß*, dans les inédits de la fin des années 1920, Cassirer a situé *à partir de Kant* la question de la fondation de l'anthropologie philosophique contemporaine telle qu'elle est réalisée par le *tournant phénoménologique* de Scheler et Plessner et par la philosophie du sens; aussi la question de la critique de la culture développée par la philosophie de la vie de Simmel et Klages. L'opposition n'est plus entre *nature* et *culture*, mais entre *vie* et *culture*, *vie* et *esprit*. La *germanisation* et l'universalisation de la critique de la culture des Lumières, commencée par Kant et Lessing, se sont définitivement accomplies.

À la lumière des inédits sur le conflit entre *vie* et *culture*, on pourrait donc formuler l'hypothèse historiographique d'un retour à

Rousseau, d'une reprise du problème Rousseau à la fin des années 30, pour remonter aux Lumières et à l'origine kantienne de la nouvelle critique de la culture; pour remonter, depuis le *jargon de l'authenticité* d'Heidegger, jusqu'à la voix intérieure, pour signaler le passage de la *critique éthique de la culture* à une *critique tragique de la culture.*

LA COMPRÉHENSION HUSSERLIENNE DE LA PLACE DE KANT DANS LES LUMIÈRES

Nicolas Monseu

Les leçons que Husserl tint en 1907 sur *L'Idée de la phénoménologie* indiquent que la manière dont il envisage son propre rapport à Kant concerne l'idée même de philosophie et la définition de ses buts premiers. À plusieurs reprises, Husserl suggère que la tâche de la phénoménologie correspond finalement à la mission que la tradition moderne a donnée à la philosophie, à savoir le développement d'une théorie de la connaissance ou plutôt d'une «critique de la connaissance» dont le but est «d'élucider l'essence de la connaissance et de l'objet de connaissance». Cette «critique de la connaissance», en tant que «phénoménologie de la connaissance et de l'objet de connaissance», formera ainsi la partie fondamentale de la phénoménologie en général et, dès 1907, Husserl identifiera donc «critique de la connaissance» et «critique de la raison», tant théorique que pratique.

Mais comment comprendre cette caractérisation de la philosophie comme «critique de la raison» et quelle place accorder à Kant dans l'idée que Husserl se fait des buts de la philosophie? Faut-il admettre, comme M. de Vleeschauwer a pu le faire à l'occasion de sa communication au premier Congrès national des *Sociétés françaises de Philosophie* de 1938, sous le thème général de *La philosophie contemporaine et le criticisme kantien*, que la phénoménologie de Husserl devait au kantisme sa *positio quaestionis*? Une idée qui était déjà celle d'Edith Stein, lors des Journées d'études de la Société Thomiste à Juvisy, en 1932. Cependant, plusieurs lecteurs de Husserl, parmi lesquels Gaston Berger, estimeront que c'est encore trop dire et, au moment même où ils traçaient un parallèle entre la démarche cartésienne et la démarche husserlienne, ils insistaient sur ce qui fait de Kant et de Husserl des penseurs irréductibles.

Quoi qu'il en soit, que dit Husserl de son rapport à Kant, lui qui estimait au début des années 1920, que «loin de renoncer à l'héritage de Kant, il convient d'en éterniser les contenus absolus en les clarifiant et en les mettant en valeur»[1]? Comme le montre le travail

[1] Husserl, *Philosophie première. Tome I: Histoire critique des idées*, traduit par A. Kelkel, Paris, PUF (coll. «Épiméthée»), 2002, p. 366-367. Désormais *Philosophie première*.

incontournable qu'Iso Kern a publié en 1964 sur Husserl et Kant[2], Husserl n'a jamais cessé de méditer son rapport à Kant, si bien qu'il ne peut s'agir ici de considérer l'ensemble des propos qu'il tient, à différents moments de son itinéraire, sur Kant. Notre objectif est bien différent: nous souhaitons déterminer, en nous faisant préalablement lecteur des philosophèmes présents dans *Qu'est-ce que les Lumières?* de Kant, à un moment précis de l'œuvre de Husserl, c'est-à-dire celui où il envisage le thème de l'histoire de la philosophie, les raisons qui conduisent Husserl à attribuer à Kant une place unique dans le développement de l'idée de philosophie. Bien sûr, on sait qu'il n'est pas rare de lire sous la plume de Husserl – notamment dans la *Krisis* – que Kant est bien sur le chemin de la véritable philosophie transcendantale, telle que Husserl la comprend lui-même. Mais qu'en est-il, plus précisément, du sens que prend l'entreprise de Kant dans la manière dont Husserl thématise lui-même son propre rapport à l'histoire de la philosophie? Le § 25 de la *Krisis* est, sur ce point, décisif: «Ce qui commence avec Kant et qui se déploie sous des formes nouvelles dans les systèmes de l'idéalisme allemand est un subjectivisme transcendantal d'une nouvelle sorte. Kant n'appartient pas à la ligne de développement qui produit continuellement ses effets à partir de Descartes en passant par Locke: il n'est pas le continuateur de Hume. Son interprétation de la *Skepsis* humienne et la façon dont il réagit contre elle est déterminée par le fait qu'il vient de l'école wolfienne.»[3]

Cette remarque indique que la question du rapport de Husserl à Kant est en fait double et se joue sur deux plans inséparables: d'une part, le plan d'une philosophie de l'histoire de la philosophie dans lequel Husserl cherche à situer sa propre pensée dans l'histoire, et particulièrement celle de la philosophie; d'autre part, le plan d'une philosophie de l'histoire ou plus exactement d'une philosophie générale de l'histoire de l'humanité à travers lequel Husserl entend devenir l'héritier des *Lumières*. Ces deux plans font partie intégrante de la manière dont il introduit le thème de l'histoire dans la phénoménologie transcendantale et situe la place de Kant dans sa philosophie de l'histoire de la philosophie. De ce point de vue, le texte essentiel est assurément celui des leçons que Husserl tint en

[2] I. Kern, *Husserl und Kant. Eine Untersuchung über Husserls Verhältnis zu Kant und zum Neukantianismus*, Phaenomenologica 16, Den Haag, Nijhoff, 1964. Voir également J.-Fr. Lavigne, *Husserl et la naissance de la phénoménologie (1900-1913)*, Paris, PUF (coll. «Épiméthée»), 2005.

[3] Husserl, *La crise des sciences européennes et la phénoménologie transcendantale*, traduit par G. Granel, Paris, Gallimard, 1976, p. 105-106. Désormais *Krisis*.

1923-1924 sur la *Philosophie première*. Celui-ci permet de nuancer le caractère absolu du principe de réduction méthodologique de l'histoire et de toute tradition, en même temps qu'il relativise la critique selon laquelle Husserl adopte constamment une «attitude supra-historique», incapable d'envisager la «situation historique de l'homme»[4]. Husserl cherche ici à se situer dans l'histoire et avance l'idée que la phénoménologie, attentive au sens de son propre projet, doit prendre conscience de sa propre historicité et de la dimension historique de l'idée spécifique de philosophie qu'elle vise à accomplir. Autrement dit, le rapport que Husserl noue avec l'histoire de la philosophie ne revient pas à la réduire à la simple succession historique des pensées ou à une multiplicité de faits. La preuve est que Husserl écrit – c'est là toute la première partie de ces cours de 1923-1924 – une «Histoire critique des idées» qui reprend, selon une lecture généalogique, les différentes étapes qui, d'une manière ou d'une autre, anticipent la philosophie première, au sens husserlien du terme, c'est-à-dire au sens d'une recherche eidétique de l'instance fondatrice ultime qu'est l'immanence transcendantale. Or dans ces grandes étapes de la tradition philosophique, à la lumière de son propre projet de pensée, Husserl pointe la puissante irruption de l'idée de philosophie transcendantale chez Kant. L'«histoire critique des idées» n'est certes pas le relevé historique des événements factuels, mais elle trace davantage les chemins par lesquels l'idée même de philosophie s'est manifestée, c'est-à-dire son «sens», tel qu'il est la source de l'histoire des faits. Voilà pourquoi Husserl parle d'une tradition, comprise dans les termes d'une «transmission» et d'une «réception», non pas uniquement d'un ensemble de faits contingents relevant d'une histoire objective, mais d'un «sens», d'un «*telos*», c'est-à-dire, dit-il, d'un «*a priori* historique». L'histoire de la philosophie a donc une «essence», une «intériorité» dans la mesure où elle est orientée vers un sens final qui la motive de part en part et l'acte du philosophe, lui-même situé dans une histoire, est interprété comme cet effort pour ressaisir ce *telos* universel dont il est l'héritier.

Or le sens de la place qu'occupe Kant au sein de ce «passé transcendantal» est ce qui retient Husserl dans la conférence qu'il a prononcée en mai 1924 à Freiburg à l'occasion de la commémoration du bicentenaire de la naissance de Kant, sous le titre *Kant et l'idée de philosophie transcendantale*. Cette conférence complète l'«Histoire critique des idées»: Husserl y rend hommage à Kant et – c'est ce

[4] E. Levinas, *La théorie de l'intuition dans la phénoménologie de Husserl*, Paris, Alcan, 1930, p. 221.

qu'il y a de plus frappant – il indique d'emblée la continuité essentielle qui le relie à Kant. Car si la pensée de Descartes présente bien des éléments décisifs pour le développement de la phénoménologie, en imprimant une «tendance» vers la philosophie transcendantale par la nature du sujet qu'il a affirmé dans le *cogito*, seul Kant découvre le terrain de la philosophie transcendantale et, à ce titre, son œuvre occupe une place unique dans l'histoire de la philosophie. Il a donné naissance à un type radicalement nouveau de philosopher parce qu'il s'est opposé à toute métaphysique dogmatique et a découvert une «métaphysique d'un genre nouveau», une «métaphysique transcendantale» ou, dit Husserl, une «métaphysique criticiste».

Plus précisément, le mérite de Kant est – et c'est là la raison la plus solide de sa gloire[5] – d'avoir voulu résoudre le problème du «sens transcendantal d'une objectivité connaissable et d'une science qui, quoique fondée dans des évidences subjectives, revendique la validité de ses connaissances»[6]. Husserl écrit: «Il fut le premier à avoir l'idée de considérer la science non pas simplement dans un esprit objectif, comme ensemble de théories portant sur les réalités et les possibilités objectives, mais, dans une perspective transcendantale la plus radicale, comme œuvres de la connaissance subjectives produites dans la conscience en général.»[7] Ou encore, dans une sous section intitulée «Le sens d'une succession de Kant», il ajoute: «C'est ainsi que la critique de la raison de Kant représentait dans l'histoire de la philosophie moderne l'annonce et enfin la réalisation de la révolution philosophique. Son apparition révèle à la philosophie elle-même la forme méthodique qui lui est nécessaire par essence en tant qu'elle est philosophie véritablement scientifique; ce qui se révèle, par conséquent, c'est l'authentique idée téléologique vers laquelle doivent tendre tous les développements ultérieurs dans une réalisation agissant consciemment dans ce seul but.»[8] On le voit, cette continuité que Husserl reconnaît entretenir avec Kant – et qui a sans doute conduit certains commentateurs à faire de Husserl un partisan de l'école néokantienne – concerne l'idée même de philosophie, en tant qu'elle est déjà à l'œuvre dans les conceptions héritées du passé. Toutefois, ce texte de 1924 laisse encore entendre que la reconnaissance de cette continuité s'accompagne aussi d'une prise de distance. Au moment où Husserl insiste sur ce que la phénoméno-

[5] *Philosophie première*, p. 358.
[6] *Ibid.*
[7] *Ibid.*
[8] *Ibid.*, p. 365.

logie peut se réapproprier chez Kant, il indique également les limites de la manière dont Kant exprime l'idée de philosophie transcendantale. Kant n'a pas conduit cette idée à sa formulation la plus radicale et Husserl situe toujours le motif transcendantal au-delà de la formulation que Kant lui donne en présentant sa phénoménologie comme l'accomplissement du projet transcendantal. Cette prise de distance à l'égard de Kant se concentre dans une formule: il s'agit, dit-il, «d'élargir le concept de transcendantal propre à Kant»[9].

Mais que signifie, au juste, un tel élargissement du concept de «transcendantal»? En réalité, Husserl regrette que Kant ait réduit le problème transcendantal de l'origine de l'objectivité à la question proprement épistémologique du fondement des sciences. C'est que l'attitude de Husserl et de Kant face aux sciences est fondamentalement différente. Kant part des sciences: c'est parce que les jugements mathématiques sont synthétiques et que la physique contient des jugements synthétiques *a priori* comme principes que Kant se pose la question de savoir comment des jugements synthétiques *a priori* sont possibles? En revanche, ce n'est pas la science comme fait qui retient Husserl, mais c'est l'idée de la science. Kant ne met pas en question ce que Husserl nommera le «statut équivoque des sciences», en tant que théorie visant à comprendre le monde et en tant qu'elles sont des productions culturelles. L'interrogation transcendantale de Husserl ne se situe pas au niveau d'une recherche des conditions de possibilité de l'étant en tant qu'objet de connaissance. Sa recherche vise davantage les conditions de possibilité de l'expérience qui précède le projet d'une détermination scientifique objective et s'interroge sur les conditions de possibilité de l'expérience de ce que Husserl nommera le «monde de la vie».

Or Husserl ne se limite pas à développer une philosophie de l'histoire de la philosophie dont les différentes étapes se comprennent comme une téléologie de la phénoménologie. Il propose aussi, au cœur de sa démarche transcendantale, une «philosophie générale de l'histoire de l'humanité». Autrement dit, Husserl réinterprète le projet phénoménologique dans la ligne d'une fondation radicale de la raison, en tant que processus historique de son autoconstitution. Par-delà sa réalité historique, la philosophie a également pour mission de dégager le sens caché de l'histoire de l'humanité européenne et, de ce point de vue, l'entreprise de Kant apparaît comme «la plus grande de toutes les tâches théoriques qui aient pu être assignées à

[9] *Ibid.*, p. 360.

l'humanité des temps modernes». Cette remarque de Husserl est, à cet égard, programmatique: «Cela nous permet de comprendre l'élan qui anima toutes les entreprises scientifiques, aussi bien celles des simples sciences-de-faits du degré inférieur, au cours du XVIIIe siècle, ce siècle qui se nommait lui-même le siècle philosophique, [...]. De là [...] ce zèle pour une réforme philosophique de l'éducation et de l'ensemble des formes sociales et politiques de l'humanité, qui font de l'époque de l'*Aufklärung*, si souvent dépréciée, une époque si digne d'être honorée.»[10] On retiendra donc que cette philosophie de l'histoire de l'humanité propose encore une lecture téléologique de l'histoire puisqu'elle situe l'histoire par rapport à une fin. Ainsi, l'histoire de l'humanité est le cheminement d'un sens, qu'elle contient comme à l'intérieur d'elle-même, et qui lui donne sa direction. Plus précisément, Husserl soutient que l'idée de la phénoménologie est à la fois l'*arché* et le *telos* d'une humanité authentique et qu'«elle fait du phénoménologue une sorte de missionnaire chargé de la guérison de l'ensemble de la culture humaine»[11]. À cette lumière, le geste que Husserl établit avec l'histoire de la philosophie, geste fait de reconnaissance et de critique et dans lequel J. Taminiaux voit déjà un geste de «déconstruction»[12], se retrouve à ce niveau, d'ailleurs guère éloigné du geste kantien. Ainsi, les premières pages de la *Krisis* font bien de Husserl un héritier des *Lumières* dans la mesure où il oppose à une humanité captive de sa minorité rationnelle, évoluant de manière aveugle, une humanité parvenue à la maîtrise de soi, capable de conduire sa vie en toute responsabilité. Or c'est la philosophie, comprise comme la science animée par une finalité de rationalité ultime et universelle, qui rend possible cette capacité. Le philosophe est donc chargé d'une responsabilité qui va au-delà de sa propre existence et de sa propre pensée: il répondra du devenir de la raison qui prend progressivement conscience de ses propres pouvoirs et accomplissements. La philosophie, par la conscience qu'elle a de sa tâche, en fait l'idée de la phénoménologie, est censée être l'origine et la fin d'une humanité authentique. Cependant, on n'oubliera pas que Husserl écrit aussi: «Nous sommes aujourd'hui conscients de ce que le rationalisme du XVIIIe siècle, sa façon de vouloir assurer la solidité et la tenue requise pour l'humanité européenne, était une naïveté. Mais faut-il abandonner en

[10] *Krisis*, p. 14-15.

[11] J. Taminiaux, *Sillages phénoménologiques. Auditeurs et lecteurs de Heidegger*, Bruxelles, Éditions Ousia, 2002, p. 231.

[12] *Ibid.*, p. 237.

même temps que ce rationalisme naïf, et même, si on le pense jusqu'au bout, contradictoire, également le sens *authentique* du rationalisme?»[13] On le voit, ce bref parcours indique que les termes de ce dialogue oscillent entre admiration et geste critique, dans le cadre de l'héritage de la philosophie transcendantale de Kant. Finalement, l'enjeu reste bien celui d'une compréhension de ce qu'il en est de la forme d'historicité selon laquelle l'effort de la raison se déploie dans le temps en vue de s'autoconstituer.

[13] *Krisis*, p. 21-22.

EFFECTIVITÉ ET RÉFLEXIVITÉ HISTORIQUES: FOUCAULT LECTEUR DE *QU'EST-CE QUE LES LUMIÈRES?*

Jean Leclercq

Il est toujours passionnant, dans le travail que requiert l'histoire de la philosophie, de s'intéresser à la postérité intellectuelle d'un texte, surtout quand l'intertextualité y joue un rôle majeur. Or c'est précisément le cas, de façon très remarquable, pour le petit opuscule que Kant[1] publia en 1784, dans la *Berlinische Monatschrift*, pour répondre à la question soulevée par le pasteur Johann Friedrich Zöllner de la *Berliner Gesellschaft für Aufklärung wirkender Gelehrter*. Un texte court, mais dense, qui a trouvé un écho d'une rare et intense fécondité chez Michel Foucault[2], certes traducteur de l'*Anthropologie du point de vue pragmatique* de Kant, mais surtout interlocuteur favori de Kant et admirateur de ce texte précité: *Qu'est-ce que les Lumières?* Sans doute, l'état de tutelle dénoncé par Kant comme «incapacité de se servir de son entendement sans la conduite d'un autre» entra-t-il en résonance avec une interrogativité philosophique et le «*Sapere aude*»[3], comme courage de se servir de son propre entendement, fut-il perçu comme un philosophème pratique capable d'influencer un parcours intellectuel.

Il convient de commencer par rappeler que, dans l'esprit et le travail de Foucault, le moment du criticisme kantien est celui d'une rupture, voire d'une discontinuité, qui marque l'entrée dans la modernité et, particulièrement, l'acquisition du sens de la temporalité par la modernité, entendue comme catégorie historique et sortie de l'ordre archaïque de la seule représentation. Une particularité caractérise toutefois la lecture foucaldienne, surtout si l'on prend en compte la critique présente dans *Les mots et les choses* où le transcendantal kantien est «rabattu» sur l'empirique, puisque la limite porte

[1] Kant, *Œuvres philosophiques*, t. II, Paris, Gallimard (coll. «Bibliothèque de la Pléiade»), 1985. La traduction est de Wismann.

[2] Foucault ne peut être rangé comme représentant des «anti-lumières», comme Horkheimer (1895-1973), ou Weber (1864-1920) qui voyaient dans les Lumières l'origine du désenchantement du monde et l'émergence de la société bureaucratique.

[3] Il est certain que Foucault n'en reste pas au moment des Lumières puisque celui-ci est dépassé, mais en revanche il en retient la devise, tout en constatant que les solutions apportées par les Lumières sont passées.

sur l'existence et la notion d'homme fini[4], dans tous les sens de cet adjectif. O. Dekens note ainsi que «le concept d'homme a un effet narcotique sur l'exercice de la philosophie» et que l'on «pourrait dire, pour filer la métaphore kantienne, qu'il maintient la pensée dans un état de minorité confortable, puisque l'homme assure le tranquille maintien de l'unité du réel, [...] indiquer en quoi l'homme est mort est effectuer un nouveau geste critique qui, à l'instar du geste kantien, libère l'espace d'une analytique de la finitude, menée au second degré, plus critique que la critique, sans dialectique humaniste»[5]. Bien sûr, sur le versant opposé de la critique que recèle *Les mots et les choses*, est cet instant de la revendication de l'appartenance au moment kantien considéré comme lieu fondateur d'une «ontologie du présent», sans cesse marqué par l'actualisation de la question «Qu'est-ce que les Lumières?». La philosophie doit prendre pour son propre objet son actualité. Ainsi, M. Fimiani attire-t-elle l'attention sur la présence d'un «double Kant» marquant une «dualité» interne à l'œuvre de Foucault dont, par conséquent, un Kant qui est impliqué dans «des questions sur les Lumières et sur la Révolution et qui est, par conséquent, à l'origine d'une autre modernité, de la modernité qui se fait événement philosophique en tant qu'interrogation critique de la pensée sur son présent, résumée par Foucault dans la définition de *l'ontologie de l'actualité*»[6].

Le texte de Foucault en résonance avec l'opuscule kantien que nous proposons de lire a été écrit en français et a fait l'objet d'une publication en anglais «What is Enligthenment?» dans *The Foucault Reader* (1984), édité par Paul Rabinow. Le *Magazine littéraire* en avait donné, en 1984, une version courte, utilisée pour son cours au Collège de France, le 5 janvier 1983[7]. Il est cependant intéressant, sans vouloir prétendre à l'exhaustivité, de noter que d'autres textes portent un éclairage stimulant et complémentaire sur l'*Aufklärung*. Ainsi, dans l'*Introduction* à l'ouvrage de Canguilhem *Le normal et le pathologique*, Foucault tente, en 1978, une explication du pourquoi du retour de la question de l'*Aufklärung*, à la fin du XIXe siècle[8]. Que

[4] On rappellera que Foucault pose un parallèle intéressant entre la sortie du sommeil dogmatique de Kant et la nécessaire sortie d'un sommeil anthropologique, celui décrit et appelé dans *Les mots et les choses*.

[5] O. Dekens, *L'Épaisseur humaine. Foucault et l'archéologie de l'homme moderne*, Paris, Kimé, 2000, p. 25-26.

[6] M. Fimiani, *Foucault et Kant. Critique Clinique Éthique*, Paris, L'Harmattan, 1998, p. 11-12.

[7] Voir *Dits et écrits*, t. II, 1976-1988, Paris, Gallimard (coll. «Quarto»), 2001, p. 1381-1397 et 1498-1507.

[8] Voir *ibid.*, p. 429-442.

pointe-t-il? D'abord, le rôle prééminent des techniques et de la rationalité scientifique dans les modèles socio-politiques. Ensuite, les reliquats des espérances déçues de la Révolution. Enfin, la remise en cause du modèle européen, notamment au regard de ses prétentions universalistes. Ce modèle rationnel, non dénué d'imperfections au regard de l'histoire, est-il cependant en droit d'imposer des choix culturels, sociétaux, voire anthropologiques, au nom d'une certaine «domination politique» et d'une certaine «hégémonie politique»? Or c'est relativement à ces trois axes que le retour du projet général de l'*Aufklärung* témoigne d'une volonté d'interroger ce projet, ses limites, ses possibilités, ses actualités. C'est, dit Foucault, la question de la «raison, comme lumière despotique». Dans un texte postérieur d'une année, «Pour une morale de l'inconfort» (1979)[9], Foucault offre une intéressante définition des Lumières: «Les Lumières, en cette fin de XVIIIe siècle, ce n'était pas une nouvelle, ni une invention, ni une révolution, ni un parti. C'était quelque chose de familier et de diffus, qui était en train de se passer – et de passer. Le journal prussien demandait au fond: "Qu'est-ce qui vient de nous arriver?" [...] Cette singulière enquête, faut-il l'inscrire dans l'histoire du journalisme ou de la philosophie? [...] le désir de deviner ce qui se cache sous ce mot précis, flottant, mystérieux, absolument simple: "Aujourd'hui".» Ensuite, dans le prolongement de cette définition générale, il précise dans le texte «Omnes et singulatim: vers une critique de la raison politique» (1981)[10], qu'il n'entend pas assimiler le temps des Lumières à celui d'une époque de rationalisme triomphant, mais plutôt, notamment dans le moment kantien, à celui de la critique comme élaboration des limites, si bien que le projet des Lumières doit être constitutif de l'acte philosophique. Toutefois, ce projet doit se porter particulièrement vers une critique de la raison politique, surtout dans ses abus. Il écrit ainsi: «L'une des tâches des Lumières était de multiplier les pouvoirs politiques de la raison. Mais les hommes du XIXe siècle allaient bientôt se demander si la raison n'était pas en passe de devenir trop puissante dans nos sociétés. [...] Depuis Kant, le rôle de la philosophie a été d'empêcher la raison de dépasser les limites de ce qui est donné dans l'expérience; mais, dès cette époque – c'est-à-dire, avec le développement de l'État moderne et l'organisation politique de la société –, le rôle de la philosophie a aussi été de surveiller les abus de pouvoir de la rationalité politique – ce qui lui donne une espérance de vie assez prometteuse.» Enfin,

[9] Voir *ibid.*, p. 783-787.
[10] Voir *ibid.*, p. 953-980.

et ceci pour montrer les articulations internes de la pensée et sa dimension systématique, on terminera par la leçon[11] du 5 janvier 1983 (*Dits et écrits*, t. II, p. 1505) où Foucault réitère l'idée que l'*Aufklärung* est «un événement singulier inaugurant la modernité européenne» et aussi un «processus permanent qui se manifeste dans l'histoire de la raison, dans le développement et l'instauration des formes de rationalité et de technique, l'autonomie et l'autorité du savoir». En ce sens, l'*Aufklärung* est donc plus qu'un moment, c'est une interrogation constitutive qu'il s'agit de préserver et de garder vive à l'esprit, elle est une question de «sens».

Il importe désormais d'observer la progression de ce texte foucaldien au sujet duquel M. Fimiani a parlé d'une «réécriture de Kant»[12]. Il se présente comme un manifeste pour une philosophie concrète, fondée sur une analyse des conditions formelles de l'activité créatrice et de la vie de la pensée, tout en prenant appui sur les conditions historiques. C'est en réalité une recherche sur la généalogie de la pensée, en ses conditions de possibilité et d'effectivité, où l'on retient généralement trois temps: la pensée comme savoir, puis comme dispositif d'un «savoir-pouvoir» et, enfin, comme lieu de constitution de la subjectivité ou, autrement encore, une archéologie du savoir, une analytique du pouvoir et une herméneutique du sujet. Pour l'essentiel, Foucault perçoit le texte kantien comme un moment constitutif[13] et prototypique de l'interrogativité philosophique par rapport à sa propre actualité et son effectuation immédiate, mais aussi par rapport à sa pratique dans la temporalité historique, en évidente relation avec une réflexion sur l'identité. Il est certain que la lecture foucaldienne insiste pour mettre en évidence combien Kant instaure une rupture créatrice, en reléguant tout fondement de la subjectivité et en éloignant toutes les formes de solipsismes. Le texte kantien est donc un moment qualitativement décisif – peut-être originaire dans l'histoire de la philosophie –, dans l'interrogativité de la philosophie, dans son histoire, mais toujours au regard de son présent le plus actuel, en y cherchant le plus actuel, signe de l'attitude du héros. Il est plus question d'une attitude, d'une modalité d'être

[11] Voir *ibid.*, p. 1498-1507.

[12] Voir l'analyse détaillée de cette hypothèse dans M. Fimiani, «Critique, clinique, esthétique de l'existence», dans *Michel Foucault. Trajectoires au cœur du présent*, sous la direction de L. D'Alessandro et A. Marino, Paris, L'Harmattan, 1998, p. 61-91.

[13] Il est intéressant de constater que du moment kantien, Foucault se transporte vers Baudelaire comme autre moment de la modernité, voulant signifier par là que la réflexion ne touche pas que la philosophie, mais aussi toute la production artistique.

critique par rapport à la notion de limite; mais une critique qui ne se présentera plus comme transcendantale, mais comme archéologique, en raison de la méthode portant sur une étude des structures, et généalogique, en raison de la finalité poursuivie: une libération de la contingence historique au gré de l'actualité pratique.

À partir de ce constat, Foucault consacre une longue réflexion sur l'éthos de la philosophie, en posant un lien étroit avec l'éthos des Lumières, bien que refusant le lien immédiat entre Lumières et humanisme (une conception unilatérale de l'homme qui ne rencontre pas la dimension critique des Lumières). M. Fimiani note, en citant abondamment Foucault, que «si, pour Kant, la question était de savoir négativement "quelles limites la connaissance doit renoncer à franchir", aujourd'hui l'éthos, en tant que "pratique historico-philosophique", pose un "contenu positif". "Il s'agit en somme de transformer la critique exercée dans la forme du franchissement possible": une critique qui, par conséquent, va s'exercer non plus dans la recherche des structures formelles qui ont valeur universelle, mais comme enquête historique à travers les événements qui nous ont amenés à nous constituer, à nous reconnaître comme sujets de ce que nous faisons, pensons, disons. [...] La critique doit se transformer. D'analytique des conditions formelles de la vérité et recherche de la légitimité, elle doit se transformer en quelque chose que l'on pourrait appeler une "épreuve d'instrumentalisation", une épreuve de production d'événements, de production d'un "champ d'immanence de singularités pures". [...] Le projet critique d'une analytique de la vérité, une fois déplacé dans l'exercice d'une analytique qui de pure réflexion transcendantale sur les principes de légitimité se transforme en un actif déchiffrement archéologique et généalogique et donc en une "épreuve d'événementialisation" effective, ne peut s'orienter correctement qu'à partir du choix préalable du *sapere aude*, à partir de la volonté et de la décision des Lumières de n'être pas gouverné»[14].

En ce sens, le texte kantien sur les Lumières apparaît comme le prototype de la démarche et le cœur de la démarche critique. En effet, esquissant une comparaison avec les autres textes kantiens portant sur la pensée de l'histoire, Foucault estime que le texte sur les Lumières comporte une orientation pratique forte et manifeste une attitude existentielle, celle qui correspond le mieux à ce qu'est l'attitude qui caractérise l'*Aufklärung*. La modernité de cette attitude n'est en rien celle d'une périodisation, d'une vision argumentée et

[14] M. Fimiani, *Foucault et Kant*, p. 38-41.

délimitée de l'histoire, elle est un positionnement radical et originaire par rapport à l'actualité, unique référence et unique horizon de l'homme, qui provoque donc une lecture anhistorique, atemporelle du texte kantien, tout en permettant à Foucault de tracer une ligne de correspondance entre l'attitude kantienne et son propre engagement philosophique. C'est bien de la sorte que le texte est tiré du côté d'une compréhension par l'éthos qui se dégage de la factualité des événements et des contingences, certes sans les nier puisqu'ils sont l'actualité, mais en montrant bien que l'attitude ne se limite pas à une problématique historique, mais bien plus à une valorisation de l'actualité la plus prégnante.

De cette façon, on mesure bien que Foucault ne se place pas du côté des interprètes partisans ou non du bien-fondé de l'*Aufklärung*. Pas de nostalgie, ou de passéisme, car il ne s'agit pas de savoir en quoi, comment et pourquoi nous serions d'hypothétiques héritiers (fidèles ou infidèles) de l'*Aufklärung*, mais bien plus d'interroger notre capacité actuelle d'autonomie rationnelle, notamment à travers les structures de pouvoir que le sujet habite. De même, il ne s'agit pas d'établir un point de rencontre entre *Aufklärung* et humanisme, surtout pour condamner leur négation réciproque. Dans ce cadre, on pourrait avancer l'hypothèse que si la compréhension de l'*Aufklärung* est anhistorique, celle de l'humanisme ne l'est absolument pas. L'*Aufklärung* est donc du côté du style de vie, sans doute de l'esthétique du sujet, entendue comme un projet toujours actuel d'émancipation, parce qu'inachevé et sans cesse à l'horizon de toute action, surtout politique. En évoquant le lien entre le texte kantien et son écho foucaldien, nous disions donc que Foucault, avec la référence à Kant, entendait établir une correspondance. En réalité, elle pourrait se construire à partir de la notion essentielle et déterminante de «limite». Si, d'un coté, Kant entend dresser les limites de sa quête philosophique par le travail critique, de l'autre, Foucault estime devoir penser ce qui doit être franchi ou dépassé. Il veut, de la sorte, après le moment critique capable de dégager les structures de la connaissance, analyser les conditions de possibilité historique de la production d'une idée ou d'une action, selon sa méthode archéologique et généalogique. Il s'agit alors de trouver les lieux où il sera possible de déconnecter le lien entre les exigences de la liberté et les relations de pouvoir, dans leurs productions respectives.

Pour conclure, n'oublions pas que l'*Aufklärung* telle que Foucault l'envisage critiquement est aussi à l'origine de certaines dérives de la modernité dont la plus radicale est la transformation de la raison en technique de pouvoir et de domination, voire de la régression épistémologique aux conséquences multiples de la raison vers le mythe ou la figure idéologique du progrès. C'est en ce sens que l'on peut poser une relation d'articulation entre l'entreprise critique et le temps historique, rendant la critique radicalement performative précisément dans son appartenance historique, avec pour ultime conséquence une compréhension de l'*Aufklärung* non en termes de corps d'idées, mais bien plus «d'éthos», cette réalité qui reste une «critique permanente de notre être historique» et une «création permanente de nous-mêmes dans notre autonomie», pour reprendre les mots de Foucault.

IL PRESENTE COME EVENTO FILOSOFICO: KANT, FOUCAULT E L'ILLUMINISMO

Mohamed Mzoughi

Il testo di Kant "Was ist Aufklärung?" merita, secondo Foucault, per vari motivi, la nostra attenzione. Innanzitutto, bisogna notare che, non è la prima volta che il pensiero filosofico cerca di riflettere sul suo proprio presente[1]. La riflessione sul presente ha preso, nel corso della storia, tre forme principali:

- Si può considerare il presente come appartenente ad una certa età del mondo, distinta e separata dalle altre epoche da un qualche evento drammatico; è il caso escogitato da Platone nel *Politico*, dove gli interlocutori riconoscono di appartenere ad una delle rivoluzioni del mondo in cui questo sta compiendo un cammino all'inverso con tutte le conseguenze negative che ne derivano.
- Si può inoltre interrogare il presente per tentare di leggere in esso i segni premonitori di un evento a venire. È il caso ad esempio dell'ermeneutica storica di Agostino.
- Si può ugualmente analizzare il presente come un punto di transizione verso un mondo nuovo. È questo ciò che fa Vico nell'ultimo capitolo della sua *Scienza nuova*, dove si esalta il presente, laddove il presente, non è altro che il presente europeo, e cioè la manifestazione del genio europeo che brilla di una incomparabile civiltà.

Non è questo il punto, ciò che Foucault vorrebbe mettere in risalto è il fatto che la maniera con la quale Kant pone la questione dell'Illuminismo è del tutto diversa. Infatti, secondo Foucault l'*Aufklärung*, per Kant, non significa «ni un âge du monde auquel on appartient, ni un événement dont on perçoit les signes, ni l'aurore d'un accomplissement». Allora che cos'è precisamente? Kant definisce l'*Aufklärung* in una maniera del tutto negativa o quasi. Infatti, l'*Aufklärung* è definito come un *Ausgang*, termine che indica un movimento di uscita (*une sortie, une issue*): uscita da che cosa? Foucault ce lo dice: «l'*Aufklärung* est un processus qui nous dégage de l'état de

[1] M. Foucault, *Dits et écrits II*, Paris, Gallimard, 2001, p. 1382.

minorité» e, dove per minorità, Kant intende un certo stato della nostra volontà che ci fa accettare l'autorità di qualcun'altro che vuole condurci in vie dove invece converebbe fare uso della nostra propria ragione; comunque «l'*Aufklärung* est définie par la modification du rapport préexistant entre la volonté, l'autorité et l'usage de la raison»[2].

Come può uscire l'uomo della minorità in cui versa volontariamente? Kant non avanza una risposta univoca, il testo è ambiguo e Foucault ne avvisa il lettore. Infatti egli ci dice che quella uscita è presentata da Kant in una maniera molto ambigua «il la caractérise comme un fait, un processus en train de se dérouler; mais il la présente aussi comme une tâche et une obligation»[3]. Infatti, nel primo paragrafo, Kant nota che l'uomo è responsabile egli stesso del suo stato di minorità, pertanto egli può uscire soltanto se opera un cambiamento di se stesso.

L'*Aufklärung* è un motto (*Wahlspruch*) e il motto, in generale, è qualcosa di distintivo che ci fa riconoscere dagli altri; il motto dell'illuminismo sarebbe, secondo Kant «*Sapere aude*», «Abbi il coraggio di sapere». Foucault nota che quel processo è, nello stesso tempo, un processo collettivo, che impegna tutti gli uomini, e un atto di coraggio che coinvolge la volontà individuale.

La terza difficoltà che pone il testo kantiano ci interesse da vicino: «Elle réside dans l'emploi du mot *Menschheit*»[4]. Ora, si tratta di sapere se Kant intendeva con questo termine l'insieme della specie umana coinvolta nel processo dell'illuminismo. Se si risponde affermativamente, allora bisogna immaginare che l'Aufklärung è un cambiamento storico che coinvolge l'esistenza politica e sociale di tutti gli uomini sulla faccia della terra. Se invece con il termine *Aufklärung* si intende il cambiamento che agisce su ciò che costituisce l'umanità dell'essere umano, allora la questione sarebbe: che cos'è questo cambiamento?

Anche in questo caso, la risposta di Kant, secondo Foucault, non è esente da qualche ambiguità. Ma egli aggiunge che «En tout cas, sous des allures simples, elle est assez complexe»[5]; vi sono due condizioni essenziali perchè l'uomo realizzi la sua uscita dallo stato di minorità, condizioni spirituali ed etiche da una parte, condizioni istituzionali e politiche dall'altra.

2 Ivi, p. 1383.
3 Ivi, p. 1383-1384.
4 *Ibid.*
5 *Ibid.*

Lo stato di minorità si riassume in questo: «Obbedite e non pensate», e questo è l'ordine che distingue la disciplina militare, il potere politico, l'autorità religiosa. Ora, quale sarebbe il processo inverso, cioè quello che consente all'uomo di uscire dallo stato di minorità che gli viene imposto da queste autorità? È il rifiuto di ogni obbedienza, la negazione di ogni autorità imposta, e la contestazione dei suoi ordini. Ma questa è l'anarchia totale, è una presunta libertà assoluta che genera soltanto una anarchia assoluta. Secondo Foucault «l'humanité deviendra majeure non pas lorsqu'elle n'aura plus à obéir, mais lorsqu'on lui dira: "obéissez, et vous pourrez raisonner autant que vous voudrez"»[6].

La ragione, quindi, deve essere libera nel suo uso pubblico ma deve essere limitata nell'uso privato, ed in questo caso, dice Foucault, «va contro ciò che chiamiamo di solito la libertà di coscienza»[7]. Bisogna precisare però questa distinzione kantiana e circoscrivere nettamente il suo dominio di validità. Quando l'uomo fa uso privato della sua ragione, cioè quando è «une pièce d'une machine», collocato in una posizione ben definita nella società – come ad esempio il caso di un soldato, o di un cittadino che deve pagare le tasse, un parroco o un funzionario del governo, che devono applicare delle regole e perseguire dei fini specifici – egli non ha più la libertà di fare uso della propria ragione, anzi la ragione critica qui viene sospesa e bisogna soltanto eseguire gli ordini. Tutto il contrario succede quando un individuo, ragiona in quanto essere ragionevole, membro dell'umanità razionale «alors l'usage de la raison doit être libre»[8].

Un'altra questione si pone nei confronti del testo di Kant, e si tratta di un problema politico che viene evocato dall'*Aufklärung*. La questione è di sapere sciogliere questo dilemma: tra l'uso della ragione che deve acquisire una forma pubblica libera nel suo esercizio da una parte, e il *sapere aude* che deve svolgersi *en plein jour*, mentre gli individui continueranno ad obbedire. Cioè il dilemma tra una ragione pubblica che deve essere libera, mentre quella privata deve obbedire?

Secondo Foucault, la soluzione che Kant avrebbe escogitato sta nella proposta a Federico II, di una sorta di contratto «ce qu'on pourrait appeler le contrat du despotisme rationnel avec la libre raison»: tale contratto dovrebbe prevedere da parte dei sudditi un uso pubblico libero e autonomo della ragione, garante dell'obbe-

[6] *Ibid.*
[7] Ivi, p. 1385.
[8] *Ibid.*

dienza, e da parte del sovrano la garanzia di una politica conforme alla ragione.

Tutto questo è una pura chimera, poiché di norma ed ovunque, la legge che guida ogni sovrano, si concentra soltanto sulla cura dei suoi interessi individuali, della gloria sua e del suo casato, mentre i sudditi stanno all'ultimo posto delle sue occupazioni. Soltanto quando deve lanciarsi in un'avventura di guerra il sovrano pensa ai sudditi, mentre non si è mai visto un sovrano che accetti la libertà di critica e di pensiero autonomo (quanto poi alla ragione, la libertà di criticare e di pensare autonomamente è aliena ai sovrani di tutti i tempi). Anzi nel momento in cui un sovrano ammette la libertà di pensiero e di critica anche nei confronti del suo operato e della sua persona, è l'inizio della fine. Un sovrano illuminato è un controsenso.

«Laissons là ce texte»[9], infatti il testo di Kant è emblematico e al limite della contraddizione; Foucault stesso riconosce che quel testo non descrive adeguatamente, il processo dell'illuminismo, mentre nessuno storico potrebbe ritenerlo valido per analizzare le trasformazioni sociali, politiche e culturali del XVIII secolo.

Tuttavia, il testo di Kant sull'*Aufklärung*, riveste un'importanza speciale in quanto esiste un legame (un lien) che lo mette in rapporto con le tre Critiche.

Quando Kant descrive l'*Aufklärung* come il momento in cui l'umanità fa uso della ragione, senza sottomettersi ad alcuna autorità, questo ci riporta al progetto critico kantiano. Infatti, la *Critica*, nell'opera kantiana, ha come compito di definire il dominio dell'uso della ragione: ciò che possiamo sapere, ciò che bisogna fare, e ciò che ci è permesso di sperare. Quando la ragione viene usata illegittimamente, nascono dogmatismi ed eteronomie, per contro, quando vengono tracciati i confini dell'uso della ragione, la sua autonomia viene assicurata. Ora dico che questo è un vero e proprio paradosso, ed io prendo le parole di Foucault nel loro senso letterale, in quanto afferma che: «La critique, c'est en quelque sorte le livre de bord de la raison devenu majeure dans l'*Aufklärung*; et inversement, l'*Aufklärung* c'est l'âge de la critique»[10].

Questa è pura retorica, poiché limitare la ragione e tracciare i suoi confini è molto pericoloso e può minare fin dalle radici l'operato e il senso dell'illuminismo.

[9] Ivi, p. 1386.
[10] *Ibid.*

Non soltanto, ma questo piccolo testo, dice Foucault, rappresenta in qualche modo la *charnière* (cerniera) tra la riflessione critica e la riflessione storica, visto che Kant allude all'attualità quando definisce l'*Aufklärung* come il passaggio dell'umanità ad uno stadio superiore di maturità.

Non è la prima volta che un filosofo tratta nella sua opera dello stato attuale degli eventi, ma, secondo Foucault, è la prima volta che un filosofo, lega in una maniera stretta e dall'interno, il significato della sua opera, alla conoscenza, alla storia e al momento attuale in cui scrive. Qui risiede la novità e cioè, che: «La réflexion sur l'aujourd'hui comme motif pour une tâche philosophique particulière me paraît être la nouveauté de ce texte»[11].

Qui arriviamo, dopo una lunga disamina, al nocciolo della questione, e cioè la riflessione sul presente, sull'oggi come evento filosofico.

Lo scopo di Foucault è quello di sottolineare il radicamento nell'*Aufklärung* di un tipo di interrogazione filosofica che problematizza, sia il rapporto con il presente, sia il modo di essere storico, sia la costruzione di se stessi come soggetto autonomo. Pertanto se dobbiamo ricollegarci all'*Aufklärung* questo si può fare non tramite l'attaccamento a degli elementi di dottrina, ma tramite la rievocazione permanente di un attitudine, cioè «d'un éthos philosophique qu'on pourrait caractériser comme critique permanente de notre être historique»[12]. Come si caratterizza questo ethos filosofico? Foucault risponde: negativamente in quanto questo ethos rifiuta *le chantage* cioè il ricatto nell'atteggiarsi verso l'*Aufklärung*, che è un complesso di eventi politici, economici, culturali, svoltisi in Europa e che costituiscono ora un campo privilegiato di analisi.

Prendere una posizione pro o contro l'illuminismo è ciò che Foucault rifiuta categoricamente, egli la chiama una «alternativa semplicistica e autoritaria»[13]; questo atteggiamento che rifiuta ogni presa di posizione sembra descrivere la risposta di Foucault ai suoi critici che gli hanno rimproverato il suo irrazionalismo anti-illuminista. La posizione degli avversari Foucault la presenta come un *aut aut*: «ou vous acceptez l'*Aufklärung* et vous restez dans la tradition de son rationalisme (ciò che per alcuni è considerato positivo) ou vous critiquez l'*Aufklärung* et vous tentez alors d'échapper à ses principes de rationalité»[14]. Questa alternativa, semplicistica e autoritaria, non

[11] Ivi, p. 1387.
[12] *Ibid.*
[13] Ivi, p. 1391.
[14] *Ibid.*

soddisfa Foucault, egli propende invece per una inchiesta storica sul *noi stessi* (europei, occidentali) come esseri storici determinati dall'*Aufklärung*.

Inoltre, non bisogna confondere l'umanesimo con l'*Aufklärung*. Infatti, l'*Aufklärung* è un evento localizzato nello spazio e nel tempo, secondo processi che si sono sviluppati all'interno della società europea. L'umanesimo, invece è, per Foucault «tout autre chose»[15], non esiste un unico umanesimo, esistono varie tipi di umanesimo, l'importante però è che l'idea di esso sia apparsa soltanto nelle società europee.

Ora per uscire da tale ambiguità riscontrata da Foucault nel concetto di illuminismo, che egli di proposito ha deformato e direi quasi sfigurato, egli propone il principio di «une critique et d'une création permanente de nous-même dans notre autonomie»[16]; questo principio esprimerebbe, secondo Foucault, il cuore dell'illuminismo. Esiste quindi una tensione tra illuminismo e umanesimo[17], e Foucault consiglia di analizzare con serietà scientifica il loro rapporto al fine di chiarire la coscienza che abbiamo di noi stessi e del nostro passato (de nous-même et de notre passé). Questo atteggiamento consentirebbe di istaurare positivamente un'ethos filosofico nuovo che sarebbe una critica locale, non universale; essa cioè dovrebbe prendere i connotati, come afferma insistentemente Foucault, di «une critique de ce que nous disons, pensons et faisons à travers une ontologie historique de nous-même»[18]. Foucault è fermo su questa sua tesi, e, con carica retorica, riafferma di nuovo questo lato positivo del nuovo ethos filosofico: «se la questione kantiana era di sapere quali limiti la conoscenza deve rinunciare a superare (doit renoncer à franchir) mi sembra che la questione critica, oggi, debba essere cambiata in questione positiva: distinguendo in ciò che ci è dato di universale, necessario, obbligatorio, quale è la parte singolare, contingente e dovuta a delle costrizioni arbitrarie».

Sono parole oscure, ed è anche difficile afferrarne il senso, ma Foucault lo spiega subito dopo dicendo che il nuovo ethos ha per conseguenza che: «la critique va s'exercer non pas dans la recherche des structures formelles qui ont valeur universelle, mais comme enquête historique à travers les événements qui nous ont amenés à nous constituer à nous connaître comme sujets de ce que nous faisons, pensons, disons».

[15] *Ibid.*

[16] *Ibid.*

[17] Ivi, p. 1392: «Il faut échapper au confusionnisme historique et moral qui mêle le thème de l'humanisme et la question de l'*Aufklärung*».

[18] *Ibid.*

Ricapitoliamo: il pensatore non cerca più le forme universali, una conoscenza valida per tutti, una morale comune a tutta l'umanità, degli obblighi inderogabili verso l'uomo in quanto tale, niente affatto, il pensatore ora deve rivolgere il suo sguardo verso il contingente, il singolare e l'arbitrario. In altre parole non più un sapere valido e comunicabile, ma un sapere locale, esclusivamente rivolto ad un noi ben definito. È veramente patetica questa insistenza di Foucault su questo noi stessi (nous-même), in contrapposizione all'universale, e alla validità di un sapere comunicabile a tutti[19].

Ora, dico che un pensiero filosofico concentrato sul noi, circoscritto all'interno di una data comunità, è davvero un contro senso: è tutto tranne che un pensiero scientifico o filosofico. La negazione dell'umanesimo universalista ha un solo sbocco, cioè il ripiegamento su una gretta e chiusa soggettività del noi, un esclusivismo dai risvolti pericolosi. Sembra che questa sia una deformazione del pensiero di Kant, dico sembra, perchè in alcuni punti della sua filosofia, anche Kant stesso cade, come peraltro quasi tutti i pensatori della sua epoca, in un gretto esclusivismo.

Tale è dunque il progetto di Foucault: un nuovo ethos filosofico che accentua l'indagine sul noi e solo sul noi; del resto proprio questo, bisogna dirlo perchè è vero, è ciò che ha fatto continuamente Foucault. Il filo conduttore delle sue indagini ha sempre seguito una piega esclusiva, centrata su degli eventi specifici: tutti i suoi scritti, dalla *Storia della follia* alle *Parole e le cose*, al *Sorvegliare e punire* sono impregnati di connotati soggettivistici portati all'estremo. Si cerchi disperatamente una sola opera che si interessi dell'umanità intera, che parli di categorie valide per tutta l'umanità: non c'è nemmeno una.

[19] Foucault non nasconde il suo disprezzo nietzschiano per la volontà di sapere e l'universalità dei principi a cui tende ogni attività scientifica. In una delle sue pagine più sconcertanti egli si scaglia con accanimento, degno di un nietzschiano osservante, contro la volontà di sapere e la accusa di violenza e crudeltà: «Si elle s'interroge elle-même et si, d'une façon plus générale, elle interroge toute conscience scientifique dans son histoire, elle découvre alors les formes et les transformations de *la volonté de savoir* qui est instinct, passion, *acharnement inquisiteur, raffinement cruel, méchanceté*; elle découvre *la violence* des partis pris: parti pris contre le bonheur ignorant, contre les illusions vigoureuses par lesquelles l'humanité se protège [...]. L'analyse historique de ce grand vouloir-savoir qui parcourt l'humanité fait donc apparaître à la fois qu'il n'y a pas de connaissance qui ne repose sur l'injustice (*qu'il n'y a donc pas, dans la connaissance même, un droit à la vérité ou un fondement du vrai) et que l'instinct de connaissance est mauvais* (qu'il y a en lui quelque chose de meurtrier, et qu'il ne peut, qu'il ne veut rien pour le bonheur des hommes). En prenant, comme il le fait aujourd'hui, ses dimensions les plus larges, *le vouloir-savoir n'approche pas d'une vérité universelle*». M. Foucault, *Nietzsche, la généalogie, l'histoire*, in *Dits et écrits*, p. 1023.

Foucault non nasconde affatto questo suo orientamento di pensiero, anzi egli lo chiarifica e lo radicalizza: «La critica non è trascendentale, e non ha per fine di rendere possibile una metafisica»[20]. È davvero un discorso sbalorditivo: così, con un semplice gioco di parole, egli cancella tutta una tradizione filosofica universalista che rappresenta la grandezza eterna dello spirito umano. Immaginiamo soltanto per un istante come sarebbe stato il corso della storia se Aristotele, lo scopritore della logica e il teorizzatore delle regole della dimostrazione, della fisica e delle scienze naturali, avesse limitato la validità del suo sapere soltanto ai confini del mondo greco e unicamente per l'uomo greco. Sarebbe stato davvero un disastro di dimensioni epocali, una sciagura per la cultura e per il progresso dell'umanità (almeno quella mediterranea): non sarebbe nata la filosofia nel mondo islamico né nel mondo cristiano, e neppure l'umanesimo e l'illuminismo di cui parliamo ora.

Ma Foucault insiste, ed è davvero sconcertante. Il suo sapere, anzi il nuovo ethos filosofico, predicato da lui, è agli antipodi di ogni universalismo; il suo è una «Archéologie – et non pas transcendantal – en ce sens qu'elle ne cherche pas à dégager les structures universelles de toute connaissance ou de toute action morale possible; mais à traiter les discours qui articulent ce que nous pensons, disons et faisons comme autant d'événements historiques»[21].

Tutto conduce a questo «noi», tutto si rapporta ad una certa collettività e nulla di più. Un pensiero che smette di essere universalista, che nega la razionalità, l'universalità e la comunicabilità dei principi, è una disgrazia per tutta l'umanità.

[20] M. Foucault, *Dits et écrits II*, p. 1393.
[21] *Ibid.*

HISTOIRE UNIVERSELLE, DROIT ET LUMIÈRES

Ricardo Terra[1]

Il y a dans la pensée kantienne une articulation essentielle entre l'histoire, le droit, la politique et l'*Aufklärung* qui n'est pas toujours soulignée comme il le faudrait. Éric Weil a montré comment la politique et l'histoire sont liées entre elles et comment elles assument dans l'œuvre de Kant un caractère de questions philosophiques[2], mais il nous faut ajouter que le droit et l'*Aufklärung présentent* également entre eux un lien étroit. Certaines interprétations et appropriations de la pensée kantienne sont partielles, et privilégient quelques aspects tout en en rejetant d'autres. Certaines d'entre elles méconnaissent le droit[3], d'autres la philosophie de l'histoire[4], et rares sont celles qui tiennent compte de l'architecture kantienne en entier.

Dans une note explicative initiale au texte *Idée d'une histoire universelle au point de vue cosmopolitique*, Kant déclare avoir été forcé de développer les idées exposées dans le numéro XII de *Gothaische gelehrte Zeitungen*, de 1784 (11 février). Kant aurait discuté avec un savant de passage à Königsberg et de cette conversation serait issue la note suivante: «Une idée chère au professeur Kant est que le but final du genre humain est d'atteindre la constitution politique la plus parfaite, et il souhaite qu'un historien-philosophe veuille bien entreprendre de nous livrer une histoire de l'humanité écrite sous cette perspective, et de montrer dans quelle mesure l'humanité s'est approchée ou éloignée de ce but aux différentes époques, ainsi que ce qui reste encore à accomplir pour l'atteindre»[5]. L'affirmation de la thèse du lien entre l'histoire et le droit est déjà claire dans cette

[1] Ce texte, traduit par D. de Bruchard, doit beaucoup aux recherches et aux discussions menées au sein du Núcleo Direito e Democracia, projet thématique de la FAPESP au Cebrap. Je remercie tous les participants, notamment Marcos Nobre, Luiz Repa et Maurício Keinert, Fernando Mattos, Rurion Melo.

[2] É. Weil, *Problèmes kantiens*, Paris, Vrin, 1982, p. 140-141.

[3] J.-F. Lyotard, *L'enthousiasme. La critique kantienne de l'histoire*, Paris, Galilée, 1986; voir également, de Lyotard, *Le Différend*, Paris, Minuit, 1983 et *Leçons sur l'analytique du sublime*, Paris, Galilée, 1991.

[4] H. Arendt, *Lectures on Kant's Political Philosophy*, The University of Chicago Press, 1982.

[5] Kant, *Idee zu einer allgemeinen Geschichte in weltbürgerlicher Absicht*, in Akademie-Textausgabe, VIII, p. 468; tr. française par L. Ferry, in E. Kant *Œuvres philosophiques*, vol. II, Paris, Gallimard, Bibliothèque de la Pléiade, 1985, p. 1435 (cité désormais ainsi: *Idee*, VIII, 468; P. II, 1435).

note, tout comme la nécessité d'un historien-philosophe qui développe ce point de vue.

Il convient[6] de formuler la question du caractère critique du texte que nous analysons, ainsi que son rapport avec la pratique. Il faut rappeler que Kant envoie à son éditeur le manuscrit des *Fondements de la métaphysique des mœurs* début septembre 1784[7] et qu'il commence aussitôt à travailler sur *Idee*, qui paraît dans le volume de novembre 1784 de *Berlinische Monatschrift*[8]. En décembre de la même année paraîtra également dans *Berlinische Monatschrift* l'article de Kant «Was ist Aufklärung?».

Kant a déjà à ce moment-là la conception critique de liberté pratique – la notion de liberté en tant qu'autonomie. On peut supposer que les conditions pour la révolution critique sont établies également dans le domaine du droit. On comprend donc la préoccupation qu'exprime Kant dans la note suscitée par sa conversation avec le savant de passage à Königsberg.

Dans un article sur *Le Conflit des facultés*, Reinhardt Brandt suppose que vers le milieu des années 1780 Kant élabore de nouvelles composantes pour sa conception d'histoire. À l'inverse des *Leçons d'Anthropologie*, où il n'y avait aucune distinction entre le savoir scientifique de la nature des corps célestes et le savoir du processus historique, dans *Idee* les catégories sont distinctes des idées. Les idées, parce qu'elles sont régulatrices, peuvent articuler aussi bien la «praxis de l'écriture historique (*Geschichtsschreibung*) que la directive de l'action (*Handlungsanweisung*) pour la politique du régent»[9].

Le lien entre la téléologie et la pratique peut recevoir de nouvelles déterminations vers le milieu de la décennie 1780. Quant à la téléologie, il faut rappeler que *Idee* est postérieur à la *Critique de la raison pure*, mais antérieur à la *troisième Critique*. On pourrait dire que le texte est critique, puisque la perspective téléologique est présentée dans le cadre de la *Critique de la raison pure*[10] et pas seulement dans le cadre de la troisième critique. Le titre même de l'article, «*Idée* d'une

[6] Je reprends ici quelques éléments de ma communication au Xe Congrès Kant International: «L'histoire universelle, constitution politique et paix».

[7] M. Kuhn, *Kant Eine Biographie*, München, Beck, 2003, p. 320.

[8] *Ibid.*, p. 351.

[9] R. Brandt, «Zum Streit der Fakultäten», in Reinhardt Brandt und Werner Stark (eds.) *Kant Forschungen*, vol. 1, Hamburg, Felix Meiner, 1987, p. 42-43.

[10] En ce qui concerne la téléologie il faut livre mentionner le livre d'A. Marques, *Organismo e sistema em Kant* (Lisboa, Editorial Presença, 1987), dans lequel sont analysés, à loisir, les changements dans la conception kantienne de la téléologie et de l'organisme. Voir aussi à ce sujet le mémoire de maîtrise de M. Cardoso Keinert, *Da Idéia ao Juízo: o problema da finalidade na relação entre razão e natureza em Kant*, USP, 2001.

histoire universelle au point de vue cosmopolitique», en insistant sur la notion d'idée, ne le place-t-il déjà point dans le cadre critique? Nous pourrions penser ainsi les dispositions naturelles analysées dans les premières propositions.

La première proposition affirme que «toutes les dispositions naturelles d'une créature sont destinées à se déployer un jour de façon exhaustive et finale» (*Idee*, VIII, 18; P. II, 189) et la quatrième proposition affirme quant à elle que «le moyen dont se sert la nature pour mener à bien le développement de toutes ses dispositions est leur *antagonisme* dans la société, pour autant que celui-ci cependant se révèle être en fin de compte la cause d'un ordre légal de celle-ci» (*Idee*, VIII, 20; P. II, 192). La notion de finalité trouve sa base critique dans l'Appendice de la dialectique transcendantale de la *Critique de la raison pure* et la notion d'antagonisme sert comme base de la réalisation de la finalité historique. Nous trouvons l'antagonisme et le commerce en tant que «moteur» de l'histoire aussi bien dans *Idée* que dans des textes postérieurs tels que *À la paix perpétuelle*.

Cependant, on devine déjà ici que la considération conjointe de l'histoire et du droit exige également l'inclusion de la dimension de la politique. En ce sens, la cinquième proposition est claire: «Le plus grand problème pour l'espèce humaine, celui que la nature contraint l'homme à résoudre, est d'atteindre une *société civile* administrant universellement le droit» (*Idee*, VIII, 22; P. II, 193).

La grande question de la philosophie de l'histoire est la réalisation du droit[11]. Les transformations dans les structures juridiques exigent que Kant fasse la distinction entre le droit naturel, qui est un droit rationnel qui fournit les modèles de façon à ce que l'on puisse juger, et le droit positif. Voilà le droit historique de chaque nation. Or, l'origine empirique du droit positif, c'est la force. Très tôt Kant s'est inquiété de l'origine de l'État. D'après Christian Ritter, il avait déjà, pendant la période 1769-1771, la position qui serait explicitée dans les textes de la décennie 1790. Selon le mot de Ritter, «d'où il importe peu que l'existence d'un État dans la réalité historique puisse être attribuée à un acte juridique – au contrat social –, ou

[11] Cf. R. Terra, *Kant e o direito*, Rio de Janeiro, Jorge Zahar Editor, 2004. Je ne m'occuperai pas dans ce texte de la question des liens de l'histoire, du droit et de la politique avec la morale, mais il convient tout de même de souligner la thèse de Pauline Kleingeld contre la limitation du progrès aux relations juridiques sur le plan national et international, tel que l'a fait Otfried Höffe. D'après Kleingeld, la «vraie fin ultime (*Endzweck*) est le développement complet des "dispositions de l'humanité", qui culmine sur sa moralisation, autrement dit sur la transformation de la coexistence humaine en un "tout moral"» (*Fortschritt und Vernunft: Zur Geschichtsphilosophie Kants*, Würzburg, Königshausen & Neumann, 1995, p. 14).

bien qu'elle soit le résultat d'un acte de violence. Kant est conséquent avec sa conception de simple idéalité du contrat social, développée dès la phase fondamentale»[12]. Le droit positif se transforme progressivement et acquiert davantage de légitimité, ce qui peut être mesuré par le droit naturel.

Les transformations du droit sont impulsées par une espèce d'astuce de la nature, qui fait que les hommes et les peuples, même lorsqu'ils ne cherchent à atteindre que leur propre intérêt, finissent par réaliser un propos plus ample et élevé. L'antagonisme est le moyen utilisé par la nature pour la promotion du développement de ses dispositions. Il sera la cause de l'ordonnancement de la société et aussi celle de sa transformation progressive vers une société civile ayant une constitution républicaine qui assure et gère le droit d'une façon universelle. La réalisation de la constitution républicaine et de la confédération des nations, outre être un devoir, ce qui permet la paix perpétuelle, est favorisée notamment par l'insociable sociabilité: avec le développement des sociétés, on arrive à un point où le perfectionnement continuel des institutions politiques est de l'intérêt du gouvernant lui-même.

Nous pourrions nous demander si la conception du droit est ici la même que dans *À la paix perpétuelle*, *Doctrine du droit* et *Le conflit des facultés*. D'une façon générale, il semblerait que oui, bien qu'il y ait une différence importante. La position de Kant dans les derniers textes est d'un certain équilibre entre une perspective libérale et une perspective démocratique. Autrement dit, un équilibre entre la liberté en tant que limitation réciproque (et défense des droits individuels) et liberté en tant qu'autonomie (souveraineté populaire)[13]. Nous prenons la démocratie en ce sens, et non pas dans le sens kantien. Kant dirait «républicain», et non pas «démocratique». De son côté, Habermas appellera cet équilibre co-originalité (*Gleichürsprunglichkeit*)[14]. Dans *Idée d'une histoire universelle*, la conception libérale semble seule être présente. Dans la cinquième proposition Kant fait le rapport entre l'antagonisme et les limites de la liberté «afin qu'elle puisse coexister avec celle des autres» (*Idee*, VIII, 22; P. II, 194). Des pas-

[12] C. Ritter, *Der Rechtsgedanke Kants nach den frühen Quellen*, Frankfurt am Main, V. Klostermann, 1971, p. 239; voir R. Terra, «È possível defender a legalidade e ter entusiasmo pela revolução?», dans *Passagens. Estudos sobre a filosofia de Kant*, Rio de Janeiro, Editora da UFRJ, 2003.

[13] Cf. R. Terra, *Política tensa. Idéia e realidade na filosofia da história de Kant*, São Paulo, Iluminuras, 1995.

[14] J. Habermas, *Faktizität und Geltung. Beiträge zur Diskurstheorie des Rechts und des demokratischen Rechtsstaats*, Frankfurt, Suhrkamp, 1992.

sages comme celui-ci ont porté certains interprètes tels que Norberto Bobbio[15] à affirmer, bien qu'insistant sur la présence des deux conceptions dans la pensée kantienne, qu'il existe chez Kant une primauté de la conception libérale de l'histoire et du droit. L'on perd, avec cette lecture, l'énorme force de la conception démocratique présente dans nombre de textes.

Il nous faut reprendre une observation effectuée plus haut. Kant envoie à son éditeur le manuscrit des *Fondements de la métaphysique des mœurs* début septembre 1784, puis il rédige aussitôt l'*Idée*, qui paraît en novembre, et en décembre de la même année il publie «Was ist Aufklärung?».

Les deux textes sont complémentaires. L'*Aufklärung* est un processus «historique» et, ainsi donc, un aspect essentiel de l'histoire universelle. Kant a écrit: «si on demande maintenant: vivons-nous actuellement dans une époque *éclairée* (*aufgeklärten Zeitalter*), on doit répondre: non, mais nous vivons dans une époque de propagation des lumières (*Zeitalter der Aufklärung*)»[16].

On trouve dans *Idée* la perspective téléologique où l'antagonisme, le commerce, fonctionnent comme «moteur de l'histoire», la «nature» conduit les hommes dans une certaine direction avec des conquêtes juridiques, le perfectionnement des lois, des constitutions. Dans le cadre de l'antagonisme la conception de liberté présente dans le texte serait celle que Norberto Bobbio dénommait libérale.

Or, nous retrouvons dès le texte sur l'*Aufklärung* la perspective de la sortie de la minorité au moyen de l'autonomie sous une pers-pective «démocratique», aussi bien par la notion de public, sphère publique, que par des références directes à la conception démocratique. Par exemple, dans les passages: «le critère de tout ce qui peut être décidé pour un peuple sous forme de loi tient dans la question suivante: un peuple pourrait-il se donner à lui-même une pareille loi?»[17] ou encore: «or, ce que même un peuple n'a pas le droit de décider pour lui-même, un monarque a encore moins le droit de le décider pour un peuple; car son autorité législative repose précisément sur le fait qu'il réunit toute la volonté du peuple dans la sienne propre»[18].

[15] N. Bobbio, «Kant e le due libertà», dans: *Da Hobbes a Marx*, Naples, Morano Editore, 1974; tr. fr., «Deux notions de la liberté dans la pensée politique de Kant», dans: *La philosophie politique de Kant*. Paris, PUF, 1962.

[16] Kant, «Beantwortung der Frage: Was ist Aufklärung», in Akademie-Textausgabe, VIII, p. 40; tr. fr. de H. Wismann, in E. Kant, *Œuvres philosophiques*, vol. II, Paris, Gallimard, Bibliothèque de la Pléiade, 1985, p. 215 (cité désormais ainsi: Auf. VIII, 40, P. II, 40).

[17] Auf. VIII, 39; P. II, 214.

[18] Auf. VIII, 40; P. II, 214.

La perspective démocratique et la libérale sont des points de vue différents, mais non pas contradictoires, et la tension entre les deux est extrêmement importante dans la structuration de la pensée politico-juridique kantienne. Nous trouvons une solution semblable dans les ouvrages postérieurs.

Outre insister sur la perspective démocratique, le texte concernant l'éclaircissement introduit dans la philosophie politico-juridique, avec d'importantes conséquences pour la philosophie de l'histoire, deux catégories fondamentales: celle de l'*Aufklärung* et celle du public. La dimension de l'autonomie est présente dans le noyau rationnel de l'*Aufklärung*: «l'*Aufklärung* est le passage de l'hétéronomie à l'autonomie, qui est obtenue au moyen de l'autonomie elle-même»[19]. Dans ce contexte, la distinction kantienne entre l'usage privé et l'usage public de la raison est essentielle. Le premier est cet usage de la raison dont le savant fait preuve dans un poste public ou dans une fonction publique, et qui peut être soumis à des limitations alors que l'usage public doit être libre. Dans ce dernier, le savant «cesse d'être un citoyen privé qui parle au nom d'autrui dans l'accomplissement d'un métier, et parle en son propre nom, en tant que membre de la société cosmopolitique, à un public de droit – nous dirions un public transcendantal»[20]. En cela se fonde l'universalisme kantien, et comme l'a bien montré Monique Castillo, le projet de l'éclaircissement kantien ne peut être réduit à une perspective européenne du XVIIIe siècle, puisque Kant «en effet, n'identifie pas les préjugés à des contenus culturels, et, quand il oppose la raison à la superstition, il n'oppose pas un contenu doctrinal à un autre, ni une conviction à une autre; il ne fait que distinguer, entre l'activité et la passivité de la raison, une passivité dont la raison se rend elle-même responsable. Ce qu'il appelle *superstition* ne désigne aucun ennemi culturel en particulier, mais seulement l'hétéronomie de la pensée»[21].

Revenant à la question du rapport entre l'histoire universelle et le droit, tout en tenant compte de l'ensemble de l'œuvre kantienne et pas seulement d'*Idée d'une histoire universelle* et de *Qu'est-ce que les Lumières?*, nous pouvons suivre la bonne synthèse de la question que donne Bernard Bourgeois: «Le kantisme introduit dans la philoso-

[19] F. R. Torres, «Respondendo à pergunta: quem è a Ilustração?», in *Ensaios de filosofia ilustrada*, São Paulo, Iluminuras, 2004, p. 85.

[20] *Ibid.*, p. 87.

[21] Voir dans cet ouvrage: M. Castillo, «La fondation critique de l'universalité des Lumières». Je remercie l'auteur qui eut la gentillesse de me permettre de lire le manuscrit.

phie de l'histoire – comprise, dans le sens large de l'expression, en tant que discours réflexif sur le devenir humain – l'équation de l'histoire et du droit: l'histoire est essentiellement histoire du droit et, donc, de la politique si celle-ci est vue – et c'est le cas chez Kant – en tant que réalisation du droit; l'article *À la paix perpétuelle* a bien défini la politique comme étant la *théorie du droit dans sa réalisation*»[22].

Kant articule une conception du droit qui à travers, disons, des moyens de procédure, offre des critères permettant d'évaluer les constitutions nationales et la relation entre les nations. Kant pense la politique en tant que doctrine exécutive du droit, et l'histoire en tant que processus de réalisation du droit. D'où l'approximation de la paix, même si elle n'est jamais réalisée, puisque l'histoire est pour lui un processus qui ne se conclut point[23].

Dans sa lecture de la notion de progrès chez Kant, Axel Honneth cherche à montrer de quelle manière l'articulation d'éléments présents dans la philosophie kantienne mène à ce que «l'idée de processus de l'apprentissage, englobant des générations, doit être comprise comme une construction qui marque forcément l'autocompréhension historique des partisans des *Lumières*: ceux qui s'engagent activement pour les intérêts des *Lumières* ne peuvent concevoir l'histoire qui les précède si ce n'est comme un processus d'apprentissage conflictuel, qu'il leur faut continuer en tant qu'héritiers de leur époque. Il est probable qu'une telle modération herméneutique de l'idée de progrès représente la seule possibilité de rendre féconde pour le présent, une fois de plus, la philosophie de l'histoire de Kant»[24].

Nous pourrions ajouter d'autres éléments qui peuvent devenir féconds pour le présent. Tout d'abord, l'histoire pensée en tant que processus d'apprentissage en fonction de la réalisation du droit. Deuxièmement, les liens entre la réalisation du droit sur le plan national et l'effectuation du droit entre les nations. Troisièmement, si nous tenons compte du texte «Qu'est-ce que les Lumières?», la possibilité de penser comment les gains politico-juridiques s'entremêlent au processus d'apprentissage dans le cadre de l'espace public.

[22] B. Bourgeois, «Histoire et droit chez Kant», in *Revue Germanique Internationale*, n. 6, 1996, p. 91.

[23] Voir à ce propos: S. Nour, *À paz perpétua de Kant. Filosofia do direito internacional e das relações internacionais*, São Paulo, Martins Fontes, 2004; et D. T. Peres, *Kant. Metafísica e Política*, Salvador, EDUFBA – UNESP, 2004.

[24] A. Honneth, «Die Unhintergehbarkeit des Fortschritts. Kants Bestimmung des Verhältnisses von Moral und Geschichte», in H. Nagl-Docekal und R. Langthaler, org., *Recht-Geschichte-Religion. Die Bedeutung Kants für die Gegenwart*, Berlin, Akademie Verlag, 2004, p. 98.